國家社會科學基金資助項目
福建省高校服務海西建設重點資助項目
全國高等院校古籍整理研究工作委員會資助項目
國家社科基金冷門“絶學”和國別史
等重大研究專項資助項目
本書爲“古文字與中華文明傳承發展工程”的研究成果

···閩籍學者文字學著作整理研究叢書···

叢書主編　林志强

《六書略》與《〈說文〉大小徐本録異》的整理和研究

林志强　兰碧仙　陳近歡　戴麗玲　龔雪梅　著

中国社会科学出版社

圖書在版編目（CIP）數據

《六書略》與《〈説文〉大小徐本録異》的整理和研究／林志强等著．—北京：中國社會科學出版社，2023.7

（閩籍學者文字學著作整理研究叢書）

ISBN 978-7-5227-2053-1

Ⅰ.①六…　Ⅱ.①林…　Ⅲ.①漢字—古文字學②金石學—中國③《六書略》—研究④《金石略》—研究　Ⅳ.①H121②K877.24

中國國家版本館CIP數據核字(2023)第106636號

出版人　趙劍英
責任編輯　張　林
特約編輯　張　虎
責任校對　朱妍潔
責任印製　戴　寬

出　　版　中国社会科学出版社
社　　址　北京鼓樓西大街甲158號
郵　　編　100720
網　　址　http://www.csspw.cn
發 行 部　010-84083685
門 市 部　010-84029450
經　　銷　新華書店及其他書店

印　　刷　北京明恒達印務有限公司
裝　　訂　廊坊市廣陽區廣增裝訂廠
版　　次　2023年7月第1版
印　　次　2023年7月第1次印刷

開　　本　710×1000　1/16
印　　張　28.25
插　　頁　2
字　　數　453千字
定　　價　159.00元

目　　録

上編　《六書略》的整理和研究

下編　《〈説文〉大小徐本録異》的整理和研究

從鄭樵到林義光：閩籍學者的文字學研究（代序）

閩籍學者的文字學研究，自宋代至民國有鄭樵、黄伯思、謝章鋌、林尚葵、李根、林慶炳、吕世宜、林茂槐、陳建侯、陳棨仁、林義光等人，其中著名者，宋代有鄭樵，民國有林義光，可以作爲閩籍學者文字學研究的代表性人物。

一

鄭樵讀書論學，涉獵極廣，用力至勤，成果豐碩。以文字學而言，其著作有《象類書》《六書證篇》《六書略》《金石略》《石鼓文考》等，前三種主要研究“六書”，後二種主要研究金石文字。其中《六書略》是鄭氏最重要的文字學著作，書中最能體現鄭氏字學研究成果的是他對“六書”理論的研究。

《六書略》對“六書”的深入研究表現在以下幾個方面：第一，拋開許慎之説，重新闡釋“六書”，不乏卓見。比如，他通過比較來闡釋“指事”字的特點，比許慎的“視而可識，察而見意”更爲清晰。他説：“指事類乎象形：指事，事也；象形，形也。指事類乎會意：指事，文也；會意，字也。獨體爲文，合體爲字。形可象者，曰象形，非形不可象者指其事，曰指事。”這就把指事字的“事”字的含義和不可拆分的特點説得比較透徹了。他對“諧聲”的認識也頗爲精到，他説：“諧聲與五書同出，五書有窮，諧聲無窮；五書尚義，諧聲尚聲。天下有有窮之義，而有無窮之聲……諧聲者，觸聲成字，不可勝舉。”從中可見形聲造字法的優越性之所在。第二，他提出“子母相生”説，發揮了“獨體爲文，合體爲字”的觀點，並把“六書”的排列順序予以邏輯化。他在《論子母》篇中立330母爲形之主，870子爲聲之主，合爲1200“文”，構成無窮之“字”，“以子母相對的二元構字方式首次分析了漢字系統，求得了漢字組字成分中母與子的最低公約數”，證明漢字系統是有規律可循的[①]。他又説：“象形、指事，文也；會意、諧聲、轉注，字也；假借，文字俱也……六書也者，象形爲本，形不可象，則屬諸事，事不可指，則屬諸意，意不可會，則屬諸聲，聲則無不諧矣，五不足而後假借生焉。”此説明確了“六書”中的“文”“字”之别，揭示了“六書”之間的排列順序和相互關係，其中以“象形”爲本，較之許慎把“指事”置於“象形”之前，無疑更容易爲人們所接受。第三，對“六書”中的每一書又進行了更爲詳細的分類，其分類先以圖表形式列出，又在《六書序》中用文字加以説明，可謂綱目清楚，條理井然。第四，《六書略》以“六書”統字，共分析象形、指事、會意、諧聲、轉注、假借各種類型的文字計24235字，打破了《説文》以部首統字、據形繫聯的格局，是在實踐上對其“六書”理論的進一步驗證，其創新精神是值得肯定的。

鄭樵對“六書”的重視和實際研究，奠定了他在文字學史上的地位。正如唐蘭先生所評價的那樣，鄭樵是文字學史上“第一個撇開《説文》系統，專用六書來研究一切文字”[②] 的人。他的研究使文字學結束了僅僅仿效《説文》編撰字書或爲之作傳的階段而進入一個比較純粹的理論探求階段。在他的影響下，“六書”學成爲後代漢語文字學研究的一個新領域，一個核心問題，出現了一大批以“六書”爲名的文字學著作，提出了不少有價值的見解，推進了漢字學理論的研究。文字學史上“六書”理論的發展和進步，究其緣由，不能否認鄭樵的提倡和轉軌之功。

鄭樵的文字學研究，除了“六書”理論以外，還對文字學的其他專題進行了有益的探索。主要有：

（一）他對文字的起源生成問題作了可貴的探索。第一，他闡明了

---

① 參見張標《論鄭樵的〈六書略〉》，《古漢語研究》1997年第2期。

② 參見唐蘭《中國文字學》，上海古籍出版社1979年版，第71頁。

“書畫同源”的理論。他說：“書與畫同出。畫取形，書取象；畫取多，書取少。凡象形者，皆可畫也，不可畫則無其書矣。然書窮能變，故畫雖取多而得算常少，書雖取少而得算常多。六書也者，皆象形之變也。”這裏他闡述了兩個重要觀點，一是“書畫同出”，二是“書畫有别”。首先他認爲書畫同出，即象形字和圖畫一樣，都是取象於客觀事物，正如許慎所説，象形字是“畫成其物，隨體詰詘”而形成的，因而文字與圖畫具有共同的特點。其次，他在指出書畫有共性的同時，還進一步區别了書畫的不同：“畫取形，書取象；畫取多，書取少。”他認爲漢字的象形，並不像繪畫一樣纖毫畢現，而是觀物以取象，抓住特徵，寥寥幾筆，以少勝多，所謂“書雖取少而得算常多”。從象形字的特點來看，鄭樵的看法是完全符合實際的。他對書與畫的區别，雖然還不能抓住關鍵問題——書與語言中的詞掛鉤，具有音和義，畫則否——但他能著眼於書與畫之筆畫的繁簡、形神的不同來加以論述，説明他已開始辯證地思考書與畫的關係問題，較之單純論述“書畫同出”，無疑更進了一步。“書畫同源”的看法是“漢字起源於圖畫”説的先聲，較早提出“漢字起源於圖畫”的學者，有孫詒讓、沈兼士、唐蘭等人。從文字學史上看，鄭樵早論及此，是很了不起的。第二，他提出了“起一成文”説，認爲漢字的基本筆畫都是由“一”及其變化形體構成的。“起一成文”説是從楷體文字符號體系内部來探討文字用於表現其内容或对象物的憑借手段——筆畫及其相生之理。這與“書畫同出”説顯然不同。“書畫同出”講的是文字、圖畫及其與对象物的關係，是從整體上考察文字與它所反映的外部世界之間的關係，是從社會功能和本質屬性的角度來闡述漢字起源問題的。因此，“起一成文”雖然也可視爲漢字起源的學説，但它與“書畫同出”角度不同，性質有别，兩者不宜混爲一談。然而如果就漢字生成的角度而言，“起一成文”和“書畫同出”又是互相聯繫的。“書畫同出”注重文字與外部世界的關係，“起一成文”則著眼於字符内部筆畫的形成，兩者内外結合，是相輔相成的①。

（二）針對《説文》五百四十部首的設置提出新的建設性的看法。他

① 參見林志强《鄭樵的漢字生成理論》，《古漢語研究》2001 年第 1 期（已收入本書）。

在《論子母》中説："許氏作《説文》定五百四十類爲字之母，然母能生而子不能生，今《説文》誤以子爲母者二百十類。"於是他又在《論子母所自》中提出部首删併的原則，主張從顯隱、遠近、約滋、同獨、用與不用、得勢與不得勢等六個方面來考慮，把《説文》五百四十部歸併爲三百三十部首。過去論及部首簡化，多認爲始于明代梅膺祚所作《字彙》的二百一十四部。梅氏的部首是檢字法的部首。鄭氏三百三十部首雖然仍是文字學性質的部首，但畢竟早于梅氏。故部首簡化創始之功，當推鄭氏[①]。只可惜《六書略》不以部首統字，看不出鄭氏部首的具體設置情況，因而也降低了鄭氏部首對後世的影響力。

（三）對異體字及其形義關係作了專題研究。《六書略》中有《古今殊文圖》《一代殊文圖》《諸國殊文圖》《殊文總論》諸篇，討論了有關異體字的問題。他指出字形因古今差異、方國不同而有所變化，同一時代可能也有不同寫法，因此不能以義理説解文字，否則同一個詞若有幾個字形就要認爲有幾種義理。他在《殊文總論》中説："觀古今殊文與一代殊文，則知先儒以義理説文字者，徒勞用心……大抵書以紀命爲本，豈在文義！以義取文者，書之失也。"可見他已從文字的異體現象中認識到文字只是記録語言的符號，不宜尋求每一字形必有義理存乎其中。這種看法也有其深刻的一面。當然因反對義理之學而完全否認以義説字也過於偏激，沒有充分認識到漢字的表意性質以及漢字形義關係的動態結構。

（四）對比較文字學作了有益的嘗試。《六書略》中有《論華梵》三篇，討論漢字與梵文的差别，所見可能未必深刻，但也看到了華梵的不同特點。如《論華梵下》云："梵人别音，在音不在字；華人别字，在字不在音。故梵書甚簡，只是數個屈曲耳，差别不多，亦不成文理，而有無窮之音焉……華書制字極密，點畫極多，梵書比之實相遼邈，故梵有無窮之音而華有無窮之字，梵則音有妙義而字無文彩，華則字有變通而音無錙銖。"鄭氏把對漢字的研究延伸到與外域文字的比較中去，其視野

① 參見吉常宏、王佩增編《中國古代語言學家評傳·鄭樵》，山東教育出版社 1992 年版，第 255 頁；黨懷興《宋元明六書學研究》，中國社會科學出版社 2003 年版，第 63—64 頁。

是相當開闊的。

（五）鄭樵對金石文字的研究也頗有成績，主要著作有《金石略》和《石鼓文考》。《金石略》一書所收“上自蒼頡石室之文，下逮唐人之書”①，保存了不少金石材料，但只録其名，不存其文，是一缺陷。在鄭樵之前，歐陽修作《集古録跋尾》，已開始對金石材料加以簡單的説明和考證，趙明誠的《金石録》在這一方面取得了很大成就，而鄭樵沒有繼承這種做法，也失之簡陋。但是，正如馬衡先生所説，“鄭樵作《通志》，以金石别立一門，儕於二十略之列，而後金石學一科，始成爲專門之學，卓然獨立，即以物質之名稱爲其學科之名稱矣”②。可見其書在中國金石學史上的地位。如果説《金石略》一書因略於考證而影響了它的價值，那麼他的《石鼓文考》則以精闢的考證，爲石鼓是秦國之物提供了文字學上的根據，備受古今學者的稱讚。《福建藝文志・卷十五》云：“《石鼓文考》三卷，鄭樵著。《直齋書録解題》云：‘其説以爲石鼓出於秦，其文有與秦斤秦權合者。’隨齋批注云：‘樵以本文丞、殹兩字秦斤秦權有之，遂以石鼓爲秦物……’案樵説證據甚碻，可從。”此外，正如裘錫圭先生所指出的，由於鄭樵對金石文字頗有研究，受到金石文字中較古字形的啟發，對一些表意字字形的解釋明顯勝過《説文》，值得挖掘闡發。例如《説文》説“止”字“象艸木出有址”，《六書略》則認爲“象足趾”；《説文》説“立”字“从大立一之上”，《六書略》則認爲“象人立地之上”；《説文》説“走”字“从夭、止，夭者屈也”，《六書略》則説“夭”“象人之仰首張足而奔之形”，皆符合古文字的造字本意③。張標先生也舉出了一些例子，如《説文》釋“元”爲“始”，《六書略》則説“元”爲“人頭也”；《説文》釋“我”爲“施身自謂”，《六書略》則説“我”爲“戉、戚也，戊也，皆从戈，有殺伐之意……又借爲吾我之我，許氏惑於借義”，也都是很有見地的④。

---

① 《通志・總序》，《通志・二十略》，中華書局 1995 年版，第 9 頁。

② 參見馬衡《凡將齋金石叢稿・中國金石學概要上》，中華書局 1977 年版，第 2 頁。

③ 參見裘錫圭《古文字學簡史》，《文史叢稿——上古思想、民俗與古文字學史》，上海遠東出版社 1996 年版，第 144—145 頁。

④ 參見張標《論鄭樵的〈六書略〉》，《古漢語研究》1997 年第 2 期。

宋人爲學以創新爲特色，鄭樵亦不例外。他的文字學研究，確有不少真知灼見，足以啟人心智，值得繼承發揚。然鄭氏之學，亦難免其弊，比如他對“六書”的分類過於煩瑣，有些説法又過於玄虛，等等。清代戴震在《與是仲明論學書》中説，鄭樵等宋代學者，“著書滿家，淹博有之，精審未也”①。姚孝遂先生説：“鄭樵的文字學理論，現在看起來，不免有些幼稚，然而卻是新穎而獨到的。任何新生事物，在其發生的階段，都不可避免地顯得有些幼稚，這是情理之常，絲毫不足爲怪。令人遺憾的是，鄭樵所需要研究和整理的範圍過於廣博，他沒有在文字學方面作進一步的探討，從而使他的文字學理論得到進一步的發揮和完善。”② 這些評價都是非常允當的。

二

林義光與容庚、商承祚等人都是清末民初從事古籀研究的名家，也是最早研究甲骨文的學者之一。他的主要論著有《文源》《釋栽菑》《卜辭[illegible]即熒惑説》《鬼方黎國並見卜辭説》《論殷人祖妣之稱》等。其中最重要的文字學著作《文源》，是一部運用商周秦漢金文和石刻文字等材料以窺造字之源，以求文字本義的字書，“比較集中地反映了宋至清代利用金文探求字源的成果”③，也是一部探索漢字構形條例，研究漢字演變規律的文字學著作，其中真知灼見，常爲學者所徵引，是一部很有價值的文字學著作。

《文源》書前的《六書通義》，是林義光集中闡釋“六書”理論的重要文章。林氏的“六書”在定義上完全承襲《説文》，但對每一書都作了更詳細的説明，有的進行全新的分類，有的加以深入的分析，歸納條述如次：

（一）對象形、指事二書進行了全新的分類，象形分爲“全體象形”

---

① 參見段玉裁編《戴東原集》卷九，轉引自梁啟超《清代學術概論》，上海古籍出版社1998年版，第37頁。

② 參見黃德寬、陳秉新《漢語文字學史（增訂本）·序》，安徽教育出版社2006年版，第12頁。

③ 李學勤語，參見《文源·序》，天津古籍出版社、遼寧人民出版社2012年版，第1頁。

“連延象形”“分理象形”“表象象形”和“殽列象形”五類，其中的“殽列象形”，舊以爲會意，林氏歸爲象形，是其特别之處；指事分爲“表象指事”“殽列指事”“形變指事”三類，其中的“殽列指事”，一般亦以爲會意，林氏歸爲指事，亦屬特殊。林氏同時還對“表象指事”和“表象象形”“殽列指事”和“殽列象形”進行了對比分析，説明在其封閉自足的系統裏，他對理論的探討還是比較深入的。把他的分類與鄭樵進行對比，可以發現兩者是有所不同的。鄭樵對各書都進行了分類，林氏則只對前二書進行分類；鄭樵對象形的分類是根據取象对象來進行的，有所謂天物之形、山川之形等，林氏的分類則是根據字符的構形特點與物象的對應關係來進行的；鄭樵對各書的分類，除了正生，還有兼生或變生，出現了兼類的問題，林義光只在形聲和轉注方面作了兼類處理，等等。

（二）林義光根據許慎所舉會意字的例子，認爲“止、戈”爲“武”，“人、言”爲“信”，乃是取其詞義連屬，非復對構其形。他把傳統上的許多會意字歸爲“殽列象形”和“殽列指事”，只承認詞義連屬的才是會意字，因此他把會意字的範圍縮小得比較厲害，如二人相随爲“从”，囗、木爲“朿”，𠂤在宀下爲“官”之類，他認爲都不是會意字，與傳統的看法是不同的。

（三）林義光從兼類的角度來討論形聲問題，認爲“形聲之字常與他事相兼，‘江’‘河’从‘水’，此以轉注兼形聲；‘今’聲之‘禽’，‘止’聲之‘齒’，此以象形兼形聲；‘白’聲之‘碧’，‘虍’聲之‘虜’，此以會意兼形聲”。他對形聲字的重要貢獻是提出“二重形聲”的結構類型①，《文源》卷十二還對此進行了專題研究，引起學術界的關注。從來源上看，林氏“二重形聲”與鄭樵“子母同聲”應有密切的關係。

（四）林義光對轉注的看法是很深刻的。他説：“意有同類，建一以爲首，後出之字受形焉，謂之轉注。猶‘考’‘老’同意，而‘考’受

① “二重形聲”指的是兩個偏旁都是聲符的字，從名實關係看，現代學者稱爲“兩聲字”或“雙聲符字”更爲合適。

形於‘老’也。”扣緊許慎的定義作了很好的解釋。他認爲“轉注不能無所兼，而兼形聲者獨多”。這與他在形聲字部分所説的“凡造字以轉注兼形聲爲最簡易，後出之字多屬之，《説文》九千，獨此類字什居八九，學者但目爲形聲，而轉注之謬解遂不可究詰矣”，可謂互相呼應。他的這種看法與徐鍇、鄭樵、趙宧光等人的看法有相似之處①，應該是受到先儒的啟發，對後人也有深刻的影響。他還批評了戴震的“互訓説”和許瀚、江聲的“部首説”，分析很到位。

（五）林義光論假借，筆墨獨多。他先論假借之産生，謂“文字之出，後於音聲。凡事物未制字者，先有聲矣。借同音之字以彰之，使讀者如聞其語，雖不制字，其效則同。故假借者，單純形聲也”。説得很清楚。他續説假借之類别，分爲“與本義相關”和“不關於本義”兩類，實與鄭樵“有義之假借”和“無義之假借”相同。他還從共時、歷時以及古書用字的角度分析了假借的諸多現象，强調假借乃是基於“本無其字”“有本字不得借用他字”的原則。

以上林義光所論“六書”之内容，總起來看，確有與前賢不同而顯其獨特看法者，但也存在模糊和不易掌握之弊。如他對象形的分類似乎還沒有很清晰的邏輯關係，對具體文字的判斷似乎也缺乏操作性。又如他説“表象指事”與“表象象形”的區别是，前者的指事是虚設，後者的象形是實有，理論上是説得過去，但從所舉的例子看，則不一定好認定，如“牟”（[illegible]）字他列爲象形，其實也符合他的指事。當然，也許我們對林義光的“六書”理論還缺乏深入準確的理解，還需要進一步的研究。

《文源》以林氏自己的“六書”分卷，前六卷爲“象形”的五類，卷七、卷八、卷九爲“指事”的三類，卷十爲“會意”，卷十一是“轉注兼形聲”，卷十二爲“二重形聲”，全書總共分析了1700多字，體例是先録《説文》，若有意見，則再加按語。其間多用商周金文材料，間採秦漢金石文字，“金刻不備之文，仍取足於小篆”。偶亦以己意構擬古文，

① 徐氏、鄭氏、趙氏的看法參看黨懷興《宋元明六書學研究》，中國社會科學出版社2003年版，第161—166頁。

失之主觀。或謂《文源》乃全面使用金文材料疏證文字，這種説法是不够準確的。至於《文源》未採用甲骨文者，蓋其書寫作在前，而甲骨學或影響未及，林氏本人研究甲骨文也在《文源》問世10年之後。林氏認爲“古文製作之微旨，足正從來説解之違失”①，故以商周秦漢的金文和其他一些古文字材料探討本形本義，跳離了傳統的材料局限，用偏旁分析等方法來研究文字的構形及其形義關係，用歷史發展的眼光來看待文字的動態變化，這些都是值得稱道的地方，顯示了林氏研究文字的科學性。在具體文字的疏解過程中，精彩之語隨處可見，然亦難免個人和時代之局限，我們應該是其所當是，非其所當非。其中涉及許多文字學的問題，比如關於古今字、文字分化、訛變、互體、聲借、依隸制篆、形變指事、二重形聲等，或隨文疏解，或專題研究，對後來古文字的研究都有或大或小的影響，可以看出林氏對文字學的特殊貢獻。

值得注意的是，林義光的研究很好地繼承了前人的研究成果。《文源》是一部繼承傳統文字學特别是清代段、朱“説文學”成就的承前啟後的著作，前述“六書”理論也有不少智慧源於宋元以來的學術研究，特别是對鄭樵學術思想的繼承，如鄭樵對“六書”進行了分類，提出兼類的問題，林氏的結果雖然不同，但思路做法並無二致；把轉注和形聲合而論之，二人也有許多相似的地方；鄭樵的“子母同聲”和林氏的“二重形聲”，提出並研究了一類特殊的漢字構形問題，林氏對鄭樵的承襲並且後出轉精，也是顯而易見的。

三

其他閩籍學者的文字學研究，都不如鄭樵和林義光那麼專門，成就也沒有他們那麼突出。涉及者有黄伯思、謝章鋌、林尚葵、李根、林慶炳、吕世宜等，以下略作介紹。

（一）黄伯思

黄伯思（1079—1118），字長睿，别字宵賓，自號雲林子，福建邵武人。據史料記載，黄伯思所學汪洋浩博，學問號稱淵博淹通。編有《古

① 參見林義光《詩經通解·序》，《詩經通解》，中西書局2012年版，第1頁。

文韻》一書，是一部古文字字形的專書，以夏竦《四聲集古韻》（按，當即《古文四聲韻》）爲基礎擴編，益以三代鐘鼎款識及周鼓秦碑古文、古印章、碑首並諸字書所有合古者，可惜已佚。其所著《東觀餘論》，主要在於考證名物，但也零星涉及語言文字的問題，約有如下數端：第一，在《東觀餘論·法帖刊誤》之《第一帝王書》及《第六王會稽書上》中對“信”字的一個後起義“信使”作了很充分的論證；第二，對個別文字的讀音和形體有所辨正，如《跋鐘繇賀捷表後》論“蕃”字讀音，《第九王大令書上》説“郗”“郤”之辨；第三，對一些古文字的考釋提出了自己的看法，如《周寶和鐘説》的“走”字，《弡仲匜辨》的“弡”字等。

（二）謝章鋌

謝章鋌（1820—1903）①，初字崇禄，後字枚如，號江田生，晚號藥階退叟，自稱癡邊人，福建長樂人，祖籍浙江上虞，世居福州。謝章鋌一生著述豐富，文章詩詞皆碩果累累，而以詞學爲尤著。其治學重經學，秉承清儒樸學之風，因此對小學也頗爲措意，在音韻、訓詁等方面均有著述傳世。其文字學著作《〈説文〉大小徐本録異》（下簡稱《録異》），雖非完篇，知名度也不高，但作爲閩省爲數不多的文字學著作，仍然值得我們珍視，特别作爲清代二徐互校的系列作品之一，也有其自身的特色，從中可以看出謝氏在文字學研究方面的見識和成就。

謝氏作《録異》的主要目的是“窺《説文》之真于萬一”，所以他作《録異》並非完全“録而不作”。《録異》中可見謝氏文字學水準的材料，主要是謝氏按語。《録異》一書録二徐之異六百餘條，其中七十餘條加有按語，其按語體現了謝氏的校勘水準，也體現了謝氏對文字學或《説文》學的判斷能力。約有以下數端：第一，引用别人意見，推究《説文》的原貌，如大徐本正文中的某些文字，在小徐本中屬於徐鍇的按語，謝氏則據此認爲“非許氏原文”，比如卷一“禜”字條，大徐本有“《禮

① 關於謝章鋌的卒年，嚴迪昌在《清詞史》（江蘇古籍出版社2001年版，第550頁）中認爲是卒於1888年，陳慶元主编的《賭棋山莊稿本》（江蘇古籍出版社2002年版）、《謝章鋌集》（吉林文史出版社2009年版）等均認爲是卒於1903年，此從陳説。

記》曰：雩禜祭水旱”之語，謝氏據小徐本“《禮記》”上有“臣鍇按”三字，認爲“此非許氏原文也”。第二，根據大小徐本的對照，直接判斷其正誤得失，也間接體現了謝氏對《説文》原本的判斷。如：卷一“藎”字條指出，小徐本“公”作“从”，不誤；“萇”字條指出小徐本“跳”作“銚”，不誤。卷二“廴”字條指出小徐本“从”作“行”，非是。卷五“笑”字條按語云：“小徐本載大徐説，此後人所加。”卷六“枱”字條指出小徐本“桼”作“耒”，不誤。卷七“瓢”字條指出小徐本作“从票，瓠省聲”，似誤；“奧”字條指出小徐本“西”作“東”，似誤；“幅”字條指出小徐本“畐”作“幅”，誤；“幏”字條指出小徐本“南郡”作“臬帬”，似誤；“黻”字條，大徐本作“黑與青相次文”，小徐本“次”作“刺”，謝氏認爲小徐誤，等等。第三，根據許書無“音某”之文，認爲凡標注“音某”者，皆非許氏原文。如大徐本卷二“公”字條的“音司”二字，“昏”字條的“音厥”二字；卷七“帨”字條的“又音稅”三字，小徐本卷四“瞿”字條的“又音衢”三字，謝氏認爲皆後人所加，非《説文》原貌。第四，根據其他一些具體的理由推定《説文》原貌。如小徐本卷五“左”字條，釋文作“手左相佐也”，因“佐”爲“左”之俗字，非許書所有，故以爲非許書原文。以上可以看出，謝氏對《説文》原貌的探求，綜合運用了各種方法，可謂言簡而意賅。謝氏於文字學雖非大家，但亦有善可陳，不應埋沒。

（三）林尚葵、李根

林尚葵，字朱臣，福建侯官（一説莆田）人。李根，字雲谷，福建侯官（一説晉江）人。從有限的資料可以推知，林、李二人同郡，爲明末清初學者，皆精篆籀六書之學，有共同愛好，共著有《廣金石韻府》一書。此書乃根據明代朱時望的《金石韻府》增益而成，按四聲分部，共分爲上平聲、下平聲、上聲、去聲、入聲五卷，每聲之下再按韻來收字：上平聲收 642 字，下平聲收 556 字，上聲收 563 字，去聲收 640 字，入聲收 500 字，全書合計收 2901 字。字頭用楷書，以黑色圓圈標明，大都有反切注音或直音。字頭下依據許慎《説文解字》列出小篆字形，再在其後描出古文之形，小篆和古文都用朱墨書寫，古文皆注明出處。《廣金石韻府》源於宋代《汗簡》《古文四聲韻》《歷代鐘鼎彝器款識法帖》

諸書，是傳抄古文一系的著作，從初步整理的情况看，其書在古文字形資料的收集方面有一定貢獻，書中有關字形之下，作者注明“省文”“假借”等，説明他們對文字結構的省變和用字現象有所考察，值得進一步整理和研究①。

（四）林慶炳

林慶炳，字耀如，福建侯官（今福州）人，是清代愛國學者、詩人林昌彝之子，幼承家學，著有《説文字辨》《周易述聞》等。《説文字辨》書前所録序文及評語，有一些是大宦名家所寫，如陳澧、沈葆楨等，可見其交遊甚廣。《説文字辨》的寫作緣由，林慶炳在《自敘》中説得很清楚。他説：“因世之好古者多，欲書其字而莫得其源，每以殘篆之散見於字書者以爲《説文》正字，或以己意杜撰，而摹篆作楷，反成破體。此徒於字形求之，不知於字義辨之也，然字形不正則字義亦不明，奚可以不辨哉。”可見這是一本根據《説文》辨析字形字義的著作。其做法是摹篆作楷，究心點畫，同時辨析正俗、古今、通假等問題。他的“摹篆作楷”，完全根據小篆的結構以楷書的筆畫進行轉寫，如“吏”作“叓”、“每”作“毐”、“折”作“斦”、“右”作“𠮢”、“走”作“𧺆”、“前”作“歬”等。這實際上就是沿襲傳統“隸古定”的做法，可以稱爲“楷古定”。②“隸（楷）古定”在存古方面有著積極的作用，特别是對於不識之字和結構奇特的文字，通過隸古定的方法予以保存，有利於進一步的研究，現在古文字學界還經常使用。而《説文字辨》的這種“隸（楷）古定”，所定的對象是《説文》的小篆，字皆認識，形已固定，再轉寫爲怪異的形體，顯然没有必要。當然作者的主要目的在於通過轉寫小篆的結構來與通行的字形作比較，在這個角度説，還有一定的意義。該書共對 3310 個篆體字形進行了楷化轉寫，並對其進行形、音、

① 參見林文華《清代金石學著作〈廣金石韻府〉研究》，《福建師範大學學報》2012 年增刊。

② “隸古定”一詞首出於《尚書》孔序，其“隸”當指隸書。但是真正的隸古定古籍（如《尚書》）已不可見，敦煌等地發現的古本《尚書》，雖然號稱隸古定本，其實都是楷古定本。傳世的《穆天子傳》，李遇孫的《尚書隸古定釋文》也是如此。參見林志强《論傳抄古文的形態變化及相關問題》，《漢字研究》第 1 輯，學苑出版社 2005 年版。

義等方面的分析。相當一部分的文字只作了簡單的對比，如“叓，今作吏”之類；有些字如果有細微的區別，也加以説明，如指出篆書之“王”“中畫近上”，與通行的“王”字三横等距不同；如果涉及古今字、異體字、假借字等問題，則參照字書韻書進行辨析①。從這些辨析中可見作者的文字學水準，這方面的情況還需要進一步的研究。

（五）吕世宜

吕世宜（1784—1855），字可合，號西邨，晚年號不翁。出生于金門，長期在厦門居住，後入臺灣。吕氏好古嗜學，研究範圍涉及金石小學和書法，其書法在閩、臺兩地有很高的聲望。其文字學著作《古今文字通釋》菽莊刊本收入《續修四庫全書》，正文共分十四卷，卷首有吕世宜自敘、林維源序、陳棨仁序。該書選擇4353字進行通釋，解説主要根據段玉裁《説文解字注》並進行增删補正，對篆隸正俗之變、文字通假現象等有較多分析，若對段注有不同的意見，作者也作了具體的辯駁。作者根據典籍，補充了許多通假字、古今字、異體字的例證，又根據銅器銘文和碑刻材料對有關文字現象進行佐證。這些都説明《古今文字通釋》在文字學研究方面有一定的成績，值得肯定和闡揚②。

福建自宋代以降文化發達，學者著述豐富。文字學方面的著作，除上文所述之外，根據史籍和地方文獻，尚可找到不少，如明代福清林茂槐的《字學書考》，清代福州陳建侯的《説文撮要》，晉江陳棨仁的《閩中金石略》《説文叢義》等，他們共同豐富了閩籍學者文字學研究的成果，今後需要進一步地收集、整理和研究。

四

以上對閩籍學者的文字學研究情況作了概述，並不全面，今後還需要不斷補充。但通過以上的概述，我們可以發現，閩籍學者的文字學研究，也有一些共同的特點：第一，重視理論的探索和創新，如鄭樵的

---

① 參見徐福豔《〈説文字辨〉字形摹辨體例及得失》，《福建師範大學學報》2012年增刊。

② 參見林奎良《〈古今文字通釋〉研究》，碩士學位論文，福建師範大學，2012年。據王繼洪先生博文，可知2011年郭蓉蓉寫有同名碩士學位論文，但未能在知網上查見。

《六書略》，林義光的《六書通義》，都注重“六書”理論的重新解釋和建構，推動了文字學理論的不斷發展。第二，很重視古文字材料的運用，鄭樵很早就利用金文材料來研究文字的形義關係，有些解釋比《説文》的説法更符合造字本意；林義光更是通過全面的古文字資料來探明字源，研究本形本義；黄伯思、林尚葵、李根、吕世宜等也對銅器銘文和傳抄古文多所關注。第三，大家基本上都是圍繞着《説文》展開研究，都在傳統文字學的框架内探索漢字的奥秘。第四，有些學者之間，在學術上存在着傳承的關係，特别是林義光的研究與鄭樵的研究，有比較明顯的源流關係，這是區域性學術共同體應有的特點。我們把閩籍學者的文字學研究作爲一個區域性案例來考察，不僅考慮空間上的共同點，也注意挖掘其學術研究的共性特點和學術傳承的密切關係。

科學學術史的建構，需要對重要學者的著作進行深入的研究，也需要對衆多一般學者的著作進行全面的解讀。閩籍學者的文字學研究，在全國範圍内，肯定不是最重要的，但也是有特點的，他們的著作是文字學研究的有機組成部分。如果把文字學研究的情況進行斷代的、分區域的全面整理，把大大小小的學者的研究都進行仔細的爬梳，那麽我們所建構的文字學史一定是全面、科學、可信的。

五

對閩籍學者的文字學研究，以往没有專門的梳理。學界對鄭樵的研究，多集中在史學方面，從唐蘭先生開始，才對鄭樵的文字學有一個公允的評價。近年來在對宋元時期的文字學進行研究的課題中，學者多有涉及，如黨懷興先生的《宋元明六書學研究》（中國社會科學出版社2003年版）等，研究在不斷深入，同时也有博士學位論文對鄭樵“小學”成就進行總結，如薄守生有《鄭樵小學研究》（蘇州大學博士學位論文，2009年）等，但把鄭樵放在閩籍學者的陣營裏進行研究，還少有成果，況且他的《六書略》等著作，還有不少内容可以繼續挖掘。林義光的《文源》一書，在研究本形本義及形義關係方面，其卓識新見，屢被學者徵引闡發，引用率頗高，然而從學術史的角度提及林義光之學術貢獻者殊爲少見，對此書進行全面整理的更無一人，因而導致學界對林義光和《文源》還缺乏深入、準確的認識，甚至還存在一定的誤區。至於鄭、林之外的閩籍學者的文字學著作，則基本沒有學者進行研究。

有鑒於此，我們擬對閩籍學者的文字學著作進行整理和研究，推出《閩籍學者文字學著作整理研究叢書》，爲學術史提供具體的案例。我們的選題得到了學術界的支持，先後獲得福建省高校服務海西建設重點項目、全國高等院校古籍整理研究工作委員會項目、國家社會科學基金項目、國家社科基金冷門"絕學"和國別史等重大研究專項項目的資助，在此表示衷心的感謝！本課題涉及的範圍比較大，需要整理和研究的著作有好幾部，已經出版的有《〈文源〉評注》《林義光〈文源〉研究》，即將出版的有《〈六書略〉與〈説文大小徐本録異〉的整理和研究》，另有一些原先擬定的著作，因爲各種原因，暫時還無法出版。由於我們的水平有限，这些成果一定存在疏漏錯誤，敬請大雅方家批評指正。

林志强

2021 年 11 月于福建師大康堂

上　編

《六書略》的整理和研究

林志强　兰碧仙　戴麗玲　龔雪梅

《六書略》（整理本）

（宋）鄭樵　著

整理説明

一、《六書略》是鄭樵《通志・二十略》之一。根據王樹民《通志・二十略・前言》所述，《通志》全書及《二十略》單行本，有元、明、清各種刊本存世，1995 年中華書局所出王樹民點校的《通志・二十略》，即據有關古本校正，因此王樹民點校之本可以作爲比較完善的刊本。1987 年中華書局還根據商務印書館萬有文庫十通本影印出版了《通志》。1990 年上海古籍出版社以明代陳宗夔校刊本爲底本影印出版了《通志略》。1976 年臺灣藝文印書館以 1935 年北京大學影印的元至治本（有沈兼士序）爲底本影印出版了《六書略》，此外還有較通行的欽定四庫全書本。本次對《六書略》的整理，即以王樹民點校本《通志二十略》爲底本（簡稱“王本”），同時參考上述中華書局 1987 年出版的《通志》（簡稱“文庫影本”）、上海古籍出版社 1990 年出版的《通志略》（簡稱“上影本”）、臺灣藝文印書館 1976 年出版的《六書略》（簡稱“藝文本”）① 和四庫全書本（簡稱“四庫本”）。

二、在整理過程中，如有重要異同和相關問題，以脚注方式進行説明。

三、整理本對一些用字情况進行統一處理，如表示文字所从偏旁的術語“从某从某”之“从”，全部用“从”，不用“從”。有些形近易混字，如“臼”與“臼”，“匕”與“匕”，“壬”與“壬”，“釆”與“采”，“皃”與“皃”，“朿”與“束”等，有時徑改，不一一出注。有些版本用異體字、俗體字或異寫字，整理本則徑用正體字。王本、上影本有新加斷句或標點，斷句或標點上的問題，徑改不出注。

---

① 該書由蕭峰教授惠借，謹此致謝。

四、各本豎排，今改横排。爲醒目起見，仿上影本之例，字頭加【】號。

六書略第一

六書圖①

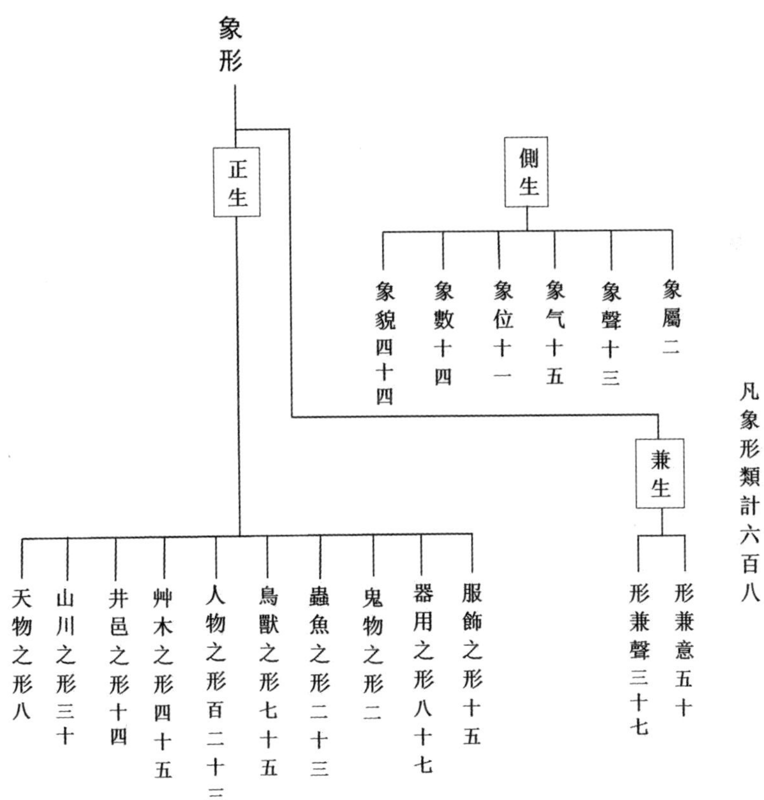

① 此“六書圖”改爲横排方式，參照各本而製，個别綫條有所不同。“象形”圖中“兼生”類下王本、上影本、藝文本作“形兼聲五十”“形兼意三十七”，文庫影本、四庫本作“形兼聲三十七”“形兼意五十”，據書中所列字數，文庫影本、四庫本是，王本、上影本、藝文本誤，此據改；“轉注”圖中“互體别聲轉注”下王本、上影本、藝文本作二百十四，文庫影本、四庫本作二百五十四，據書中所列字數，以作“二百五十四”爲正確。

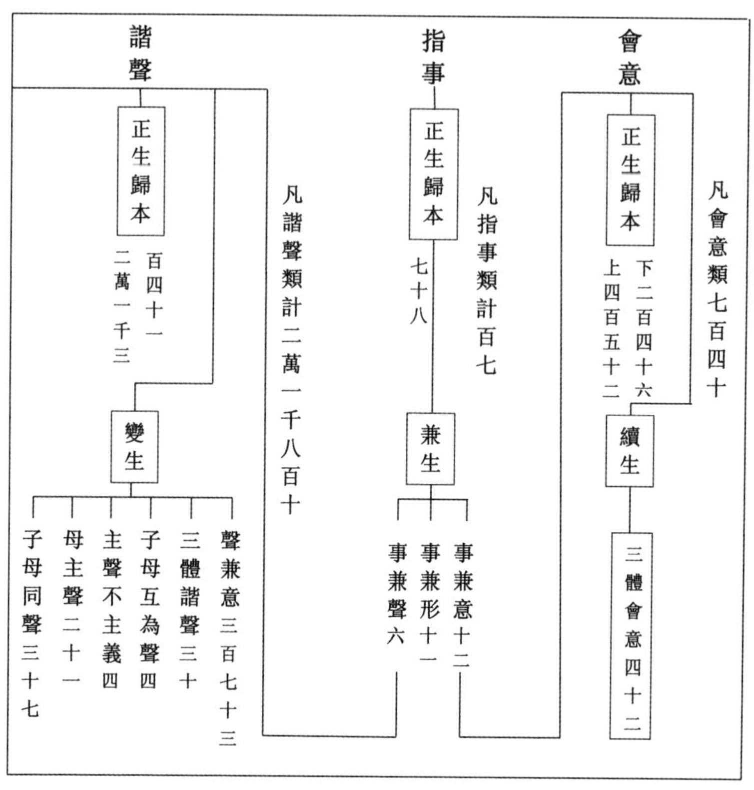
會意
正生歸本
下二百四十六
上四百五十二
續生
三體會意四十二
凡會意類七百四十
指事
正生歸本
七十八
兼生
事兼意十二
事兼形十一
事兼聲六
凡指事類計百七
諧聲
正生歸本
二萬一千三百四十一
變生
聲兼意三百七十三
三體諧聲三十
子母互為聲四
主聲不主義四
母主聲二十一
子母同聲三十七
凡諧聲類計二萬一千八百十

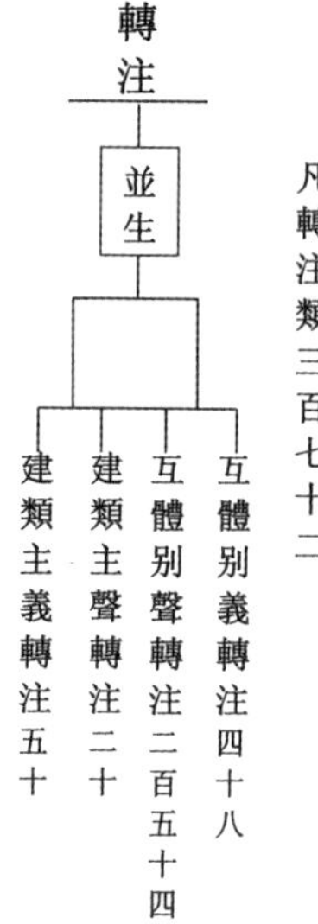
轉注
並生
互體別義轉注四十八
互體別聲轉注二百五十四
建類主聲轉注二十
建類主義轉注五十
凡轉注類三百七十二

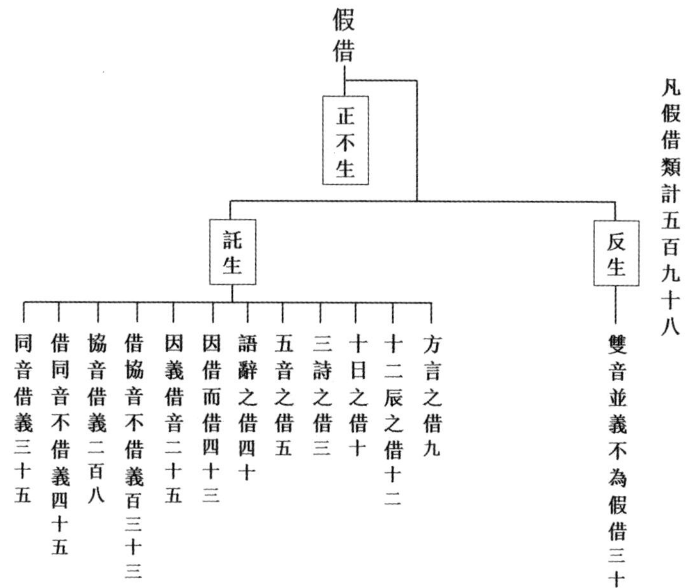

上①六書，總計二萬四千二百三十五。

六書序

經術之不明，由小學之不振；小學之不振，由六書之無傳。聖人之道，惟藉六經。六經之作，惟藉②文言。文言之本，在於六書。六書不分，何以見義？經之有六書，猶奕之有二棋，博③之有五木。奕之變無窮，不離二色；博之應無方，不離五物。苟二棋之無別，則白猶黑也，黑猶白也，何以明勝負？苟五木之不分，則梟猶盧也，盧猶梟也，何以決雌雄？小學之義，第一當識子母之相生，第二當識文字之有間。象形、指事，文也；會意、諧聲、轉注，字也；假借，文、字俱也。象形、指事，一也，象形别出爲指事。諧聲、轉注，一也，諧聲别出爲轉注。二母爲會意，一子一母爲諧聲。六書也者，象形爲本，形不可象則屬諸事，事不可指則屬諸意，意不可會則屬諸聲，聲則無不諧矣，五不足而后假

① 原書豎排，“上”字作“右”，現統一改爲“上”，下同，不再出注。

② 文庫影本作“務”。

③ 藝文本作“愽”，俗寫，以下不一一出注。

借生焉。

一曰象形，而象形之别有十種：有天物之形，有山川之形，有井邑之形，有艸木之形，有人物之形，有鳥獸之形，有蟲魚之形，有鬼物之形，有器用之形，有服飾之形，是象形也。推象形之類，則有象貌、象數、象位、象气[①]、象聲、象屬，是六象也，與象形並生，而統以象形。又有象形而兼諧聲者，則曰形兼聲；有象形而兼會意者，則曰形兼意。十形猶子姓也，六象猶適庶也，兼聲、兼意猶姻婭也。二曰指事。指事之别，有兼諧聲者，則曰事兼聲；有兼象形者，則曰事兼形；有兼會意者，則曰事兼意。三曰會意。二母之合，有義無聲。四曰轉注。别聲與義，故有建類主義，亦有建類主聲，有互體别聲，亦有互體别義。五曰諧聲。母主形，子主聲者，諧聲之義也。然有子母同聲者，有母主聲者，有主聲不主義者，有子母互爲聲者，有三體主聲者[②]，有諧聲而兼會意者，則曰聲兼意。六曰假借，不離音義。有同音借義，有借同音不借義，有協音借義，有借協音不借義，有因義借音，有因借而借，有語辭之借，有五音之借，有三詩之借，有十日之借，有十二辰之借，有方言之借。六書之道，備於此矣。

臣舊有象類之書，極深研幾，盡制作之妙義，奈何小學不傳已久，見者不無疑駭。今取象類之義，約而歸於六書，使天下文字無所逃，而有目者可以盡曉。嗚呼！古者有尉律，所以勑小學也。學童十七已上，始試諷籀書九千字，乃得爲吏。又以八體試之，郡移太史并課，最者以爲尚書史。書或不正，輒舉劾之。夫古文變而爲籀書，籀書變而爲篆隸[③]，秦漢之人習篆隸必試以籀書者，恐失其原也。後之學者，六書不明，篆籀罔措，而欲通經，難矣哉！且尉律者，廷尉治獄之律也，古人於獄訟之書猶不敢苟簡若是，而况聖人之經乎！

---

① 王本、上影本、四庫本作“氣”，文庫影本、藝文本作“气”，《六書圖》亦作“气”，當以作“气”爲是。

② 三體主聲，《六書圖》及《六書略第三》皆作“三體諧聲”。

③ “隸”字或作“隷”，今統一作“隸”。以下有異體而無關重要者，徑改爲通用寫法，不另出注。

象形第一

序曰：書與畫同出，畫取形，書取象，畫取多，書取少。凡象形者，皆可畫也，不可畫則無其書矣。然書窮能變，故畫雖取多而得算常少，書雖取少而得算常多。六書也者，皆象形之變也。今推象形有十種，而旁出有六象。

天物之形

【日】太陽之精，正圓不虧，其中象日烏之形①。

【○】古文“星”，小則爲星，大則爲槃。

【月】太陰之精，多虧少盈，故其形缺。

【天】一大爲天，象天垂②示之形。

【旦】日初出於地上。

【云】古“雲”字，象其形。後人加“雨”，故以“云”爲云曰③之“云”。

【回】古“雷”字。後人加“雨”作“雷”，又作“靁”，省作“雷”。回象靁形，借爲回旋之“回”。古尊罍器多作云回。

【雨】古作𠕲，又作㒳④。㒳即𠕲而成文，雨即㒳而備體。

上八。

山川之形

【丘】⑤象山丘在地。一，地也。

---

① 解釋性的文字，王本、上影本單行排列，文庫影本、藝文本、四庫本雙行排列。今爲方便起見，本書皆單行排列。

② 王本作“埀”，四庫本作“𡍮”，文庫影本、上影本、藝文本作“垂”。此從通常寫法，下同。

③ 王本、上影本、藝文本、四庫本皆作“回”，文庫影本作“曰”。當以作“曰”爲是。

④ “雨”字《説文》古文作[古文字形]、三體石經作[古文字形]、甲骨文作[古文字形]、金文作[古文字形]，皆象下雨之形。《六書略》有關版本所録的字形，因爲造字製版等原因，已失古形。上文據文庫影本而造字。王本後一形作[古文字形]，變形更甚。

⑤ 文庫影本作“𠀉”，避諱缺筆。此類情況不再出注，徑作規范寫法。

【山】[①]

【嵒】[②] 魚銜切。岸也。

【㞧】於口切。山名，在陽羨。

【广】音儼。《説文》："因广爲屋，象對剌高屋之形。"

【厂】呼旱切。山石之厓巖，人可居。

【石】

【嵒】魚咸切。暫嵒也。

【水】坎之體也。從則爲水。

【川】水會爲川。

【〈】即"甽"字，小水爲〈。

【巜】即"澮"字，廣尺深尺曰"〈"，廣二尋深二仞曰"巜"。《書》曰："濬〈巜，距川。"

【泉】本"錢"字，象錢貨之形。自九府圜法行，然後外圓内方。此實錢也，借爲泉水之"泉"，所以生字皆取借義。

【𠂢】蒲糜切。水邪流。

【𠂢】匹卦切。从反永。徐鍇曰："永，長流也，反即分𠂢也。"

【永】象水坙理之長。《詩》曰："江之永矣。"

【土】象物在土中，拆[③]土而出之形。

【凷】即"塊"字，从土一屈，象形。

【㘸】即"坐"字，象人據土而坐之形。

【𠂤】都回切。《説文》："小𨸏也。"

【𨸏】即"阜"字。《説文》："大陸山無石者。"

【𨺅】亦作"障"，音阜。兩阜之間也。

---

① 此字後無釋文。下"石"字情況相同。此類情況不再出注。

② 此"嵒"與"石"下之"嵒"同形，似無區別。因"山""石"二字後無釋文，文庫影本、上影本、藝文本兩"嵒"字分别與"山""石"字相連，王本則在"山""石"後用句號分開。按分開處理更爲合適，此係"山川之形"類，"山""石"應獨立，也符合本類 30 字之數。又此"嵒"音 yán，《説文》歸入"山"部，與《説文》歸入"品"部的"嵒"（音 niè，義爲"多言"，"山"旁中畫更長一些）形近，小篆寫法也略有不同。

③ 王本作"坼"，文庫影本、上影本、四庫本作"拆"。藝文本作"折"，形近而誤。

【鹵】郎古切。《説文》："西方鹹地，从西省，象鹽形。"

【屾】所臻切。二山也。

【磊】魯猥[①]切。眾石也。

【垚】音堯。《説文》："土高也。"

【凹】於交切。窊也。

【凸】陁沒切。出貌。又徒結切。

【冋】昵洽切。凹冋，物低垂貌。

【岳】《説文》："東岱，南霍，西華，北恒，中泰室，王者所以巡狩所至。""嶽"古作"岳"，象高形。

上三十。

井邑之形

【丼】即"井"字。《説文》："八家一井，象井幹之形。其中點者，甕之象也。"

【丹】《説文》："巴越之赤石也，象采丹井。其中之點象丹形。"

【田】象田有所畫疆畛之形。

【高】亦作"高"[②]，象臺觀高之形。从冂口，與倉舍同意。囗即圍字。

【京】《説文》："人所爲絕高丘[③]也。从高省，丨象高形。"

【冂】即"坰"字。邑外謂之郊，郊外謂之野，野外謂之林，林外謂之冂，象遠界。

【䯧】即"郭"字。《説文》："民所度居也。从回，象䯧之重，兩亭相對也。"

【亩】即"廩"字。方曰倉，圜曰亩，上象其蓋。

---

① 王本作"棂"，文庫影本、上影本、藝文本、四庫本作"猥"。《廣韻》落猥切，用"猥"。

② 王本、上影本作"高"，非；文庫影本、藝文本作"高"，是。四庫本作"高"，但字頭作"高"。

③ "丘"，王本作"邱"，文庫影本、上影本、藝文本、四庫本作"丘"，大徐本《説文》作"丘"。

【𡈼】苦本切。今作“壼”。《説文》：“宫中道，从囗，象宫垣道上之形。”引《詩》：“室家之壼。”

【宀】音綿。《説文》：“交覆深屋也。”

【穴】胡決切。象穿土爲室之形。

【畕】居良切。比田也。

【畾】魯水切。田間謂之畾。又盧回切。雷也。

【䨻】音虺。仲䨻，湯左相。闕本義。

上十四。

屮木之形

【㞢】隸作“之”，今作“芝”。象芝出於地。

【丕】从不，不音跗。象華之不萼敷披於地上之形。

【帝】象華蔕之形。

【才】[①] 《説文》：“屮木之初也。从丨，上貫一，將生枝葉，下一，地也。”

【屮】丑列切，又采早切。象屮木初生，有二葉附芽而出。

【屯】株倫切。象屮木初自地出，从屮貫一。一象地也。

【丵】仕角切。叢生屮。

【丯】音介。《説文》：“屮蔡[②]也。象屮生之散亂也。”

【未】木之滋也，於木有加焉。一曰，木生未遂也。

【木】上象枝榦，下象根荄。

【𣎵】[③]牙葛切，又牛代切。木屈頭不出也。

【桑】木之類惟桑葉茂，故《詩》曰：“桑之未[④]落，其葉沃若。”从叒，象葉盛也。

【𠌶】華英也。華皆五出，故象五出之形。

---

① 王本作“扌”，誤；文庫影本、上影本、藝文本、四庫本作“才”，是。

② 王本作“蔡”，誤；文庫影本、上影本、藝文本、四庫本作“蔡”，是。大徐本《説文》作“蔡”。

③ 王本作“𣎵”，非；文庫影本、上影本、藝文本、四庫本作“𣎵”，是。

④ 文庫影本作“木”，非。

【𠂹】音垂。象艸木華葉垂敷之形。

【马】乎感切。象艸木之華未發[①]，马然之形。

【卤】田聊切。象艸木之實垂卤卤然。

【朿】七賜[②]切。木芒也。

【麥】从來，象其實也。从夊[③]，象其根也。

【來】《說文》："周所受瑞麥來麰，一來二麰，象芒朿[④]之形。《詩》曰：'貽我來麰。'"

【禾】象根葉及垂穗之形。

【秀】茂盛也。象根蘊盛而禾高茂。

【米】象禾實之形。

【朩】[⑤]匹仞切。枲莖皮也。从中，从八，象枲之皮莖。

【尗】音叔。豆也，象豆生之形。

【韭】象韭芽初生於地上之形。

【瓜】象葉芘其實也。

【耑】音端。《說文》："物初生之題也。上象生形，下象其根。"

【禾】[⑥]音稽。木之曲頭，止不能上也。

【桼】今作漆。《說文》："木汁可以髹物，象形，桼如水滴而下。"

【不】音跗。象華萼蔕之形。《詩》曰："常棣之華，萼不韡韡。"

【火】象火形。又魚燕借爲尾象。

【个】竹枚也。

【乇】陟格切。艸葉也。从垂穗，上貫一，下有根。一，地也。

【桀】《說文》："磔也。从舛在木上。"一曰，高[⑦]木也。

---

① "發"，四庫本作"發"。

② 各本皆作"亡暘"，與"朿"音不諧。"朿"字《廣韻》七賜切。從字形判斷，"亡暘"顯係"七賜"之誤，此據改。上影本"朿"作"束"，形近而誤。

③ 王本、四庫本作"夕"，誤；文庫影本、上影本、藝文本作"夊"，是，此據改。

④ 上影本、四庫本作"束"，形近而誤。

⑤ 此字篆作"𣎳"，一般隸定爲"朩"，亦有隸作"朩"者，與"艸木盛朩朩然"之"𣎳"的隸定之形混同。王本、上影本、藝文本作"朩"，下从"个"，略訛。

⑥ 王本作"尗"，文庫影本、四庫本作"禾"，上影本作"木"，皆誤。藝文本不誤。

⑦ 文庫影本作"商"，形近而誤。王本、上影本、藝文本、四庫本作"高"或"髙"，是。

【枽】弋涉切。木葉也。

【果】木實也。

【朶】《説文》:“木之垂朶朶也。”

【芔】詡鬼切。隸作“卉”。艸之總名。

【茻】音莽。蕨類，繁薈而叢生。一曰，衆艸。

【艸】象艸並出之形。

【芻】《説文》:“刈艸也。象包束艸之形。”

【㢴】胡先切。艸木马盛也。

【秝】郎擊切。稀踈適也。一曰，歷也，季从禾，歷从二禾，皆以禾爲節。歷亦作厤[①]。

【𣏟】[②]匹卦切。《説文》:“葩之總名。”

【𠆸】勇主切。《説文》:“本不勝末，微弱也。”

上四十五。

人物之形

【人】象人立也。

【七】[③]今作“化”。《説文》:“變也，从到人。”臣按，道家謂，順行則爲人，逆行則爲道，人死則歸于土，道則離人，故能變化而上升。

【ㄐ】古文“殄”字。从反匕。

【身】人身從，禽畜[④]身衡。此象人之身。

【儿】古文奇字，人也。“人”象立人，“儿”象行人。立有所負，行有所戴。

【兒】《説文》:“孺子也。象小兒頭囟未合。”

【兂】[⑤]今作“簪”。《説文》:“从人匕，象簮形。”

---

① 四庫本作“麻”，形近而誤。

② 此字通常隸作“𣏟”。

③ 王本、上影本、藝文本作“匕”，不確。

④ 王本作“禽獸”，文庫影本、上影本、藝文本作“禽畜”。

⑤ 王本、上影本作“旡”，不確。

【皃】《説文》："頌儀也。从白[①]，象人面之形。"

【皃】今作"弁"。象戴弁之形。

【兜】公户切。《説文》："廱蔽。从人，象左右皆蔽之形。"

【兜】[②] 當侯切。兜鍪，胄也，象人戴胄之形。

【禿】象人之髮禿少，如禾之芒爾。

【𦣞】與之切。顄也。

【面】《説文》："顔前也。从𦣻[③]，象人面。"

【𩠐】隸作"首"，从𦣻，从巛。巛象髮，謂之鬊，鬊即巛也。鬊，舒閏切。

【𦣻】書九切。頭也。

【県】古堯切。斬𩠐到縣，故从到𩠐。

【長】展兩切。在人上者，故古文从上，从人。後之爲字者，因古文而成體，其上則象發號施令，其下則象垂衣裳之形，从匕，所以化下也。其實本古文之𠑼耳。

【元】人頭也。从二，从儿。二，古文上字，象人頭。儿，象其身。

【大】《説文》："大象人形。"又曰："大人也。"

【亦】《説文》："人之臂亦也。从大，象兩亦之形。"今則作"腋"。

【夫】《説文》："丈夫也。从大，一以象簪也。周制以八寸爲尺，十尺爲丈。人長八尺，故曰丈夫。"

【夭】於兆切。《説文》："屈也。从大，象形。"又古老切，不長也。

【夨】[④]阻力切，又力結切。傾頭也。

【亢】古郎切，又寒剛切。《説文》："人頸也。从大省，象頸脉形。"

【交】交脛也。

【尣】烏光切。《説文》："𡯂[⑤]，曲脛[⑥]也。从大，象偏曲之形。"

---

① 文庫影本"白"作"日"，筆畫脱落。《説文》："皃，頌儀也。从人，白象人面形。"

② 文庫影本、上影本、藝文本、四庫本作"兠"，俗體。

③ 文庫影本、上影本、藝文本、四庫本作"百"，形近而誤。

④ 各本皆作"夨"，隸定不同。

⑤ 此字所从之"皮"，各本作"攴"或"支"，寫訛。

⑥ 各本作"頸"，誤。

【夲】土刀切[1]。《説文》："進趣[2]也。"臣按，夲與交、㐱同意，交以脛之交，㐱以脛之偏，夲以脛之進。

【𠆢】[3]他達切。象人形。亦作"大"。

【立】象人立地之上。从大，人也。一，地也。

【夓】今作"夏"。《説文》："中國之人也。从夊，从頁，从臼[4]。臼，兩手。夊，兩足。"

【囟】[5] 息進切。《説文》："頭會𡿺[6]蓋。"

【心】[7]

【耳】

【耴】陟涉切。耳垂也。

【手】

【女】象婦人斂容儀之形。

【母】从女，象褱子之形。又曰，象乳子。

【毋】武扶切。《説文》："止之也。从女，有奸之者。"

【也】《説文》："女陰也。"

【民】氓也。象俯首力作之形。

【而】《説文》："頰毛也。"

【力】筋也。力由筋以生，故象筋之形。

【甲】象人被甲之形。故古文甲从人頭。

【子】

【𠫓】[8] 他骨切。《説文》："不順出。𠫓，到子。"

---

① 王本作"士力切"，形近而誤。此字亦隸定爲"夲"，如若滔。

② 王本作"進也"，漏"趣"字。

③ 此即《説文》籀文"大"，篆作"亣"。《説文》："籀文大，改古文，亦象人形。"文庫影本、上影本、四庫隸作"𠆢"。

④ 或作"臼"，上影本作"日"，皆形近而誤。

⑤ 四庫本作"囱"，寫訛。

⑥ 《説文》作"𡿺"，王本同。文庫影本作"腦"，藝文本、上影本、四庫本作"堖"。

⑦ 此"心"字及下"耳""手""子""口"下無釋文。文庫影本、上影本、藝文本、四庫本把無釋文的字頭與下字連在一起，不作區隔，非是。以下類似情況不再一一出注。

⑧ 文庫影本、上影本、藝文本皆作"厶"，非是。

【了】盧鳥切。脛之椎骨。

【⼔】丁了切。男子陰。

【孑】居桀切。《説文》："無右臂。"

【孓】居月切。《説文》："無左臂。"

【厶】息夷切。陰謂之厶，與⼔同體。

【口】

【㗊】牛刀切。諠也。

【咢】魚各切。驚動也。

【走】从夭，从止。止，足也。夭象人之仰首張足而奔之形。

【止】象足趾。

【㐅】他達切。《説文》："蹈也，从反止。"

【步】行也，象二趾相前後。

【癶】蒲末切。足相戾而躓也。

【辵】丑略切。从彳，从止。彳，行也。止，足也。象足而行也。隸作辶。

【彳】丑亦切。小步也。象人脛三屬相連也。

【亍】丑玉切。《説文》："步止也。从反彳。"

【廴】余忍切。《説文》："長行也。从彳引之。"

【行】从彳，左步也。从亍，右步也。左右步俱舉而後爲行者。

【牙】《説文》："牡齒也。象上下相錯之形。"

【足】象股脛下屬於趾之形。

【疋】所葅切。《説文》："足也。上象腓腸，下从止。"

【舌】象吐舌之形。

【谷】極虐切。口上阿也。从口，上象其理。

【㐭】他感切。吐舌皃。

【㐭】他點切。舌皃。

【壬】如林切。象懷妊之形，與巫同意。

【廾】居竦切。竦手也。

【廾】普班切。引也。从反廾[①]。

【臼】[②] 居玉切。叉[③]手也。

【要】伊消切。《説文》:“身中也,象人要自臼之形。”

【申】以書告上也。从象書,从臼,捧書也。

【曳】余制切。委地而行。

【爪】側絞切。《説文》:“丮[④]也,覆手曰爪。”

【爪】止兩切。丮也,與爪相向。

【爪】[⑤] 居六切。掬也。覆手掬也。

【丮】紀劇切。持也,象手有所丮據也。

【𠃨】居玉切。持也。从反丮。

【鬥】都豆切。从丮,从𠃨[⑥],象對敵之形。

【又】《説文》:“手也。三指者手之列,多略不過三也。”

【𠂇】音左。左手也。

【𠃋】[⑦] 音肱。臂上也。

【丑】械其手也。

【彗】旋芮切。《説文》:“掃竹也。从又持甡。”

【夬】古邁切。《説文》:“分決也。从又、𠃉,象決形。”徐鍇曰:“𠃉,物也,丨所以決之。”又古穴切[⑧]。

【目】《説文》:“人眼,重童子也。”

【䀠】恭于[⑨]切。从大。大,人也,象人具兩目之形。

---

① 王本作“廾”,形近而誤。

② 王本、文庫影本、上影本、四庫本皆類似“臼”形,形近而誤。文中多見,徑改,不一一注明。

③ 王本、藝文本、四庫本作“义”,形近而誤。上影本作“叉”,是。《説文》:“臼,叉手也。”

④ 王本作“𠃨”,排版造字之誤。

⑤ 文庫影本、上影本、藝文本、四庫本以上三字形體近同,書寫、造字或排版之誤。

⑥ 王本作“丮”,與前“丮”重複,誤。

⑦ 王本此作“乚”,形近而誤。

⑧ “𠃉”王本、上影本作“口”,文庫影本、四庫本作“中”,皆形近而誤。“𠃉”,各本均作“工”,形近而誤。“穴”,王本、文庫影本、上影本、四庫本作“宂”,形近而誤。

⑨ 上影本“于”作“千”,形近而誤。

【𥄎】① 古倦切。目圍也，如鼻間兩目之形。

【眉】旻悲切。《説文》:“目上毛也。从目，象眉之形，上象額理也。”

【自】疾二切。鼻也，象鼻形。又始生之子亦爲自。

【幺】於堯切。《説文》:“小也，象子初生之形。”

【吕】脊骨也。

【予】余吕切。《説文》:“推予也，象相予之形。”

【骨】《説文》:“肉之覈也。从冎有肉。”

【冎】古瓦切。剔人肉置其骨也。

【肉】外象臠，中象肉理。

【巫】《説文》:“祝也。女能事無形以舞降神者，象人兩褎舞形，與工同意。古者巫咸初作巫。”②

【舛】昌兖切。《説文》:“對卧也。从反牛相背。”

【夒】美㳑切。《説文》:“𡿺盖也，象布包覆腦，下有兩臂，而夂在下。”或作𡖳，莫坎切。③

【夂】楚危切。《説文》:“行遲曳及夂④，象人兩脛有所躧也。”

【夊】陟侈切。《説文》:“从後至也，象人兩脛後有致之者。”

【久】⑤ 《説文》:“从後灸之，象人兩脛後有距也。”引《周禮》:“久諸牆以觀其橈。”

【疒】音疾。《説文》:“人有疾病，象倚著⑥之形。”

【首】⑦ 徒結切。目不正也。或作𦬡，象目生花之形。

【尸】主所祭之神而託於人，故象人之形。

---

① 各本作“𥃩”，不確。

② “祝”，上影本作“柷”，形近而誤。“褎”，《説文》作“褏”，王本作“裹”，形近而誤。藝文本該字中間部分模糊不清，應與“裹”同。

③ “布”，《説文》作“皮”。“夂”，王本作“攵”，形近而誤。

④ “及”，《説文》作“夊”。王本、上影本均在“及”下斷句。“及夂”之“夂”，王本誤作“攵”。

⑤ 上影本、藝文本、四庫本近似於“夂”，形近而誤。王本、文庫影本作“乆”，訛體。

⑥ 王本、上影本、四庫本作“着”。《説文》作“箸”。

⑦ 王本、上影本、文庫影本、藝文本字頭作“首”，形近而誤。

【包】《説文》："象人褭妊，巳在中，象子未成形。"

【쬯】[1] 古懷切。背吕也，象脅肋之形。

【吅】音喧。驚呼也，象並口呼之象。

【㗊】側立切。眾口也。

【䀠】九遇切。左右視也。

【从】相聽也。

【比】毗志切。相聽爲从，反从爲比。

【北】蒲昧切。乖也。从二[2]人相背。

【㐺】魚音切。眾立也。

【㚘】薄旱切。並行也。

【竝】隸作"並"。併也。

【孖】津之切。一産二子也。

【頭】須兖切。選具也。闕本義。

上百二十三。

鳥獸之形

【𦫳】工瓦切。羊角也。

【丫】於加切。物之歧[3]頭者。

【釆】[4] 蒲莧切。獸之迹也，象指爪之分。

【羊】孔子曰："牛羊之字以形舉。"

【莧】[5] 胡官切。羊細角。

【牛】《説文》："象角頭三封尾之形。"

【臾】音牢。象圈養之狀。

【牽】象牽牛之狀。

【角】

---

① 王本作"𠂹"，形近而誤。

② 王本、上影本作"一"，誤。

③ 藝文本、文庫影本、四庫本作"岐"。

④ 各本作"采"，形近而誤。

⑤ 上影本作"莧"，形近而誤。

【虍】荒胡切。《説文》："虎文也。"按，此象虎而刳其肉，象其皮之文。

【虎】象虎踞而回顧之形。

【毛】《説文》："眉髮之屬及獸毛也。"

【尾】象毛在後體之形。

【豕】

【豖】勑六切。豕絆足行。

【豙】魚記切。豕怒毛起。

【彑】居例切。豕之頭。

【豭】何加切。从彑[①]，下象其足。

【彖】通貫切。豕走也。

【希】羊至切。《説文》："脩[②]豪獸。一曰：河内名豕也。从彑，下象毛足。"

【豸】池爾切。《説文》："獸長脊，行豸豸然，欲有所司殺形。"又丈蟹切。蟲無足。

【兕】徐姊切。如野牛而青。古作"兕"。

【易】羊益切。《説文》："蜥蜴、蝘蜓、守宫，象形。祕書説，日月爲易，象陰陽也。"

【禺】牛具切。母猴。

【象】《説文》："象，長鼻牙，南越大獸，三年一乳，象耳牙四足之形。"古作"𤉢"。

【馬】

【馵】何關切，又胡關切。《説文》："馬一歲也。从馬，一絆其足也。"亦作"㥬"[③]。

---

① 王本、文庫影本作"互"，形近而誤。

② 王本"修"。

③ 各本字頭作"馵"，末字作"㥬"，當正。按作"馵"，是將"馬"字的四點連爲一横，"一絆其足"之"一"作一竪，合爲"十"形。"馵"又隸定爲"𩡧"，把其中的"十"形居左，則作"㥬"，《集韻·删韻》："𩡧，《説文》：'馬一歲也'。亦書作㥬。"各本"㥬"作"㥬"，是因爲把"十"誤作"忄"所致，猶如"博"亦作"愽"。"何關切"，各本均誤作"何開切"。

【馵】[①] 朱戍切。馬後左足白。

【䭾】陟立切。絆馬也。

【鹿】

【廌】宅買切。獬廌獸，似山牛，一角。古者決獄，令觸不直。

【㲋】丑略切。似兔，青色而大。

【兔】

【犬】《説文》："狗之有垂[②]蹏者也。孔子曰：'視犬之字如畫狗。'"

【尨】莫江切。犬之多毛者。

【犮】蒲撥切。《説文》："走犬皃。从犬而丿之，曳其足則剌犮也。"

【鼠】

【能】奴來切。獸也。又爲三足鼈。

【熊】羽弓切。《説文》："獸似豕，山居，冬蟄。"

【巤】良涉切。《説文》："毛巤也，象髮在囟上，及毛髮巤巤之形。"[③]

【离】音離，又音摛。《説文》："山神獸也。歐陽喬説：'离，猛獸也。'"

【禹】《説文》："蟲也。"或曰，獸類。

【禺】符未[④]切。如人被髮。一名梟羊。

【萬】無販切。《説文》："蟲也。"

【禼】私列切。《説文》："蟲也。"

【嘼】許救切。《説文》："犍也，象耳頭足厹地之形。"

【血】象薦血之形。

【革】象獸之皮。凡取皮者必張之，頭角尾足皆具焉。

【皮】象以手剥取其皮之形。

---

① 各本字頭作"鼻"，省其中四點。下"䭾"字各本亦省其中四點。

② "垂"，各本同，《説文》作"縣"。

③ "囟"，王本、四庫本作"匈"，形近而誤。"巤巤"，文庫影本、藝文本、四庫本後一"巤"字作"鼠"（藝文本上部从"臼"），形近而誤。

④ 各本"未"作"朱"，形近而誤。

【夔】渠追切。《説文》："神魖也。如龍，一足，象有角足[①]人面之形。"

【夒】奴刀切。《説文》："貪獸也。一曰母猴。"又奴冬切。

【鳥】

【烏】

【焉】鳶也。

【朋】音鳳。《説文》："神鳥也，五色備舉，出於東方君子之國，見則天下安寧。"

【舄】七約切。即鵲也。

【雈】胡官切。《説文》："鴟屬。从隹从丫，有毛角。"[②]

【隹】《説文》："鳥之短尾總名也。"

【羽】鳥長毛也。

【彡】所銜[③]切。《説文》："毛飾畫文也。"

【刅】之忍切。《説文》："新生羽而飛也。"

【几】音殳。《説文》："鳥之短羽，飛几几也。"[④]

【弱】亦作"弱"。《説文》："橈也。上象橈曲，彡象毛氂[⑤]。橈弱也。弱物并，故从二弓。"

【歰】色入切。《説文》："不滑也。从四止。"臣按，獸畜少滑者，有四止也。

【西】古作"卤"。鳥在巢上，象形。

【巢】《説文》："鳥[⑥]在木上曰巢，在穴曰窠。"

【飛】《説文》："鳥翥也。"

【匔】權俱切。脯挺也。匔猶芻也，芻象束艸，匔象束脯。

---

① "足"，各本同，《類篇》亦同。《説文》作"手"。

② 王本、上影本、藝文本字頭作"萑"，與"艸多貌"的"萑"混同。下"丫"，各本誤作"艹"或"廾"。"丫"，《説文》作"𦫳"。

③ 王本、藝文本作"銜"，異體。

④ 各本作"几"，形近，不確。

⑤ "氂"，《说文》作"犛"。

⑥ 上影本作"烏"，形近而誤。

【雙】所江切。雙鳥。

【雥】徂合切。羣鳥。

【虤】五閑切。虎怒也。

【賏】音鸎。頸飾也。

【豩】悲巾切。二豕也。

【犾】語巾切。兩犬相齧也。

【毳】充芮切。《説文》："獸細毛也。"

上七十五。

蟲魚之形

【魚】其中从夂，象鱗。其下似火，象尾。

【燕】[①]《説文》："玄[②]鳥也。籋口，布翄，枝尾。"

【乙】魚腸也。又魚鰓骨。

【虫】許偉切。《説文》："一名蝮，博三寸，首大如擘指。象其卧形。物之微細，或行，或毛，或蠃，或介，或鱗，以虫爲象。"

【蜀】《説文》："葵中蠶也。从虫，上目象蜀頭形，中象其身。"

【它】湯河切。《説文》："虫也。从虫而長，象冤曲垂尾形。上古艸居患它，故相問'無它乎？'"或作蛇。又時遮切。

【龜】《説文》："頭與它同。天地之性，廣肩無雄。龜鼈之類，以它爲雄。象足甲尾之形也。"

【黽】莫杏切。《説文》："鼃黽也。从它，象形。"

【虯】渠幽切。龍子有角者。

【卵】盧管切。《説文》："凡物無乳者卵生。"臣按，此象蟲之卵附著於木枝之形，如雀甕螵蛸之類是也。

---

① 文庫影本、藝文本、四庫本作"燕"，寫異。

② 文庫影本、四庫本作"元"，避諱。

【鯀】公渾切。鯤，魚子。[①]

【鰾】魚胞也[②]。

【巴】《説文》："蟲也。或曰，食象蛇。"

【丁】蠆尾也。又爲著物之丁。

【卜】灼剥龜也，象炙[③]龜之形。

【兆】灼龜坼也。

【丙】魚尾也。

【貝】《説文》："海介蟲也。居陸名猋，在水名蜬。象形。古者貨貝而寶龜，至秦廢貝行錢。"

【矛】時刃[④]切。堪矛，魚名。

【贔】平秘切。贔屭，鼇也。一曰雌[⑤]鼇爲贔。

【䲆】語居切。二魚也。

【䖵】音昆。蟲之總名。

【蟲】《説文》："有足謂之蟲，無足謂之豸。"

上二十三。

鬼物之形

【鬼】象鬼魅之形。

【甶】敷物切。鬼頭也。

上二。

---

① 此條字頭各本均作"卵"或"卵"，疑承上"卵"字條而誤。據其反切與釋義，當即"鯀"或"鯤"字。因釋文有"鯤"字，故字頭當作"鯀"。《集韻·魂韻》"鯤……或作鯀。"《爾雅·釋魚》："鯤，魚子。"郭璞注："凡魚之子，總名鯤。""魚子"之"魚"，文庫影本、上影本、藝文本、四庫本作"無"，王本作"魚"，當以王本爲是。

② 此條字頭各本均作"白"，疑誤。據"魚胞"之義，當即"鰾"字。《類篇》："鰾，魚胞也。"亦見《康熙字典·魚部》"鰾"字條。

③ 上影本、藝文本、四庫本作"炙"，寫誤。

④ 各本皆作"時丑切"。按"矛"字未見"時丑切"之音，《集韻·震韻》注爲"時刃切"，"時丑切"當爲"時刃切"之訛。俗書"丑""刃"相混。

⑤ 上影本作"惟"，形近而誤。

器用之形

【弋】橜也。象折木衺鋭著形。从𠂈[①]，象物挂之也。

【戈】《説文》："平頭戟也。"

【亅】音橜，逆鉤也。

【𠄌】居月切。《説文》："鉤識也。从反亅。"又株衛切。劒戟皃。

【丁】古本切。鉤逆鋩也。

【𠃊】[②] 於謹切。《説文》："象迟曲隱蔽形。"

【匚】甫良切。《説文》："受物之器也。"

【甾】今作"甾"。東楚名缶曰甾[③]。

【瓦】象甆瓦之形。

【弓】

【弓】徒案切。《説文》："行丸也。"[④]

【几】亦作"己"。踞几也。周禮有五几。

【囧】俱永切。象窻[⑤]牖漏明。

【且】子余切。《説文》："薦也。从几，足有二横，一其下，地也。"臣按，此即俎豆之俎。

【且】[⑥] 淺野切。薦也。

【斤】斧屬，象曲柄之形。

【斗】《説文》："十升也。象形，有柄。"

【升】《説文》："十龠也。从斗，亦象形。"

【斝】古雅切。玉爵也，象形。與爵同意。一曰，斝受六升。又居迓切。鬱尊。

---

① 《説文》作"𠂆"，王本作"𠂈"，上影本作"弋"。

② 字頭"𠃊"，文庫影本、藝文本、四庫本作近似"乙"之形，王本、上影本作"乚"。

③ 各本字頭作"甾"，則釋文"今作'甾'"無義。此據古文形體作"甾"。徐灝《説文解字注箋》："隸變作甾。""缶"字文庫影本、上影本、藝文本、四庫本作"缶"。

④ 大徐本《説文》："彈，行丸也。"《六書故·工事三》："弓，又作彈。"

⑤ 王本、文庫影本作"窗"，異體。

⑥ 上影本作"且"。徐鍇《説文解字繫傳》："且，古文以爲且。"

【矛】《說文》："酋矛也。建於兵車，長二丈。"

【車】

【軎】于歲切。車軸耑也。

【酉】即卣也。卣即尊也。

【册】以韋編竹爲書。

【玉】象貫玉之形。

【玨】即"琴"字。

【主】之庾切。《說文》云：知庾切①。象鐙，"鐙中火主也"。鐙中主，火餤之形。

【弗】楚限切。燔肉器。

【干】象干戟之形。

【屰】魚戟切。於古爲"戟"字。

【庚】鬲之類，故亦有三足。

【率】捕鳥畢也。

【鬲】鼎屬。《說文》："實五觳。斗二升曰觳。象腹交文，三足。"

【珏】訖岳切。二玉相合爲一珏。

【融】古禾切。《說文》："秦名土釜曰融。"亦作"鬲"②。

【丸】胡官切。《說文》："圜傾側而轉者，从反仄。"

【叏】他刀切。戎鼓大首謂之叏。从又，象手執之也。

【叉】初加切。象叉物之形③。

【籋】④ 尼輒切。箝也，象竹篾交錯成物之狀。

【盾】食閏切。《說文》："瞂也。所以扞身蔽目。"

【華】北潘切。《說文》："箕屬。所以推棄之器也。"又璧吉切。

【畢】《說文》："田罔也。从華⑤，象畢形微也。"

---

① 大徐本《說文》亦"之庾切"。

② 各本作"鬲"，不確。

③ 王本、藝文本、四庫本"叉"作"义"，文庫影本印刷不清，亦近"义"，形近而誤。

④ 各本字頭作"爾"，誤。

⑤ 上影本作"華"，形近而誤。

【冓】古候切。《説文》:“交積材也，象對交之形。”①

【壴】中句切。《説文》:“陳樂立而上見也。”

【皿】《説文》:“飯食之用器也。”

【豈】可亥切。樂器，與壴同體。

【豆】《説文》:“食肉器也。”

【豊】音禮。行禮之器。

【豐】《説文》:“豆之滿者。一曰《鄉飲酒》有豐侯者。”自是器名。

【登】② 禮器也，象肉在豆中之形。

【缶】《説文》:“瓦器。所以盛酒漿。秦人鼓之以節歌。”

【矢】《説文》:“从入，象鏑栝③羽之形。古者夷牟初作矢。”

【矦】即“矦”字。射矦也。④

【䠶】⑤ 即“射”字。象張弓發矢之形。

【臼】⑥《説文》:“舂也。古者掘地爲臼，其後穿木石。”

【兩】古作“㒳”⑦。二十四銖爲兩。象秤形。

【冃】⑧ 莫報切。《説文》:“小兒蠻夷頭衣也。”

【舟】古作“𠥓”⑨，隸作“月”⑩。

【方】併船也。象兩舟省總頭形。

【𦨈】逆及切。象人持舟之形。

【尺】昌石切。《説文》:“十寸也。人手卻十分動脈爲寸口。十寸爲尺。周制，寸、尺、咫、尋、常、仞諸度量，皆以人之體爲法。”

---

① 各本字頭作“冓”，不確；王本、上影本“交積材”作“交積林”，誤。

② 此字頭文庫影本、上影本、藝文本、四庫本作“登”，王本作“登”，據其釋義，王本是。“登”字《説文》歸“豆”部，“登”字《説文》歸“癶”部。

③ 王本、上影本作“括”，形近而誤。文庫影本、藝文本、四庫本作“栝”，《説文》作“栝”。

④ “矦”字王本作“侯”，同。

⑤ 此字頭各本同，然非古“射”字隸定，疑有誤。

⑥ 藝文本、四庫本作“臼”，形近而誤。

⑦ 上影本作“兩”，誤。

⑧ 王本作“月”，形近而誤。

⑨ 此字各本如此，不知來源。

⑩ 王本作“月”。

【卩】今作“節”。符信也。象相合之形。

【𠬝】則侯切。左卩也。合符有二，與者執左，取者執右。

【勺】之若切。《説文》：“挹取。凹[①]象形，中有實。與包同意。”

【壺】《説文》：“昆吾圜器也。”臣按，禮經古有壺，何必取于昆吾。

【疊】新室改爲“疊”。从晶，从宜。宜，盛社肉之器，象肉多之形，與豊、登同意。

【正】諸盈切。射的也。《詩》曰：“終日射侯，不出正兮。”

【乏】扶法切。从反正，藏矢之具。

【丏】彌兖切。避箭短牆。

【刀】

【刃】象刀有刃之形。

【匕】必履切。小刀也。

【办】楚良切。

【片】《説文》：“判木也。”

【爿】音牆。殳也。亦判木也。

【鼎】《説文》：“三足兩耳，和五味之寶器也。《易》卦，巽木於下者爲鼎，象析木以炊也。”

【門】

【户】闔爲門，偏爲户[②]。

【傘】亦作“繖”。穎旱切。蓋也。

【宁】直吕切。當屏間也。

【業】《説文》：“大版也。所以飾鍾鼓。捷業如鋸齒，以白畫之。象其鉏鋙相承也。从丵从木。木象版[③]。《詩》：‘巨業維樅。’”

【樂】逆角切。《説文》：“五聲八音總名。象鼓鞞木虡也。”

【乘】食陵切。《説文》：“覆也。从入桀。桀，黠也。軍法曰乘。”

---

① “凹”字各本同，大徐本《説文》無。王本斷爲“挹取凹”，不通。大徐本《説文》作：“挹取也。象形，中有實。與包同意。”

② 本條的解釋也包括上條“門”的意義。

③ 《説文》作“象其鉏鋙相承也。从丵从巾。巾象版”。

【匸】[①] 音徯。《説文》："衺徯，有所俠藏也。"

【區】踦區，藏匿也。从品在匸中。品，衆也。

【㽗】[②] 今作"曲"。象器曲受物也。

上八十七[③]。

服飾之形

【衣】象人披衣之形。

【㐆】即"衣"字。从向身[④]。

【衰】蘇禾切。《説文》："艸雨衣。"

【巾】佩巾也。从冂，丨象糸也。

【巿】[⑤] 分勿切。《説文》："韠也。上古衣蔽前而已，巿以象之。"

【帶】《説文》："紳也。男子鞶帶，婦人鞶[⑥]絲。象繫佩之形。"

【㡀】毗祭切。敗衣也。

【网】今作"網"，《説文》："庖犧氏始結繩以漁。"

【㫃】音祈。象旗斿之形。

【勿】州里所建旗，象其柄有三斿。

【㫃】於阮切。旌旗之斿也，左象人執旗杠，右象旗斿。

【㫃】丑許切。旌旗杠皃。

【系】胡計切。繫也。从系而有所著焉。

【糸】莫狄切。《説文》："細絲也。象束絲之形。"

【圖】象圖畫之形。

上十五。

---

① 上影本作"亡"，誤。

② 各本同。此字作爲"曲"之古文，似乎僅見於《六書略》。《漢語大字典》和《中華字海》均引《六書略》爲説。

③ 上實八十六字，或因传抄漏落一字。

④ 字頭"㐆"當是"𠂣"之訛變，讀爲"衣"。"从向身"，各本同，即《説文》之"从反身"，詳本書第四章第二節。

⑤ 王本、四庫本作"市"，形近而誤。

⑥ 大徐本《説文》作"帶"。

象貌

【八】象分別之皃。

【入】《説文》:“象从上俱下也。”

【爻】象交加通疏皃。

【㸚】力几切。象希明之皃。

【丨】音衮。上下通皃。

【爽】通疏而明皃。

【𠀎】空媧切。物不齊也。一曰,𠀎邪,離絕皃①。

【冖】② 莫狄切。覆物之皃。

【冃】莫保切。重覆皃。

【青】苦江切。幬帳之象。从冃,覆也。从之,飾也③。

【襾】④ 呼訝切。《説文》:“覆也。从冂,上下覆之。”

【𡈼】⑤ 他鼎切。《説文》:“象物出地挺生也。”

【王】于况切。象物出地而盛也。

【生】象艸木出土上。

【丰】敷容切。艸盛丰丰也。

【朿】縛也。又舂遇切⑥。約也。

【丌】居之切。象薦物之皃。

【畀】必至切。《説文》:“相付與之。約在閣上也。”

【亓】渠之切。象播物之皃。

---

① 王本、藝文本、文庫影本字頭作“𡗝”,“𠀎邪”作“𡗝邪”,稍異。按,《類篇·四上》:“𠀎,空媧切。物不齊也。”

② 字頭各本作“冂”,形近而誤。

③ “青”字《廣韻》“苦角切”,此處“苦江切”,或有誤。从“之”者,謂字上部之“土(㞢)”也。

④ 文庫影本、藝文本、四庫本字頭作“而”,不確。

⑤ 王本、文庫影本、上影本、四庫本字頭作“壬”,形近而誤。藝文本不誤。

⑥ “朿”字《廣韻》“書玉切”。《集韻》“舂遇切”,文庫影本、王本、藝文本、四庫本同,上影本作“春遇切”,《類篇》也作“春遇切”,“春”可能是“舂”之誤。“舂遇切”之前有個“又”字,可以推測《六書略》是根據字書,把“舂遇切”作爲“朿”的又一音來處理,与“書玉切”相對。

【耈】常句切。“老人行才相逮。从老省，易省，行象。”

【文】《説文》：“錯畫也。象交文。”

【勹】音包。《説文》：“裹也。象人曲形有所包裹。”

【凶】《説文》：“惡也。象地穿交陷其中。”

【乚】居月切。乚㇀[①]，動皃。

【㇀】居謁切。乚㇀，動皃。

【卂】息進切。《説文》：“疾飛也。似[②]飛而羽不見。”

【非】違也。从飛下翍，取其相背。

【氏】與“民”同體，象民俯首力作之皃。

【丩】居虯切。《説文》：“相糾[③]繚也。一曰瓜瓠結丩起。”

【冄】而談切。《説文》：“毛冄冄也。”

【叕】陟劣切。象聯綴之皃。

【乂】魚廢切。芟艸也。从丿，从乀，相交也。又牛蓋切，創乂，懲也。

【毌】古患切。穿物皃也。

【串】古患切。穿也。

【囗】音韋。象環繞之狀。

【至】象鳥飛而至地之皃。

【小】象水之微也。

【㕣】音兖。《説文》：“山間泥地。从口，从水敗皃。”

【录】音禄。《説文》：“刻木录录也。”

【亝】[④] 音齊。象禾麥吐穗，上平也。

【厽】[⑤] 力軌切。象累土石爲牆壁也。

① “乚㇀”，各本作“也㇀”，下“㇀”字條同，當是“乚㇀”之誤。《字彙補・丿部》：“㇀，乚㇀，動貌。”

② “似”，各本同，《説文》作“从”。

③ “糾”字上影本、藝文本誤作“斜”。

④ 各本字頭作“厽”，實爲“亝”字之誤。《説文》：“亝，禾麥吐穗上平也。”

⑤ 文庫影本、王本、四庫本、藝文本字頭作近似篆體之“△△”，大概是力求與上條“亝”的誤字“厽”相區別。

【臣】[1] 象人臣事君，屈服之皃。

【翏】力弔切。高飛皃。从㐱，㐱者，羽之稠也。

【燹】敷文切[2]。又蘇典切。野火皃。

上四十四。

象數

【一】

【二】

【三】

【亖】

【㐅】音五。

【五】

【七】

【九】

【十】

【千】

【廿】日執切。二十并也。

【卅】蘇沓切。三十并也，亦作卉。

【世】三十年。

【卌】息入切。四十并也。一、二、三、亖，象正數，餘并合數。

上十四。

象位

【上】

【下】

【中】

---

① 各本作“𦣝”，寫異。

② “燹”字之“敷文切”，當是“燹”的同義字“焚”字之音。《正字通》“焚”音“敷文切”。《六書略》録自《類篇》。

【㫄】亦作“旁”。象位取聲。

【亼】音集。象三方合。

【丿】房密切，又於兆切，又匹蔑切。右戾也。

【乀】分勿切。左戾也。

【丆】余制切。《説文》：“抴也。”徐鍇曰：“象丿而不舉首。”

【乁】弋支切。《説文》：“流也。从反丆。”又以制切。曳足也。又力結切。左戾也。

【𠂇】今作“左”[①]。

【又】今作“右”。

上十一。

象气[②]

【气】亦作“氣”。象气上升之狀。

【只】語已之辭。象言訖而气散。

【䰜】郎激切。歷也。象孰飪，五味气上出也。

【白】疾二切。《説文》：“此亦自字也，省自者，詞言之[③]气從鼻出，與口相助也。”

【曶】亦作“𦥠”。音忽。《説文》：“出气詞也。从曰，象气出形。”

【丂】音考。《説文》：“气欲舒出。勹[④]上礙於一也。”

【丆】虎何切。訶也。从反丂。

【兮】《説文》：“語所稽也。从丂，从八，象气越丂。”

【乎】語之餘也。一曰，疑辭。

【乃】《説文》：“曳詞之難也。象气之出難。”

【于】《説文》：“於也，象气之舒。”

【平】《説文》：“語平舒。从于，从八。八，分也。”

---

① 藝文本、四庫本“左”作“𠂇”，上影本作“尤”，誤。

② 王本作“氣”。

③ 文庫影本、四庫本作“乏”。

④ 各本作“勹”，不確。

【㕣】舊作“兑”①。説也。徐鉉曰：“从口，从八，象气之分散。”

【欠】《説文》：“張口气悟也。象气從人上出之形。”

【旡】隸作“旡”。音既②。《説文》：“飲食气逆不得息曰旡。从反欠。”

上十五。

象聲

【牟】《説文》：“牛鳴也。从牛，象其聲，气从口出。”臣按，此象其開口出气，蓋聲無形，不可象。

【芈】綿婢切。《説文》：“羊鳴也。象聲气上出。與牟同意。”

【嚻】虚嬌切。《説文》：“聲也。气出頭上。”

【吴】《説文》：“大言也，从夨口。”徐鍇曰：“大言故夨③口以出聲。”

【轟】呼宏切。《説文》：“羣車聲也。”

【喿】先到切。鳥在木上羣鳴也。

【曰】王伐切。象口气出也。口气出，聲乃發。

【号】胡到切。《説文》：“痛聲也。从口在丂上。”

【㗊】郎丁切。象眾聲④。

【㗊】尼輒切。多言之聲。

【彭】薄庚切。鼓聲也。从彡，象擊聲。

【砳】力摘切。石聲也，二石相擊而成聲。

【㸒】魚巾切。《説文》：“兩虎爭聲。从曰，象口气出也。”

上十三。

---

① 文庫影本作“舊文‘兑’”。

② 文庫影本“既”作“鳥”，誤。

③ 王本“夨”作“矢”，形近而誤。

④ 王本字頭作“㗊”，非是；上影本“郎丁切”作“卽丁切”，誤。

象屬

【巳】①

【亥】十日、十二辰皆假借，惟巳、亥爲正書者，以其日辰不可名象，惟取同音而借，巳亥無同音之本，故無所借。巳不可爲也，象蛇之形而爲巳。亥不可爲也，象豕之形而爲亥②。

上二。

形兼聲

【齒】从止③聲。

【聿】余律切。筆也。从聿一。聿，尼輒切。

【殳】長丈二尺，軍中士所持。司馬法曰："執羽从杸。"亦音殊。

【箕】今作"箕"。《説文》："簸也。从竹，𠀠，象形。下其丌也。""𠀠"亦爲"箕"字，"丌"亦音"箕"。

【笠】④ 即"互"字。《説文》："可以收繩也。从竹，象形。互象人手所推握也。"

【曐】今作"星"。晶，象星之散明。生，象其發渙也。

【禽】《説文》："走獸總名。从厹，象形，今聲。禽、离、兕頭相似。"

【厹】人九切。《説文》："獸足蹂地也。象形，九聲。"按，九亦象足幹。

【戉】王伐切。斧也。从戈𠄌。𠄌音厥，象斧刃。

【金】《説文》："象金在土⑤中形，今聲。"

---

① 藝文本作"己"。

② 本條的解釋内容包含上條"巳"字，與一般的分條解釋不同。"巳"字藝文本或作"己"、四庫本作"已"。

③ 上影本、藝文本"止"作"上"，誤。

④ 上影本、藝文本、文庫影本、四庫本字頭作"笠"，下"互象人手所推握"之"互"，或作"⺬"，寫異。

⑤ 文庫影本、四庫本"土"誤作"上"。

【屵】五葛切[①]。《説文》："岸高也。从山厂。厂亦聲。"

【龍】《説文》："从肉飛之形，童省聲。"

【韋】《説文》："相背也。从舛，囗聲。獸皮之韋，可以束枉戾。"

【齨】巨九切。《説文》："老人齒如臼也。"

【鬵】犂針切。以水沃竈中火也。

【厷】姑宏切。臂上也。从厶。厶音肱。

【䮡】今作"䮡"。判也。

【辦】今作"辨"。判也。从力，从辡。辡，平免切，别也。

【辯】《説文》："治也。从言在辡之間。"

【辮】匹見切。斷也。或言韋中絕也。

【畝】今作"畂"[②]。《説文》："六尺爲步，步百爲畂。或作畝。从田十久。"徐氏曰："十四方也，久聲。"

【虡】舅許切。今作"虡"。《説文》："鐘鼓之柎也。飾爲猛獸，从虍，異象其下足也。"

【舝】胡戛切。《説文》："車軸耑鍵也。兩穿相背。从舛，萬省聲。萬，古偰字。"

【舜】隸作"舜"。《説文》："艸也。楚謂之葍[③]，秦謂之藑。蔓地連華，象形。从舛，舛亦聲。"

【雩】况于切。《説文》："艸木華也。"臣按，从亏雖聲，亦象蒂蕚。

【疒】當經切。病創。一曰，倚也。人有疾病，象倚著之形。又尼厄切。

【裘】[④] 亦作"裘"。《説文》："皮衣也。从衣，求聲。一曰象形，與衰同意。"

【㲋】《説文》："豕也。後蹏廢謂之㲋。从彑，矢聲。从二匕。㲋足與鹿足同。"

【奰】乙獻切。《説文》："大皃。从大，㗊聲。"按，㗊雖聲，亦象人

① 上影本作"正葛切"，"正"字誤。

② "畂"，文庫影本、四庫本作"畒"，藝文本作"畞"。

③ 上影本"葍"作"菌"，誤。

④ 各本字頭作"裘"形。

之面目。

【淵】亦作“𣶒”。《説文》：“回水也。从水，象形。左右，岸也，中象水皃。”臣按，水復加𣶒，是爲形兼聲。

【滷】籠五切。西方鹹地也。鹵象鹽形，今以爲聲。

【靁】今省作“雷”，古作“畾”。

【絣】音關。《説文》：“从絲，貫杼也。”卝①，古“礦”字。

【疁】今作“疇”。从𠷎。時流切。象耕屈之形。

【所】魚斤切。二斤也。

【頛】音末。《説文》：“頭不正也。从頁，从耒。耒，頭傾也。”

【頩】音弁。冠傾也。

上三十七。

形兼意

【龠】《説文》：“樂之竹管，三孔，以和眾聲。”臣按，从册，象編竹。从亼，从吅，集眾聲也。亼音集，吅音吟。

【寸】《説文》：“十分也。人手卻一寸動衇謂之寸口。从又，从一。”又曰：“寸，人手也。”又曰：“法度也。”

【耒】《説文》：“手耕曲木也。从木推丰。古者垂作耒梠，以振民也。”臣按，丰亦音耒，象形。

【彤】《説文》：“丹飾也。从彡，彡其畫也。”

【皀】皮及切。《説文》：“穀之馨香也。象嘉穀在裹中之形。匕，所以扱之。或説，皀，一粒也。”

【鬯】《説文》：“以秬釀鬱艸，芬芳攸服，以降神也。从凵，器也，中象米，匕所以扱也。”

【鬱】紆勿切。《説文》：“芳艸也。十葉爲貫，百廾貫築以煑之爲鬱。从臼、冂、缶、鬯。彡，其飾也。”臣按，鬱之上體與爨同意，象煑鬱之

① “卝”，上影本、文庫影本作“廾”，形近而誤。

形。从彡，所以飾鬯也[①]。

【爵】篆作“𩰫”[②]。《説文》：“禮器也。象爵之形，中有鬯酒，又持之也。”

【舂】《説文》：“擣粟也。从廾持杵臨臼上。午，杵省也。”[③]

【臿】楚洽切。《説文》：“舂去麥皮也。从臼，干[④]所以臿之。”

【函】容也。

【舀】以沼切。《説文》：“抒[⑤]臼也。从爪臼。”引《詩》：“或簸或舀[⑥]。”夷周切。

【臽】乎韽切。《説文》：“小阱也。从人在臼上。”

【頁】胡結切。頭也。从百，从儿。

【廾】[⑦] 居容切。竦手也。

【𢍏】渠龜切。《説文》：“持弩拊也。从廾肉。”

【兵】《説文》：“械也。从廾持斤，并力之皃。”

【弄】玩也。謂寶玉可玩。

【弃】捐也。

【具】《説文》：“共置也。从廾，从貝[⑧]省。古以貝爲貨。”

【戒】警也。从廾持戈，以戒不虞。

【奐】呼貫切。《説文》：“取奐也。”

【共】同也。古作𢀜。

---

① 上影本“紆勿切”作“紓勿切”，誤；各本“𦥑”或作“臼”，形近而誤；“缶”作“缶”，異寫。“百廾貫”，大徐本同，段注本據《周禮注》作“百廿貫”，是。

② 王本“𩰫”作“爵”，與字頭無異，非是。

③ 藝文本“舂”字下部所从之“臼”及釋文中的“臼”字皆誤爲“𦥑”。下“臿”“舀”“臽”各條同，不一一出注。

④ 王本作“千”，上影本作“于”，皆形近而誤。

⑤ 各本作“杼”。大徐本《説文》作“抒”。當以“抒”爲本字。《説文·手部》：“抒，挹也。”

⑥ 文庫影本、四庫本作“臼”，誤。

⑦ 此字字頭，文庫影本似作“𢌬”，王本、上影本、藝文本、四庫本作“廾”。按“廾”即“𠬞（廾）”。《説文》：“𠬞，竦手也。”隸變作“廾”。《集韻·鍾韻》：“廾，竦手也。或作𢌬。”

⑧ 文庫影本、上影本、四庫本作“具”，形近而誤。

【兆】直紹切。灼龜坼也。

【肩】[①] 經天切。髆也。俗作“肩”。

【胃】今作“胃”。《説文》：“穀府也。从𡇒，从肉，象形。”

【脊】篆作“𦟝”。《説文》：“背吕也。从𠦬[②]，从肉。”

【彪】必幽切。虎文也。

【𩰫】勑合切[③]。和五味以烹也。

【盥】古玩切。《説文》：“澡手也。从臼水臨皿。”

【羈】居宜切。馬絡頭也。从网，从𩊚。𩊚，馬絆也[④]。

【須】《説文》：“面毛也。从頁，从彡。”

【彤】篆[⑤]作彤。船中也。

【鬼】《説文》：“从人，象鬼頭。鬼陰气賊害，从厶。”

【魅】明祕切。《説文》：“老精物也。从鬼彡。彡，鬼毛。”

【粦】良刃切。《説文》：“兵死及牛馬之血爲粦。”徐鍇曰：“舛者，人足也。言光行著人。”

【夾】失冉切。《説文》：“盜竊褱物也。从亦有所持。俗謂蔽人俾夾是也。从二入。”今陜郡之字从此[⑥]。

【𢇍】今作“絕”。《説文》：“斷絲也。从糸，从刀，从卩。古作𢇍。象[⑦]不連體，絕二絲。”

【素】篆作“𦃃”。《説文》：“白緻繒也。从糸、𠦬，取其澤也。”

【蠆】《説文》：“毒蟲也。”

【蠤】上同。

【畺】今作“疆”。《説文》：“界也。从畕，三其界畫也。”

【鬭】音斗。《説文》：“酒器也。从金，𣁋象器形。”𣁋亦音斗。

---

① 文庫影本、上影本、藝文本、四庫本作“肩”，王本作“肩”，皆隸古定體，有所不同。

② 各本“𠦬”作“𠂹”，誤。《説文》作“𠦬”。

③ 王本、上影本作“勑合切”。

④ 本條“羈”“𩊚”兩字，各本均省“馬”中四點。

⑤ “篆”字上影本作“象”，誤。

⑥ “今陜郡之字从此”句，非《説文》語，王本歸入《説文》，非是。類似情況不一一説明。

⑦ “象”字上影本作“篆”，誤。

【䢅】今作“障”，音阜。《説文》：“兩𨸏之間也。”

【酋】《説文》：“繹酒也。从酉，水半見於上。《禮》有大酋，掌酒官也。”

【虐】今[1]省作“虐”。《説文》：“殘也。从虍，虎足反爪人也。”

【䛡】户快切。合會善言也。

【㠭】知衍切。極工者也。《説文》：“从四工。”又象疊物之形。

【炎】火光上也。

【焱】以冉切。火華也。又以贍切。焱焱，火盛皃。

上五十。

凡象形類，計六百八。

指事第二

序曰：指事類乎象形。指事，事也；象形，形也。指事類乎會意。指事，文也；會意，字也。獨體爲文，合體爲字。形可象者曰象形，非形不可象者，指其事曰指事。此指事之義也。

【尹】《説文》：“治也。从又丿，握事者也。”

【史】篆作“𠭘”[2]。記事者。《説文》：“从又持中。中，正也。”

【外】《説文》：“遠也。卜尚平旦，今夕卜，於事外矣。”

【与】賜予也。《説文》：“一勺爲与。”

【丈】《説文》：“十尺也。从又持十。”篆作“支”。

【羊】忍甚切。《説文》：“撖也。从干[3]，入一爲干，入二爲羊，言稍甚也。”

【㢟】陟利切。《説文》：“礙不行也。从叀，引而止之也。叀者如叀馬之鼻。从此與牽同意。”叀音專。

【事】職也。與吏同意也。

【聿】尼輒[4]切。《説文》：“手之疌巧也。从又持巾。”

---

① “今”字上影本作“金”，誤。

② 文庫影本、上影本、藝文本作“𡗝”，不確。

③ 文庫影本、上影本、藝文本、四庫本“干”作“于”，形近而誤。

④ 上影本、藝文本、四庫本作“輙”，俗體。

【隶】徒耐切。《説文》："及也。从又从尾省。又持尾者，从後及之也。"尾，今作"尾"。

【玄】《説文》："黑而有赤色者玄。象幽而入覆之也。"

【叀】今作"專"。《説文》："小謹也。从幺省；屮，財見也。"

【爭】[①] 象二手而競一物之狀。

【㥯】倚謹切。《説文》："所依據也。"

【𤔔】今作"亂"。《説文》："治也。幺子相亂，𠬪，治之也。"

【亯】今作"享"。《説文》："獻也。从高省，曰，象進孰物形。"

【夅】乎江切。《説文》："服也。从夂、㐄，相承不敢並也。"

【柬】賈限切。《説文》："分别簡之。从束八。八，分别也。"

【帚】止酉切。《説文》："糞也。从又持巾埽冂内。古者少康初作箕、帚、秫酒。少康，杜康也。"

【弔】多嘯切。問終也。古之葬者，厚衣之以薪。故弔者必持弓貫矢，警烏鳶也。

【冘】余箴切。《説文》："冘冘，行皃。从人出冂。冂即坰也。"

【兀】《説文》："高而上平也。从一在人上。"

【古】《説文》："故也。从十、口。識前言者也。"又音故。古作"𠖠"。

【畏】今作"畏"。《説文》："惡也。从甶，虎省。鬼頭而虎爪，可畏也。"

【产】五委切。《説文》："仰也。从人在厂上。"

【仄】《説文》："側傾也。从人在厂下。"

【直】《説文》："正見也。从乚，从十，从目。"徐鍇曰："乚，隱也。今十目所見，是直也。"

【亡】篆作"亾"。《説文》："逃也。从人，从乚。"乚音隱。

【辛】去虔切。辠愆也。从干二。二，古文上字。干上則爲辠矣。或

① 文庫影本、藝文本、四庫本作"争"，用簡體。

曰：干亦爲豣字，在豣獄之上，則辠愆之人也。[①]

【辛】辛，辠也。辛，被辠者也。故辛視辛而有加焉。[②]

【曳】羊朱切。《説文》："束縛捽拙爲曳。从申，从乙。"臣按，从臼[③]，从人，則有捽拙之義。

【百】篆作"百"。从自。自一至十十爲百。

【言】牙葛切。《説文》："語相訶歫也。从口歫辛。辛，惡聲也。"

【章】《説文》："樂終[④]爲一章。从音，从十。十，數之終也。"

【竟】《説文》："樂曲盡爲竟。从音，从人。"

【叟】音沒。《説文》："入水有所取也。从又在回下。回，古文回。回，淵水也。"

【及】逮也。从又，从人。徐鍇曰："及前人也。"古文作㇏。秦刻石作㇏[⑤]。

【善】篆作"譱"。古作"譱"。《説文》："吉也。从誩，从羊。此與義、美意同。"

【美】《説文》："甘也。从羊，从大。羊在六畜主給膳也。美與善同。"

【肎】今作"肯"。《説文》："骨間肉肎肎箸者也。"又可亥切。

【奇】《説文》："異也。从大，从可。"

【昷】篆作"昷"。烏昆切。《説文》："仁也。从皿，从囚。食囚也。官溥説。"

【全】純玉也。从入，从王。古作"仝"。

---

① 字頭"辛"，文庫影本、上影本、藝文本、四庫本作"辛"。"去虔切"，上影本作"去度切"，非是。

② 文庫影本、四庫本前"辛"字作"辛"，後"辛"字作"辛"；上影本前"辛"字作"辛"，後"辛"字作"辛"，但最後一横改作短横；藝文本前"辛"字作"辛"，後"辛"字無誤。

③ "臼"，藝文本無誤，文庫影本模糊不清，王本、上影本作"臼"，形近而誤。

④ 《説文》"終"作"竟"。

⑤ 《説文·又部》："及，逮也。从又，从人。㇏，古文及，秦刻石及如此。弓，亦古文及。"按鄭氏所録"及"字古文，乃《説文》之弓，其所録秦刻石之㇏（各本轉録字形有所變異），並非《説文》所録古文字形。又按鄭氏研究過石鼓文，石鼓文"及"字作㇏，或即鄭氏所謂秦刻石之"及"，而字形與"㇏"不類，或因隸定轉録失真所致。

【内】入也。从冂，自外而入也。

【夃】攻乎切。《説文》："秦以市買多得爲夃。"引《詩》："我夃酌彼金罍。"从夕，从乃。乃，益至也。又果五切。

【言】从二，从舌。二，古文上字。自舌上而出者，言也。

【音】《説文》："聲也。从言含一。"

【晝】《説文》："日之出入，與夜爲界。从畫省，从日。"

【再】《説文》："一舉而二也。"

【爯】處陵切。《説文》："并舉也。从爪冓省。"

【甘】《説文》："美也。从口含一。一，道也。"臣按，此象甘物含而不去之狀。

【叵】普火切。不可也。从反可。

【央】《説文》："中央也。从大在冂之内。大，人也。央、旁同意。"

【隺】胡沃切。《説文》："高至也。从隹上欲出門。"

【𣆪】今作"厚"。厚也。从倒亯，謂上之所以亯下，可謂厚下矣。

【㒸】起戟切。《説文》："際見之白也。从白，上下小見。"

【𢀡】[1] 祖財切。《説文》："害也。从一雝川。"引《春秋傳》曰："川雝爲澤，凶。"

【㢶】[2] 今作"弗"。兩已相背。

【公】《説文》："平分也。"臣按，从八，从厶，所以别厶也。

【𠦬】今作"乖"。戾也。从𠔁。𠔁，彼列切。

【介】畫也。《説文》："从八，从人。人各有介。"

【分】别也。以刀分别物也。

【谷】象谷形。从口，能應聲之義。

【夕】《説文》："莫也。从月半見。"

【𥄕】[3] 於交切。深目皃。从目反也。

【負】亦作"負"。房九切。《説文》："恃也。从人守貝，有所恃也。

① 文庫影本、上影本、四庫本作"巛"，誤。

② 文庫影本、上影本作"亞"，不確。

③ "𥄕"爲"窅"字異體。《集韻·爻韻》"窅，深目皃。或作𥄕。"文庫影本、上影本、四庫本"𥄕"字下部作"比"，王本下部作"比"，皆不確。

一曰，受貸不償。”

【貨】蘇果切。《説文》：“貝聲也。从小貝。”

【員】今作“負”[①]。于權切。數也。徐鍇曰：“古以貝爲貨，故數之。”

【皀】博抱切。《説文》：“相次也。从匕，从十。鴇从此。”

【艮】篆作“𥃩”。《説文》：“狠也。从目匕。匕目猶目相比不相下。《易》曰：‘𥃩其限。’目匕爲𥃩，𠤎目爲真。”[②]

【㐱】之忍切。《説文》：“稠髮也。从彡，从人。”引《詩》曰：“㐱髮如雲。”

【令】篆作“侖”[③]。力政切。《説文》：“發號也。从亼卪。”徐鍇曰：“集而爲之，節制也。”

【赤】《説文》：“南方赤色也[④]。从大，从火。”

【夰】古老切。《説文》：“放也。从大而八分也。”又下老切。

【㚔】尼輒切。《説文》：“所以驚人也。从大，从羊。一曰，大聲也。一曰，俗語以盜不[⑤]止爲㚔。”

【羌】墟羊切。《説文》：“西戎牧羊人也。从羊，从人。”

上七十八。

事兼聲

【用】《説文》：“可施行也。从卜，从中。”

【庸】《説文》：“用也。从用，从庚。庚，更事也。《易》曰：‘先庚三日。’”

---

① 文庫影本、上影本、王本、四庫本作：“員，今作‘員’。”藝文本作：“員，今作‘負’。”按《廣韻·仙韻》：“負，《説文》作‘員’。物數也。”《正字通·貝部》：“負，隸文員字。”據此，當以藝文本爲是。

② “狠”，《説文》作“很”。“从目匕”，《説文》作“从匕目”；“目匕爲𥃩”，《説文》作“匕目爲𥃩”。按“艮”字《説文》屬“匕”部，“真”字《説文》歸“𠤎”（音“化”）部，故末句當作“匕目爲𥃩，𠤎目爲真”。“匕”“𠤎”形近，各本多混同。

③ “侖”，王本作“仓”。

④ 大小徐本《説文》皆作“南方色也”。

⑤ 王本、上影本“不”字作“下”，誤。

【甫】《説文》："男子美稱。从用父。"

【菐】蒲沃切。煩瀆也。从廾，从丵[①]。又方六切。

【今】《説文》："是時也。从亼，从乛。乛，古文及字。"

【舜】逋還切。《説文》："賦事也。从八，八亦聲。"

上六。

事兼形

【支】《説文》："去竹之枝也。从手持半竹。"

【吏】《説文》："治人者也。"徐鍇曰："吏之治人，心主於一，故从一。"臣疑吏、史之字象人形，吏从一，象簪，與夫之一同。按《説文》，夫从一，象簪也。

【父】《説文》："矩也。家長率教者。"臣按，人道尊又，故父於又有加焉。父向左，子向右，是尊卑相向之義也。

【幺】今作"幻"。相詐惑也。从到予。

【爭】象二手而競一物之狀。

【戊】亡撫切。从戈，前垂象盾。執戈揚盾，所以爲武。戊即武也。

【引】《説文》："開弓也。从弓丨。"

【申】有所上也。从臼，从丨。丨象束書，臼而上之也[②]。

【克】篆作"亨"。《説文》："肩也。象屋下刻木之形。"臣按，今匠者治材，刻之以承上木，則曰肩。

【亘】今作"宣"。上下象天地，中即雷字，雷所以發宣天地之气。

【畫】胡麥切。《説文》："界也。象田四界。聿所以畫之。"

上十一。

事兼意

【歬】今作"前"。人在舟上，不行而進，故《説文》："不行而進謂

---

① "丵"，各本作"丵"，下多一横。

② 前"臼"字，王本作"臼"，文庫影本、上影本、四庫本、藝文本作"曰"；後"臼"字，王本、文庫影本、、四庫本、上影本作"臼"，藝文本無誤。

之爿。”

【爨】七亂切。《説文》：“齊謂之炊爨。臼象持甑，冂爲竈口，廾推林内火。”臣按，此説頗迂，爨上象竈以安甑，下象廾而焚也。

【妥】平小切。受也。从爪，从又，象爪取而手受之也。

【奴】財干切。《説文》：“殘穿也。从歺①，从又。”臣按，歺，殘骨也。又，取之也。然凡从奴者，皆有深意。

【曹】篆作“𣍘”。《説文》：“獄之兩曹也，在廷東。从棘，治事者。从日。”

【寒】《説文》：“凍也。从人在宀下，以茻薦覆之，下有仌。”

【侵】《説文》：“漸進也。从人又持帚，若埽之進。又，手也。”

【義】《説文》：“己之威儀也。从羊。”與②善、美同意也。

【后】《説文》：“繼體君也。象人之形。从口，施令以告四方也。”

【司】《説文》謂“臣司事於外者”，是矣；謂“从反后”，非也。司，向后者也。

【邑】《説文》：“國也。从囗；先王之制，尊卑有大小，从卩。”

【邑】怨阮切。向邑成文，即花苑之“苑”。

上十二。

凡指事類，計百七③。

六書略第二

會意第三上

序曰：象形、指事，文也；會意，字也，文合而成字。文有子母，母主義，子主聲。一子一母爲諧聲。諧聲者，一體主義，一體主聲。二母合爲會意。會意者，二體俱主義，合而成字也。其别有二，有同母之合，有異母之合，其主意則一也。

---

① 文庫影本、上影本、藝文本、四庫本作“步”，當是譌體。

② “與”，王本作“与”，上影本、藝文本、四庫本作“㸦”。

③ 藝文本後有“卷終”二字。

【社】《説文》:“地主也。《春秋傳》曰:‘共工之子句龍爲社神。’”一曰,《周禮》:“二十五家爲社,各植其土[①]所宜之木。”

【祟】雖遂切。神之變也。又説律切。

【祝】職救切。詛也。又之六切。告神之語。

【瑞】《説文》:“以玉爲信也。从玉耑。”徐鍇曰:“耑,諦也。”

【班】分瑞玉也,故从刀。

【斑】駁文也。

【琫】房六切。《説文》:“車軨間皮篋。古者使奉玉以藏之。”又筆力切,又蒲蒙切。

【毒】徒沃切。厚也。害人之草,从中从毐[②]。

【熏】篆作“熏”。《説文》:“火煙上出也。从中,从黑。中黑,熏象也。”[③] 又吁運切。灼也。

【蒐】艸[④]名。《説文》:“茅蒐茹藘。人血所生,可以染絳。”

【芟】除艸也。

【春】篆作“萅”。《説文》:“推也。从艸,从日。艸春時生。屯聲。”

【苗】稼生曰苗。又《説文》:“艸生於田者。”

【若】《説文》:“擇菜也。从艸、右。右,手也。”

【尖】壯咸切。鋭也,火形鋭。

【尟】思淺切。《説文》:“是少也。”又宣遇切。或作“尠”。

【孰】乃后切。乳子也。

【尖】思嗟切。少也。

【番】符袁切。又補過切。獸足謂之番。从采[⑤],从田,象足履於田也。

---

① “土”,文庫影本作“上”。

② “毐”,王本、上影本、四庫本作“毒”,藝文本作“毐”,文庫影本辨别不清。

③ “中”,四庫本作“草”

④ “艸”,四庫本作“草”。以下“芟”“春”“苗”“若”中的“艸”字,四庫本均作“草”,不另注。

⑤ “采”,文庫影本、王本作“采”,形近而誤。

【宷】式荏切。《說文》："悉也。宷，宷諦也。"徐锴曰："宀，覆也。釆[①]，别也。包覆而深别之。"篆文作"審"。

【悉】息七切。詳盡也。古作"悤"[②]。

【角】樞玉切。牴也。古作"牪"[③]。

【犇】逋昆切。牛羣走也。

【奥】郎刀切。閑養牛馬圈也，此象圈養之狀。《說文》謂"从牛，冬省，取其四周帀"之説，謬矣。或从穴。

【告】牛觸人，角著横木也。

【吹】吹氣也。

【吽】於金切。牛鳴。

【咶】火夬切。又呼刮切。息也。又胡化切。言也。

【喜】許已切。又許記切。悦也。或作"憘""歖"。

【名】《說文》："自命也。从口[④]，从夕。夕者，冥也。冥不相見，故以口自名。"臣按，此説非也。大凡義理，但見其説不徑直即不爲實義。名从口見義，从夕見聲。

【启】遣禮切。《說文》："開也。"

【咸】《說文》："皆也。从口，从戌。戌，悉也。"[⑤]

【各】《說文》："異辭也。从口、夂。夂者，有行而止之，不相繼也。"臣按，在上爲夂，陟紀切。在下爲夊，音綏，則有行義。

【吉】善也。从士，从口。士君子之口，無非善言。

【咠】即入切。咠咠，語也。或作"咠"。又七入切。《詩》："咠咠幡幡。"又一入切。

【喆】今作"哲"。智也。古亦作"嚞"。

【嚻】牛刀切。諠也。或作"囂"。又虚嬌切。

---

① "釆"，文庫影本作"采"，形近而誤。

② 《説文》"悉"字古文作"𢛀"，亦可隸定爲"悤"。文庫影本、上影本作"悤"，誤。

③ 按，"角"爲"觸"之古文，見《玉篇·角部》；"牪"爲"牛伴"，見《字彙·牛部》。二者不同字，鄭氏所説，待考。上影本"牴"作"抵"。

④ 文庫影本作"口"作"日"，形近而誤。

⑤ 上影本二"戌"字作"戍"，形近而誤。

【喪】息郎切。从哭亡。隸作“喪”。又四浪切。

【企】遣爾切。舉踵也。

【整】齊也。从敕，从正。

【連】《説文》：“負連[①]也。”一曰：連屬。又力展切。難也。《易》：“往蹇來連。”又連彦切。及也。

【道】《説文》：“所行道也。一達謂之道。”又大到切。

【逐】追也。又亭歷切。速也。《易》：“其欲逐逐。”又直祐切。奔也。《山海經》：夸父與日逐。一曰，牝牡合。

【遠】今作“遠”。

【御】《説文》：“使馬也。”徐鍇曰：“卸，解車馬也。或彳或卸，皆御者之職。”古作“馭”。又魚駕切，相迎也。

【衜】杜皓切。所行道也。又大到切，導引也。

【衒】熒絹切。《説文》：“行且賣也。”或从玄[②]。

【齔】楚引切。《博雅》：“毁齒謂之齔。”又初菫切。《説文》：“男八月生齒，八歲而齔。女七月生齒，七歲而齔。从齒，从七。”或作“齓”[③]。

【蹯】符轅切。《説文》：“獸足謂之蹯[④]。”

【鼜】蒲孟切。蹚[⑤]鼜，踏地聲。从鼓，聲也。

【扁】補典切。《説文》：“署也。从户册。户册者，署門户之文也。”一曰，不圓爲扁。

【甛】徒兼切。美也。

【䛦】託盍切。歠也。或从習。又託協切，犬小䛦[⑥]。

---

① 各本皆作“負連”，大徐本作“員連”，段注本作“負車”。段注云：“負車，各本作‘員連’，今正。連即古文輦也。”《六書略》此“負”字與段氏説同。

② 四庫本作“元”，避諱。

③ “博”，藝文本作“愽”，俗寫。“从齒”之“从”，文庫影本作“以”，誤。“齓”，上影本作“齕”，誤。

④ 王本、藝文本作“番”。《説文》作“番”。

⑤ 各本作“蹚”，誤。

⑥ “協”，上影本、藝文本作“恊”。“犬”，王本、上影本作“大”。按“䛦”當即“䑙”字。《説文》：“䑙，歠也。”徐鍇《繫傳》：“謂若犬以口取食也。”據此，當以作“犬”爲是。

【卻】[①] 乞約切。《説文》:“節欲也。”一曰，退也。或作“却”。

【協】[②] 胡頰切。《説文》：“眾之同和也。从劦，从十。”徐鉉曰：“十，眾也。”古作“叶”，或作“叶”。

【幵】子玄[③]切。事之制也。

【語】《説文》:“合會善言也。”傳曰:“告之語言。”或作“話”。

【設】式别切。《説文》:“施陳也。从言，从殳。殳，使人也。”

【啻】乙力切。《説文》:“快也。”

【信】信無所立，惟馮人言。

【誓】時制切。《説文》:“約束也。”蓋誓之以言。

【䍃】餘招切。《説文》:“徒歌。”或作“謠”。䍃又夷周切。或書作“脂”。

【計】《説文》:“會也。”又吉屑切，畫也。

【討】从言，从寸。言，責也。寸，法度也。責以法度。

【訥】奴骨切。言不出。

【謔】虛訝切。誑也。又乎刀切。號也。

【諰】想止切。又所隹切。思意。一曰語失。

【誩】渠慶切。言之爭也。古作“囂”，篆作“競”，隸作“競”。

【譶】直立切。謵言不止也。又達合切。《説文》:“直言也。”[④]

【叢】徂聰切。聚也。从聚省。又徂外切。从最省。叢木，灌木也。

【舁】以諸切。並舉也。又苟許切。

【興】虛陵切。《説文》:“起也。从舁[⑤]，从同。同力也。”

【與】演女切。《説文》：“黨與也。”或作“舁”“舉”。又羊茹切，及也。

---

① 藝文本、四庫本作“郤”，形近而誤。

② 文庫影本、藝文本、四庫本作“協”。

③ “玄”，文庫影本、四庫本作“元”。

④ “直言也”，各本同。《説文》作“疾言也”。

⑤ “舁”，王本、文庫影本、上影本均作“舁”，藝文本、四庫本作“舁”，《説文》作“舁”。按“舁”字上部本从臼，藝文本、四庫作“舁”，上部乃由“臼”字的左右相對變爲同向，再演變則爲“舁”。

【䰡】渠容切。《説文》："所以枝鬲者。从爨省，从鬲省。"又古勇切，又苟許切①。

【䨣】匹各②切。《説文》："雨濡革也。"

【䰦】人移切。有骨醢也。

【䰛】狼狄切。鼎屬，實五觳斗二升，象腹交文三足。

【鬺】居行切。五味香鬻也。从羹省。

【孚】芳無切。《説文》："卵孚也。从爪，从子。"説者鳥伏子，常以爪反覆其卵。古作"采"。又方遇切，育也。《方言》："雞伏卵而未孚。"③

【鬩】④ 胡畎切。試力士錘也。

【鬮】擾也。或作"斎"。

【取】《説文》："捕取也。周禮：獲者取左耳，故从又从耳。司馬法：載獻聝。聝，耳也。"

【秉】《説文》："禾束也。从又持禾。"或曰，粟十六斛曰秉。

【友】《説文》："同志爲友。从二又。相交友也。"篆作"𠬪"。

【叒】日灼切。二又爲友，三又爲叒，所助者多，故爲順也。

【肅】《説文》："持事振敬也。从聿⑤在㳄上，戰戰兢兢也。"

【𦘔】對鄰切。筆飾也⑥。俗以書好爲𦘔。从彡，有文也。

【臤】苦閑切。又丘寒切。《説文》："堅也。即古文賢字。"从臣，从又，臣能致力也。

---

① 字頭"䰡"，各本下部中間作"羊"；"枝"，各本作"支"。

② 王本、上影本作"名"，誤；文庫影本、藝文本、四庫本作"各"，是。

③ "爪"，上影本誤作"瓜"。"采"，各本皆作"孚"，誤。"又"，文庫影本作"文"，非是。"雞"，王本作"鷄"，異體。

④ 各本字頭作"閺"，从"門"，訛體。下條"鬮"字，王本、藝文本、文庫影本、四庫本亦从"門"作。

⑤ "聿"，各本作"聿"，多出一筆，非是。

⑥ "對鄰切"，各本同，當有誤，《廣韻》作"將鄰切"；"筆飾也"，《説文》作"聿飾也"。

【臥】吾貨切。《説文》：“休也。从人臣，取其伏也。”或作“卧”[①]。

【㲄】居又切。揉屈也。从殳，从𠣵。𠣵，古文“叀”字。

【祋】丁外切。《説文》：“殳也。或説，城郭市里高掛[②]羊皮，有不當入而欲入者，暫下以驚牛馬曰祋，故从示殳。”引《詩》：“何戈與祋。”

【役】《説文》：“戍邊也。”

【䢊】古文“道”字。

【㝵】方斂切。《説文》：“傾覆也。从寸，从巢省。寸，人手也。”或曰，即貶損之“貶”[③]。

【㝵】牛代切。止也，出浮屠書。又有得音。从旦，从寸。

【攸】《説文》：“行水也。”又以九切。从攴，从人水省。徐鍇曰：“攴，入水所杖也。”[④]

【敗】毀也。古作“敱”“贁”。

【寇】《説文》：“暴也。从攴，从完。”[⑤]

【敬】《説文》：“肅也。”

【牧】養牛人也。

【葡】平祕切。《説文》：“具也。从用苟省。”徐鉉曰：“苟，急敕也。”隸作“𦯓”[⑥]。

【旻】火劣切。舉目使人也。又莫結切。又七役切。目小動。又忽域切[⑦]。

【奭】況晚切。《説文》：“大視也。从大、旻。”

---

① 字頭“臥”，王本作“卧”，與後“或作‘卧’”矛盾，非是；文庫影本、上影本、藝文本、四庫本字頭作“臥”，是。上影本“或作卧”之“卧”作“臥”，與字頭同，非是。“休”，文庫影本、上影本、藝文本、四庫本同，王本改作“伏”，乃據段注本。大小徐本《説文》皆作“休”。

② “掛”，各本同。《説文》作“縣”。

③ “或曰”，藝文本作“曰曰”，誤。此字頭大、小徐本篆作“𡬰”，與隸定字形有所不同。

④ “行水”，王本作“行分”，誤。“攴”，各本均訛作“支”。

⑤ 文庫影本、藝文本、四庫本字頭作“寇”，訛體；“攴”，各本誤作“支”。

⑥ “苟”，各本作“荀”，形近而誤。

⑦ 各本字頭作“旻”，下部“攴”誤作“支”。下條“奭”字同。

【䁥】委遠切。从目也。又鄔管切①。

【䀹】烏括切。《説文》:“捾目也。从目、叉。”

【䀫】昵格切。耳目不相信也②。

【相】思將切。《説文》:“省視也。”引《易》:“地可觀者,莫可觀於木。”《詩》曰:“相鼠有皮。”又息亮切。

【明】眉兵切。視瞭也。

【盲】目亡牟子。

【眔】達合切。《説文》:“目相及也。从目,从隶省。”

【眹】式荏切。視也。又舒閏切。開闔目數搖也。

【窅】伊鳥切。又音於交切。深目也。

【䁓】音域輒切。《説文》:“光也。”隸作“曄”“曅”③。

【䁟】古穴④切。又一決切。《説文》:“目深皃。”

【䀏】女利切。又烏括切。《説文》:“深目皃。”一曰塞也⑤。

【䀛】墨角切⑥。美目。一曰目深。

【䀢】舒仁切。引目。

【䀠】畎迥⑦切。大目也。

【䁜】⑧ 許尤切。目多汁。

【省】息井切。目瞖也,與“眚”同。又視也。又所景切。簡也。《説文》:“从眉省。”

---

① 上影本、四庫本字頭近似“取”,王本字頭徑作“取”,形近而誤。按“䁥”字即下條之“䀹”字訛體,鄭氏分爲兩條,不知何故。本條音爲“委遠切”,見《類篇四上》“䁥”字條;義爲“从目也”,未詳。藝文本“䁥”“䀹”之右邊均作“耳”。

② 字頭“䀫”,藝文本、四庫本作“䎡”,形近而誤。

③ 此字據釋文,當爲从“日”之“曄”,《説文·日部》:“曄,光也。”其字頭與後之隸定字,皆从“目”,非是。从“目”之“曄”,見於《玉篇·目部》,義爲“目動”。“曄”“曅”二字,文庫影本、四庫本作“瞱”“曅”,誤。

④ “穴”,王本、四庫本作“宂”,形近而誤。

⑤ “烏括切”,王本作“烏括切”,誤。“深目皃”,《説文》作“短深目皃”。

⑥ 各本作“黑角切”。按,此字音 mò,《類篇》《集韻》“墨角切”,故此“黑角切”當爲“墨角切”之誤。

⑦ “迥”,王庫影本、藝文本、四庫本作“迴”,異體;王本作“迴”,形近而誤。

⑧ 文庫影本、上影本、藝文本、四庫本字頭从“耳”,形近而誤。

【戫】扶發切。盾也。

【皕】毗志切。犬初生子。一曰首子。

【臭】尺救切。《説文》："禽走臭而知其迹者，犬也。"或作"臰"。臰，腐氣也。

【皆】居諧切。《説文》："俱詞也。从比，从自。"或省[①]。

【歁】迄洽切。齁歁，鼻息。或从夾、从合。鼿，鼽也[②]。

【羿】研計切。《説文》："羽之羿風。亦古諸侯。一曰射師。"臣按，从幵，音堅，堅也。射所以破堅也。从羽，箭必以羽。有窮國君。

【翟】直格切。矩名。又直角切。鳥名。

【昜】託盍切。《説文》："飛盛皃。从曰。"曰即冒也。

【瞢】木空切。《説文》："目不明也。从苜[③]，从旬。旬，目數搖也。"又眉耕切。無眸子也。

【蔑】莫結切。《説文》："勞目無精也。从苜，人勞則蔑。"[④]

【羴】尸連切。羊臭也。又羊閑切。

【羵】牛閑切。羊臭。

【羌】《説文》："西戎牧羊人也。从人，从羊。南方蠻閩从虫，北方狄从犬，東方貉从豸，西方羌从羊，此六種也。西南僰人、僬僥，从人，蓋在坤地，頗有順理之性。東夷从大。大，人也。夷俗仁，仁者壽，有君子不死之國。孔子曰：'道不行，欲之九夷，乘桴浮於海。'有以也。"古作"羗"。

【羹】五味盉羹也[⑤]。

【羬】寵戀切。羊長尾。一曰，羊棧也。

【羼】初限切。羊相厠也。一曰相出前也。又初莧切。一曰，傍入曰羼。从屋省。

---

① 《説文》："皆，俱詞也。从比，从白。"此云"从自"，故字頭作"皆"。"或省"，當指作"皆"。

② 各本"鼻"或所从之"鼻"，下部之"畀"或書異，近似於"畁"。

③ "苜"，王本依《説文》，是；其餘各本均作"首"，誤。

④ 各本"蔑"字所从之"戍"，或書作"戊"。"苜"，各本均誤作"首"。

⑤ "盉"字文庫影本、上影本、藝文本、四庫本上部皆作"夭"，殆因古本闕竪筆而致誤。

【羸】力爲切。羊瘦者也。

【靃】呼郭切。《説文》:“飛聲也。雨[①]而雙飛者，其聲靃然。”

【雙】隹二枚也。从又持之也。

【雧】秦入切。《説文》:“羣[②]鳥在木上也。或省。”

【鳴】鳥聲也。又眉病切。相呼也。

【鵰】當侯切。鴅鵰，鳥名。人面鳥喙，有翼不能飛。又丁聊切。目熟視也[③]。

【雀】即約切。《説文》:“鵂鶹别名。”[④]

【㓜】於蚪切。《説文》:“微，从幺，二幺。”又津之切，黑也。兹，古作“㓜”[⑤]。

【玆】《説文》:“黑也。”引《春秋傳》:“何故使吾水玆?”[⑥]

【幾】《説文》:“微也。殆也。从㓜，从戍。戍，兵守也。㓜而兵守者，危也。”古作“𢆶”。

【幽】《説文》:“隱也。”

【𢆷】舉起切。問數也。“幾”古作“𢆷”[⑦]。

【㡛】龍都切。黑弓也。

【𢆯】于達切[⑧]。小意。

【𣨼】魯果切。《説文》:“畜産疫病也。”[⑨]

---

① “雨”，各本作“兩”，形近而誤。

② 王本作“群”，異體。

③ “鴅鵰”，各本作“鵰鵰”，當誤。《類篇》:“鴅鵰，鳥名。人面鳥喙，有翼不能飛。”“喙”，上影本作“啄”，與《集韻・矦韻》“鵰”字條同。

④ 按“雀”同“雀”。《集韻・藥韻》:“雀，《説文》:‘依人小鳥也。’或从鳥。”《説文》無“鵂鶹别名”之説。

⑤ “蚪”，王本、藝文本、上影本、四庫本作“糾”，俗體。《説文》:“㓜，微也。从二幺。”此處所引《説文》，或有誤倒。

⑥ 字頭各本作“兹”。吴玉縉《説文引經考》:“今經典玆黑、兹生字皆用兹，玆、兹混用莫辨。”

⑦ 上影本、四庫本作“‘幾’古作‘𢆶’”，非是。

⑧ “𢆯”音“于達切”，可疑。“達”或爲“遶”字之誤。按“小意”之“𢆯”，《集韵》“于遥切”。又作“𢆯”，伊堯切。

⑨ 字頭左邊所从之“歺”，各本多作“歹”，以下“殉”字、“殃”字、“殂”字，皆如此，不另注。

【殘】昨間切。禽獸所食餘也。

【殀】側八切。《字林》:“夭死也。”或作“歺乚”。又子列切[①]。

【死】从歺,从人。人之殘也。或曰从匕聲。

【别】皮列切。分解也。

【肥】《說文》:“多肉也。”徐鉉曰:“肉不可過多,故从卪。”

【脃】此芮切。《說文》:“小耎易斷也。从肉,从絕省。”或作“臎”。

【殂】財干切[②]。禽獸食餘也。

【肰】如延切。《說文》:“犬肉也。”

【俎】《說文》:“禮俎也。从半肉在且上。”

【肘】《說文》:“臂節也。”

【劦】憐題切。裂也。

【初】裁衣之始。

【利】《說文》:“銛也。从刀和然後利,从和省。”引《易》:“利者義之和。”臣按,从刀,从禾。二母相合,以刀取禾也。古作“秎”。

【則】《說文》:“等畫物也。从刀,从貝。貝,古之物貨也。”按,今人稱金之劑曰“則”。一曰“法也”。古作劃。劃,籀从鼎。

【删】師奸切。《說文》:“剟也。从刀,从册,以刀削書也。”[③]

【罰】《說文》:“辠之小者。从刀,从詈。未以刀有所賊,但持刀罵詈則應罰。”

【釗】之遙切。《說文》:“刓也。周康王名。”又弩機。

【魝】古屑切。楚人謂治魚人。

【刓】吾官切。《說文》:“剸也。”或作“冠”。

【划】胡瓜切。舟進竿謂之划。又古火切。割也。又古卦切。鎌也。

【觲】思營切。《說文》:“用角低昂便也。”引《詩》:“觲觲角弓。”

---

① 字頭“殀”,文庫影本、藝文本、王本、四庫本作“歿”,上影本作“歾”,皆不確。“側八切”之“八”,文庫影本、王本作“人”,形近而誤。

② “干”,上影本作“千”、四庫本作“于”,形近而誤。

③ 上影本“从刀”上衍“从也”二字。

或少省①。

【解】舉蟹切。《説文》："判也。从刀判牛角。"

【䚗】今作"觸"。《説文》："牴也。"亦作"觧"。

【等】得肯切。《説文》："齊簡也。从竹，从寺。寺官曹之等平也。"

【筮】時制切。説文"《易》卦用蓍也。从竹，从𢍰。𢍰，古巫字。"

【簋】矩鮪切。《説文》："黍稷方器也。从竹，从皿，从㫃。"

【筭】蘇貫切。《説文》："長六寸。計歷數者。从竹，从弄。常弄乃不誤也。"

【筋】《説文》："肉之力也。"臣按，从竹，从肋。惟竹肋多筋絲，所以爲筋之主，故《説文》曰："竹，物之多筋者。"

【典】《説文》："五帝之書也。从册在丌上，尊閣之也。莊都説，典，大册。"古作"𥫔"。

【奠】堂練切。《説文》："置祭也。从酋。酋，酒也。下其丌也。禮有奠祭者。"

【覡】胡狄切。《説文》："能齋肅事神也。男曰覡，女曰巫。从見。"見音"睍"②。

【甚】食荏切。《説文》："尤安樂也。从甘、匹。匹，耦也。"③古作"𠤗""𤯡"。

【沓】達合切。語多沓沓也。遼東有沓縣。一曰合也。从水者，象多言之人口出涎沫。

【㬱】今作"替"。《説文》："廢。一偏下也。"按，从竝，一上而一下也。从曰，告也。

---

① "低昂"，《説文》作"低仰"，同意换用；"或少省"，各本同，"少"字疑衍。"觲"或省作"觧"。

② "从見"，文庫影本、上影本、藝文本、四庫本同，王本據《説文》在"見"上補"巫"字，其實不必。《六書略》引《説文》，未必全同於《説文》，且《説文》作"从巫，从見"，并非"从巫見"。

③ "从甘、匹。匹，耦也"句，大徐本作"从甘，从匹，耦也"，小徐本作"从甘、甘，匹，耦也"。段注本作"从甘、匹。匹，耦也"，注云："匹，各本誤'甘'，依《韻會》正。"按，《韻會》引作"从甘、匹。匹，耦也"，與《六書略》同。

【尌】上[①]主切。《説文》:“立也。从壴，从寸，持之也。”

【鼓】《説文》:“从壴，支象其手擊之也。”臣按，从攴，土刀切。《説文》於弓弢則曰从攴。攴，垂飾，與鼓同意。

【鼙】[②] 補蒙切。鼓舞。

【鼟】徒東切。鼓聲。从角者，鼓作而角鳴也。

【鼜】虚冬切[③]。鼓聲。从金者，鼓作金止。

【鼛】託合切。鼓鼙聲。从缶，擊鼓擊缶，聲爲同類。

【𢍉】隸作“登”。《説文》:“禮器也。从廾持肉在豆上。”篆作“豊”，从𡭴，象肉在豆中之形[④]。

【豑】直質切。《説文》:“爵之次第也。故从弟。《書》:“平豑東作。”或从失。

【虔】《説文》:“虎行皃。”按，此从文，當有虎文之義。

【虣】薄報切。彊侵也。周官有司虣。

【虩】乞逆切。虩虩，驚懼皃。

【贙】胡犬切。《説文》:“分别也。从虤，對爭皃也。”[⑤] 一曰，獸名，出西海大秦國，似狗多力，獷惡也。又熒絹切。

【盈】《説文》:“滿器也。从夃。”夃音姑。古者以買物多得爲夃[⑥]。

【益】《説文》:“饒也。从水皿。皿，益之意也。”

【衄】女六切[⑦]。《説文》:“鼻出血也。”

【盩】張流切。《説文》:“引擊也，从㚔、支，見血也。”[⑧]

【盍】轄臘切。《説文》:“覆也。”一曰，何不也。隸作“盇”。

---

① “上”，藝文本作“丄”，古文。

② 各本字頭“鼓”下作“手”形，形近而誤。

③ 鼓声之“鼜”字，《廣韻》力冬切。疑此“虚冬切”爲“盧冬切”之誤。

④ “隸作‘登’”，各本同。“登”當作“𤼷”，經典混同。《爾雅·釋器》:“瓦豆謂之登。”“登”的篆書隸定，上部之“𡭴”，王本、上影本、四庫本作“𣥠”，不確。

⑤ “犬”，藝文本作“大”，誤。“皃”，文庫影本、四庫本作“貌”，同；《説文》作“貝”。

⑥ “滿”，藝文本作“満”，“夃”，或作夃，皆寫異。

⑦ 王本作“文六切”，“文”爲“女”之誤。

⑧ 字頭“盩”，上影本作“盭”。“㚔、支”，文庫影本、藝文本、上影本、四庫本作“幸、支”，形近而誤。

【黂】他官切[①]。黄色。

【靘】癡貞切。从穴中正見也。青光者，隙穴之明也。“竀”[②] 或作“靘”。

【䨜】千定切。䨜䨜，青黑色。

【阱】疾正切。陷也。或作“汬”。

【食】《説文》：“一米也。从皀，亼聲。或説亼[③]皀也。”

【飢】居夷切。餓也。

【飤】祥吏切。《説文》：“糧也。从人食。”

【湌】七安切。《説文》：“吞也。”又蘇昆切。水沃飯也。

【飧】蘇昆切。《説文》：“餔也。”謂晡時食。或作“餐”，餐又千安切。《説文》：“吞也。”

【匱】求位切。《説文》：“餉也。”饋，古作“匱”。

【飫】牛據切。餞也。

【蝕】實職切。敗食也。

【侖】龍春切。《説文》：“思也。从亼，从册。”籀作“龠”“𠎵”。

【僉】《説文》：“皆也。从亼，从吅[④]，从从。”引《虞書》：“僉曰伯夷。”按，此吅、从無義，但亼人口之多耳。

【㕂】方合切。古文“瀃”字，从亼，从正。

【合】曷閤切。《説文》：“合口也。”

【㑒】巨險切。約也，好合人也，故未成僉。

【會】合也，从亼[⑤]，从曾省。曾，益也。

【倉】《説文》：“穀藏也。从食省，从口。”奇字作“仺”[⑥]。

【仚】相然切。山居長往也。又虚然切。輕舉也。

---

① 上影本、王本作“地官切”。

② “竀”，各本上部从“宀”，俗寫。

③ “亼”，各本作“从”。此據《説文》改。

④ 各本作“口”，此據《説文》改爲“吅”。

⑤ “亼”，各本作“人”，誤。

⑥ “仺”，上影本、四庫本作“全”，誤。

【㞭】徂箴切[①]。《説文》："入山之深也。"

【䍃】[②] 餘招切。《廣雅》："瓶也。"又夷周切。《説文》："瓦器也。"按，从肉，藏肉器。

【罊】去冀切。皿也。器，或作"罊"，从器省。

【是】時也。从日，从正。日，辰也，正其辰也。篆作"昰"。又田黎切。

【醯】呼雞切。《説文》："酸也。作醯以鬻以酒。从鬻酒並省。"

【䠶】《説文》："弓弩發於身而中於遠也。篆作射，从寸。寸，法度也。"食亦切，又寅謝切。

【矦】昨木切。矢鋒也。或作"㑞"[③]。

【虓】虚交切。讙[④]也。

【䯪】輕皎切。高也。

【𩫖】余封切。从亯，从自。自，鼻也，知臭香所食也。按，此與𦎫同體，即烹飪調庸之義。或作庸，从庚，庚乃烹飪器。𩫖以烹爲主，借爲庸用之庸，後人不知，但識借義而已。

【𦎫】常倫切。《説文》："孰也。从亯，从羊。"按，从亯，普庚切。一曰，鬻也。篆文作"𦎫"[⑤]。

【覃】徒南切。《説文》："長味也。"引《詩》："實覃實訏。"从㫗[⑥]，从鹹省，或不省。古作"𠧟""𪉑""𠪚"[⑦]。

【㫗】隸作"厚"。《説文》："山陵之厚也。从㫗，从厂。"

【嗇】隸作"嗇"。《説文》："愛濇也。从來，麥也。从㐭，受麥之府

---

① 王本、上影本作"狙箴切"。

② 各本字頭作"䍃"，下部所从之"缶"，俗寫。下條"罊"字下部所从，亦俗寫，不另注。

③ "㑞"，各本作"矦"。按"矦"爲"㠯（疑）"之省體，非"矦"字異寫。據《類篇》《集韻》，當作"㑞"。

④ "讙"，各本作"灌"，誤。按"虓"同"囂"。《集韻·爻韻》："虓，讙也。"

⑤ "𦎫"，《廣韻》常倫切。此"常侍切"，疑有誤。此字頭與後文所録篆文應有異，各本或同，不確。

⑥ "㫗"，各本作"㽞"或"鬲"，不確。

⑦ "𠧟"，各本下部或作"巳"，寫異；"𪉑""𠪚"，王本作"𠪚""𪉑"，順序不同。

也。故田夫謂之嗇夫。”古作“嗇”。

【啚】補美切。《説文》：“嗇也。从口、亩。亩，受也。”

【夌】閭承切。《説文》：“越也。从夊[①]，从兴。兴，高也。”

【竷】苦感切。《説文》：“繇也，舞也。樂有章，从章，从夅，从夊。”引《詩》：“竷竷舞我。”

【夋】烏代切。夊，行也，心之行也。

【畟】初力切。《説文》：“治稼畟畟，進也。”引《詩》：“畟畟良耜。”按，此从夊、从畀省。《説文》从田，从人、夊，誤矣。又節力切。

【棘】臧曹切。月出門也。从二東。曹字从此。

【梟】堅堯切。《説文》：“不孝鳥也。日至捕梟，磔之。从鳥首在木上。”

【休】息止也。从人依木。

【臬】五結切。射準的也。从木，从劓省。又九芮切。

【采】[②] 取也。

【析】[③] 破木也。

【床】《説文》：“安身之坐者。”

【杏】《説文》：“果也。从木，可省聲。”按，从可亦不得聲，从口，木實之可食者。

【林】从二木，木多爲林。《説文》：“平土有叢木曰林。”

【森】《説文》：“木多皃[④]。从林，从木。”

【彬】悲巾切。《説文》：“文質備也。”又逋還切。采明也。

【梵】房丸切。木得風也，疑从風省[⑤]。

【埜】以者切。郊外也。古作“壄”。

【楙】虛檢切。楙楙，蔭也。

---

① “夊”，文庫影本、四庫本作“冬”，誤。

② 藝文本、四庫本作“釆”，形近而誤。

③ 上影本、藝文本、文庫影本、四庫本作“柝”。

④ “皃”，文庫影本、四庫本作“貌”。

⑤ 王本、藝文本、四庫本字頭作“梵”。按，《集韻·東韻》“梵，木得風皃。”《集韻·梵韻》“颿，風行木上曰颿。或作梵。”

【森】盧感切。悲愁皃[①]。一說，林木君子所感，故宋玉曰："入林悲心。"或从心。

【敖】牛刀切。《説文》："出游也。从出，从放。"篆作"敖"[②]。

【賣】莫懈切。《説文》："出貨物也。从出，从買。"隸作"賣"。

【岀】弋灼切。岸上出見皃。

【𣎵】博蓋切。行皃。《詩》："赤芾在股。"今二芾相從，自爲行也。

【索】昔各切。《説文》："艸有莖葉，可作繩。从𣎵、糸。"

【孛】蒲妹切。《説文》："𤰈也，从𣎵。人色也，从子。"引《論語》："色孛如也。"又薄沒切。色惡也。

【甡】疏臻切。《説文》："眾生竝立之皃。"引《詩》："甡甡其鹿。"

【眚】[③] 古文"姓"字。

【華】户瓜切。《説文》："榮也。从艸[④]，从𠌶。"隸作"華"。

【剌】郎達切。《説文》："戾也。从束，从刀。刀者，剌[⑤]之也。"

【囚】徐由切。《説文》："繫也。从人在囗中。"

【囷】區倫切。《説文》："廩之圜者。圜謂之囷，方謂之京。"

【囡】女蟹切。《博雅》："母也。"

【圂】胡困切。《説文》："厠也。从囗，象豕在囗中也。"

【困】苦悶切。《説文》："故廬也。从木在囗中。"

【囜】昵立切。囜囜，私取物。又昵洽切。《説文》："下取物，縮藏之。"

【囝】九件切。閩人呼兒曰囝。又魚厥切。闕也，太陰之精。

【圉】魚舉切。《説文》："囹圄，所以拘罪人。从㚔，从囗。"

【買】母蟹切[⑥]。《説文》："市也。从网貝。"引《孟子》："登龍[⑦]斷

① "皃"，四庫本作"兒"，形近而誤。

② 按，"敖"字篆書作"𢾕"，隸定爲"敖"，各本作"敖"，誤。

③ 此字似乎首見於《六書略》。上影本作"眚"，形近，字不同。

④ 四庫本作"草"。

⑤ "剌"，或作"剌"。

⑥ 王本作"毋蟹切"，非是。

⑦ "龍"，《説文》作"壟"。

而网市利。"

【賵】撫鳳切。贈死之物。

【贄】脂利切。《説文》:"至也。"引《周書》:"大命不墊。"亦作"贄"①。

【員】于權切。物數也。徐鍇曰:"古以貝爲貨,故數之。"隸作"負",籀作"鼎"②。

【郵】《説文》:"境上行書舍。从邑、垂。垂,邊也。"

【郒】从邑相向。《説文》:"鄰道也。"隸作"郲"。胡絳切③。

【鄉】胡絳切。《説文》:"里中道也。"篆省作"巷"。隸省作"巷"。

【昍】許元切。明也。

【昆】公渾切。《説文》:"同也。"

【昏】呼昆切。《説文》:"日冥。从氏省。"

【昌】尺良切。《説文》:"美言也。从日,从曰。一曰,日光也。"引《詩》:"東方昌矣。"籀作"昌"④。

【曇】徒南切。雲布謂之曇。

【喃】那含切。國名,唐天寶中封其王爲懷寧王。

【暹】思廉切。日光升也。

【普】滂古切。《説文》:"日無光。"⑤徐鍇曰:"無光則遠近皆同,故从並。"

【昶】丑兩切。通也。又丑亮切,達也。

【昢】普罪切。日未明皃⑥。又普沒切。

【㬎】呼典切。《説文》:"眾微杪也。从日中視絲。"一曰,頭明飾

---

① 按,此條引《説文》"至也"及《周書》"大命不墊"者,乃釋"墊"字也。"墊"通"贄"。《説文》未收"贄"字。

② "于權切",上影本、藝文本、王本皆作"子禮切",形近而誤;"隸作'負'",上影本、王本作"員",與字頭同,不確。

③ "从邑相向"之"邑",上影本作"邱",誤。"郲",上影本、藝文本、王本右邊作"卩",不確。

④ 王本、文庫影本、上影本、四庫本作"昌",非是。藝文本是。

⑤ 按《説文》:"普,日無色也。"

⑥ "皃",四庫本作"兒",誤。

也。又五合切。

【昌】伊鳥切。《説文》："望遠合也。从日匕。匕，合也。"

【畁】子浩切。《説文》："晨也。从日在甲上。"隸作"早"。

【炅】畎迥切。見也。或作"昋"。又涓惠切。

【晃】戈笑切。光也。或从光。

【簮】即刃切。《易》："明出地上，簮。"《説文》："進也。日出萬物進。从日，从臸。"隸作"晉"。

【㬥】薄報切。《説文》："晞也。从日，从出，从収[①]，从米。"或作"暴"。

【昰】夏，古作"昰"，言日於是乎正也。

【沓】莫筆切。《説文》："不見也。"

【昝】隸作"昔"。《説文》："乾肉也。从殘肉，日以晞之。"

【旋】旬宣切。《説文》："周旋，旌旗之指麾也。从㫃，从疋。疋，足也。"

【斿】亦作"游"。旌旗之旒。

【旅】《説文》："軍之五百人爲旅。从㫃，从从[②]。从，俱也。"古作"㐲"。

【族】《説文》："矢鋒也。束之族族也。从㫃，从矢。"一曰，聚也。

【晶】《説文》："精光也。从三日。"古作"品"[③]，子盈切。又爲古文"日"字。

【朏】普乃切。又芳尾切。《説文》："月未盛之明。从月。"引《周書》："丙午朏。"

【朙】照也。朙，古作"明"。

【奣】苦礦切。明也。又古猛切。

【夗】於阮切。《説文》："轉卧也。从夕，从㔾。卧有㔾也。"[④]

---

① "収"，上影本、王本、四庫本作"收"，形近而誤。

② "从从"，後一"从"字各本訛作"夂"，此據《説文》改。

③ "品"，王本用古文寫法，作三圓圈。

④ "夕"，上影本作"攵"，誤。"㔾"，王本作"卩"；上影本前作"㔾"，後作"卩"。

【夙】今作“夙”。《説文》：“早敬也。从丮持事。”①

【多】《説文》：“重也。从重夕。夕者，相繹也，故爲多。”②

【㮚】隸作“栗”。《説文》：“嘉穀實也。”

【㮚】力質切。《説文》：“木也。其實下垂，故从𠧪。”

【兼】隸作“兼”。并也。从又持秝。“兼”持二禾，“秉”持一禾。

【麻】忙皮切。麻穰，地名，在今秦州。

【秦】《説文》：“伯益之後所封國。地宜禾。从禾，舂省。一曰，秦禾名。”籀作“𥢋”。

【科】《説文》：“程也。从禾，从斗。斗者，量也。”

【䆀】母罪切③。禾傷雨。

【采】徐醉切。《説文》：“禾成秀也，人所以收。从爪、禾。”

【䄺】訖黠切。禾藁去其皮祭天。

【香】《説文》：“芳也。从黍，从甘。《春秋傳》：‘黍稷馨香。’”隸省作“香”。

【臼】巨九切。《説文》：“舂糗也。”

【㮚】郎達切。《博雅》：“䊮也。”

【㪚】蘇旰切。《説文》：“分離也。从攴、𣏟，分散之意。”古作“㪔”。又顙旱切。麻分也④。

【麻】《説文》：“與𣏟同。人所治也。从广，在屋下。”⑤

【宗】《説文》：“尊祖廟也。”

【容】《説文》：“盛也。从宀、谷。”徐鉉等曰：“屋與谷皆所以盛受也。”

【安】《説文》：“静也。从女在宀下。”

---

① “夙”字所从之“丮”及釋文之“丮”字，各本皆作“䖵”。

② “故爲多”之“多”，王本誤作“名”。

③ “母罪切”，王本、文庫影本、四庫本作“毋罪切”。

④ “攴”字，各本作“支”，形近而誤。“𣏟”字，上影本、王本作“林”，形近而誤。“㪔”字，上影本、四庫本作“救”，王本作“枚”，皆形近而誤。

⑤ “𣏟”，王本、上影本、藝文本作“林”，形近而誤。“同”，上影本、藝文本作“司”，誤。

【家】《説文》:“居也。从宀[①],豭省。”臣按,《説文》“从豭省”,疑非也。家與牢同意。家,豕居,後人用爲室家之家。牢,牛屋,後人用爲牢獄之牢。

【寍】奴丁切。《説文》:“安也。从宀,心在皿上。人之飲食器,所以安人。”

【宂】乳勇切。《説文》:“散也。从宀,人在屋下,無田事。”引《周書》:“宫中之宂食。”

【寡】《説文》:“少也。从宀,从頒。頒,分賦也,故爲少。”

【宰】子亥切。《説文》:“辠人在屋下執事者。从宀,从辛。辛,辠也。”

【守】始九切。《説文》:“寺[②]官也。从宀,从寸。寺府之事者。从寸。寸,法度也。”

【宦】[③] 胡慣切。《説文》:“仕也。”一曰,閹人。

【寘】虚訝切。㙺也。亦作“壉”。

【向】《説文》:“北[④]出牖也。从宀,从口。”引《詩》:“塞向墐户。”徐鍇曰:“牖所以通人氣,故从口。”

【定】《説文》:“安也。从宀,从正。”古作“正”[⑤]。

【實】《説文》:“富也。从宀、貫。貫,貨貝也。”

【宋】《説文》:“居也。”一曰,木者所以成室以居人也。故从宀,从木。

【竄】七丸切。穴皃。又取亂切。匿也。

【穿】《説文》:“通也。从牙在穴中。”或从身。

【窔】一叫切。深也。

【突】陁沒切。《説文》:“犬從穴中暫出也。从犬在穴中。”《方言》:“江湘卒相見曰突。”一曰,出皃。

---

① “宀”,各本作“穴”,誤。

② “寺”,各本同。《説文》作“守”。

③ 王本作“官”,誤。

④ “北”,四庫本作“比”,誤。

⑤ “正”,各本同。按《集韻·徑韻》:“定,古作㱏。”“正”或當作“㱏”。

【穵】烏八切[①]。穿也。

【瘴】餘招切。痓瘴，疾名[②]。

【疢】丑刃切。熱病。

【瘥】訖洽切。創也。一曰，獸足病謂之瘥。又乞洽切。按，此从足，从痓省。

【最】祖外切。《説文》："犯而取也。从冃[③]，从取。"

【冃】隸作"冒"。《説文》："蒙而前也。从冃，从目。"

【同】《説文》："合會也。从冃[④]，从口。"徐鉉曰："同，爵名也。"引《周書》："太保受同嚌，故从口。"

【冡】[⑤] 莫紅切。《説文》："覆也。从冃、豕。"

【羅】《説文》："以絲罟鳥也。从网，从維。古者芒氏初作羅。"

【罪】《説文》："捕魚竹网。从网、非。秦以罪爲辠字。"

【詈】《説文》："罵也。从网，从言。网辠人。"

【帘】鋤臻切。幕也。又離鹽切，酒家幟。又一叫切。

【帤】脂利切。《博雅》："鞶帤，巾也。"又輸芮切。

【皛】吉了切。白也。又薄陌切。

【皛】烏鳥切。《説文》："顯也。从三白。"

【黹】陟几切。《説文》："箴縷所紩衣。从㡀，丵省。"徐鉉曰："丵，眾多也。言箴縷之工不一。"[⑥]

【伊】《説文》："商聖人阿衡尹，治天下者。"

【儗】魚其切。惑也。又偶起切。《説文》："僭[⑦]也。一曰相疑。"

【伖】農都切。奴婢皆古之罪人，古文奴从人，或作"仅"。

【信】思晉切。《説文》："誠也。"

---

① 文庫影本、王本作"烏入切"，"入"爲"八"字之誤。

② "瘴"字所从之"皐"的下部"辛"，王本、藝文本、四庫本訛爲"幸"。按"瘴"又是"瘴"字之訛，其中之"皐"爲聲符，説見王引之《康熙字典考證·疒部》。

③ "冃"，各本或"日"，形近而誤。

④ "冃"，王本、上影本、藝文本、四庫本作"目"，誤。文庫影本作"冃"。

⑤ 上影本字頭作"冢"，誤。

⑥ 各本"黹"字及其所从之"㡀"，寫法均不規範。

⑦ 王本、上影本、藝文本作"偺"，異體。

【仁】从人，从二。徐鉉曰："仁者兼愛，故从二。"古作"忎"。

【真】《説文》："僊人變形。"臣按，从七，从具，變化之具也。

【佡】馨煙切。《説文》："人在山上。"又虚延切，輕舉貌。又虞爲切。危也。

【件】《説文》："分也。牛大物，故可分。"

【咎】其九切。《説文》："灾也。从人，从各。各者，相違也。"[1]

【企】去智切。《説文》："舉踵也。"或从足。

【位】于累切。《説文》："列中庭之左右謂之位。"

【付】方遇切。《説文》："與也。从寸，持物對人。"

【債】側賣切。逋財也。

【㐰】思晉切。《説文》："誠也。"信，古作"㐰"。

【侃】虚旰切[2]。剛直也。

【伏】房六切。伺也。

【儥】徒谷切。又余六切。《説文》："賣也。"又他督切。買也。

【佩】蒲妹切。《説文》："大帶佩也。从人，从凡[3]，从巾。佩必有巾，巾謂之飾。"

【便】毗連切。《説文》："安也。人不便，更之。"

【卬】五剛切。《説文》："望欲有庶及也。从匕，从卩。《詩》曰：'高山卬止。'"今作"仰"。

【頃】去營切。《説文》："頭不正也。"臣按，从頁，从匕。飯匕之匕，其形不正。

【卓】篆作"𠦝"。《説文》："高也。早匕爲𠦝，匕卩[4]爲卬，皆同義。"

【眾】《説文》："多也。从乑、目，眾意。"

【𨈏】癡鄰切。走皃。

---

① 文庫影本、上影本、藝文本、四庫本作"灾也。从人，从各者，相違也"。王本據《説文》補一"各"字，可從。

② "旰"，文庫影本、藝文本、四庫本作"盰"，形近而誤。

③ "凡"，王本、上影本作"几"，誤。

④ "卩"，各本作"口"，誤。

【殷】《説文》："作樂之盛稱。从㐆，从殳。《易》曰：殷薦之上帝。"

【孝】《説文》："善事父母者。从老省，从子。子承老也。"

【耋】徒結切。《説文》："年八十曰耋。从老省，从至。"

【笔】逋密切。所以書。《説文》："秦謂之筆。"或作"笔"。

【㪔】① 俱爲切。㪔也。

【屍】升脂切。《説文》："終主。从尸，从死。"一曰，在牀曰屍。

【㞞】人善切。《説文》："柔皮也。"按，此从皮省，从又。又者，以手柔之也。

【𡰪】莫白切。履也，青絲頭履。从履省，从糸②。

【屋】《説文》："居也。从尸，尸所主也。一曰，尸象屋形。从至。至，所至止。屋室皆从至。"籀作"𡱹"，或作"𡍩"③。

【㞙】今作"尿"。人小便也。从尾，从水。奴弔切。

【般】逋潘切。《説文》："辟也。象舟之旋。从舟，从殳。殳，所以旋也。"

【俞】容朱切。《説文》："空中木爲舟也。从亼，从巜。巜，水也。"④

【𦨶】五忽切。《説文》："船行不安也。从舟，从刖⑤省。"

【兄】呼榮切。《説文》："長也。从口，从儿⑥。"臣謂从口所以訓子弟也。又訏放切。古"況"作"兄"也。

【先】蘇前切。《説文》："前進也。从儿，从之。"

【見】《説文》："視也。从儿，从目。"

【冒】莫逢切。《説文》："突前也。"徐鉉曰："冃，重覆也。犯冃而

---

① 王本、上影本作"㪔"，訛體。

② "糸"，上影本作"系"，不確。

③ 各本的"籀作"字，寫成"屋"；"或作"的字形，寫成"臺"。據《説文》，籀文爲"𡱹"，古文爲"𡍩"，此據改。

④ 文庫影本、上影本、藝文本下"巜"作"从"，形近而誤。此據《説文》改。

⑤ "刖"，各本作"則"，此據《説文》改。

⑥ "儿"上影本作"几"，形近而誤。下"先"字、"見"字同。

見，是突[①]前也。”又莫報切。觸也。

【㝵】的則切。《説文》：“取也。从見，从寸。寸，度之，亦手也。”隸作“㝵”。

【䨘】虛器切。見雨止息也。

【規】居隨切。《説文》：“有法度也。从夫，从見。”

【覞】弋笑切。《説文》：“竝視也。从二見。”古作“䚀”。

【款】《説文》：“意有所欲也。从欠，𥦗省。”徐鉉曰：“𥦗，塞也。意有所欲而猶塞，款款然。”

【歖】許其切。《説文》：“卒喜也。从欠，从喜。”

【㳄】徐連切。《説文》：“慕欲口液也。从欠，从水。”

【盜】大到切。《説文》：“私利物也。从㳄，㳄欲皿也。”

【頙】須兖切。選具也。又蘇困切。

【煩】符袁切。《説文》：“熱頭痛也。”

【頫】匪矩切。《説文》：“低頭也。从頁，逃省。太史卜書頫仰字如此。”徐鉉曰：“頫首逃亡之皃。”

【䪼】而由切。《説文》：“面和也。”

【顥】下老切。《説文》：“白皃。从頁，从景。”引《楚詞》：“天白顥顥。”商山[②]四顥，白首人。徐鉉曰：“景，日月之光明，白也。”

【頪】盧時切。《説文》：“難曉也。从頁、米。一曰，鮮白皃。从粉省。”

【奤】普伴切。面大。

【䫌】呼内切。面多肉。

【䭫】康禮切。下首也。《説文》謂“从𣅀[③]、旨”，非也，从詣省。

【脜】[④]耳由切。面和也。从肉，从百。

【縣】胡涓切。繫也。从系持県。

---

① “突”，各本作“空”，此據《説文》改。

② “商山”，各本同。《説文》作“南山”。

③ 王本、藝文本、文庫影本、四庫本“𣅀”字上部多一横（王本、文庫影本、上影本、四庫本字頭所从之“𣅀”，上部亦多一横），上影本進而訛作“晉”，誤。

④ 各本字頭作“䏿”，右旁作“首”，據其音義與“从肉，从百”之説，字頭當作“脜”。

【䜌】[①] 大凡切。《説文》："截也。从𢇍，从斷。"又旨沇切。

【𠭥】彼眷切。更也。變，古作"𠭥"。

【髟】《説文》："長髮猋猋也。从長，从彡。"彡，師銜[②]切。

【髣】陟賄切。假髻。

【卮】《説文》："圜器也。一名觛[③]，所以節飲食。象人卩在其下也。"引《易》："君子節飲食。"

【印】《説文》："執政所持信也。从爪，从卩。"[④]

【𢑏】乙力切。與"印"相向成文。《説文》："按也。"隸作"抑"。

【艷】麗而豐也。

【危】《説文》："在高而懼也。从𠂆，自卩止之。"

【匀】《説文》："少也。从勹、二。"[⑤]

【旬】《説文》："徧也。十日爲旬。从勹、日。"

【勹】薄皓切。《説文》："覆也。从勹覆人。"

【匊】《説文》："在手曰匊。从勹、米。"俗作"掬"。

【昜】與章切。从旦，从勿，謂太陽自朝而升，勿勿然而涣散。

【嵩】思融切。中岳嵩，高山。古作"崇"。

【㕞】所劣切。《説文》："拭也。从又持巾在尸下。"

【畫】篆作"畵"。胡麥切。《説文》："界也。象田四界。聿所以畫之。"

【虐】今省作"虐"。《説文》："殘也。从虎足反爪人也。"

【殸】籀文"磬"字。从殳，擊之乃有聲焉。

【矗】初六切。直皃。

【幵】古賢切。《説文》："平也。象二干對上平也。"

【冤】於袁切。《説文》："屈也。从兔[⑥]，从冂。兔在冂下不得走，

---

① 各本字頭或比較模糊，寫法上也略有差異。

② "銜"，王本作"御"，誤。

③ 各本"觛"字右邊从"且"。

④ 《説文》："印，執政所持信也。从爪，从卩。"藝文本漏"从爪从"三字。

⑤ 各本字頭作"匀"，"二"，王本、上影本、文庫影本、四庫本作"一"，誤。

⑥ "兔"，文庫影本、上影本、藝文本作"免"，形近而誤。

益屈折也。”

【戾】《説文》：“曲也。从犬出户下。戾者，身曲戾也。”

【糞】今作“糞”。《説文》：“棄除也。从廾推芈棄釆也。官溥説，似米而非米者，矢字。”芈，北潘切①。

【𠬝】龍輟切。《説文》：“撮也。从𠬪，从己。”徐鉉曰：“己者物也，又爪撮取之。”

【𨳇】陟刃切。登也。从下，从門。下其門所以爲登也。②

【𦣞】音誑。《説文》：“乖也。从二臣相違。”

【看】丘閑切③。《説文》：“睎也。从手下目。”臣按，今人視遠物，多以手掌於目上蔽日曜。

上四百五十二④。

會意第三下

【庫】《説文》：“兵車藏也。从車在广下。”

【廛】《説文》：“一畝半⑤，一家之居。”臣按，此从广，从里，从坴省。《説文》“从广、里、八、土”，誤矣。

【庶】之奢切。篆作“庻”，厨也，遏也，从广，从炗。“炗”即“光”字，謂光爲广所蔽也。又傷注切。《説文》：“屋下眾也。”

【厘】澄延切。一畝半，一家之居⑥。

【砅】鄰知切。履石渡水也。又力制切。《詩》：“深則砅。”

【磬】蒲孟切。磅⑦磬，石聲。或从彭。

【砦】子末切。水激石皃。

【豦】求於切。《説文》：“鬭相丮不解也。从豕、虍。豕虍之鬭不相

---

① “芈”，各本或誤作“華”。

② “下”，王本作“二”。

③ 文庫影本、四庫本作“邱閑切”。

④ 以上實際四百四十九字。

⑤ “一畝半”，段玉裁改爲“二畝半”，王本亦改作“二畝半”。

⑥ “澄延切”，藝文本作“登延切”。“一畝半”，王本作“二畝半”。按，《正字通·厂部》：“厘，俗廛字。”

⑦ “磅”，各本作“砊”。

捨。”引司馬相如説：“豦，封豕之屬。一曰，虎兩足舉。”又居御切。獸名。《爾雅》：“豦，迅頭。大如狗，似獼猴，黄黑色，多髯鬣，好奮迅其頭。”

【豩】呼回切。豕發土也。

【豧】[1] 丁候切。又竹角切。龍尾星，東方星也。从龍省。

【豖】株玉切。豕，絆足行皃。又丑玉切[2]。

【豚】小豕也。

【𧰼】今作“肆”。《説文》：“希屬。”引《虞書》：“𧰼類于上帝。”

【彖】豕走也。从互，从豕省。

【驫】悲幽切。《説文》：“衆馬也。”又卑遙切，衆走。又仕戢切。

【騁】丑郢切。今作“騁”。《説文》：“直馳也。”古作“騁”。

【馮】莫後切。畜父也。

【闖】丑甚切。馬出門皃。又丑禁切。

【馭】使馬也。

【麤】滄胡切。《説文》：“行超遠也。从三鹿。”又作“麁”[3]。

【麍】盧谷切。獸皮有文皃。

【薦】作甸切。《説文》：“獸之所食艸。古者神人以廌遺黄帝。帝曰：‘何食？何處？’曰：‘食薦；夏處水澤，冬處松柏。’”[4]或从豕。

【灋】方乏切。《説文》：“刑也。平之如水。从廌，所以觸不直者去之，从去。”省文作“法”。

【䴠】池鄰切。《説文》：“鹿行揚土也。”或省作“塵”。

【㲋】士咸切。《説文》：“狡兔也，兔之駿[5]者。从㲋兔。”

【𠁁】芳遇切。《説文》：“疾也。从三兔。”又匹陌切。

【娩】芳萬切。《説文》：“兔子也。娩，疾也。从女、兔。”

---

① 各本字頭从“豕”，俗省。

② 各本字頭或从“豕”，俗寫。“豕”，文庫影本、上影本、王本、四庫本訛作“豕”。

③ 各本作“食胡切”，《類篇》“滄胡切”，“食”爲“滄”之誤。“麁”，上影本、王本作“鹿”，非是。

④ “艸”，四庫本作“草”；“廌”，各本作“薦”，誤。

⑤ “駿”，王本、上影本作“駮”。

【逸】夷質切。《説文》："失也。从辵、兔。"

【猋】卑遥切。《説文》："犬走皃。"

【玃】居六切。《説文》："玃𤠰也。从犬、夒。"

【狧】甚爾切。以舌取物。又訖合切。《説文》："犬食也。"

【獄】《説文》："确也。从㹜，从言。二犬所以守也。"古作"圁"。

【狺】魚巾切。犬吠聲。《楚辭》："猛犬狺狺。"

【猇】虚交切。虎聲。又乎包切。犬聲。

【吠】房廢切。犬鳴也。

【尞】憐蕭切。又力照切。《説文》："柴祭天也。从火，从昚。昚，古慎字。祭天所以慎。"

【灰】呼回切。《説文》："死火餘㶳。从火，从又。又，手也。火既滅，可以執持。"

【㷉】紆胃切[①]，又音紆勿切。《説文》："从上案下也。从𡰥、又，持火以尉申繒。"隸作"尉"。

【㸏】兹消切。《説文》："灼龜不兆也。"引《春秋傳》"龜㸏不兆。"或書作"𪚰"。

【𤆍】卑遥切。《説文》："火飛也。"篆作"𤐫"，从㘡，與䙴同意。

【炵】敞尒切。《説文》："盛火也。"

【㶳】逵員切[②]。蟲入火皃。

【㶾】卑遥切。輕脆也。从火，㶾省。

【烕】翾劣切。《説文》："滅，从火戌。火死于戌。陽氣至戌而盡。"引《詩》："赫赫宗周，褒姒烕之。"臣按，从火，从戌，戌，聲也，未必有義。

【杰】巨列切。𪊙杰，梁四公子名。

【㷋】火迥切[③]。火光。

【焚】符分切。火灼物也。或作"燓"，符袁切。《説文》："燒

① "紆胃切"，各本作"紆冒切"，"冒"當爲"胃"字之誤。"尉"字《廣韻》"於胃切"。

② "逵員切"，各本作"達員切"。按《集韻》作"逵員切"，此據改。

③ 上影本作"火廻切"，文庫影本作"火迴切"，"廻""迴"皆"迥"字之誤。

田也。"

【狊】扃闃切。《説文》:"視皃。一曰,犬視。"①

【光】《説文》:"明也。从火在人上,光明意也。" 古作"炗"②。

【燅】徐鹽切。於湯中爚③肉。从炎,从熱省。又徐心切。

【黑】《説文》:"火所熏之色也。从炎上出囪。" 囪,古窻字。篆作"𪐗"④。

【炙】《説文》:"炮肉也。从肉在火上。" 之石切。

【燅】徐廉切。湯中瀹肉。从熱省。

【赫】《説文》:"火赤皃。"

【奄】《説文》:"覆也。大有餘也。又欠也。从大,从申,展也。" 又於瞻切。精氣閉藏也。

【夷】《説文》:"平也。从大,从弓。東方之人也。"

【奆】口瓠切。大也。

【奃】土皓切。長大也。又叨號切⑤。

【奓】今作"奢"。張也。籒从多。奓又敞爾切。

【契】《説文》:"大約也。"⑥ 引《易》:"後代聖人易之以書契。"

【報】篆作"報"。《説文》:"當罪人。从𡴘、𠬝。𠬝,服罪。"⑦

【㚔】下耿切。《説文》:"吉而免凶也。从屰,从夭。夭,死之事。故死謂之不㚔。" 隸作"幸"。

【壹】今作"緼"。《説文》:"壹壺也。从凶,从壺。不得泄凶也。" 引《易》曰:"天地絪緼。"⑧

---

① "犬",藝文本、四庫本作"大",形近而誤。

② 藝文本、四庫本作"炗",形近而誤。

③ "爚",文庫影本、四庫本作"瀹"。

④ "𪐗",各本作"黑"。此曰"篆作",當以作"𪐗"爲是。

⑤ "長大也",上影本作"長人也","大"誤作"人";"叨號切",上影本、王本作"切號切","叨"誤作"切"。

⑥ "大約也",文庫影本、上影本、藝文本、四庫本作"木約也","大"誤爲"木"。

⑦ 此條字頭之"報"與"篆作'報'"之"報"應互換;或"篆作'報'"應改爲"隸作'報'"。

⑧ 各本"壹"字不規範,"壹壺",上影本作"壹壺",誤。

【奏】《説文》："奏進也。从夲，从廾，从屮。屮，上進之義。"

【臭】古老切。《説文》："大白澤也。从大，从白。古文以爲澤字。"

【奰】平祕[①]切。《説文》："壯大也。从三大、三目。二目爲䀠，三目爲奰，益大也。一曰，迫也。《詩》曰：'不醉而怒謂之奰。'"

【惢】寸規切。又寸累切。又損果切。《説文》："心疑也。从三心。"又將支切。善也。

【慶】《説文》："行賀人也。从心，从夊。吉禮以鹿皮爲贄，故从鹿省。"

【思】師姦切。又思廉切。《説文》："嬐利口也。从心、册。"引《商書》[②]："相時思民。"徐鍇曰："册，言眾也。"

【意】《説文》："从心，从音。察言而知意也。"

【懣】母本切。煩也。

【忧】于求切。異也。尤，古作"忧"。

【惏】盧感切。悲愁皃。一説，林木君子所感，故宋玉曰："入林悲心。"

【忍】魚記切。《説文》："怒也。"

【息】《説文》："喘也。"按，此从心，从自。自即鼻也。

【愼】殊閏切。《説文》："理也。"順，古作"愼"。

【淋】子宋切。水激石皃。

【涉】徒行厲水也。

【㵎】水行也。从水㐬。㐬音突，忽也。篆文从水。

【歰】[③] 色入切。不滑也。或作"澀""澁"。

【休】昵角切。沒也。《莊子》："大浸稽天而不溺。""溺"或作"休"。又乃歷切。

【濬】須閏切。从水谷，通川也。

【湏】[④] 呼内切。《説文》："洒面也。"或作"頮"。

---

① 四庫本作"秘"。

② "《商書》"，《説文》作"《詩》"。

③ 文庫影本、藝文本、四庫本字下所从之"止"訛爲"土"，上影本又訛爲"工"，皆誤。

④ 文庫影本、上影本、藝文本、四庫本字頭作"須"，誤。

【溼】失入切。《説文》："幽溼也。从水。一，所以覆也，覆而有土，故溼也。"

【邕】於容切。《説文》："四方有水，自邕城池者。"籀作"㿟"。又巨勇切。揭塞也。

【灥】詳遵切。又從緣切。又取絹切。雨而泉出。

【衇】莫獲切。《説文》："血理分衺行體者。"籀作"𧖴"，亦作"脈"①。

【𧠟】莫狄切。《説文》："衺視也。"籀作"𧢈"，或作"覓"。

【睿】私閏切。深通川也。从谷，从𣦼。𣦼，殘地阬坎意也。《虞書》曰："睿畎澮距川。"又逵員切。

【冰】筆陵切。水堅也。

【冬】都宗切。《説文》："四時盡也。从仌，从夂。夂，古文終字。"古作"㫆"。

【屚】郎豆切。《説文》："屋穿水下也。从雨，从屋省。"

【霍】忽郭切。飛聲也。一曰，揮霍，猝遽也。

【䨣】匹各切。《説文》："雨濡革也。"

【霅】直甲切。《説文》："霅霅，震雷皃。一曰，眾言也。"

【䨶】虚器切。見雨而止息。

【𩺰】語居切。二魚也。又訛胡切。魚之大者。

【䲜】逆怯切。魚盛皃。

【魝】語計切，又吉削切。《説文》："楚人謂治魚人。"

【鱻】相然切。《説文》："新魚精也。从三魚。不變魚。"按，今人以小魚爲鱻，从魚之多也。

【敍】牛居切。捕魚也。

【龖】徒合切。飛龍也。从二龍。

【孬】疾盍切。惡也。

【孔】《説文》："通也。从乙，从子。乙，請子之候鳥也，乙至而得

---

① "𧖴"，《説文》籀文，各本與字頭同，不確。"脈"，藝文本、王本、四庫本作"脉"。

子，嘉美之也。古人名嘉，字子孔。”①

【乳】而主切。《説文》：“人及鳥生子曰乳、獸曰產。从孚，从乙。乙者，玄②鳥也。《明堂》《月令》：‘玄鳥至之日，祠于高禖以請子。’故乳从乙。請子必以乙至之日者，玄鳥春分來，秋分去，開生之候鳥，帝少昊分司之官也。”又儒遇切。育者也。

【乿】澄之切。理也。

【臸】人質切。到也。从二至。

【𡒄】丑利切。忿戾也。从至，至而復遜。遜，遁也。《周書》曰：“有夏氏之民叨𡒄。③”古作“𡐕”。又質利切。

【肁】治小切。《説文》：“始開也。从户，从聿。”徐鉉曰：“聿者，始也。”

【扇】《説文》：“扉也。从户，从翍省。”一曰，竹曰扇。又尸連切。搖翣也。

【閞】隸作“開”。《説文》：“張也。”篆从“幵”④。

【閒】居閑切。《説文》：“隟也。从門，从月。”徐鍇曰：“門夜閉，閉而見月光，是有閒隟也。”⑤

【閃】失冉切。《説文》：“闚頭門中也。从人在門中。”

【閉】《説文》：“闔門也。从門，才所以拒門。”

【闑】魚列切。《説文》：“門梱也。”⑥

【閦】初六切。眾在門中。

【聯】陵延切。《説文》：“連也。从耳，耳連於頰⑦也。从絲，絲連不絕之貌也。”

【耿】古幸切。《説文》：“耳箸頰也。从耳，烓省。杜林説：耿，光

① “乙”，《説文》作“乚”，下“乳”字條同。《説文》：“乚，玄鳥也。”

② 四庫本作“元”，下“玄鳥至之日”，“玄鳥春分來”，同，皆避諱。

③ “叨肁”之“肁”，文庫影本、藝文本、上影本、四庫本下从“土”作。

④ 文庫影本、藝文本、王本字頭作“開”，與後“隸作”者同，不確。

⑤ “閒”，王本作“間”。

⑥ “梱”，王本作“稛”，文庫影本、上影本、藝文本作“梱”，此據《説文》作“梱”。

⑦ “頰”，各本誤作“類”，此據《説文》改。

也。从光，聖省。”

【耷】德蓋切。大耳曰“耷”。

【聕】仍吏切。聽音也。

【聅】剌列切。《説文》：“軍法，以矢貫耳也。”引《司馬法》曰：“小罪聅，中罪刵，大罪剄。”

【聶】尼輒切。《説文》：“附耳私語也。”

【聑】的協切。《説文》：“安也。”又陟膈切，耳豎[①]皃。

【拜】布怪切。《説文》：“首至地也。楊雄[②]説，拜从兩手下。”

【摯】脂利切。《説文》：“握持也。”

【承】辰陵切。《説文》：“奉也。受也。从手，从卪，从𠬞。”[③]

【折】之列切。又食列切。《説文》：“斷也。”

【奻】居還切。《説文》：“訟也。从二女。”又音女患切。諠訟也[④]。

【姦】私也。

【威】《説文》：“姑也。从女，从戌[⑤]。”引《漢律》文曰：“婦告威姑。”一曰，有威可畏也。

【如】《説文》曰：“隨也。”按，从女，从口。女子之口，惟从命。

【奴】《説文》：“奴婢皆古之辠人也。”引《周禮》：“其奴，男子入于罪隸，女子入于舂藁。”

【娿】於何切。《説文》：“女師也。杜林説：‘加教於女。’”

【婁】郎侯切。《説文》：“空也。从毋、中、女，空之意也。一曰，婁務也。”臣按，此與《孟子》“摟則得妻”之“摟”同，“婁”是本文，挑婦人也[⑥]。

【好】許皓切。《説文》：“美也。从女、子。”通作“玕”。

---

① “豎”，各本作“堅”。《集韻·麥韻》：“聕，陟革切，耳豎皃。或从二耳。”此據改。

② 文庫影本、上影本、藝文本、四庫本作“楊容”，誤。

③ “卪”，王本、上影本、四庫本作“卩”，同。“𠬞”，各本作“收”，形近而誤。

④ “諠訟”，各本作“諠詔”。《集韻·諫韻》：“奻，諠訟也。”“詔”當爲“訟”之誤，此據改。

⑤ “戌”，上影本、四庫本作“戍”，形近而誤。

⑥ “摟”，藝文本作“樓”。

【婦】《説文》："服也。从女持帚灑掃也。"

【媿】醔九切。《説文》："可惡也。"古作"醜"[①]。媿，又基位切。《説文》："慙也。"

【委】《説文》："委隨也。从女，从禾。"

【妻】《説文》："婦與夫齊者也。从女，从屮，从又。又，持事，妻職也。"[②]

【嬲】乃了切。《説文》："姌也。"[③] 又回灼切。弱也。

【毐】遏在切。人無行也。从士，从毋。賈侍中説："秦太后與嫪毐淫，坐誅，故世駡淫曰嫪毐。"又鋪枚切，又於開切[④]。

【戔】昨千切。《説文》："賊也。从二戈。《周書》曰：'戔戔巧言。'"又楚限切，擣傷也。

【戜】今作"戎"。《説文》："兵也。"

【找】胡瓜切[⑤]。舟進竿謂之划。或从手。

【戫】房越切。盾也。

【戛】訖黠切。《説文》："戟[⑥]也。从戈，从百。"

【戟】訖逆切。《説文》："有枝兵也。"引《周禮》："戟長丈六尺。"从戈，从榦省。或作"戟"。

【我】五可切。《説文》："施身自謂也。或説，我，頃頓也。从戈，从扌。扌，或説古垂字，一曰古殺字。"臣按，許氏如此之説，不知我之於六書爲何義乎？我也，戍、戚也，戊也，皆从戈，有殺伐之意。《説文》不知會同取義，而其説支離。况我既从殺，古文"成"又从刀，此爲殺之義何疑？又借爲吾我之我。許氏惑於借義。

---

① 按，《説文》："醜，可惡也。""媿"同"醜"。"醜"，即"醜"字，各本寫法略異，上部或作"吅"。

② "屮"，文庫影本、上影本、藝文本、四庫本作"卜"。

③ "姌"，上影本、四庫本作"娟"，誤。

④ "毐"，上影本誤作"毒"；"毋"，各本作"母"，非是；"淫"，文庫影本、四庫本作"滛"，訛體。

⑤ "胡瓜切"，上影本作"胡爪切"。"爪"爲"瓜"之誤。

⑥ 《説文》作"戟"。

【蝱】眉耕切。木無眸子。或作“𥉒”①。又莫更切。蝱倀，失道貌。

【匃】古代切。《説文》：“氣也。逯安説：亡人爲匄。”或作“丐”。匃又居謁切，求也。

【匠】《説文》：“木工也。从匚，从斤。斤所以作器也。”

【瓦】吾化切。施瓦②於屋也。

【弢】他刀切。《説文》：“弓衣也。”

【弜】其兩切。《説文》：“彊③也。从二弓。”又翹移切。

【㢮】徒案切。《説文》：“行丸也。彈或作㢮。从弓持丸。”或作“㢮”④。

【医】於計切。盛弓弩矢器也。《國語》曰：“兵不解医。”

【盭】郎計切。弼戾也。从絃⑤省，从盩。又力結切。

【緜】《説文》：“聯微也。从系，从帛。”

【孫】《説文》：“子之子曰孫。从子，从系。系，續也。”

【繭】《説文》：“蠶衣也。从糸，从虫，从㡀省。”古作“絸”。俗作“蠒”。

【綏】宣隹切。《説文》：“車中把也。从系，从妥。”徐鍇曰：“禮：升車必正立執綏，所以安也。當从爪，从安⑥省。《説文》無妥字。”

【甸】《説文》：“天子五百里地。从田，包省。”又石證切，六十四井爲甸。

【𣟃】覩敢切⑦。𣟃𣟃，蔭也。

【畜】敕六切。《説文》：“田畜也。”引《淮南子》曰：“玄⑧田爲畜。”又曰，“《魯郊禮》：畜或作蓄，从兹。兹，益也。”

---

① 各本同，上部所从之“止”當爲“亾”之誤。

② 王本、藝文本、上影本作“瓦”，文庫影本、四庫本作“瓦”。《集韻·去聲·禡》：“瓦瓦：吾化切。施瓦於屋也。或作瓦。文二。”據此，當以作“瓦”爲是。

③ “彊”，藝文本作“疆”。

④ “㢮”，各本作“弓”。按《集韻·換韻》：“彈，亦作㢮。”今據改。

⑤ “絃”，各本同，《説文》作“弦”。

⑥ “安”，各本作“女”，此據《説文》徐鍇語改。

⑦ 上影本、王本字頭作“𣟃”，“覩敢切”作“都敢切”。

⑧ “玄”，文庫影本、四庫本作“元”。

【里】《説文》:“居也。从田，从土。”臣按，埋、狸之字並从里，則知里字復有霾音。又按趕、悝之字並从里，則知里字又有恢音也。

【㲉】胡光切，又美辨切。卵中之黄也。

【嬲】乃了切。戲相擾也。

【嫐】數省切[1]。一乳兩子也。又乃了切。戲相擾也。

【鈲】攻乎切。鐵鈲。

【銜】《説文》:“馬勒口中。从金，从行。銜，行馬者也。”

【凥】九魚切。《説文》:“處也。从尸，从几。尸得几而止。”引《孝經》曰:“仲尼凥。”“謂閒居如此。”故或作“居”。

【凭】皮冰切。《説文》:“依几也。”引《周書》:“凭玉几。”或从馮。又部孕切。

【処】昌與切。止也。得几而止。或从虍。

【耏】乃代切。《説文》:“罪不至髡曰耏。字或从寸，諸法度字皆从寸也。”亦作“耐”。耏又人之切。

【釁】許愼切。殺牲釁其血，而後薦其肉，故从且，从釁省。

【斷】凡有三音：音覩暖切者，絕也。音都玩切者，決也。音徒玩切者，《説文》:“截也。”

【斬】《説文》:“截也。从車，从斤。古者斬人，以車裂之也。”

【斲】[2] 竹角切。斫也。从斤，从𢇛。𢇛音斗。或从畫。

【料】洛蕭切。《説文》:“量也。从斗，从米，米在斗中[3]。”《春秋傳》:“臣料虞君。”又力弔切。

【矟】刑狄切。矛屬。長矟謂之勃盧。

【軍】《説文》:“圜圍也。四千人爲軍。从車，从包省。車[4]，兵車。”周制，萬二千五百人爲軍。

【輦】《説文》:“輓車也。从車，从扶，在車前引之者。”

---

① “數省切”，各本同。《集韻・線韻》作“數眷切”。“省”字當爲“眷”之誤。

② 上影本作“斵”，同。

③ 大徐本《説文》作“米在其中”，小徐本《説文》作“米在斗中”。

④ 此“車”字，文庫影本、上影本、藝文本、四庫本作“軍”，王本據《説文》段注改，可從。

【䜌】盧官切。亂也。理也。又龍眷切。言不絕。

【絲】《説文》:“蠶所吐也。从二糸。”①

【㬎】渠飲切②。絮中小繭。

【師】《説文》:“二千五百人爲師。从帀,从𠂤。𠂤,四帀,衆意也。”

【官】今作“官”。《説文》:“吏③事君也。从宀,从𠂤。𠂤猶衆也。”

【𡌥】去演切。《説文》云:“𡌥,小塊也。从臾,从𠂤。”臾,古“貴”④字。隸作“㞡”。

【陟】《説文》:“登也。”

【隉】倪結切。《説文》:“危也。从𨸏,从毀省。徐巡以爲:隉,凶也。賈侍中説:隉,法度也。班固説:不安也。”引《周書》:“邦之阢隉。”

【嘼】《説文》:“守備者也。”

【辤】《説文》:“不受也。从辛,从受。受辛宜辤。”

【辭】《説文》:“訟也。从𤔔。𤔔猶理辜也,𤔔,理也。”

【燮】悉協切。火熟也。从又持炎辛。辛者,物熟味也。

【辟】鼻益切。法也。从辛,辠也。从命省,出令以治人辠也。《説文》謂“从卩,从口”,誤矣。

【辥】必益切。君也。辟君之辟,或从官也。

【孨】只兖切。《説文》:“謹也。从三子。”又昵立切。衆皃。

【孱】士連切。《説文》:“迮也。一曰,呻吟也。从孨在尸下。”徐鉉曰:“尸,屋也。”

【孴】魚紀切。《説文》:“盛皃。从孨,从日。”籀作“𦍋”,或作“㮸”。“孴”又爲奇字。

【醯】《説文》:“酸也。作醯以𩱠以酒。从𩱠、酒並省,从皿。皿,

---

① “糸”,各本作“系”,誤。

② 文庫影本作“渠飯切”,“飯”當爲“飲”字之誤。《集韻》“絮中小繭”之“㬎”,音“渠飲切”,見《集韻·寑韻》。

③ 各本同。按,大徐本《説文》作“史事君也”,小徐本《説文》作“吏事君也”。

④ “貴”,《説文》作“蕢”(徐鉉語)。

器也。”俗作“醓”①，非是。

【醯】許亥切。酒器。

【醉】《説文》：“醉，卒也。各卒其度量，不至於亂也。”

【尊】租昆切。《説文》：“酒器也。从酋，廾以奉之。”引《周禮》六尊：“犧尊、象尊、著尊、壺尊、大尊、山尊，以待祭祀賓客之禮。”或从寸。古作“𢍜”②。

【厵】愚原切。《説文》：“水泉本也。从灥出厂下。”篆作“原”。今作“源”。

【戍】舂遇切。《説文》：“守邊也。从人持戈。”

【伐】《説文》：“擊也。从人持戈。”

【埶】倪祭切。《説文》：“種也。从坴、丮，持而種之。”引《詩》：“我埶黍稷。”

【斀】竹角切。《説文》：“斫也。斲或从𢆉、畫。”③

【卟】堅奚切。《説文》：“卜以問疑也。”《書》“稽疑”舊作“卟”，亦作“乩”。唐開元改用“稽”，無義。

【占】《説文》：“視兆問也。”

【希】疏巾也④。从爻，从巾。

【棥】附袁切。藩也。从爻，从林，象林薄交加，有藩籬之狀。

【隼】聳尹切。《説文》：“祝鳩也。”隹从十，象射隼之形。

【雋】徂兖切。《説文》：“肥肉。从弓，所以射隹。”

【罩】陟教切。覆鳥之具。

【隻】之石切。鳥一枚也。

【雀】即約切。《説文》：“依人小鳥也。”

---

① “醓”，各本同。當爲“醢”之誤。《玉篇·酉部》：“醯，酸味。醢，俗。”

② 各本“古作”之字或不清晰，寫法互異，此據《集韻·諄韻》所列“遵”字古文。

③ “畫”，文庫影本、上影本、藝文本、四庫本作“書”，形近而誤。王本作“畫聲”，注云：“‘畫’原作‘書’，‘聲’字脱，據《説文》十四上斤部改補。”按其説乃據段注本《説文》，與大小徐本不同。

④ 上影本作“疏中也”，“中”當爲“巾”之誤。按“希”的“疏巾”之義，古籍未聞。“希”有“疏”義（見《論語·先進》“鼓瑟希”皇侃疏），其字从“巾”，“疏巾”之説，亦當有據。

【奞】息遺切。《説文》:“鳥張毛羽自奮也。从大,从隹。”

【奮】《説文》:“翬也。从奞在田上。”一曰,振也。

【奪】《説文》:“手持隹失之也。”臣今按,从寸者,攘人不顧法度,如奞攫然。

【蒦】乙虢切。《説文》:“規蒦,商也。从又持雈。一曰,視遽皃。”①

【叡】俞芮切。《説文》:“深明也。通也。”臣按,此从目,从叡②省。或言从谷省,非。古作“睿”③。

【叡】黑各切。深溝也。或从土。

【飍】必幽切。風也。

【颮】許勿切。疾風也。

【圭】《説文》:“瑞玉也。上圜下方。公執桓圭,九寸;侯執信圭,伯執躬圭,皆七寸;子執穀璧,男執蒲璧,皆五寸。以封諸侯,从④重土。楚爵有執圭。”

【埽】穌老切。《説文》:“棄也。”又先到切。

【圣】苦骨切。《説文》:“汝潁之間謂致力於地曰圣。”

【堯】《説文》:“高也。从垚在兀⑤上,高遠也。”臣按,堯當从垚,从几。因帝堯以垚爲名,故又加几焉。古文作“㚧”,亦从二儿,可知也。

【堇】巨斤切。《説文》:“黏土也。从土,从黄省。”

【聖】從遇切。《説文》:“土積也。”或作“壂”。

【封】方容切。《説文》:“爵諸侯之土也。从之,从土,从寸,守其制度也。公侯百里,伯七十里,子男五十里。”徐鍇曰:“各之其土也。”

---

① 文庫影本、上影本、藝文本、四庫本“蒦”字下部所从之“又”作“攵”,誤。

② 此字各本同。按,此字頭作“叡”,此又云“从叡省”,顯然有誤,當爲抄刻所致。段注以爲“从叡(壑)省”,林義光《文源》同,可參。

③ 各本“睿”字和“睿”旁或作“睿”,係俗字寫法。下“睿”字條同。

④ “从”,各本作“以”,誤。

⑤ 各本作“几”,《説文》作“兀”。此引《説文》,當作“兀”,故後按曰“从几”,以示不同。

【加】《説文》："語相增加也。从力，从口。"

【勞】《説文》："劇也。从力，熒省。熒火燒門①，用力者勞。"臣按，从力，从營省，言用力經營也。又郎到切。

【劦】胡頰切。《説文》："同力也。从三力。"引《山海經》："惟號之山，其風若劦。"

【協】《説文》："同心之和。从劦，从心。"

【勰】胡頰切。《説文》："同思之和。从劦，从思。"

【劣】《説文》："弱也。"

【㔏】② 翾劣切。拽也。

【勖】許六切。勉也。臣按，从力，从冒，會意。《説文》謂聲，誤矣。

上二百四十六③。

三體會意

序曰：二母之合爲會意。二母者，二體也。有三體之合者，非常道也，故别之。

【復】今作"退"字。从彳，从日，从夊。

【後】遲也。从彳、幺，夊者，後也。徐鍇曰："幺猶纙躓之也。"

【舚】託盍切。歠也，从舌，从水，从口。

【龠】音藥。从亼，从吅、册。樂之竹管三孔，以和衆樂聲。

【丞】翊也。从廾，从卩，从山。山高奉承之義。

【㕞】从又持巾在尸下。尸，屋也。

【攸】行水也。从攴④，从人，水省。徐鍇曰："攴，入水所杖也。"秦刻石作"汥"。

---

① "門"，大小徐《説文》作"冂"。姚文田、嚴可均《説文校議》："'熒火燒門'，《五音韻譜》如此。宋本及小徐、《韻會·四豪》引作'燒冂'，毛本剜改'門'字作'冂'。"見丁福保《説文解字詁林》，中華書局1988年，第13425頁。

② 各本"㔏"上部所从之"糸"作"幺"。

③ 上實際爲二百四十字。

④ "攴"，各本作"支"。下"攴"字同。

【糞】音糞。棄除也。从廾推𠦒棄釆也。官溥説：“似米而非米者，矢字。”①

【棄】今作“棄”。从廾推𠦒棄之，从𠫓。𠫓，逆子也②。

【觲】息營切。用角低昂便也。从羊、牛、角。《詩》：“觲觲角弓。”③

【解】佳買切。判也。从刀判牛角。

【簋】黍稷方器。从竹，从皿，从皀。

【箕】亦作“箕”。从竹。其，象形，下其丌也④。

【或】越逼切。邦也。从口，从戈以守一。一，地也。

【廛】从广，从里，从坴省。即陸而居。

【帚】止西切。糞也。从又持巾埽冂内⑤。

【灋】刑也。从水，平準也。从廌，觸不直者去之⑥。

【尉】以上案下也。从𡰥、又，持火以尉申繒也。

【㒸】音隙。際見之白也。从白，上下小見。

【舂】从廾持杵臨臼⑦上。午，杵省。

【㲋】象爵之形，中有鬯酒，又，持之也。

【鬱】迂勿切。上體與爨同意，象煮鬱之形。从彡，所以飾鬯也⑧。

【僉】皆也。从亼，从吅，从从⑨。

【鬯】从凵。凵，器也。象米。匕，所以扱之⑩。

---

① 各本字頭書寫略有不同，此據該字篆書結構。“𠦒”字各本或誤作“華”，“釆”字各本或誤作“采”，皆形近而誤。“溥”，上影本、四庫本誤作“灋”。

② 各本字頭書或作“棄”，此據該字篆書結構。“𠦒”字或誤作“華”。

③ “低昂”，文庫影本、四庫本同，王本、上影本、藝文本作“低仰”，《説文》作“低仰”。按，此字又見《會意第三上》，各本皆作“低昂”，當以作“低昂”爲是。以“昂”爲“仰”，乃鄭氏以同意字替換之例。“觲觲角弓”，藝文本脱“弓”字。

④ 上影本“箕”“其”皆作“甘”。

⑤ “冂内”，各本作“門内”，《説文》作“冂内”。

⑥ “廌”，上影本、文庫影本、王本、四庫本同，藝文本作“廌”。大徐本《説文》：“灋，刑也。平之如水，从水。廌所以觸不直者去之，从去。”

⑦ “臼”，藝文本作“臼”，形近而誤。

⑧ “鬱”，上影本作“鬱”，誤。“迂”字所从之“于”，各本作“亏”。

⑨ “亼”，上影本誤作“人”。

⑩ “扱”，文庫影本、上影本、王本、四庫本作“投”，形近而誤。

【盥】澡手也。从臼水臨皿[①]。

【𢍜】都騰切。禮器也。从廾持肉在豆上。

【虘】亦省作“虐”。从虎足反爪人。

【竷】音坎。繇也，舞也，樂也。樂有章，从章，从夅，从夊[②]。《詩》：“竷竷舞我。”

【盩】張流切。引擊也，从㚔，攴見血[③]。

【醯】呼雞切。作醯以鬻以酒。从鬻、酒，並省，从皿。皿，器也。

【䎈】知衍切。極巧而視之也。从四工。

【祭】从示，从又，手持肉。

【祝】从示，从人、口。

【𦞦】从肉，从酒省，酒以和醬。

【朢】音妄。月滿與日相朢以朝君。从月，从臣，从𡈼。𡈼，朝廷也[④]。

【直】从乚，从十，从目。

【燮】从又持炎、辛。辛者，物熟味。

【惏】盧感切。君子所感也。宋玉曰：“入林悲心。”

【寒】从人在宀下，以茻薦覆之，下有仌。

【封】爵諸侯之土也。从之，从土，从寸，守其制度也。

【斝】舉下切。玉爵也。从吅，从冖，从斗。

【冠】弁冕之總名。从冂，从元，冠有法制，从寸。

上四十二。

凡會意類，計七百四十[⑤]。

轉注第四

序曰：諧聲、轉注，一也。役它爲諧聲，役己爲轉注。轉注也者，

---

① “臼”，文庫影本、上影本、王本、四庫本作“臼”，形近而誤。

② “夊”，上影本誤作“久”。

③ “㚔”，各本作“幸”，“攴”，各本作“支”，“血”，各本或作“皿”，皆形近而誤。

④ “𡈼”，音挺，各本作“壬”，音仁，形近而誤。“滿”，上影本誤作“蒲”。

⑤ 實際字數爲七百三十一。

正其大而轉其小，正其正而轉其偏者也。

建類主義轉注

序曰：立類爲母，從類爲子，母主義，子主聲。主義者，是以母爲主而轉其子。主聲者，是以子爲主而轉其母。

【老】耆、考、耇、耇、孝、耆、耋。

【履】𡳐、屧、屦、孱、屣、屨、屎、屜、屩、屐、𡳃、屧。

【㝱】① 寱、𥨘、𥨣、𥨑、𥩌、𥨘、𥨗、𥨐、𥩅。

【㝱】寤②、𥧶、寎、𥨕、寐、寤、𥨍、𥧸。

【苜】瞢、夢、𧄣、𦿆、蔑③、𦾛。

【八】四、六.

上并注五十。

建類主聲轉注

【弌】弍、弎。

【鳳】凰。

【𦅿】糴。

【圅】④ 函。

【匽】𨕹、𨙶。

【弦】玅⑤、盭、𢐀。

【䖑】虓。

【虒】𧇣。

上并注二十。

---

① “㝱”字系列之字，古寫多據小篆結構从“𤕫”，“宀”下右上有一横畫，本書根據規範寫法，皆从“𤕫”。

② 此字各本同，與下“寤”字重。據下“建類主聲轉注音義”，當爲“𥧸”字之誤。

③ 各本或作“蔑”，下部訛爲“我”，不確。下“建類主聲轉注音義”同。

④ 據下“建類主聲轉注音義”類，此字音爲“胡南切”，義爲“舌也”，即“圅”字。各本寫法各異，上从“乃”或“巧”形，寫法特殊，當即篆書“圅”之隸定。以下徑作“圅”。

⑤ 上影本、王本、四庫本誤作“紗”。

互體別聲轉注

序曰：諧聲、轉注，皆以聲别。聲異而義異者，曰互體别聲。義異而聲不異者，曰互體别義。

【杲】東、杳。

【本】末[①]、朱。

【易】明。

【尖】尜。

【犓】牪。

【告】吽。

【吴】吠[②]。

【古】叶。

【卟】占。

【听】启。

【啼】啻。

【唯】售。

【吥】否。

【吰】吝。

【含】吟。

【嗼】暮。

【啁】周。

【叨】召。

【龔】蠪。

【衜】蹡。

【讋】譇[③]。

【諅】諆。

---

① 王本、上影本作“禾”，誤。

② 文庫影本、上影本、藝文本誤作“吠”。

③ 文庫影本、上影本、藝文本、四庫本作“諳”。

【謷】謸。

【醫】讃。

【眇】省。

【晰】晢。

【眂】昏①。

【肓】盲。

【相】眛。

【睋】晟。

【鴟】雎。

【鵩】鴽。

【鸛】鸛。

【鸞】鸞。

【鶄】鶄。

【鸔】鸔②。

【骴】脊。

【胡】胋。

【槩】概。

【櫜】櫑。

【棸】棷。

【朵】朷。

【櫟】③ 桀。

【根】杲。

【柅】杘。

【某】柑。

【枅】枅。

【架】枷。

---

① 藝文本、上影本誤作“昏”。

② “鸔”，《説文》从“暴”。各本所从之“㬥”旁，其下或从“木”，或从“水”，皆異寫。下《互體别聲轉注音義》同。

③ 各本同，依例當以作“柤”爲是。

【森】桬。

【暑】睹。

【秄】季。

【麋】蘼。

【襱】襲。

【衺】袳。

【袍】裦。

【衾】[1] 衿。

【裹】裸。

【袁】袻。

【褻】褹。

【襛】襃。

【砉】砯。

【猸】屘。

【烕】烕。

【豁】豀。

【擘】擗。

【撕】摰。

【搴】摉。

【妏】妟。

【娶】娵。

【媿】魖。

【娎】娎。

【媨】敒。

【壀】壁。

【垔】垔。

【垢】垕。

【塹】鏨。

① 藝文本、王本作“衾”，當誤。

【惎】具。

【醔】醔。

【恭】㤨。

【忔】忥。

【悲】悱。

【惎】惎。

【怤】怤。

【愈】愉。

【忘】忙。

【怢】怢。

【慎】慎。

【愔】意。

【怗】点。

【怘】怙。

【憿】憿。

【怡】怠。

【懣】懣。

【悍】悍。

【悺】悺。

【懬】懬。

【忉】忍。

【忠】忡。

【咎】咎。

【怫】怫。

【怓】怒。

【忦】忦。

【慎】慎。

【忍】忉。

【惋】惌。

【憾】感。

【恖】恤。

【惵】惵。

【惐】惑。

【急】恰。

【愀】愁。

【感】慽。

【悆】悇。

【嶜】嶜。

【岺】岭。

【崋】崋。

【嵬】嵬。

【菶】汫。

【澼】檗。

【沸】棐。

【蜚】蜱。

【蜑】蜒。

【蜃】蜄。

【蠆】蠇。

【蜇】蜇。

上并注二百五十四。①

互體别義轉注（聲同義異②）

【檾】檾。

【旻】旼。

【朞】期。

【猶】猷。

---

① 此實際只有二百五十二，據後《互體別聲轉注音義》，各本均漏“嶜”“岺”之間的“【崖】崕”二字。

② 上影本漏此四字。

【嫠】[1] 獓。

【龐】慵。

【愚】偶。

【愿】愿。

【懰】劉。

【憸】鑑。

【掣】揦。

【忥】忔[2]。

【辮】辮。

【蜊】蛪。

【蜃】螈。

【蚉】蚊。

【坒】坒。

【鑃】鐂。

【嚨】讋。

【喭】喭。

【攏】擊。

【憚】罼。

【櫳】龒。

【櫯】椞。

上并注四十八。

凡轉注類，計三百七十二[3]。

① 上影本誤作“敖”。

② 下《互體別義轉注音義》部分分別作“忥”“忔”，異體。

③ 以上總計三百七十。

轉注音義

建類主義轉注音義

【老】《説文》："七十曰老。从匕、毛。匕音化，言須髮變白也。"老去其下體而成字①。

【耆】渠脂切。《説文》："老也。"

【考】《説文》："老也。"

【耇】古厚切。《説文》："老人面凍黎若垢。"

【耇】常句切。《説文》："老人行才相逮。从老省、易省，行象。"

【孝】《説文》："善事父母者。从老省，从子，子承老也。"

【耆】丁念切。《説文》："老人面如點也。"

【耋】徒結切。《説文》："年八十曰耋。"

【履】从尸聲也。从舟，象其形也。从彳，从夊，行而曳者，其惟履乎。

【屩】舉履切。赤舄。

【屦】徂回切。粗履也。

【屦】呼肥切。鞮屬。

【屛】徐吕切。履屬。

【屣】所寄切。履不躡跟也。

【屨】履也。一曰，鞮也。

【屐】遲據切。履也。

【屜】他計切。履中薦。

【屩】居酌切。屐也。

【屐】屩也。

【屧】音歷。履下也。

【屧】施協切。履中薦。

① 《説文》作"七十曰老。从人、毛、匕。言須髮變白也"，與此略異。各本"匕"作"七"。上影本"下"誤作"卜"。

【㝱】音夢。《説文》："寐而有覺也。从宀，从疒，夢聲。"引《周禮》："以日月星辰占六㝱之吉凶。"或作"寢"。

【寐】緜批切。㝱驚。又母禮切。寐而未厭。

【𡫳】披尤切。寐聲。

【𡫱】呼含切。寢不褫衣。

【𡫴】人余切。假寐。

【寑】七稔切。《説文》："病卧也。"或作"寢"。

【𡬁】其季切。《説文》："熟寐也。"

【𡫾】依據切。楚人謂寐曰𡫾。

【𡬅】母亘切。𡬄𡬅，眠寤也。

【𡬄】思鄧切。𡬄𡬅，眠寤也。

【寣】謨郎切。寐言也。亦是从㝱①省。

【㝖】吾含切。寐聲。

【寎】皮命切。《説文》："卧驚病也。"

【寑】七稔切。視皃。

【寐】密二切。《説文》："卧也。"

【寤】五故切。《説文》："寐覺而有信曰寤。一曰，晝見而夜夢也。"

【寱】倪祭切。《説文》："瞑言也。"

【寣】呼八切。《説文》："卧驚也。一曰，小兒號寣寣。一曰，河内相評②也。"

【瞢】木空切。《説文》："目不明也。从苜③，从旬。旬，目數搖也。"又眉耕切。無眸子也。

【𧀰】徒登切。𧀰瞢，目④暗。

【䔲】郎鄧切。䔲卧初起皃。

【薨】謨郎切。勉也。又彌登切。

【寢】莫鳳切。寐而有覺也。

---

① 此字可疑，字書未見。四庫本作"㝱"。

② "評"，各本作"評"，形近而誤。此據《説文》。

③ "苜"，各本作"首"，形近而誤。

④ "目"，上影本作"日"，形近而誤。

【蘘】莫葛切。食馬穀也。

【瞢】謨中切。寐言。从眠，从瞢省。

【八】數也。

【四】脉八之數，未能上徹。

【六】與四同體，而有加焉。

建類主聲轉注音義

【弌】从一，數也。从弋，聲也。

【弍】

【弎】弍、弎从弋，無聲。以弌爲類之聲，故可以轉二、三而爲注。

【鳳】从鳥，義也。从凡[①]，聲也。

【凰】从几無聲，以鳳[②]爲建類。

【糴】从糬[③]，聲也。从入，義也。

【糶】从糬[④]，無聲，以糴爲建類。

【圅】胡南切。舌也。象形。从马，舌體马[⑤]。又户感切。口上曰臄，下曰圅。

【圉】曷合切。从圅[⑥]省，亦聲也。

【𠨬】都黎切。又田黎切。《説文》："㩗不能行，爲人所引。"[⑦]

【𠨬】音提。从允[⑧]，从提省。以𠨬爲建類之聲，故又从奚省。

【𠨬】音攜。《説文》："𠨬𠨬也。从允，从攜省。"以𠨬爲建類之聲，故又从奚省。

【弦】《説文》："弓弦也。从弓，象絲軫之形。"凡字，母主義，子主聲，未有省母而立子者，惟弦省母，以子主類，故爲建類主聲之注也。

---

① "凡"，各本作"几"。

② 藝文本、上影本、王本作"凰"，當以作"鳳"爲是。

③ 上影本作"糧"，誤。

④ 上影本作"糴"，誤。

⑤ 二"马"字，各本多作"弓"。此從《説文》。

⑥ 各本同，當即"圅"字之訛。

⑦ 按，此《説文》内容所釋爲下條"𠨬"字。《説文》無"𠨬"字。

⑧ 各本多作"允"，或誤爲"允"，下"𠨬"字條同。

【䋣】[1] 於霄切。急戾也。从絃省，少聲。

【盭】音戾。弼戾也。从弦省、盩[2]。

【竭】於屑切。不成遂急戾也。从弦省，曷聲。

【𣎴】丘[3]召切。𣎴𠅃。

【𠅃】牛召切。𣎴𠅃，不安也。𣎴从亢，義也。从喬，聲也。𠅃从亢，無聲，以𣎴爲建類之聲。

【虒】相支切。《説文》："委虒，虎之有角者。"从虎，義也。从厂，聲也。厂音移。又大耳切。

【扁】補典切。扁虒，薄皃。扁从厂[4]，無聲，以虒爲建義[5]之聲。

互體别聲轉注音義

【杲】古老切。明也。从日在木上。

【東】从日在木中。

【杳】冥也。从日在木下。木，若木也，日之所升降。

【本】《説文》："木下曰本。"本、朱、末同意，一在下爲本，在中爲朱，在上爲末。一無義也，但記其别耳。

【末】木上曰末。

【朱】《説文》："赤心木，松柏屬。"一曰，丹也。

【易】羊益切。《祕書》説："日月爲易，象陰陽也。"

【明】日月並明。

【尖】子廉切。鋭也。

【夵】以冉切。本廣末狹。

【牾】坐五切。牛角直皃。

【犨】樞玉切。抵也。古作"牪"。

【告】牛觸人，角著横木，所以告人也。

---

① 上影本、王本、四庫本誤作"紗"。

② 各本字頭所从之"攴"多作"支"。王本"从弦省、盩"之"盩"作"盭"，誤。

③ 文庫影本、四庫本作"邱"。

④ 上影本、王本無"厂"字。

⑤ 此"建義"當爲"建類"之誤。

【吽】於金切。牛鳴。

【吴】胡化切。口大皃。

【吠】音大。嘗也。

【古】《説文》：“故也。从十口，識前言者也。”

【叶】音協。衆口同也。

【叶】堅奚切。《説文》：“卜以明疑也。”

【占】之廉切。《説文》：“視兆問卜也。”

【听】魚其切。听嗞，口開皃。

【吿】陟列切。《博雅》：“塞也。”

【啼】《説文》：“號也。”

【啻】《説文》：“語時，不啻也。”

【唯】夷隹切。專辭。又愈水切。諾也。

【售】承呪切。賣去手也。

【吥】普溝切。吸也。

【否】不可也。

【吻】武粉切。《説文》：“口邊也。”

【吝】《説文》：“恨惜也。”

【含】嗛也。

【吟】《説文》：“呻也。”又宜禁切。長詠也。

【嗼】末各切。《説文》：“啾嗼也。”一曰，定也。

【暮】蒙晡切。謀議也。

【啁】陟交切。《説文》：“啁嘐也。”

【周】時流切。膺也。

【叨】貪也。

【召】呼也。

【躘】盧東切。躘蹈，行皃。

【蹱】盧鐘切。蹱踵，行皃。

【䟶】千歲切。過也。

【蹫】姑衛切。僵也。一曰，跳也。

【譼】翾規切。《説文》：“相毁也。”一曰，諉也。

【譎】[①] 土禾切。《方言》:“慧也。楚謂之譎。”或省。

【諅】居之切。忌也。又渠記切。《説文》:“妄[②]也。”引《周書》:“上不諅于凶德。”

【諆】丘[③]其切。《説文》:“欺也。”

【䜌】咨邪切。咨也。

【謑】楚懈切。異言。

【謍】壹計切。《博雅》:“譍也。”又户禮切。誠言也。

【讔】於其切。恨聲。

【眇】《説文》:“一目小也。”

【省】察也。

【晣】之列切。目明也。

【晢】征例切。日美也。

【眂】章移切。視也。又時利切。

【昏】[④] 呼昆切。目暗也。

【盳】蒲光切。盳洋,仰視皃。

【盲】眉耕切。《説文》:“目無眸子。”

【相】思將切。《説文》:“省視也。”引《易》:“地可觀者,莫可觀於木。”《詩》曰:“相鼠有皮。”

【眛】莫目切。目不明也。

【䀏】翾劣切。《説文》:“視高皃。”

【䀸】休必切。目深皃。

【鴳】於諫切。鴽屬。

【雖】朱惟切。鳥名。小鳩也。一名鳺鴀。

【鶘】洪孤切。鵜鶘,好羣飛,沈水食魚。

---

① 王本作“譢”。

② 《説文》作“忌”。王本、藝文本作“妄”,上影本、四庫本作“忘”,文庫影本作“之”。按,作“忘”作“之”皆誤。《類篇·三上》:“諅諆:居之切。忌也。或作諆。又並渠記切。《説文》:‘妄也。’引《周書》:‘上不諅于凶德。’”《六書略》應本於《類篇》。

③ 文庫影本、四庫本作“邱”。

④ 王本作“昬”,形近而誤。

【鶦】洪孤切，雞鶦，似鴇，青身白頭。

【鸛】古玩切。《説文》：“小雀也。”《詩》：“鸛鳴于垤。”今按，鸛，水鳥之大者①。

【驩】呼官切。《爾雅》：“驩②鶇鴟鵄，如鵲短尾，射之，銜矢射人。”

【鸞】鳥名。《説文》：“亦神靈之精，赤色，五采，雞形。鳴中五音，頌聲作則至。周成王時，氐羌獻之也。”

【鸞】謨還切。《山海經》：“有鳥如鳧，一翼一目，相得乃飛，名曰鸞。”或省。

【鶄】咨盈切。鵁鶄也。

【鶄】倉經切。鶄鶴，鳥名，畜之以厭火。

【鸔】蒲木切。鳥名。鸔，《説文》：“鳥鸔也。”

【鸔】薄報切。又北角切。水鳥，似鶂而短鵛。

【骴】才枝切。又疾智切。《説文》：“鳥獸殘骨，骴骴可惡。”引《明堂月令》：“掩骼埋骴。”

【胔】蔣氏切。鳥骨。一曰，骨有肉也。

【胡】牛顊垂也。

【胋】空胡切。《博雅》：“胋，膈膘也。”

【槩】許既切。平斗木。又居代切。

【概】古外切。杖也。又巨列切。杙也。

【櫜】質涉切。《説文》：“木葉榣白也。”

【欇】失涉切。《博雅》：“杖也。”③

【棸】甾尤切。木名。

【棷】將侯切。戚謂之棷。又甾尤切。《説文》：“木薪也。”

【朶】都果切。《説文》：“木垂朶朶也。”

---

① “鸛”，《説文》作“雚”（嚴格依形隸定應作“雚”）；“雀”，《説文》作“爵”。段注：“爵，當作雀。”鄭氏所改可從。

② 王本作“驩”，形近而誤。

③ “失”，上影本、王本作“夫”，形近而誤。“杖”，各本作“枝”。《廣雅・釋器》：“欇，杖也。”《集韻・葉韻》：“欇，《博雅》：‘杖也。’”此據改。

【杒】人枝切[①]。木名。又如證切。一曰，止車木。

【枻】以制切。楫謂之枻。

【枼】弋涉切。《説文》："楄也。从世聲。"徐鉉謂从世非聲，改而爲卋。卋，穌合切。臣按，此即木葉象形，非聲也[②]。

【根】《説文》："木株也。"

【梟】下簡切。閾也。

【柅】女夷切。絡杙。又女履切。《説文》："木也，實如梨。"一曰，止車木。又乃禮切。

【杘】丑貳切。籆柄也。

【某】謨杯切。果名。《説文》："枏也。"又莫後切。酸果也[③]。

【柑】果名。似橘。又其淹切。以木銜馬口也。《春秋傳》："柑馬而秣之。"

【栞】丘[④]寒切。又稽延切。入山刊木，以識道也。

【枅】經天切。屋櫨也。

【架】居迓切。杙也，所以舉物，或作"嫁"。

【枷】居牙切。《説文》："柫也。淮南謂之柍。"[⑤]

【森】木多皃。

【桊】居蔭切。承樽桉[⑥]。

【暑】熱也。

【睹】董五切。《説文》："旦明也。"

【秄】祖似切。《説文》："壅禾本。"

【季】《説文》："少稱也。"

【縻】忙皮切。《説文》："穄也。"

---

① "人枝切"，各本同。按，作"木名"解的"杒"，《類篇》作"人之切"。

② 二"卋"字，各本作"卉"，與"蘇合切"之音不符，形近而誤。

③ "枏也"，各本同。按《説文》："某，酸果也。从木从甘。"並無"枏也"之義。此條釋文乃節録自《類篇·六上》"梅楳某槑"條，證明《六書略》與《類篇》具有密切關係。

④ 文庫影本、四庫本作"邱"。

⑤ "柫"，上影本誤作"佛"；"柍"，上影本誤作"快"。

⑥ "桉"，文庫影本、四庫本作"案"，異體；藝文本、上影本作"按"，訛从"手"。

【䙢】謨加切。《廣雅》："稕也。"[①]

【襱】盧東切。《方言》："齊魯謂之襱，關西謂之袴。"一曰，裙[②]也。又柱勇切。《説文》："絝踦也。"

【襲】《説文》："左衽袍。从衣龖省聲。"籀作"䶂"。

【㛎】乃可切。裒㛎，衣皃[③]。

【袳】敞尒[④]切。《説文》："衣張也。"

【袍】《説文》："襺也。"引《論語》："衣弊緼袍。"又薄報切。衣前襟。

【裒】薄皓切。《説文》："褱也。"

【衾】袪音切。《説文》："大被也。"[⑤]

【衿】居吟切。衣系也。又其淹切[⑥]。

【褁】包束也。

【裸】袒也。

【裒】倚可切。裒㛎，衣皃。

【袔】口箇切。夾衣。又何佐切。《博雅》："袚袖[⑦]也。"

【褻】《説文》："私服。"引《詩》："是褻袢也。"

【褹】倪祭切。《方言》："複襦謂之筩褹。"

【襮】彼小切。《説文》："上衣也。从衣，从毛。古者衣裘，以毛爲表。"篆作"表"。

---

① 按，《廣雅·釋草》："䅘、䙢、稊、稈，䅧也。"與此異。見王念孫《廣雅疏證》，江蘇古籍出版物2000年版，第331頁。

② 王本作"帬"。

③ "裒㛎"，各本作"裒㛎"。王本注云："汪本'裒'作'褭'，據元本、明本、于本、殿本改。"按下"裒"字條云："裒㛎，衣皃。"《玉篇·衣部》亦云："裒㛎，衣好皃。"據此，汪本之"褭"當即"裒"字之誤（王本"裒"字條注亦云："汪本'裒'作'褭'。"），此處當作"裒㛎，衣皃。""裒"作爲"褒"的異體，有"衣襟寬大"之義，但單用，如"裒衣博帶"，似未見於"裒㛎"。此據改。王本注見《通志·二十略》，中華書局1995年版，第299頁。

④ "尒"字王本作"尒"，異體；上影本作"余"，文庫影本、四庫本作"含"，誤。

⑤ 文庫影本、上影本、藝文本、四庫本"大"前衍"文"字。

⑥ "淹"，王本、上影本作"俺"。

⑦ "袖"字文庫影本缺；四庫本作"補"，誤。按，《類篇》："袔，口箇切。夾衣。又何佐切。《博雅》："袚袖也。又苦瓦切。"

【襃】薄報切。衣前襟。一曰，褎也。

【砎】子末切[①]。水激石皃。

【砅】鄰知切。履石渡水也。又力智切。《詩》："深則砅。"

【猑】九勿切。結猑，西域獸名，食香，無毛，但自鼻有毛，廣寸，至尾，燒刺不能傷。

【屈】渠勿切。《埤倉》："短尾犬也。"

【烕】翾劣切。《説文》："滅也，从火戌，火死於戌。陽氣至戌而盡。"引《詩》："赫赫宗周，褒姒烕之。"臣按，从火，从戌，戌，聲也，未必有義。又莫列切。

【烒】休必切。狂也，齊人語。

【谿】《説文》："山瀆无所通者。"

【徯】弦雞切。反戾也。《莊子》曰："婦姑勃徯。"

【擘】博厄切。《説文》："撝也。"一曰，大指。

【擗】毗亦切。撫也。

【撕】師咸切。芟也。《禮》："有撕而播。"

【摲】在敢切。擊也。

【搸】昨木切。劒也。

【擉】仕角切。刺也。

【姦】居還切。説文："訟也。"

【姣】古巧切。好也。

【娶】逡遇切。《説文》："娶婦也。"

【娵】遵須切。星名。《爾雅》："娵觜之口，營室東壁也。"又菑尤切。

【嬔】芳遇切。兔子。又孚袁切。

【嬎】孚萬切。《説文》："生子齊均也。"

【婜】許列切。《説文》："婜姎也。"又顯計切。喜也。

【嫲】之列切。女字。

【媨】在九切。《博雅》："好也。"又以九切。醜也。

---

① "子末切"，上影本作"子宋切"，誤。

【媨】七六切。《説文》："醜也。一曰，老女。"①

【壀】普米切。壀堄，陴也。

【壁】必歷切。《説文》："垣也。"

【坐】祖果切。篆作"坐"。《説文》："止也。从土，从丣。"古作"坐"。並象人據坐之形。又並徂卧切。

【坳】於九切。邑名。

【垢】《説文》："濁也。"一曰，塵也。或作"坸"。

【垕】狠口切。《説文》："山陵之厚也。"

【壍】財甘切。鑿也。又在敢切。

【鏩】鋤咸切。鏩鏩，鋭進皃②。又疾染切。

【惎】居之切。疾恚也。

【曩】墍己切。長踞也。

【醔】初尤切。漉取酒也。

【酋】字秋切。《説文》："繹酒也。从酉水半見其上。"

【恭】居容切。肅也。

【烘】胡公切。戰慄也。

【忔】聲夷切。喜皃。

【忥】許既切。癡皃。

【悲】逋眉切。《説文》："痛也。"

【悱】憤也。

【惎】渠之切。心有所繫也。

【惎】渠記切。《説文》："毒也。"

【怤】芳無切。《説文》："思也。"一曰，悦也。

【怤】扶遇切。心附也。

【愈】勝也，瘳也。

【愉】容朱切③。《説文》："薄也。"引《論語》："私覿愉愉。"一

① "老女"，各本同，《説文》作"老嫗"。

② 文庫影本、四庫本作"貌"。

③ 上影本、王本作"容末切"，"末"乃"朱"字之誤。

曰，樂也，和也。

【忘】武方切。《説文》："不識也。"又無放切。棄忘也。

【忙】謨郎切。心迫也。

【怢】吐内切。緩也，忘也。

【恷】于求切。異也。尤，古作"恷"。

【惪】於求切。《説文》："愁也。"

【愼】古文"順"字。

【愔】伊淫切[①]。愔愔，安和也。

【意】《説文》："从心，从音，察言而知意。"

【怗】多忝切。静也。一曰，服也。又託協切。

【怘】癡廉切。怘懘，樂音不和。

【怘】音固。專也。

【怙】後五切。《説文》："恃也。"

【憞】他昆切。憞惃，心不明也。

【憝】杜罪切。恨也。

【怡】悦也。

【怠】慢也。

【惪】母本切。煩也。

【悗】謨官切。忘也。

【悍】性急也。

【悬】音奸。僞也。

【悺】鄔版切。人名。漢有左悺。

【悹】古丸切。又古緩切。悹悹，無依也。

【慶】口黨切。大意。又苦謗切。

【懭】苦晃切。懭悢[②]，意不得也。又苦猛切。

【忉】都勞切。忉忉，憂勞也。

---

① 文庫影本、藝文本、四庫本作"伊滛切"，"滛"近於"淫"，王本遂作"伊淫切"。按"滛"爲"淫"字之誤。《集韻》"伊淫切"，《廣韻》"挹淫切"。

② "悢"，文庫影本、上影本、藝文本、四庫本作"恨"。《集韻·蕩韻》："懭悢，意不得也。"

【忍】魚既切。《説文》："怒也。"

【忠】《説文》："欽也。"

【忡】《説文》："憂也。"

【悲】音弼。輔也。

【怫】芳未切。忿皃。

【怓】尼交切。亂也。

【怒】恚也。

【忦】苦怪切①。恨也。又牛戒切。《説文》："憂也。"

【忥】許介切。《説文》："忽也。"引《孟子》："孝子之心，不若是忥。"

【慎】音嗔。怒也。

【慎】時刃切。《説文》："謹也。"

【忍】《説文》："能也。"

【忉】而振切。心能於事也。

【惋】烏貫切。驚歎也。

【惌】於袁切。讎也。恚也。

【慽】含歷切。憂也。

【慼】子六切。慙也。

【恩】呼弦切。急也。

【恤】雪律切。憂也。

【惵】託協切。静也。

【惵】私列切。不安皃。

【惐】乙六切。痛心也。

【惑】《説文》："亂也。"

【念】迄及切。合也。《太玄②》："慼而念之。"又乞洽切。

【恰】乞洽切。《説文》："用心也。"

---

① "苦怪切"，各本"苦"作"若"，形近而誤。《康熙字典》："《集韻》苦怪切，音蒯，恨也。"

② 文庫影本、四庫本作"元"，避諱。

【愀】千遙切。色變也。《莊子》："愀然變容。" 又七小切。

【愁】鋤尤切。《説文》："憂也。" 又財勞切。揚雄有《畔牢愁》。

【慦】居尤切。聚也。

【惄】巨九切。《説文》："怨仇也。"

【感】不忘於心也。

【慊】丘[①]廉切。慊悕，意不安皃。

【悆】羊茹切。《説文》："忘也。嘾也。" 引《周書》："有疾不悆。" 悆，喜也。

【悇】[②] 同都切。苦憂也。

【嶜】咨林切[③]。山高大皃。

【嶒】鉏簪切。嶒岑，高鋭皃。

【崖】《説文》："高邊也。"

【崕】魚羈切。崎崕，石危皃。

【岑】鉏簪切。《説文》："山小而高。"

【岒】其淹切。山名。

【嶊】祖回切。《説文》："大高也。"

【嶉】祖猥切。山皃。

【嵬】五灰切。《説文》："高不平也。"

【隗】鄔毁切。山皃。

【隶】疾郢切。陷也。

【洴】棄挺[④]切。洴涏，小水皃。

【澼】匹辟切。腸間水也。

【檗】匹智切。水中洲也。

【沸】方未切。湆也。

【㳬】敷勿切。灑也。

---

① 文庫影本、四庫本作“邱”。

② 王本作“悇”，誤。

③ 文庫影本、上影本、王本、四庫本作“容林切”，“容”爲“咨”字之誤。“嶜”字《集韻》“咨林切”。

④ 四庫本作“挻”，形近而誤。

【蛗】紕招切。螵蛸也。或作“螵”。

【蜱】賓彌切。又部迴切。蜃屬。

【蜑】蕩旱切。蠻屬。

【蜓】夷然切。蟲名。《方言》：“燕北謂析易曰祝蜓。”

【蜃】是忍切。蛤也。《説文》：“雉入海化爲蜃。”

【蜄】之刃切。動也。又時刃切。蛟屬。

【蠆】丑邁切。《説文》：“毒蟲也。”

【蠣】力制切。《説文》：“蚌屬。似蠊微大，出海中，民食之。”一曰，雕百歲化爲蠣。或作“蠇”[①]。

【蜇】陟列切。螫也。

【蜥】似絕切。魿鱖，魚名。似蝤蛑，生海中[②]。

互體別義轉注音義

【桊】乳捶切。垂也。

【樬】木名。

【旻】眉貧切。《説文》：“秋天也。”

【旼】旼旼，和也。

【朞】居之切。《説文》：“復其時也。”

【期】《説文》：“會也。”

【猶】《説文》：“玃屬。一曰，隴西謂犬子爲猶。”一曰，似麂，居山中，聞人聲豫登木，無人乃下。世謂不決曰“猶豫”。

【猷】道也。

【獒】牛刀切。《説文》：“犬知人心，可使者。”引《春秋傳》：“公嗾夫獒。”

【獓】《山海經》：“三危之山有獸焉，牛身四角，豪如披蓑，名曰獓。”

---

① 文庫影本、上影本、藝文本、四庫本作“或作‘蠣’”，“蠣”與字頭字形同。王本作“蠇”，當以王本爲是。《類篇》亦作“或作‘蠇’”。

② “蜥”“鱖”音義相同，異體字。

【龍心】盧東切。龍心忽，遽皃。

【忄龍】忄龍悷，多惡皃。

【愚】元俱切。《説文》："戇也。从心，从禺。禺，猴屬，獸之愚者。"

【㥥】《説文》："懽也。琅邪朱虛有㥥亭。"

【愿】愚袁切。測量也。

【愿】慤慎也。《周禮》："上愿糾[①]暴。"劉昌宗讀。

【懰】力求切。懰慄[②]，憂貌。一曰，怨也。或从留。

【劉心】定意。

【忦】下介切。忖度也。

【懸】傾心也。

【忥】許迄切。癡皃。

【忔】喜也。

【㓡】郎[③]達切。《博雅》："擘也。"

【揦】撥揦[④]，手披也。

【䍣】博尼切。《説文》："䍣謂之罿，罿謂之罬，罬謂之罦。捕鳥覆車也。"

【䌛】織絲帶也。

【蜊】良脂切。蛤蜊，海蚌也。

【蛪】蝀蛪，蟲名，似蝗，大腹，長角，食蛇腦。

【螷】愚轅切。重蠶爲螷。

【螈】[⑤]《説文》："蠑蚖，蛇醫，以注鳴者。"即蜥蜴也。

【蚉】匪父切。蟲名，食瓜者。

---

① 藝文本、上影本、四庫本作"糾"，誤。

② "懰慄"，各本作"劉慄"，形近而誤。

③ "郎"，上影本誤作"卽"。

④ "揦"，藝文本、上影本、王本作"攋"。《集韻·曷韻》："攋，撥攋，手披也。或从剌。"爲與字頭對應，今從文庫影本、四庫本作"揦"。

⑤ 《説文》作"蚖"。

【蚊】王蚊，蟲名，蟾諸也。《爾雅》："不蜩，王父。"①

【坒】毗至切。《説文》："地相次，坒也。"②

【坒】配合也。《太玄③》："陰陽坒參。"

【鋻】巨兩切。鉛④屬。

【鏹】以繦貫錢。

【嚨】盧東切。喉也。

【嘒】大聲也。

【唁】魚戰切。傳言。

【唁】弔失國曰唁。

【攏】盧東切。理也。

【擊】擊也。

【憚】徒案切。《説文》："忌難也。"

【罳】罳狐，邑名，在洛南百五十里，秦遷周赧王於此。

【櫳】盧東切。檻也。一曰，養獸圈。

【龒】房室之疏也。又盧鍾切。

【梹】相支切。《博雅》："木下枝謂之椑梹。"

【椞】木薪。

六書略第三

諧聲第五

序曰：諧聲與五書同出，五書有窮，諧聲無窮；五書尚義，諧聲尚聲。天下有有窮之義，而有無窮之聲。擬之而后言，議之而后動者，義也。不疾而速，不行而至者，聲也。作者之謂聖，述者之謂明。五書，

① "不蜩，王父"，文庫影本、上影本、藝文本、四庫本同。《類篇》亦作"父"，當是鄭氏所據。王本據《爾雅·釋蟲》改"父"爲"蚊"。

② 按，所引《説文》，與小徐本及《類篇》《集韻》所引同，大徐本《説文》作"地相次比也"。

③ 文庫影本、四庫本作"元"。

④ "鉛"，藝文本、上影本、王本作"鈆"，異體。

作者也；諧聲，述者也。諧聲者，觸聲成字，不可勝舉，今略，但引類以計其目[1]。

【一】五。

【二】[2] 四。

【示】百十二。

【玉】二百八十。

【珏】四。

【气】四。

【士】三。

【屮】三。

【艸】千一百四十六。

【蓐】一。

【八】二。

【釆】[3] 四。

【牛】三十一。

【口】五百七十二。

【吅】九。

【品】二。

【㗊】五。

【走】百七十六。

【止】二十四。

【是】二。

【辵】二百十六。

【彳】二百二十八。

【廴】三[4]。

① 按此所謂“引類以計其目”，指的是按照漢字部首來計算各自部首下的形聲字數量。其部首應是按照《説文》部首順序，故有些字可以根據《説文》部首校訂之。

② 據《説文》部首順序，此爲“丄”字古文。

③ 據《説文》部首順序，此爲“釆”字，各本或與“采”混同。

④ 王本作“二”。

【行】十六。

【齒】九十六。

【牙】三。

【足】三百五十二。

【龠】十。

【册】一。

【舌】十。

【𧮫】[①] 二。

【句】三。

【言】五百二十一。

【音】二十七。

【廾】十九。

【𢌳】一。

【臼】[②] 一。

【爨】一。

【革】百九十二。

【鬲】二十。

【䰜】十六。

【爪】六。

【丮】六。

【鬥】[③] 十一。

【又】四。

【支】五。

【聿】二。

【臣】五。

【殳】三十四。

---

① 各本作“谷”，形近而誤。此據《説文》部首順序改。

② 文庫影本、上影本、王本作“臼”，形近而誤。

③ 各本作“門”，形近而誤。此據《説文》部首順序改。

【寸】七。

【皮】五十一。

【攴】[1] 百七十三。

【卜】五。

【用】一。

【爻】三[2]。

【旻】二。

【目】三百四十七。

【朋】一。

【眉】二。

【盾】二。

【自】九。

【白】四。

【鼻】二十六。

【羽】九十二。

【隹】九十三。

【苜】[3] 四。

【羊】六十四。

【雥】一。

【鳥】四百三十六。

【幺】五。

【受】四。

【奴】二。

【歺】百二十九。

【骨】十二。

【肉】四百五十四。

---

① 各本作“支”，形近而誤。此據《説文》部首順序改。

② 上影本、王本作“二”。

③ 各本作“首”，形近而誤。此據《説文》部首順序改。

【刀】百八十七。

【刃】四。

【耒】五十六。

【角】八十一。

【竹】五百七十。

【丌】四。

【工】四。

【巫】三。

【甘】八。

【曰】四。

【丂】八。

【壴】十五。

【鼓】十七。

【豈】二。

【豆】二十六。

【虍】十。

【虎】十八。

【皿】五十二。

【去】七。

【血】二十五。

【丹】六。

【皀】三。

【鬯】三。

【食】二十一①。

【亼】二。

【入】二。

【缶】四十二。

【矢】二十七。

① 文庫影本、四庫本作“二十”。

【高】十。

【𩫖】九。

【亯】三。

【㐭】一。

【麥】八十。

【夊】[1] 七。

【舛】二。

【韋】五十七。

【夂】[2] 二。

【木】九百十七。

【林】十。

【桑】[3] 八。

【出】七。

【𣎵】三。

【生】四。

【𠂹】六。

【禾】[4] 五。

【桼】[5] 二。

【束】八。

【㯻】七。

【囗】三十七。

【貝】百二十三。

【邑】九十。

【𨛜】二。

【倝】三。

---

① 各本作“及”，誤。此據《説文》部首順序改。

② 各本作“反”，誤。此據《説文》部首順序改。

③ 各本同。“桑”即“叒”字。

④ 各本作“术”，誤。此據《説文》部首順序改。

⑤ 各本作“泰”，誤。此據《説文》部首順序改。

【㫃】二十八。

【晶】一。

【月】二十五。

【夕】四。

【多】二十六。

【马】[①] 二。

【朿】二。

【片】五十三。

【爿】六。

【鼎】五。

【禾】二百八十九。

【黍】二十六。

【香】二十五。

【米】百六十八。

【臼】[②] 十四。

【朮】[③] 十六。

【𣏟】[④] 十一。

【韭】五。

【瓜】三十三。

【宀】九十六。

【穴】百十七。

【疒】三百五十六。

【冂】五。

【冃】十六。

【网】八十二。

【而】四。

---

① 各本作“弓”，形近而誤。此據《説文》部首順序改。

② 藝文本作“臼”，形近而誤。

③ 各本作“求”，形近而誤。此據《説文》部首順序改。

④ 各本作“林”，或略異，形近而誤。此據《説文》部首順序改。

【巾】八十八。

【帛】十。

【白】四十八。

【㡀】① 九。

【人】五百八十六。

【匕】二。

【从】五。

【𡈼】② 十一。

【身】三十二。

【衣】三百五十五。

【毛】九十。

【尸】二卜九。

【尾】二。

【舟】百十九。

【儿】③ 七。

【見】九十一。

【欠】百五十三。

【頁】二百三十。

【面】④ 四十。

【𥄉】六。

【須】六。

【彡】十九。

【文】九。

【髟】百四十七。

【卩】三十一。

【勹】二十一。

---

① 各本作“⿱艹㡀”，此據《説文》部首順序改。

② 各本或作“壬”，形近而誤。

③ 各本作“几”，形近而誤。此據《説文》部首順序改。

④ 王本、藝文本作“靣”。

【鬼】四十六。

【山】三百四十五。

【屵】八。

【广】四十一。

【厂】四十九。

【石】三百五十一。

【長】十七。

【豖】七十一。

【彑】三①。

【豸】六十九。

【馬】二百六十四。

【鹿】四十五。

【龟】四。

【兔】三。

【犬】二百九十二。

【鼠】五。

【能】二。

【火】三百十三。

【炎】七。

【黑】百五。

【炙】②。

【赤】十九。

【大】三十。

【夨】四。

【尣】六。

【亢】三十四。

① 字頭各本作“彑”，此據《説文》部首順序改。各本“三”字上有空白。王本注：“‘三’字上原有空白，應有脱文。”

② 文庫影本作“灸”，四庫本作“炙”。各本字下無數字，王本注“‘炙’下面原無數字，應有脱文。”

【壺】三。

【㚔】三。

【大】[①] 六。

【立】四十四。

【囟】六。

【心】七百二。

【水】千五十七。

【川】二十七。

【泉】一。

【𠂢】一。

【谷】二十八。

【仌】[②] 五十七。

【雨】百四十五。

【雲】六。

【魚】三百二十六。

【龍】二。

【飛】四。

【乙】七。

【至】七。

【鹵】二十五。

【户】十六。

【門】百十二。

【耳】八十五。

【手】七百二十五。

【女】五百五十。

【丿】一。

【氏】五。

---

① 各本或作“六”形。

② 各本作“欠”，形近而誤。此據《説文》部首順序改。

【戈】三十八。

【匸】五。

【匚】三十五。

【𠙺】[1] 二。

【甾】十一。

【瓦】二百二十一。

【弓】六十七。

【弦】三。

【系】三。

【糸】四百九十。

【素】八。

【虫】五百五十四。

【䖵】五十六。

【蟲】五。

【風】百九。

【龜】五。

【黽】二十五。

【卵】[2] 四。

【土】三百七十四。

【田】六十八。

【黄】十四。

【男】二。

【力】百二。

【金】三百九十一。

【几】七。

【且】一。

【斤】二十。

---

① 《六書略》以爲“曲”字古文。

② 文庫影本、四庫本作“卯”，藝文本作“夘”，形近而誤。王本作“夘”，異體。

【斗】十八。

【矛】三十三。

【車】七十六。

【𠂤】五。

【𨸏】七十六。

【𨺅】五。

【叕】一。

【厽】二。

【甲】五。

【巴】一。

【辛】十一。

【子】二十三。

【申】二。

【酉】六十二。

【船】[1] 六。

上諧聲字，多不能紀，今取二百七十六部[2]之中，而得二萬一千三百四十一字。並見《六書證篇》。

子母同聲

【嚳】枯沃切。急告之甚也。

【趁】丑忍切。走也。

【斟】即入切。《説文》："斟斟，盛也。汝南名蠶盛曰斟。"[3]

【斟】籍入切。《説文》："詞之斟矣。"

【啎】五故切。逆也。

【黔】魚音切。呻也。

① "船"，《説文》屬舟部，非獨立部首。

② 今本實只有二百七十五部。

③ 字頭"斟"上影本作"斟"，《説文》"斟斟""蠶盛曰斟"之"斟"，文庫影本、藝文本、上影本皆作"斟"，均形近而誤。

【䪩】於金切。小聲。又鄔感切。鍾病聲。《周禮》："微聲䪩。"①

【攲】邱奇切。持去也②。

【㱦】邱③奇切。攲嘔也。

【鼓】株垂切。敁鼓④，不齊。

【𢻫】攀糜切。《方言》："南楚之間，器破而未離謂之𢻫。"

【隸】郎計切。《説文》："附箸也。"一曰，賤稱。

【隶】徒柰切。及也。引《詩》："隶天之未陰雨。"从隶，臮聲。臮亦音息。

【肄】羊至切。習也。又以制切。勞也。

【黐】莊持切。手足膚黑。

【㝅】當候切。小穿也。

【䅘】郎才切。至也，勤也。

【氂】洛⑤哀切。《説文》："强曲毛，可以箸起衣。"

【棽】癡林切。《説文》："木枝條棽儷也。"

【犛】良刃切。獸名，似彘，身黄尾白。

【𥪰】渠營切。《説文》："回疾也。"

【𩇪】非尾切。《説文》："别也。"

【陛】邊兮切。《説文》："牢也。所以⑥拘非也。从非，陛省聲。"

【霖】今作"無"。《説文》："亡也。从亡，無聲。奇字作无。通於无者，王育説：'天屈西北爲無。'"⑦

---

① "䪩"，上影本作"䤃"，四庫本作"䪩"，形近而誤。"微聲䪩"，王本作"微音䪩"。按，《類篇·三中》："䪩，於金切。小聲。又烏含切。《説文》：'下徹聲。'又衣廉切。小聲。又鄔感切。鍾病聲。《周禮》：'微聲䪩。'"《六書略》節録於此。

② "邱"，上影本、藝文本作"丘"；"去"，上影本作"六"，藝文本近之，誤。

③ "邱"，上影本、四庫本、藝文本、王本作"丘"。

④ "敁鼓"，見《廣韻》，上影本、文庫影本、藝文本、四庫本作"敁鼓"，王本作"鼓鼓"，均誤。

⑤ "洛"，上影本、王本作"浴"，形近而誤。

⑥ "以"，上影本、王本作"能"。《説文》作"以"。

⑦ 兩"无"字，文庫影本、藝文本、上影本、四庫本作"旡"，形近而誤。"天屈西北爲無"，各本同，《説文》作"天屈西北爲无"。

【釐】里之切。《説文》："家[①]福也。"

【糾】居虯切。《説文》："相糾繚也。一曰，瓜瓠結丩起，象形。"或作"丩"[②]。

【怵】袪尤切。戾也。

【執】渠尤切。讎也。

【令】郎丁切。撞也。

【鄧】中莖切。張也。

【豣】湯丁切。評議也。从秀，古文"平"字。

【學】七支切。人子腸也。

【孳】子之切。《説文》："汲汲生也。从子，兹聲。"

【斄】陵之切。《方言》："陳楚之間，凡人嘼乳而雙産謂之斄。"

【疑】語其切。惑也。《説文》："从子、止、匕，矢聲。"[③]

【譏】渠希切。《説文》："訖事之樂也。"

【丩】音鳩。丩，大牝也[④]。

上三十七。

母主聲

【瞿】九遇切。《説文》："鷹隼之視也。"一曰，心驚皃。

【界】俱遇切。舉目驚界然[⑤]。

【觓】仕角切。《説文》："角長皃。"

【筑】張六切。《説文》："以竹曲五絃之樂也。从竹，从巩。巩，持之也。"[⑥]

【𦐀】囊何切。《廣雅》："𦐀猝，多也。"

---

① "家"，各本作"蒙"，此據《説文》改。

② 本條"糾""虯""糾"所从之"丩"及獨立之"丩"，各本或俗寫作"斗"，一併改正。

③ "惑"，王本作"或"。"匕"，各本作"上"。

④ "丩"，各本右从"斗"，俗寫。

⑤ 各本作"畀"，不確。

⑥ "絃"，《説文》作"弦"；"巩"，《説文》作"珙"。下"聲兼意"亦有"筑"字，同，不另注。

【奓】陟加切。《説文》："厚脣皃。从尚、多[①]。"徐鍇曰："多即厚也。"又抽加切。

【牆】慈良切。垣蔽也。

【𨌲】羊進切。《説文》："擊小鼓，引樂聲也。从申，柬聲。"又以忍切。

【甘】沽三切。南方山有甘𤯍林，東方朔説。

【桊】居蔭切。承樽桉。

【聃】仍吏切。神聽告饗謂之聃。

【㝅】洪孤切。履也。

【㝅】[②] 胡光切。卵中黄。

【黌】胡肓[③]切。學舍。

【枓】當口切。勺也。

【延】抽前切。《説文》："安步延延也。"

【延】長行也。

【𡉐】都回切。坐皃。

【𩑶】覩猥切。陞[④]𩑶，木垂皃。

【綴】株衛切。合著也。

【㠯】[⑤] 側律切。雞子出㲉聲。

上二十一。

主聲不主義

【㕨】養里切。踞也。

【㞒】《説文》："從後近之。"徐鍇曰："妮也。"

【匏】瓠也。

【魏】闕名。

---

① 各本"多"作"㚇"，誤。

② 各本字頭作"㝅"，訛。

③ 文庫影本作"育"，形近而誤。四庫本作"肓"。

④ 上影本作"𨹹"，誤。

⑤ 文庫影本、藝文本、四庫本作"㠯"，不確。

上四。

子母互爲聲

【靡】忙皮切。分也。《易》曰："吾與爾靡之。"又文披切。《説文》："披靡也。"又眉陂切。散也。又謨加切。收[①]靡，縣名。又靡詖切。偃也，曳也。

【嚳】承真切。《説文》："日月合宿爲嚳。"又黄外切。

【壯】子兩切。大也。又坐五切。

【雌】徒冬切。《山海經》："松果山有鳥名雌梁，狀如山雞，黑身，赤足，可以已曝。"又魯水切。獸似狖[②]，卬鼻長尾。

上四。

聲兼意

【禮】古作"礼"[③]。事神人之文也。从示，从豊。豊，祭器。

【祰】苦浩切。《説文》："告祭也。"

【祏】常隻切[④]。石藏宗廟主。

【祫】總祭其先，無間遠近曰祫。《周禮》："三歲一祫。"

【禘】《周禮》："五歲一禘，大祭也。"一曰，配帝。

【禜】于平切。又爲命切。《説文》："設緜蕝爲營，以禳風雨雪霜水旱疫癘。从示，榮省聲。"臣按，此从營省，爲營以祀日月星辰山川也。

【禬】古外切。《説文》："會福祭也。"引《周禮》："禬之祝號。"

【琥】火五切。《説文》："發兵瑞玉爲虎文。"一曰，禮西方之玉。

【瓏】盧鍾切。《説文》："禱旱玉龍。"

【瑁】莫報切。《説文》："諸侯執圭朝天子，執玉以冒之，似犂冠。《周禮》：'天子執瑁四寸。'"

---

① 上影本作"枚"，誤。

② "雌梁"，王本作"螐渠"。"狖"，王本作"犺"。

③ "礼"，各本作"禮"，與字頭同，非是。按《説文》"礼"，古文"禮"。

④ "祏"字《廣韻》"常隻切"。文庫影本、王本、藝文本、上影本作"常焦切"，非是，"焦"爲"隻"字之誤；四庫本"隻"作"隻"，寫訛。

【珥】忍止切。耳璫。又仍吏切。瑱也。

【珩】何庚切。佩上玉也。

【琀】胡南切。送死口中玉。又胡紺切。

【芬】撫文切。《説文》:“艸初生，其香分布。”亦作“芬”[①]。

【芝】真而切。菌類。《説文》:“神草[②]也。”

【菑】莊持切。始治田也。一歲曰菑，二歲曰畬。或省艸，或从禾。又將來切。

【苷】沽三切。甘艸也。

【莽】謨黨切。即“茻”也。南昌謂犬善逐兔艸中爲莽，故从犬，从茻。

【莫】莫故切。日且冥也。从日在茻中。

【葬】則浪切。《説文》:“藏也。从死在茻中。”

【少】尺沼切。《説文》:“不多也。从小，丿聲。”

【尐】子列切。《説文》:“少也。从小，乀[③]聲。”

【八】兵列切。《説文》:“分也。从重八。”引《孝經》説云[④]:“上下有别。”兆字亦類此。

【余】以諸切，二余也。

【番】補過切。布也。从釆[⑤]，从丁。丁音播。

【犟】輕甸切。牛不從羈謂之犟。

【牭】息利切。《説文》:“四歲牛。”

【喅】呼形切。聲也。

【唬】虛交切。《説文》:“虎鳴也。”

【吠】徒蓋切。嘗也。

【絫】力鬼切。增也。絫，十黍之重也。

---

① 各本“亦作”或與字頭相同，當有誤。按“芬”亦同“芬”。《玉篇·中部》:“芬，今作芬。”

② 《説文》“草”作“艸”。

③ 王本作“丿”，誤。

④ 上影本作“文”，誤。

⑤ 各本或作“采”，形近而誤。

【垒】力軌切。垒擊也。

【返】孚袁切。回行也。又甫遠切。

【遯】都困切。逃也。

【遻】五各切。《説文》："相遇驚也。从辵，从㖾，㖾亦聲。"

【䢆】刃九切。《説文》："復也。"①

【復】吐内切。卻也。从彳，从夊。夊即退也。

【後】下豆切。《詩傳》："相導前後曰先後。"从彳，从夋。夋即後也。

【䶀】下八切。齧骨聲。

【䟓】測角切。行也。

【蹂】而由切。踐也。《詩》："或簸或蹂。"又忍九切。獸足蹂地也。

【踄】蒲故切。《説文》："蹈也。"又白各切。

【跧】去智切。舉踵也。或省。

【趾】足也。

【踅】丑例切。跳也。又去例切。跛也。

【𨃩】達協切。《説文》："𨃩足也。"一曰，小步②。

【龥】弋灼切。呼也。

【西】他念切。舌皃。

【协】歷德切。《説文》："材十人也。"

【䢅】隸作"晨"。《説文》："早昧爽也。从臼，从辰。辰，時也。𠙴夕爲夙，臼辰爲䢅，皆同意。"③

【弆】口舉切。徹也。

【爨】龘尊切。鼎欲沸皃④。

【釁】許慎切。《説文》："血祭也。象祭竈也。从爨⑤省，从酉。酉，所以祭也。从分，分亦聲。"

① "䢆"，王本作"猱"；"刃"，文庫影本、四庫本作"刀"，皆形近而誤。

② "𨃩"，文庫影本、藝文本、四庫本作"𨃩"；"達"，各本作"逵"，形近而误。

③ 各本"䢅"與"晨"、"臼"與"白"或相混。

④ 藝文本、文庫影本、四庫本字頭作"爨"，異體。按，《康熙字典·火部》："爨，《集韻》：龘尊切。音村。爨爨，鼎欲沸皃。"

⑤ 文庫影本、藝文本、四庫本作"爨"。

【齋】莊皆切。《説文》："戒潔也。""齋"或作"齋"。

【鬻】居行切。《説文》："五味盉鬻也。从羹省。从鬻。"①

【緊】頸忍切。《説文》："纏絲急也。"

【臡】天黎切。卧也。一曰，虎卧息微。又田黎切。

【毄】吉歷切。相擊中也。如車相擊，故从殳，从軎。

【䝉】② 的則切。取也。

【専】《説文》："六寸簿也。从寸，叀聲。一曰，専，紡専。"

【政】③《説文》："正也。"又諸盈切。賦也。《周禮》："聽政役以比居。"

【敆】葛合切。合會也。

【敿】盧玩切。煩也。

【攻】《説文》："擊也。"一曰，治也。

【畋】亭年切。《説文》："平田也。"引《周書》："畋爾田。"

【敕】測革切。《説文》："擊馬也。"或作"策"。

【眅】披班切。《説文》："多白眼也。"引《秋春傳》："鄭游眅，字子明。"又普版切。又普患切。轉目視。

【睍】胡典切。《説文》："出目也。"一曰，好視。又形甸切。目小也。

【䢟】延面切。相顧視而行也。或作"䁂"。

【瞑】忙經切。翕目也。又母迴切。瞑睦，目不明④。

【眇】《説文》："一目小也。"

【矈】民堅切。《説文》："目旁薄緻矈矈⑤也。"

【督】營隻切。視也。

---

① 各本"鬻"字所从之"羔"，或作"蓋（盖）"，寫訛。

② 王本作"䝉"，誤。

③ 各本"政"字右邊所从之"攵（攴）"，或作"攴"，或作"支"。作"攴"爲異寫，作"支"爲訛體。下"敆""敿""攻""畋""敕"諸字同，不另注。

④ "母迴切"之"母"，王本、四庫本作"毋"；"迴"，文庫影本、上影本、藝文本、四庫本作"迵"。"瞑睦"，各本同，"睦"當爲"睟"之誤。《類篇》："瞑睟，目不明。"

⑤ "矈矈"，各本同。王本注："按《説文》四上目部'矈矈'作'宀宀'。"按《六書略》多據《類篇》，此條亦與《類篇》同。

【䁍】呼役切。驚視皃。

【𥈅】密北切。𥈅䁅，視無所見[①]。

【齅】許救切。《説文》："以鼻就臭也。"

【䈼】莫結切。《説文》："火不明也。《周書》曰：'布重䈼席。'織蒻席也。"

【叡】疾正切。深坑也。

【殯】必仞切。《説文》："死在棺，將遷葬柩，賓遇之。夏后氏殯於阼階，商[②]人殯於兩楹之閒，周人殯於賓階。"

【薧】呼高切。《説文》："死人里也。从死，从蒿省。"

【薨】《説文》："公侯殚也。"

【𣩵】巨兩切。僵仆也。

【𣨼】資四切。《説文》："戰，見血曰傷，亂或爲惛，死而復生爲𣨼。"

【獘、斃】[③] 毗祭切。《説文》："頓仆也。"引《春秋傳》："與犬，犬獘。"或从死。

【䯌】都回切。骨起。

【骿】蒲眠切。《説文》："并脅也。晉文公骿脅。"

【骹】丘[④]交切。《説文》："脛也。"

【肼】匹見切。半體也。

【刐】丁聊切。《博雅》："斷也。"

【刌】取本切。《説文》："切也。"《博雅》："斷也。"

【判】《説文》："分也。"

【剝】《説文》："裂也。从刀，从录。录，刻割也。"

【劃】胡麥切。裂也。又忽麥切。《説文》："錐刀曰劃。"

【劑】才詣切。《説文》："齊也。"

【刵】仍吏切。《説文》："斷耳也。"

---

① "北"，王本作"比"；"䁅"，上影本作"賽"，形近而誤。

② 四庫本作"商"，誤。

③ 字頭列兩字，特例。"獘"，或作"獘"。

④ "丘"，文庫影本、四庫本作"邱"，藝文本訛作"立"。

【劓】魚器切。《説文》："刖鼻也。"

【剌】《説文》："君殺大夫曰剌。剌，直傷也。"①

【刎】紕民切。分也。

【耕】《説文》："犂也。一曰，古者井田。故从井。"

【衡】何庚切。《説文》："牛觸横大木，著其角。从角，从大，行聲。"引《詩》："設其楅衡。"

【簺】先代切。《説文》："行棊相塞謂之簺。"

【筑】張六切。《説文》："以竹曲五絃之樂也。从竹，从巩。巩，持之也。"

【箕】《説文》："簸也。从竹、𠀠②，象形，下其丌也。"古作"𠀠"。

【異】《説文》："分也。从廾③，从畀。畀，予也。"

【𢍏】居號切。即古文"誥"字。

【左】則箇切。今作"佐"。《説文》："左手相佐助也。"④

【甜】徒兼切。美也。

【𪏮】徒南切。《説文》："和也。从麻。麻，調也。"又沽三切。

【猒】於鹽切。《説文》："飽也。从甘，从肰⑤。"

【吁】吹也。又雲俱切。嘆也。

【号】《説文》："痛聲也。从口在丂上。"

【可】《説文》："肯也。从口、丂，丂亦聲。"

【哥】《説文》："聲也。从二可，古文以爲謌字。"

【哿】賈我切。《説文》："可也。"引《詩》："哿矣富人。"

【呿】虎何切。開口聲。

【愷】《説文》："康也。"亦作"凱"。

【罍】盧回切。龜目酒尊。

---

① "剌"，藝文本作"刺"，古本二字相混不别。

② 上影本作"其"。

③ 各本作"丌"，形近而誤。

④ 藝文本、文庫影本、上影本、四庫本"左"字作"𠂇"（上影本又訛爲"尢"）；"今作'佐'"之"佐"，所从亦作"𠂇"；"佐助"之"佐"則無異。

⑤ 文庫影本、四庫本作"然"，非是。

【醓】他感切。《説文》：“血醢也。《禮》有醓醢，以牛脯粱籟鹽酒也。”

【䊮】[①] 舅許切。《説文》：“黑黍，一稃二米以釀也。”

【饜】於鹽切。飽也。又於艷切。

【餂】徒兼切。美也。从食，从甛[②]省。

【餂】沽三切。餌也。

【餽】吴人謂祭曰餽。

【餽】去久切。食物爛也。

【㽙】丞真切。《説文》：“日月合宿爲㽙。”又黄外切[③]。

【糴】徒歷切。《説文》：“市穀也。从入，从糶。”或省。

【罍】盧回切。《説文》：“龜目酒尊，刻木作雲雷象，施不窮也。”[④]

【罄】《説文》：“器中空也。”引《詩》：“缾之罄矣。”

【知】《説文》：“詞也。”或曰，覺也。臣按，从矢，發也。發口而後人知之。

【矣】羽已切。《説文》：“語已詞也。”[⑤]

【矤】亦作“矧”。《説文》：“況也，詞也。从矢，从引。从矢，取詞之所之如矢也。”

【奭】黑各切。大也。

【喬】巨嬌切。《説文》：“高而曲也。从夭，从高省。”

【缺】傾雪切。《説文》：“缺也。古者城闕其南方，謂之缺。从𩫏，缺[⑥]省。”

【稟】筆錦切。《説文》：“賜穀[⑦]也。”

---

① 各本“䊮”字上部所从之“矩”作“秬”，《類篇》同。

② 文庫影本、四庫本作“甛”。

③ 此條亦見上“子母互爲聲”類。

④ “罍”字所从之“缶”，各本俗寫作“缶”，以下“罄”“缾”等字同，不另注。“刻木”，各本“木”作“目”，此據《説文》改。

⑤ 文庫影本、王本、藝文本、上影本皆作“語已爲也”，四庫本作“語已辭也”，此從《説文》。

⑥ 藝文本作“缺”，上影本作“鈌”，皆形近而誤。

⑦ 藝文本作“穀”。

【㤅】① 今作“愛”。《説文》：“行皃。从夊，㤅聲。”

【致】陟利切。《説文》：“詣送也。”②

【罤】今作“昆”。周人謂兄爲罤。从弟，从眔。徐鉉曰：“眔，目相及也。”或省作“睤”③。

【枞】而鄰切。《字林》：“屋間木人。”

【栅】測革切。《説文》：“編木也。”

【櫑】盧回切。龜目酒尊，刻木作雲雷象。

【枰】蒲兵切。枰仲，木名。一曰，博局。又皮命切。《博雅》：“平也。”

【栮】忍止切。木萸。

【杽】敕九切。《説文》：“械也。”

【東】胡感切。木垂華實。从木，从马④。

【檒】符風切。風行木上曰檒。又方馮切。厚葉弱枝善搖。

【貧】《説文》：“財分少也。”

【貸】財干⑤切。害物食財也。

【賫】尸羊切。《説文》：“行賈也。”

【賀】《説文》：“以禮相奉慶也。”

【貹】所慶切。富也。

【貫】《説文》：“錢貝之貫。从毌⑥貝。”

【暒】今作“晴”。雨止而星見也。

【昇】日之升也。

【曹】彌登切。曹曾，日無光⑦。

【旦】儻旱切。明也。又徒案切。

① “㤅”字上部所从之“旡”，藝文本作“无”，文庫影本、四庫本作“尤”，皆爲訛體。

② “詣送也”，各本同，《説文》作“送詣也”。《類篇》亦作“詣送也”。

③ 二“眔”字，上影本誤爲“衆”。“睤”，藝文本誤作“苐”。

④ 文庫影本、上影本、王本誤作“丏”，四庫本作“弓”。

⑤ 上影本作“于”，文庫影本作“千”，皆形近而誤。

⑥ 上影本、四庫本作“母”，誤。

⑦ “曹”字下部从“日”，上影本、藝文本字下或从“目”，形近而誤。

【暵】乃管切。溫也。

【晛】呼典切。日見也。又形甸切。《説文》："見也。"引《詩》："見晛曰消。"

【晄】户廣切。《説文》："明也。"

【晻】鄔感切。《説文》："不明也。"

【倝】古案切。《説文》："日始出，光倝倝也。从旦，㫃[①]聲。"

【朙】照也。古作"明"。

【辦】匹見切。革中絕也。

【辮】郎才切[②]。《説文》："齊謂麥曰辮。"

【毇】虎委切。《説文》："米一斛舂爲八斗也。从臯、殳。"臯，糗也。殳，治米之器。

【宔】腫庾切。《説文》："宗廟[③]宔祏。"

【窨】所禁切。禁省。

【窣】蘇骨切。《説文》："穴中卒也。"[④]

【窫】一決切。《説文》："深抉也。"

【瘣】初危切。《説文》："減[⑤]也。"

【瘺】倫爲切。病瘦也。

【瘄】眉耕切。目無眸子。

【瘶】噎奪切。歐聲也。

【疚】居又切。久病。

【瘚】式類切。腫病。

【瘯】他谷切。首瘍[⑥]。

【冐】莫報切。觸也。

① 各本作"於"，誤。

② 各本"郎才切"前有"又"字，來自《類篇》，表示又一反切，宜删。按，《類篇》："辮，陵之切。麥也。又郎才切。《説文》："齊謂麥曰辮。"

③ 王本作"庿"，藝文本作"庿"，上影本訛作"廣"。

④ 《説文》作"從穴中卒出"。

⑤ 上影本作"咸"，誤。

⑥ 各本或訛作"瘍"。

【䙆】古泫切。挂也。

【衻】居銀切。佩巾也。

【帘】輕甸切。幡係於棨者，从棨省。

【佃】亭年切。治土也。古者一夫一婦佃田百畝。一曰，古卿車。又堂練切。《説文》："中也。《春秋傳》曰：'乘中佃。'一轅車。"

【俒】胡昆切。又胡困切。《説文》："全也。"① 引《逸周書》："朕實不明，以俒伯父。"

【佼】居肴切。又下巧切。《説文》："交也。"

【僜】都騰切。上車也。

【仕】上②吏切。《説文》："學也。"

【使】爽士切。《説文》："伶也。"又疏史切。將符者。

【仟】千人之長曰仟。

【伍】五人之長也。《説文》："相参伍。"

【什】《説文》："相什保也。"

【伯】《説文》："長也。"

【俔】輕甸切。《説文》："譬諭也。一曰，聞見③。"引《詩》："俔天之妹。"

【化】《説文》："教行也。"古作"㐅"。

【仲】《説文》："中也。"

【係】《説文》："絜束也。"

【倌】沽丸切。主駕人也。又古患切。《説文》："小臣也。《詩》：'命彼倌人。'"

【宦】胡慣切。仕也。一曰，閹人。或省。

【㛴】奴皓切。《説文》："頭髗也。从匕④。匕，相匕著也。巛象髮，囟象㛴形。"

---

① 《説文》作"完也"，段注云："以疊韻爲訓。"

② 上影本作"士"

③ "聞見"，各本同，《説文》作"閒見"。

④ 各本多作"乜"。

【逊】[①] 兹用切。《説文》："隨行也。"隸作"從"。

【毳】甫微切。《説文》："細毛紛紛也。"或省。

【毴】謨袍切。毛或作"毴"。又莫報切。輕毛。

【毣】莫卜切。鳥澤羽。

【毞】普刀切。毛起皃。

【屎】馨夷切。呻也。又矧視切。糞也。

【屄】牀史切。待也。从俟省。

【眉】[②] 虛器切。卧息也。从自，自即鼻。又許介切。

【兢】居陵切。《説文》："競也。从二兄。二兄，競意。从丯[③]聲。"一曰，兢，謹也。隸省作"兢"。

【兓】子林切。《説文》："朁朁，鋭意也。"又則旰切。二人屈己以贊也[④]。

【兟】所臻切。《説文》："進也。从二先。贊从此。"

【欯】丘[⑤]既切。气也。

【歊】虛嬌切。《説文》："歊歊，氣出皃。从欠、高，高亦聲。"

【歔】以九切。《説文》："言意也。从欠，从卤，卤亦聲。"或省。

【欥】弋質切。《説文》："詮詞也。从欠，从日，日亦聲。《詩》：'欥求厥寧。'"

【次】《説文》："不前不精也。"

【䨾】烏瓦切。色敗。

【艴】蒲没切。《説文》："色艴如也。"或作"艳"。又敷勿切。《孟子》："艴然不悦。"

【胞】匹交切。《説文》："兒生裹也。"

---

① 上影本作"廵"，誤。

② 上影本誤作"眉"。

③ 各本誤作"手"。

④ "朁朁"，王本後一"朁"字誤作"替"。"屈己以贊"之"贊"，上影本、王本作"朁"，按《集韻》《類篇》皆作"贊"。

⑤ 或作"邱"。

【傀】古委切。怪[1]異也。

【�】所介切。鬼名。或省作“魀”。

【崘】蒲奔切。山形似瓮。

【庥】虛尤切。《説文》：“息止也。从人依木，或从广。”

【廟】《説文》：“尊先祖皃也。”古作“庿”[2]。

【座】坐具。

【磬】《説文》：“樂石也。”又棄挺切。擊石聲。

【硻】丘[3]耕切。《説文》：“餘堅也。”

【砫】腫庾切。宗廟宔祏。从石，从[4]主。

【豣】經天切。《説文》：“三歲豕，肩相及者。”引《詩》：“並驅從兩豣兮。”

【豞】莫後切。豕名。

【驂】《説文》：“駕三馬也。”

【駟】《説文》：“一乘也。”

【馴】音八。《説文》：“馬八歲。”

【騑】匪微切。《説文》：“馬逸足也。”

【駇】無分切。《説文》：“馬赤鬣縞身，目若黄金，名曰駇。吉皇[5]之乘，周文王時，犬戎獻之。”引《春秋傳》：“文馬百駟。”“畫馬也。西伯獻紂以全其身。”或書作“䲈”。

【馺】悉合切。《説文》：“馬行相及也。”一[6]曰，馳也。

【駐】謨袍切。馬長尾。

【駁】蒲故切。習馬也。

【奘】慈良切。妄强犬也。又在黨切。

【猎】於咸切。《説文》：“竇中犬聲。”

① 文庫影本、藝文本、上影本、四庫本作“恠”。

② 文庫影本、藝文本、四庫本作“庙”。《説文》古文作“庿”。

③ 文庫影本、四庫本作“邱”。

④ 上影本作“巛”，誤。

⑤ 各本作“古皇”，此據《説文》改。

⑥ 文庫影本、四庫本作“或”。

【獑】鋤咸切。狡兔也。

【豸】丈蟹切。獬豸，獸也，似山牛，一角，古者決訟，令觸不直。

【爆】比角切。落也。一曰，火聲。

【煣】忍九切。屈伸木也。又如又切。

【燎】憐蕭切。火在地上曰燎。又郎鳥切。《説文》："放火也。"又力照切。柴祭天也。

【墨】密北切。《説文》："書墨也。"

【奰】房密切。《説文》："从大，弗聲，大也。讀若'予違汝弼'。"又分物切。

【𡗝】胡黨切。《説文》："直項莽𡗝皃。从亢，从夋。夋。倨也。亢亦聲。"

【絞】《説文》："縊也。"

【𤸇】倫爲切。膝病也。又魯果切。

【竦】力至切。《説文》："臨也。从立，从隶。隶，及也。"

【竦】息拱切。《説文》："謹也。从立，从束。束，自申束也。"

【竩】[①] 宜寄切。人所宜也。

【兇】虚容切。又許拱切。《説文》："擾恐也。从人在凶下。《春秋傳》曰：'曹人兇[②]懼。'"

【悳】今作"德"。《説文》："外得於人，内得於己也。"

【憼】居慶切。《説文》："肅也。"或从心[③]。

【廣】口黨切。大意。又苦謗切。《説文》："闊也。"[④]

---

① 上影本作"竩"，誤。

② "兇"，各本作"兇"。

③ 王本注："《説文》十下心部'憼'字下作'敬也'，夾漈避宋諱改作'肅'。"按此條與《類篇·十下》"憼"字同，未必是夾漈避宋諱。"憼"字已从心，末尾"或从心"爲多餘。《集韻·映韻》將"敬憼𢿙"合爲字頭，云："《説文》：'肅也。'或从心。""肅也"者，"敬"之義也；"或从心"者，"憼"字也。如果只取其中之"憼"爲字頭，而釋文照搬，就會多餘"或从心"。

④ 文庫影本、藝文本、四庫本字頭作"廣"，簡俗字，參見張涌泉《漢語俗字叢考》，中華書局2000年版，第403頁。"苦謗切"之"苦"，上影本、王本作"若"，形近而誤。

【慦】胡干[①]切。《説文》：“急也。河南密縣有慦亭。”

【愚】《説文》：“戇也。从心，从禺。禺，猴屬，獸之愚者。”

【懝】牛代切。《説文》：“騃也。一曰，惶也。”或書作“譺”。

【忘】《説文》：“不識也。”又無放切。棄忘也。

【悮】古況切。《説文》：“誤也。”

【愾】許既切。《説文》：“大息也。”引《詩》：“愾我寤歎。”又丘蓋切[②]。

【患】《説文》：“憂也。从心，上貫吅，吅亦聲。”

【態】《説文》：“意也。从心，从能。”徐鍇曰：“心能其事，然後有態度也。”臣按，能音耐，此即諧聲字。

【沝】之壘切。閩人謂水曰沝。从二水。

【浧】羽兩切。去也。揚雄《弔屈原》作此，以其去水中，故从水。

【汖】疾郢切。陷也。

【靁】盧回切。《説文》：“陰陽薄動，雷雨生物者也。”籀文靁間有回，回，雷聲也。

【雲】《説文》：“山川氣也。从雨，云象雲回轉之形。”臣按，古雲作“云”，雷作“回”，皆象其形，尊罍器見之矣。後人借云爲云曰之“云”，回爲回旋之“回”，故於雲、靁復加“雨”以別。

【漁】語居切。捕魚也。又牛據切。《説文》：“澱滓濁泥。”[③]

【霝龍】郎丁切。《説文》：“龍也。从龍，霝聲。”

【靠】苦到切。相違也。或書作“眚”。

【亂】《説文》：“治也。从𤔔，从乙。乙，治之也。”一曰，紊也。李斯从“寸”。

【䂸】似絕切。拈也。

【閨】《説文》：“特立之户，上圜下方，有似圭狀。”

---

① 文庫影本、藝文本、上影本、四庫本作“千”，《集韻》爲“胡干切”。

② “大息”，文庫影本、上影本、四庫本作“太息”，《説文》作“大息”。“丘”，王本作“𠀉”，文庫影本、四庫本作“邱”。

③ 王本注：“《説文》澱滓濁泥，按此文與‘漁’之字義無關，《説文》‘漁’字下亦無此文，不知何故錯置于此。”按“澱滓濁泥”爲《説文》“淤”字釋文。

【𥧾】《説文》："寐而有覺也。从宀、疒，夢聲。"

【闇】《説文》："常以昏閉門隸也。"

【闤】澄延切。市門。

【聲】《説文》："音也。"古作"殸"。

【聵】五滑切。《説文》："吴楚之外，凡無耳者謂之聵。言若斷耳爲盟。"一曰聾也。

【插】測洽切。刺肉也。又七接切，揷也①。

【挻】尸連切。《説文》："長也。"《方言》："楚部謂取物而逆曰挻。"

【授】《説文》："予也。"

【投】《説文》："擿也。"一曰，合也。

【拱】《説文》："斂手也。"

【抓】莊交切。《博雅》："搔也。"又側絞切。又止兩②切。批擊也。

【姓】息正切。《説文》："人所生也。古之神聖，母感天而生子，故稱天子。"引《春秋傳》："天子因生以賜姓。"

【娶】《説文》："取婦也。"

【婚】《説文》："婦家也。《禮》：'娶婦以昏時。'"

【姻】《説文》："婿家也。女之所因，故曰姻。"

【妊】如林切。孕也。

【娣】《説文》："女弟也。"

【婢】《説文》："女之卑者也。"

【媄】母鄙切。《説文》："色好也。"

【媛】于眷切。美女。《詩》曰："邦之媛兮。"

【奸】《説文》："犯淫③也。"

【㜷】霜夷切。女巫。或書作"𡟧"。

【匭】矩鮪切。黍稷方器也。古作"匭"。

【蟘】敵德切。《説文》："蟲食苗葉者，吏乞貸則生。"引《詩》：

① "洽"，王本作"恰"。"刺肉也"，段注以爲"刺内也"，云："'内'各本作'肉'，今正。内者入也，刺内者，刺入也。"其説是。

② 王本作"雨"，誤。按"抓"的"止兩切"，見《集韻·養韻》。

③ 藝文本、王本作"滛"，誤。

“去其螟蟘。”

【蝕】實職切。《説文》：“敗創也。从虫、人、食，食亦聲。”或省①。

【蠅】《説文》：“營營青蠅。蟲之大腹者。”

【蠹】都故切。《説文》：“木中蟲。”

【蠱】造蠱之法，以百蟲寘皿中，俾相啖食，其存者爲蠱。故从蟲、皿也。

【孵】芳無切。孵化也。陸績曰：“自孵而鷇。”又俞戍切。育也。

【坤】《説文》：“地也。《易》之卦也。从土，位在申。”

【坪】蒲兵切。地平也。或書作“垩”②。又皮命切。

【均】《説文》：“平徧也。”亦書作“坔”。

【城】《説文》：“以盛民也。”

【墾】苦本切。耕也。

【墲】蒙晡切。規度墓地也。《方言》：“凡葬無墳謂之墓，所以墓謂之墲。”又罔甫切。

【黄】《説文》：“地之色。从田，从炗，炗亦聲。炗，古文光也。”

【功】《説文》：“以勞定國也。”

【㔟】敕列切。《説文》：“發也。”

【勥】渠良切。《説文》：“迫也。”古从彊。舉兩切。勈勥，力拒也。

【㔙】晡橫切。大力也。

【㔜】口蟹切。勸㔜，疲也。

【勸】部買切。勸㔜。

【㧗】子賀切。手相佐助。

【鑾】《説文》：“人君乘車，四馬鑣，八鑾鈴，象鸞鳥聲，和則肅

① 上影本字頭作“蝕”，省體。“从虫、人、食”，文庫影本、四庫本作“从虫、从食”，非是。

② 此“垩”字，唯四庫本是，與《集韻》《類篇》同。文庫影本、藝文本、上影本、王本均作“聖”，誤。“聖”的俗字作“垩”，與“垩”形近。

也。从鸞省。”①

【鉎】師庚切。鐵衣也。又桑經切。

【鍒】而由切。《説文》:“鐵之耎也。”

【鏃】矧視切。箭鏃。又作木切。利也。

【釦】去厚切。《説文》:“金飾器口。”

【鏨】財甘切。鑿也。又在敢切。鐫謂之鏨。又疾冉切。又②昨濫切。

【鈴】郎③丁切。《説文》:“令丁也。”

【鍪】脂利切。《説文》:“羊箠耑有鐵。”一曰，田器。又私列切。又質入切。一説東夷謂鍪爲鍪。又的協切。

【丞】居隱切。謹身所承也。又苟④起切。

【𦓐】汝甘切。須也。

【料】博慢切。量物分半也。

【帢】府遠切。《説文》:“車耳反出也。”

【軵】乳勇切。《説文》:“反推車，令有所付也。”一曰，輕車。或从茸，从冗。又符遇切。車廂立木，承重較之材。

【轚】吉詣切。舟車序行也。又吉歷切。《説文》:“車轄相擊⑤。”引《周禮》:“舟輿擊互者。”

【輯】辛於切。相和集也。

【隕】窺營切。又犬穎切。反也。

【陷】《説文》:“高下也。一曰，陊也。”或从土⑥。

【陸】力⑦竹切。《説文》:“高平地。”籀作“𨻻”。亦姓。

【阢】五忽切。危也。又語韋切。石山戴土。

---

① “和則肅也”,《説文》“肅”作“敬”;“从鸞省”，文庫影本、藝文本、四庫本“鸞”作“鑾”，非是。

② 王本作“並”，依例非是。

③ 文庫影本、四庫本作“節”，誤。

④ 王本作“苛”。

⑤ 各本作“轚”,《類篇》同。此從《説文》。

⑥ 字頭“陷”，文庫影本、藝文本、四庫本、王本作“陥”，俗訛。“土”，上影本作“士”。

⑦ 文庫影本、四庫本作“方”，誤。

【隙】乞逆切。《説文》："壁際孔也。"

【䜴】展吕切。所以載盛米。从宁，从甾。甾，缶也。

【𡧭】展吕切。積也。

【馗】渠追切。《説文》："九達[①]道也。似龜背，故謂之馗。馗，高也。从九，从首。"

【𦵏】苦故切。擣茱萸爲之，味辛而苦。

【辧】悲巾切。駮也。

【字】《説文》："乳也。从子在宀下，子亦聲。"一曰，文也。又津之切。養也。鄭康成曰："小國貢輕，字之也。"

【𦥒】[②] 古乎切。《説文》："無父也。"

【季】《説文》："少稱也。从子，从稚省。"

【㝃】芳萬切。《説文》："生子免身也。"

【孰】《説文》："食飪也。"

【㝷】徐侵切。長也。馬融曰："踔㝷枝。"

【頤】與之切。《説文》："顄也。象形。"篆从頁[③]，籀从𦣝。又曳來切。

【順】《説文》："理也。"

【顖】思晉切。頭會𡿺蓋也。

【醮】慈消切。《説文》："面焦枯小也。"

【詵】疏臻切。《説文》："致言也。"引《詩》："螽斯羽，詵詵兮。"

【諟】士紙切。理也，審也。

【誡】居拜切。敕也。

【諅】渠記切。誡也。

【詔】告也。

【証】諸盈切。又之盛切。諫也。

【警】舉影切。言戒。

---

① 文庫影本、上影本、四庫本作"逵"，誤；藝文本作"逵"，訛體。

② "𦥒"即"孤"之異體，四庫本"𦥒"字下所从之"臣"訛爲"目"。

③ "頁"，各本作"頁"，非是。

【譣】千簾切。議也。

【誼】宜寄切。言之當也。

【誇】枯瓜切。《説文》:“譀也。”古作“夸”。

【詬】去厚切。《説文》:“扣也。如求婦，先詬叕之。”

【繼】《説文》:“續也。从糸、㡭。一曰，反㡭爲繼。”

【絉】質力切。《説文》:“作布帛之緫名也[①]。樂浪挈令織。从糸，从式。”徐鉉曰:“挈令，蓋律令之書也。”

【緁】疾葉切。合也。又即入切。一曰，蠻夷貨。

【絲】母禮切。《説文》:“繡文如聚細米也。”

【緉】里養切。《説文》:“履兩枚[②]也。”一曰，緉、絿，絞也。

【彡】沽紅切。巧飾也。

【影】物之陰影也。舊作“景”，葛洪始加“彡”。或書作“㬗”。

【彣】無分切。《説文》:“䰊也。”

【髦】《説文》:“髮也。”

【髾】邱[③]顔切。寡髮也。

【髯】如占切。《説文》:“頰須也。”

上三百七十三。

三體諧聲（四體附）

序曰：一子一母爲諧聲，是合二體者也。有三體之合者，非常道也，故别之。

【薵】徒沃切。从艸，从水，毒聲。

【藕】五厚切。从艸，从水，禺聲。

【歸】女嫁也。从止，婦省，𠂤聲。

---

① 王本注:“《説文》作布帛之緫名也，按此文見《説文》十三上糸部，爲‘織’字之釋文，今誤置於‘絉’字下。”按此條係録自《類篇》，《類篇》把“織”“絉”並爲一條，故合二字之釋爲一。《六書略》單以“絉”字爲字頭，故有不合。

② 文庫影本、藝文本、上影本、四庫本作“板”。王本注:“‘枚’，原作‘板’，據《説文》十三上系（按當爲‘糸’）部改。”

③ 藝文本、上影本作“丘”。

【奉】承也。从手，从廾，丰聲。

【衞】从行，从帀，韋聲。行帀，列衞也。

【釁】象祭竈也。从爨省，从酉。酉所以祭。从分，分亦聲。

【春】[①] 从艸，从日，屯聲。

【鬻】音煮。从䰞，从水，从煮省聲。

【𩚏】作代切。《説文》："設飪也。从丮，从食，才聲。"

【𠩺】音釐。坼也。从攴，从厂。蓋厂之性坼，果孰有味亦坼。故謂之𠩺，从未聲。徐鍇曰："厂，厓也。"[②]

【矍】从䀠[③]，从隹，隹欲逸走。从又，持之矍矍也。

【雁】今作"鷹"。从隹，疒省聲。或从人，人亦聲。徐鉉曰："鷹隨人指蹤[④]，故从人。"

【雁】今作"鴈"。从隹，从人，厂聲。徐鉉曰："大夫以爲贄，昏禮用之，故从人。"

【衡】户庚切。牛觸横大木，著其角。从角，从大，行聲[⑤]。

【簠】黍稷圜皿[⑥]。从竹，甫聲。

【𡫳】悉則切。从宀，屋也。从廾，捧也。㠭象疊物之形，捧而塞於屋中。

【盬】公户切。器也。从皿，从缶，古聲。

【虜】獲也。从毌[⑦]，从力，虍聲。

【槱】余救切。从木，从火，酉聲。

【𡬪】寐而有覺也。从宀，从疒，夢聲[⑧]。

---

① 文庫影本作"萅"。

② "攴"，各本作"支"或近似之形。"𠩺"字所从之"未"，"未聲"之"未"，各本作"牙"或"𤘅"。

③ "䀠"，各本作"明"。由字形看，當作"䀠"。

④ 王本作"縱"。

⑤ "衡"字亦見"聲兼意"類。

⑥ 文庫影本、四庫本後有"也"字。

⑦ "毌"，各本作"母"，此據《説文》改。

⑧ "宀"，文庫影本、藝文本、上影本、四庫本作"亡"，誤。"𡬪"字亦見"聲兼意"類。

【彘】直例切。豕也。从彑，从矢聲，从北，象足[1]。

【隉】之笑切。耕以臿浚出下壚土也。从𨸏，从土，召聲。

【冥】幽也。从日，从六，冖聲。

【梁】水橋也。从木，从水，办聲。办，初良切[2]。

【履】足所依也。从彳，从夂、舟，象形。从尸聲。

【疑】惑也。从子、止、匕，矢聲[3]。

【𧖴】傷痛也。从血、聿，皕聲。

【虒】音斯。虎臥息。从卧，从虎，从厂聲。

【寶】珍也。从宀，从貝，珤聲。

【害】从宀，从口，言从家起也。丯聲。丯音介[4]。

上三十。

凡諧聲類，計二萬一千八百十[5]。

六書略第四

假借第六

序曰：六書之難明者，爲假借之難明也。六書無傳，惟藉《説文》。然許氏惟得象形、諧聲二書以成書，牽於會意，復爲假借所擾，故所得者亦不能守焉。學者之患，在於識有義之義，而不識無義之義。假借者，無義之義也。假借者，本非己有，因他所授，故於己爲無義。然就假借而言之，有有義之假借，有無義之假借，不可不别也。曰同音借義，曰協音借義，曰因義借音，曰因借而借，此爲有義之假借。曰借同音不借義，曰借協音不借義，曰語辭之借，曰五音之借，曰三詩之借，曰十日之借，曰十二辰之借，曰方言之借，此爲無義之假借。先儒所以顛沛淪

---

① “彑”，上影本作“丁”，文庫影本、藝文本、四庫本作“彐”。“彘”字亦見“形兼聲”類。

② 二“办”字，各本作“刅”，此據《説文》改。

③ “疑”字亦見“子母同聲”類。

④ “介”，上影本作“害”。

⑤ 此即“正生歸本”諧聲字加上“變生”各類諧聲字的總數。

於經籍之中，如汎一葦於溟渤，靡所底止，皆爲假借之所魅①也。嗚呼！六書明則六經如指諸掌，假借明則六書如指諸掌。

同音借義

初，裁衣之始，而爲凡物之始。

基，築土之本，而爲凡物之本。

始，女子之初，而爲凡物之初。

本，木之基，而爲凡物之基。

小，水之微也，凡微者皆言小。

永，水之長也，凡長者皆言永。

牛爲牝牡，而牝牡通於畜獸。

隹爲雌雄，而雌雄通於鳥雀。

狀，本犬之形，而爲凡物之狀。

物，本牛之事，而爲凡事之物。

馬言駕，凡驅乘皆言駕。

牛言牧，凡豢養皆曰牧。

木曰落，而爲墮落之落。

雨曰零，而爲飄零之零。

英本英華之英，而爲飾物之英。

苦本苦良之苦，而爲滋味之苦。

蔓本藤蔓之蔓，而爲蔓衍之蔓。

爻乃交疏之爻，而爲爻象之爻。

希乃疏巾之希，而爲希少之希。

柞本柞木之柞，而爲芟柞之柞。

鑿本金鑿之鑿，而爲疏鑿之鑿。

旋，反旆也，而爲回旋之旋。

戲，兵交也，而爲嬉戲之戲。

平，气之平也，而爲均平之平。

---

① 上影本、藝文本、文庫影本、四庫本“魅”字所从之“未”皆作“求”，誤。

封，爵土之封也，而爲封殖之封。

戚，斧也，而爲親戚之戚。

塵，土也，而爲塵積之塵。

賢，多財也，而爲賢良之賢。

妃，嘉偶也，而爲后妃之妃。

純，絲也，而爲純全之純。

茸，草也，而爲龙茸之茸。

珣，夷玉也，而玉器亦謂之珣。

蘆，葦也，而薺根亦謂之蘆。

饒，食之餘也，而爲饒衍之饒。

約，絲之束也，而爲儉約之約。

凡此之類，並同音借義者也。

上三十五。

借同音不借義

汝，水也，而爲爾汝之汝。

爾，花盛也（《詩》："彼爾維何，維常之華。"）[1] 而爲汝爾之爾。

示，旗也，而爲神示之示。

業，大版也，而爲事業之業。

牢，牛圈也，而爲牢固之牢。

畜，田畜也，而爲畜聚之畜。

它，蛇屬也，而爲它人之它。

蚤，虱類也，而爲蚤夜之蚤。

爲，母猴也，而爲作爲之爲。

率，鳥畢也，而爲率循之率。

來，麥也，而爲來往之來。

易，蟲屬也，而爲變易之易。

能，熊類也，而爲賢能之能。

① 此爲注釋語，各本以小字標注，或以括號標注。今以括號和小字標注，下同。

黽，鼃也，而爲黽勉之黽。

翁，毛也，而爲翁老之翁。

題，頟也，而爲題命之題。

薄，本林薄之薄，而爲涼薄之薄。

茀，本茀茂之茀，而爲茀禄之茀。

登，豆也，而爲升登之登。

干，盾也，而爲干犯之干。

革，皮也，而爲更革之革。

鞠，革囊也，而爲鞠養之鞠。

難，禽也，而爲難易之難。

雍，禽也，而爲雍和之雍。

溱，水也，而爲“室家溱溱”之溱。

棣，移也，而爲“威儀棣棣”之棣。

丁，當也，而爲“椓之丁丁”之丁。

薨，卒也，而爲“度之薨薨”之薨。

胥，蟹醢也，而爲相胥之胥。

方，並舟也，而爲方所之方。

節，竹目也，而爲節操之節。

管，竹簫也，而爲主管之管。

韋，相違也，而爲皮革之韋。

貿，相易也，而爲眊矇之貿（《禮》：“貿貿而來”）。

休，憩也，而爲休美之休。

財，貨也，而爲財成之財[1]（《易》：“財成天地之道”）。

齎財之齎，而爲齎咨之齎（《易》：“齎咨涕洟”）。

時辰之時，而爲時是之時。

晉，先明也，而爲晉國之晉。

夢，寐也，而爲雲夢之夢。

風虫之風，而爲吹噓之風。

---

① 藝文本、王本作“材”，誤。

字養之字，而爲文字之字。

勿，州里之旗也，而爲勿不之勿。

出，花英也，而爲出入之出。

久，距也，而爲久遠之久。

凡此之類，並同音不借義者也。

上四十五。

協音借義

旁之爲旁（去聲）。

中之爲中（去聲）。

上之爲上（時掌切）。

下之爲下（胡[①]嫁切）。

分之爲分（去聲）。

少之爲少（去聲）。

歸之爲歸（音饋）。

遺之爲遺（惟季切。與也）。

御之爲御（音迓），爲御（音禦）。

行之爲行（下孟切），爲行（户浪切。“子路行行”）。

數（色主切）之爲數（尸故切），爲數（色角切）。

趨之爲趨（七六切），爲趨（側九切。《春秋傳》：“賓將趨。”鄭康成讀）。

咽之爲咽（音燕），爲咽（以結切。哽[②]咽）。

蕃（音藩。樊也）之爲蕃（音煩。草之蕃蕪）。

蕪之爲蕪（亡甫切。蕪茂）。

徹（通也）之爲徹（直列切）。

斂[③]之爲斂（去聲）。

蔓（藤也）之爲蔓（莫[④]干切。蔓菁）。

---

① 王本作“却”，上影本作“卻”。

② 文庫影本、藝文本、四庫本作“梗”。

③ 王本、四庫本作“歛”。王本下“斂”亦作“歛”。

④ 文庫影本、藝文本、王本、四庫本作“草”，誤。

吹之爲吹（去聲）。

呼之爲呼（去聲），爲呼（呼賀切。《春秋傳》："呼役夫"）。

噍（才笑切。嚼也）之爲噍（音焦。《禮》："志微噍殺①之音"），爲噍（子流切。《禮》："燕雀啁噍之頃"）。

否之爲否（音鄙。臧否），爲否（部鄙切。否泰）。

喧之爲喧（上聲。《詩》："赫兮喧兮"）。

趣之爲趣（平聲），爲趣（七口切，《周官》有"趣馬"）②。

幾之爲幾（音冀。《春秋傳》："庸可幾乎"），爲幾（渠希切。近也）。

樂之爲樂（五教切），爲樂（音洛）。

華（今作"花"）之爲華（音譁。榮也），爲華（去聲，聚也）。

酇（作管切。聚也）之爲酇（音贊。南陽縣名），爲酇（在河切。沛縣名）。

空之爲空（音孔。窟也），爲空（苦貢切。《詩》："不宜空我師"）。

從之爲從（才用切），爲從（七容切。從容閑暇也）。

比（毗至切）之爲比（音皮。和也），爲比（上聲。方也），爲比（蒲必切。次也），爲比（音茈。朋也）。

放之爲放（上聲）。

敖（音遨）之爲敖（音傲）。

背（脊也）之爲背（音佩。違也）。

衡（横木）之爲衡（音横）。

筍之爲筍（私閏切。筍輿也）。

塞之爲塞（去聲。塞垣）。

奇之爲奇（居宜切。奇偶）。

嘉之爲嘉（户③稼切。《春秋傳》："公賦嘉樂。"）

枝之爲枝（音岐）。

栽之爲栽（音在。築也）。

回（古文"雷"字）之爲回（亦作"迴"。繞也）。

---

① 文庫影本、藝文本、上影本作"役"，形近而誤。

② 文庫影本、四庫本"趣"字作"趣"，訛體。各本"平聲"以下均爲小字注語。

③ "户"，藝文本、上影本、王本同，文庫影本、四庫本作"力"，非是。按"嘉"字《類篇》《集韻》有"亥駕切"之音。

暴（步卜切。灼也）之爲暴（虐也）。

粢（稷屬）之爲粢（才細切。《禮》："粢醍①在堂"）。

鹽之爲鹽（去聲）。

定之爲定（丁佞切。《詩》："定之方中"）。

仰之爲仰（去聲）。

伏之爲伏（去聲。《禮》："羽者嫗伏，毛者孕育"）。

并之爲并（去聲）。

裨（補支切）之爲裨（婢支切，副也）。

辟（必益切。君也）之爲辟（蒲益切。法也）。

厭之爲厭（去聲）。

覺之爲覺（古孝切。夢覺也）。

騶之爲騶（仕救切）。

麗之爲麗（力之切。《詩》："魚麗于罶"）。

靡之爲靡（平聲）。

間之爲間（去聲）。

援之爲援（平聲。引也）。

折（之列切）之爲折（士列切）。

女之爲女（尼句切）。

妻之爲妻（去聲）。

姓之爲姓（音生。《春秋傳》："蔡公孫歸姓"）。

孫之爲孫（音遜）。

純之爲純（之尹切。緣也）。

總之爲總（子公切。《詩》："素絲五總"）。

織之爲織（隻吏切。徽也。《詩》："織文鳥章"）。

累之爲累（力僞切）。

土之爲土（音杜。《詩》："徹彼桑土"）。

壞之爲壞（音怪）。

---

① 上影本作"醒"，形近而誤。

錢之爲錢（上聲。《詩》："庤①乃錢鎛"）。

鍼（音針）之爲鍼（其兼切）。

親之爲親（去聲。婚婣相謂也）。

賓之爲賓（去聲。客以禮會曰賓）。

衣之爲衣（去聲）。

冠之爲冠（去聲）。

枕之爲枕（去聲）。

飲之爲飲（去聲）。

食之爲食（時吏切）。

膏之爲膏（古到切。《詩》："羔裘如膏"）。

熏之爲熏（去聲）。

陰之爲陰（去聲）。

輕之爲輕（去聲。《春秋傳》："戎輕而不整"）。

兩之爲兩（去聲。《詩》："葛屨五兩"）。

三之爲三（去聲。《論語》："三思而後行"）。

左（上聲）之爲左（音佐）。

右（上聲）之爲右（音佑）。

先之爲先（去聲）。

後之爲後（去聲）。

遠之爲遠（去聲）。

近之爲近（去聲）。

復之爲復（扶又切）。

重之爲重（去聲）。

離之爲離（去聲）。

沈之爲沈（去聲）。

量之爲量（去聲）。

度之爲度（徒洛切）。

長之爲長（去聲）。

---

① 上影本作"痔"，誤。

廣之爲廣（去聲）。

染之爲染（去聲）。

縫之爲縫（去聲）。

别（彼列切）之爲别（皮列切）。

斷（都管切）之爲斷（徒管切①）。

盡（即忍切）之爲盡（慈忍切）。

解之爲解（胡買切。通也）。

相之爲相（息亮切）。

走之爲走（去聲。《書》："矧咸奔走"）。

奔之爲奔（逋悶切）。

散之爲散（去聲）。

和之爲和（去聲）。

凝之爲凝（去聲）。

冰之爲冰（彼凭切）。

彊之爲彊（其亮切）。

箸之爲箸（陟略切），爲箸（真略切）。

施之爲施（式豉切），爲施（以豉切）。

冥之爲冥（去聲）。

煎之爲煎（去聲）。

炙之爲炙（之夜切）。

收之爲收（式救切）。

當之爲當（去聲）。

悔之爲悔（去聲）。

應（平聲）之爲應（應對之應）。

帥之爲帥（所類切）。

監之爲監（去聲）。

使之爲使（去聲）。

守之爲守（去聲）。

---

① 王本注："切字脱，今補。"上影本、藝文本、文庫影本、四庫本亦皆脱"切"字。

任之爲任（平聲）。

勝之爲勝（平聲）。

爭之爲爭（去聲）。

迎之爲迎（去聲）。

選之爲選（去聲）。

聽之爲聽（平聲）。

論之爲論（平聲）。

知之爲知（音智）。

思之爲思（去聲）。

便之爲便（平聲）。

好之爲好（去聲）。

令之爲令（平聲）。

教之爲教（平聲）。

語之爲語（去聲）。

怨之爲怨（平聲）。

衆之爲衆（平聲）。

雨之爲雨（去聲）。

種之爲種（去聲）。

緣之爲緣（去聲）。

張之爲張（去聲）。

藏之爲藏（去聲）。

處之爲處（去聲）。

乘之爲乘（去聲）。

卷之爲卷（上聲）。

祝之爲祝（之又切）。

傳之爲傳（去聲）。

聞之爲聞（去聲）。

稱之爲稱（平聲）。

譽之爲譽（平聲）。

勞之爲勞（去聲）。

興之爲興（去聲）。

與之爲與（去聲）。

繫之爲繫（古詣[①]切）。

遲之爲遲（去聲）。

屬之爲屬（章玉切）。

含之爲含（去聲）。

遺之爲遺（去聲。《禮》有“遺奠”）。

引（以忍切）之爲引（余忍切）。

臨之爲臨（去聲）。

假之爲假（古訝切。《春秋傳》:“不以禮假人”）。

借之爲借（入聲）。

貸之爲貸（入聲）。

敗之爲敗（音拜）。

見之爲見（胡甸切）。

告之爲告（古禄切。《禮》:“出必告”）。

養之爲養（去聲）。

共之爲共（音恭）。

去之爲去（上聲）。

喪之爲喪（去聲）。

忘之爲忘（去聲）。

恐之爲恐（丘[②]用切）。

射之爲射（食亦切）。

取之爲取（七[③]句切。《禮》:“聞取於人”）。

大之爲大（音太）。

焉之爲焉（於乾切）。

會之爲會（音檜）。

---

① 王本作“諸”，形近而誤。

② 文庫影本、四庫本作“邱”。

③ 上影本、王本作“土”，誤。

披之爲披（上聲）。

降之爲降（户江切）。

覆之爲覆（甫六切）。

朝之爲朝（直遙切）。

刺之爲刺（入聲）。

奉之爲奉（音捧）。

父（扶雨切）之爲父（音甫）。

子之爲子（將吏切。《禮》："子庶民也"）。

凡此之類，並協音而借義者也。

上二百八①。

借協音不借義

荷之爲荷（胡可切。負也）。

茹（茹藘，茅蒐也）之爲茹（去聲。度也）。

鮮之爲鮮（上聲）。

燕之爲燕（平聲）。

薄之爲薄（必各切。迫也）。

菑（側其切。田也）之爲菑（音災）。

苴（七余切。麻也）之爲苴（子餘切。包苴）。

竟之爲竟（音境②）。

旁之爲旁（補彭切。《詩》："駟介旁旁"）。

屯之爲屯（徒門切。聚也）。

莫（音暮）之爲莫（模各切），爲莫（音陌。《春秋傳》："德正應和曰莫"）。

个之爲个（音介。副也。《禮・明堂》有"左右个"），爲个（音幹。《禮》："梓人爲侯，上兩个與其身三"）。

番（附袁切。獸足也）之爲番（音翻。次也），爲番（音波。番番，勇也）。

---

① 以上實爲二百八十九個字頭。

② 上影本、王本作从口从竟，字書似未見，當是訛誤之體，此從文庫影本、藝文本、四庫本作"境"。

台（音怡。我也）之爲台（音胎。星名），爲台（音臺。《春秋傳》："季孫宿救台。"范寧讀）。

句之爲句（古侯切），爲句（古候切。《詩》："敦弓既句"）。

調之爲調（徒杳切。品調），爲調（陟留切。《詩》："怒如調飢。"）

召之爲召（音邵）。

咽之爲咽（音淵。《詩》："伐鼓咽咽。"）

登之爲登（音得。《春秋傳》："登來"）。

正（音征，射侯之正也）之爲正（去聲）。

邪（琅邪，地名）之爲邪（邪正之邪）。

追之爲追（丁回切。追琢也）。

徼（古堯切）之爲徼（古弔切。邊徼）。

訏之爲訏（音栩。《詩》："川澤訏訏"）。

説之爲説（音悦）。

識之爲識（音志）。

信之爲信（音伸）。

樊之爲樊（音盤。樊纓）。

革之爲革（紀力切。急[①]也）。

殺之爲殺（去聲。降殺）。

占之爲占（去聲）。

甫之爲甫（音圃。圃田）。

省（昔井切）之爲省（所景切）。

雅（今作"鴉"）之爲雅（上聲）。

瞿（九遇切。驚也）之爲瞿（平聲。戟類）。

鳥之爲鳥（音島[②]）。

脩（脯也）之爲脩（音卣。中尊）。

肺之爲肺（音沛。《詩》："其葉肺肺"）。

脱之爲脱（音退。《詩》："舒而脱脱兮"）。

---

① 王本作"忽"，形近而誤。

② 上影本作"鳥"，非是。

創（音瘡，傷也）之爲創（去聲）。

削之爲削（音肖。刀室）。

箾（音簫）之爲箾（音朔。象箾以舞）。

簿（蠶曲）之爲簿（簿書）。

平之爲平（辨年切）。

盛（音成）之爲盛。

索之爲索（生革切）。

稽之爲稽（音啓。稽首）。

鄉之爲鄉（音響）。

昭之爲昭（音韶）。

游之爲游（音流。旗游）。

旋之爲旋（音還。鐘縣）。

盟之爲盟（音孟。盟津）。

貫之爲貫（古患切。習也）。

栗之爲栗（堅也）。

齊之爲齊（音咨。齊衰）。

冒之爲冒（莫北切。貪也）。

俾之爲俾（普計切。俾倪）。

北（音佩。違也）之爲北（入聲。方也）。

屏之爲屏（上聲）。

兄之爲兄（音況。《詩》："倉兄填兮"）。

弁之爲弁（蒲官切。《詩・小弁》）。

縣（平聲）之爲縣。

驕之爲驕（許喬切。《詩》："載獫歇驕"）。

薦之爲薦（音荐。《詩》："天方薦瘥"）。

麇（麞也）之爲麇（丘①隕切。眾也）。

扃之爲扃（上聲。《春秋》："我心扃扃"②）。

---

① 文庫影本、四庫本作"邱"。

② 王本注："按此爲《左傳》襄五年引逸詩之文，應作《春秋傳》。"

間之爲間（音閑）。

耿（工①迥切。光也）之爲耿（古幸切。耿耿，憂也）。

拒之爲拒（音矩。招拒，白帝）。

振之爲振（平聲。《詩》："振振公子"）。

揖之爲揖（子入切。《詩》："螽斯羽，揖揖兮"）。

蟄之爲蟄（尺十切。《詩》："宜爾子孫，蟄蟄兮"）。

紀之爲紀（音起。《詩》："有紀有堂"）。

縱之爲縱（平聲）。

絜之爲絜（敕慮切。《禮》："毋②絜羹"）。

繆之爲繆（音穆。謚也）。

絀（音屈）之爲絀（音詘）。

軒之爲軒（音憲。《禮》："野豕爲軒"）。

斤之爲斤（紀覲切。斤斤，明也）。

險之爲險（音儉。《春秋傳》："險而易行"）。

隊之爲隊（音墜）。

舍之爲舍（音捨）。

王（于況切）之爲王。

宿之爲宿（思宥切。星也）。

要之爲要（去聲）。

風之爲風（音諷）。

夏（胡賈切。中夏也）之爲夏（胡嫁切。冬夏也）。

予之爲予（音與）。

委之爲委（於僞切。委積）。

女之爲女（音汝）。

卷之爲卷（音袞。《禮》："三公一命卷"），爲卷（音拳。《禮》："執女手之卷然"），爲卷（起權切。冠武也）。

---

① 文庫影本、四庫本作"上"，誤。

② 上影本作"母"，誤。

鞠（毬也）之爲鞠（音麹），爲鞠（音芎。鞠藭[1]）。

鬻（亦作粥）之爲鬻（音育。賣也），爲鬻（居六切。《詩》："鬻子之閔斯"）。

殿（音奠。擊聲）之爲殿（丁見切），爲殿（音店。《詩》："民之方殿屎"）。

將之爲將（去聲），爲將（七羊切。《詩》："將仲子兮"[2]）。

敦之爲敦（都隊切。玉敦），爲敦（都回切。《詩》："敦彼獨宿"），爲敦（徒本切。渾敦）。

肉之爲肉（而救切。《禮》："寬裕肉好之音"），爲肉（而注切。《禮》："豐肉而短"）。

膴（凶武切。大臠也）之爲膴（亡古切。《詩》："則無膴仕"），爲膴（音模。《詩》："民雖靡膴"）。

從之爲從（則庸切。從衡），爲從（七容切。從容），爲從（音縱），爲從（音總。《禮》："爾無從從爾"）。

衰（衰）[3] 之爲衰（楚危切，等衰），爲衰（衰微）。

耆之爲耆（音嗜），爲耆（音底）。

辟（必益切。君也）之爲辟（音避），爲辟（音弭。止也），爲辟（音裨。《禮》："素帶終辟"），爲辟（音僻。《禮》："負劍辟咡"）[4]。

厭（於鹽切）之爲厭（於葉切。厭浥行露），爲厭（音壓。《禮》："死而不弔曰厭"），爲厭（於驗切。服也）。

貉之爲貉（音陌。狄也），爲貉（音禡）。

率（捕鳥具）之爲率（將帥之"帥"亦作"率"），爲率（音律。約也）。

凡此之類，並協音不借義者也。

上百三十三[5]。

---

① 文庫影本作"芎"，誤。

② 王本、藝文本脱"兮"字。

③ 各本如此，疑衍，或是某種異體，如"衺"。藝文本"衰"均作"衺"，下同，寫異。

④ "音弭，止也"，上影本、王本"止"作"土"，誤。《集韻·紙韻》："辟，止也。通作弭。""素帶終辟"之"辟"，藝文本、王本作"裨"，非是。"咡"，上影本作"珥"。

⑤ 以上實爲一百零五個字頭。

因義借音

琢本琢玉之琢，而爲大圭不琢之琢（音篆）[①]。

輅本車輅之輅，而爲狂狡輅鄭人之輅（音迓）。

以有惡（入聲）也，故可惡（烏路切）。

以其内也，故可内（音納）。

佚（夷質切），縱也，而爲佚[②]宕之佚（音迭）。

伯，長也，而爲伯王之伯（音霸）。

幬，帳也，而爲覆幬之幬（音燾，《春秋傳》："如天之無不幬"）。

幕，帷也，而爲幕覆之幕（音覓）。

蓼本葒蓼之蓼，而爲蓼彼蕭斯之蓼（力竹切）。

錞本金錞之錞（音淳），而爲厹[③]矛沃錞之錞（徒對切）。

術，邑中道也，以其所行，故爲鄉術之術（音遂）。

嬴，秦姓也，以其所居，故爲嬴水之嬴（音爲）。

嘯呼之嘯，而爲指嘯之嘯（音叱）。

跛躃之跛（彼我切），而爲跛倚之跛（彼義切。《禮》："立無跛"）。

副（普逼切），剖也，而爲副貳之副。

承，奉也，而爲賻承之承（音贈。《禮》："賵賻承含"）。

甄（吉然切）本甄陶之甄，而爲聲甄之甄（音震。《禮》："薄聲甄"）。

封本封土之封，而爲封棺之封（音窆。《禮》："縣棺而封"）。

齊本齊一之齊，而爲齊莊之齊（俱皆切）。

巡本巡行之巡，而爲相巡之巡（音緣。《禮》："始終相巡"）。

推本推與之推，而爲推挽之推（土回切）。

摶本摶攝之摶，而爲摶束之摶（除轉切。《禮》："十羽爲摶"）[④]。

獻本獻享之獻，而爲獻尊之獻（素何切）。

衰本雨衣之衰（素何切），而爲衰絰之衰（音崔）。

---

① "琢"，藝文本作"琢"，俗體。

② 上影本誤作"佞"。

③ 文庫影本、藝文本、四庫本作"厹"，俗體。

④ "摶"字文庫影本、上影本、四庫本或作"摶"。

橇本音毳，以其義通於橋，故又音橋。

凡此之類，並因義借音。

上二十五。

因借而借

難，鳥也，因音借爲艱難之難；因艱難之難，借爲險難之難（去聲）。

爲，母猴也，因音借爲作爲之爲；因作爲之爲，借爲相爲之爲（去聲）。

射本射御之射，因義借爲發射之射（食亦切）；因發射之音借爲無射之射（音亦，律名）。

斁本厭斁之斁（羊益切），因義借爲斁敗之斁（答路切。《書》："彝倫攸斁"）；因斁敗之音借爲斁塈之斁（音徒。《書》："惟其斁塈茨"）。

亨（音享）[①] 本饗也，因義借爲亨飪[②]之亨（普庚切），因亨飪之音借爲亨嘉之亨。

來本麥也，因音借爲往來之來；因往來之義借爲勞來之來（音賚）。

矜本矛柄也，因音借爲矜憐之矜；因矜憐之義借爲矜寡之矜（音鰥）。

適，往也，因音借爲適責之適（音謫。《詩》："勿予禍適"）；因適責之音借爲適匹之適（音敵。《禮》："大夫訃[③]於同國適者"）。

參（七南切），間厠也，因義借爲參差之參（楚金切）；因參差之音借爲參伐之參（所金切）。

邪本琅邪之邪，因音借爲語辭之邪；因語辭之義借爲虚邪之邪（音徐。《詩》："其虚其邪"）。

食本啖食之食，因義借爲飲食之食（音飼）；因飲食之音借爲食其之食（音異）。

費本費用之費，因音借爲費邑之費；因費邑之義借爲費氏之費（扶未切）。

---

① 上影本作"享（音亨）"，文庫影本、藝文本作"亨（音享）"

② 文庫影本、四庫本作"餁"，異體。

③ 上影本作"計"，形近而誤。

崔本南山崔崔之崔（子推切），因義借爲崔嵬之崔（慈回切）；因崔嵬之音借爲崔氏之崔（音崔）。

不本鄂不韡韡之不（音趺①），因音借爲可不之不（音否）；因可不之義借爲不可之不（音弗）。

填本填塞之填，因義借爲填壓之填（音鎮）；因填壓之音借爲填久之填（音塵。《詩》：“倉兄填兮”）。

罷本罷置之罷，因義借爲罷困之罷（音疲）；因罷困之音借爲罷辜之罷（鋪逼切。《禮》：“以罷辜祭四方”）。

質本質幣之質（音贄），因義借爲交質之質（音至）；因交質之音借爲形質之質。

畜本田畜之畜（敕六切），借爲畜養之畜；因畜養之義借爲六畜之畜（許又切）。

治（平聲），水也，因音借爲治理之治；因治理之義借爲平治之治（去聲）。

乞，氣也，因音借爲與人之乞（音氣）；因與人之義借爲求人之乞（入聲）。

能（奴來切），獸也，因義借爲能鼈之能（三足鼈）；因能鼈之音借爲能事之能（音耐）；又爲三能之能（音台）。

凡此之類，並因借而借。

上四十三②。

語辭之借

序曰：書者象也。凡有形有象者，則可以爲象，故有其書。無形無象者，則不可爲象，故無其書，語辭是也。語辭之用雖多，而主義不立，並從假借。

之，菌也。

者，陰也。

---

① 上影本作“趺”，形近而誤。

② 以上實爲二十一個字頭，共有四十三個假借義項。

於，烏也。

云，雲也。

焉，鳶也。

邪，琅邪之地。

每，原田之皃（每本音梅，借爲上聲）。

惟，思也。

唯，應也（本上聲，乃唯諾之唯，借平聲）。

而，面毛也。

須，髭也。

夫（音扶），本丈夫也。

害，本災害也（本去聲，借音曷。《詩》：“害澣害否”）。

斯，析也。

然，燎也。

蓋，艸覆也。

其，箕也。

豈，鎧也。

以，薏苡實也。

矣，箭鏃也。

員，物數也（音云。《詩》：“聊樂我員”）。

已，几也。

既，小食也。

盍，覆也。

且（子余切），薦几也。

爲，母猴也。

居，蹲也。

諸，辨也（《詩》：“日居月諸”）。

與，授也（爲語辭，平聲）。

爾，華繁也（《詩》：“彼爾維何？維常之華”）。

耳，人耳也。

哉，言之間也。

乎，气也。

兮，气也。

于，气也。

只，气也。

乃，气也。

思，慮也。

旃，旆也（《詩》："舍旃舍旃"）。

承，奉也（音懲。楚人語辭）。

凡語辭，惟哉、乎、兮、于、只、乃有義，他並假借。以語辭之類，虚言難象，故因音而借焉。

上四十。

五音之借

宫，本宫室之宫。

商，本商度之商。

角，本頭角之角。

徵，本徵召之徵。

羽，本羽毛之羽。

上五。

三詩之借

風，本風蟲之風。

雅，本烏鴉之鴉。

頌，本顔容之容。

三詩五音皆聲也，聲不可象，並因音而借焉。

上三。

十日之借

甲，本戈甲。

乙，本魚腸。

丙，本魚尾。

丁，本蠆尾。

戊，本武也。

己，本几也。

庚，鬲也。

辛，被罪也。

壬，懷妊也。

癸，艸木實也。

上十。

十二辰之借

子，人之子也。

丑，手之械也。

寅，臏也。

卯，牖也。

辰，未詳本義。

巳，蛇屬也。

午，未詳本義。

未，木[①]之滋也。

申，持簡也。

酉，卣也。

戌，與戊戚同意。

亥，豕屬也。

十日、十二辰，惟巳、亥有義，他並假借。以日辰之類，皆虛意難象，故因音而借焉。

上十二。

---

① 王本作“本”，非是。

方言之借

鮦之爲鮦（音胄。鮦陽，縣名）。

歜之爲歜（上音觸，下徂感切。昌歜，即昌蒲也）。

覃之爲覃（上如字，下音剡。《詩》："以我覃耜"）。

蘘之爲蘘（上更字，下音郎。楚地名）。

咎之爲咎（上如字，下音皋。皋陶字亦如此）。

穀之爲穀（奴走切。楚人謂乳穀）。

枹之爲枹（上必茅切，下音桴。鼓枹也）。

敦之爲敦（音燾。《禮》："每敦一几"），爲敦（音凋。敦弓）。

此皆非由音義而借，蓋因方言之異，故不易其字。

上九。

雙音並義不爲假借

陶也（陶冶之陶），陶也（臯陶之陶）。

鵰也（都聊切。隼類），鵰也（陟交切。鶻鵰鴝鴿）。

駣也（徒刀切。馬四歲曰駣），駣也（他彫切。馬三歲曰駣）。

鷂也（以照切），鷂也（音遙。雉也）。

杷也（補訝切。枋也），杷也（白加切。收麥器）。

榮也（永兵切。桐也），榮也（音營。屋榮）。

枸也（音苟①。枸杞），枸也（音矩。枳枸）。

椹也（知林切。《禮》："射甲革椹質"），椹也（徐甚切。桑實）。

校也（古孝切。木囚也），校也（户教切。木闌也）。

幅也（布帛之劑），幅也（音逼。行縢也）。

幓也（所御切。旒幅），幓也（七消切。頭括髮）。

襢也（音但。袒裼也），襢也（張彦切。后六服有襢衣）。

被也（部委切。寢衣也），被也（普義切。《春秋傳》："翠被豹舄"）。

矜也（居吟切。領也），矜也（其鴆切。結也）。

① 王本作"苛"。

褎也（音袖。袂也），褎也（由救切。盛服也）。

凡此之類，並雙音並義，不爲假借者也。

上三十。

凡假借類，計五百九十八①。

六書總計：

象形類計六百八。

指事類計百七。

會意類計七百四十。

轉注類計三百七十二。

諧聲類計二萬一千八百十。

假借類計五百九十八。

凡六書總計二萬四千二百三十五。

六書略第五

起一成文圖

衡爲一，從爲丨（音衮），邪丨爲丿（房必切），反丿爲乀（分勿切），至乀而窮。

折一爲㇆（音及），反㇆爲厂（乎旱切），轉厂爲乚（音隱），反乚爲亅（居月切。了从此，見了部），至亅而窮。

折一爲㇆者，側也，有側有正。正折爲人（即亼字也，又音帝，又音入），轉人爲∨（側加切），側∨爲＜（音畎），反＜爲＞（音泉），至泉而窮。

一再折爲冂（五犯切），轉冂爲凵（口犯切），側冂爲匚（音方），反匚爲コ（音播），至コ而窮。

引一而繞合之，方則爲口（音圍），圓則爲○（音星），至○則環轉無異勢，一之道盡矣。

① 這個數字并不準確，詳參各類假借數字。

丶（音柱①）與一偶，一能生，丶不能生，以不可屈曲，又不可引，引則成丨。然丶與一偶，一能生而丶不能生，天地之道，陰陽之理也。

因文成象圖

有到取：到丄②爲丅（下），到亯③（饗）爲㫗（厚），到子（子）爲𠫓（他骨切），到𦣻（𩠐）爲県（県④），到了（了）爲𠃉（鳥）。

有反取：反叀（叀⑤）爲𠧪，反人（人）爲匕（化），反匕（化）爲歺（殄），反𠬪爲𠬪（呼懇切），反止（止）爲𣥂（撻），反欠（欠）爲旡（旡，音既），反𠂆（余制切）爲乀（弋支反），反可（可）爲叵（普可反）。

有向取：向父（父）爲子（子），向后（后）爲司（司），向𠂇（左）爲又（右），向𠬪（几劇反）爲𦥑（居玉反），向爪爲𠂧（掌），向彳（丑亦反⑥）爲亍（丑玉反），向刀（刀）爲匕（匕），向身（身）爲㐆（衣），向㔾（居桀反）爲㔾（居月反），向片爲爿（戕），向永（永）爲𠂢（𠂢，音派），向云（雲）爲𩂣（雷）。

有相向取：户（户）相向爲門（門），𠂤（阜）相向爲𨺅（音阜），邑（邑）相向爲𨛜（鄉，又音巷），𠬪相向爲鬥（鬬）。

有相背取：止相背爲癶（蒲撥反），臣相背爲𦣞（誑），己（己）相背爲弜（弗），屮（楚危反）相背爲舛（舛）。

有相背向取：向爲𠬞（音拱），背爲𠬤（音攀）；向爲从（爲），背爲北（北）；向爲門（門），背爲𣌭（牖）；向爲𡚯（姐），背爲𡛰（嫁）。

有近取：取天（天）於☰（乾體），取巛（地，亦爲坤字）於☷（坤體），

---

① 文庫影本、藝文本、四庫本作“拄”

② 文庫影本作“𡍄”，“到”“丄”二字黏連較緊，藝文本、四庫本作“𡍄”，變“丄”爲“上”，上影本進一步訛作“𡍄”，變“上”爲“土”。

③ 按，本節及以下各節中的古文字，由於傳抄和刻寫的原因，多有變形走樣，個別文字訛變甚劇，不可辨認，同時也有誤置等現象。現大體按照古文字常見形態，用手寫板寫入，儘量體現古文字的原貌，在風格上與各版或有不同。個別無法確認之字，只能依樣描畫，各版本不一致或錯誤之處，不一一出注，下同。

④ 文庫影本、藝文本、上影本、四庫本作“鳥”，非是。

⑤ 文庫影本、上影本、四庫本誤作“惠”。藝文本亦近似“惠”。

⑥ 上影本誤作“五亦反”。

取巛（水）於☵（坎體），取火（火）於☲（離體），取𠬛（六）於𠔀（四），取九（九）於七（七），取十於㐅（五），取升（升）於斗（斗），取耳（耳）於自（鼻），取自於目（目），取烏（烏）於鳥（鳥），取鳥於隹（隹）①。

有遠取：取山於☶（艮體），取雷於☳（震體），取風於☴（巽體），取澤於☱（兑體）。取四、五、六、七、八、九、十於一、二、三，取千於百，取萬於千，取毛於髮，取男於女。

有加取：一加一爲二，二加一爲三，二加二爲亖，百加百爲皕（必力反），叕加叕爲叕（陟几反），山加山爲屾（所臻反），水加水爲沝（之壘反）。

有減取：減二十爲廿（音入），減三十爲卅（縣沓切），減四十爲卌（悉入反），減三十年爲世（世）。又有減巛（川）爲巜（澮），減巜爲𡿨（甽），亦是減法②。

有微加減取：加丿爲延，減丿爲㢟（丑連反）；加一爲聿（聿），減一爲聿（尼輒反）；加丿爲囱（楚江反），減丿爲囟（息進反）；加一爲王（于況切），減一爲土。

有上取：上向左爲禾（禾），向右爲禾（音稽）；向左爲毛（毛），向右爲手（手）。

有下取：下向右爲少（少），向左爲少（子結反）；向右爲可（訶），向左爲丂（音考）。

有中取：中貫爲毋（毋③），不貫爲母（母）；中交爲交（交），不交爲大。

有方圓取：圓口（圍）爲〇（音星，又音槃），方〇爲口。

有曲直取：曲丨（音袞）爲乚（乙），直乚爲丨。

有離合取：離𠆢（入）爲八，合八爲𠆢。

有從衡取：衡丨爲一，從一爲丨。

有邪正取：正㐅爲十，邪十爲㐅。

有順逆取：順理爲从（从），逆理爲比（比）。

---

① 上影本、藝文本、文庫影本、四庫本“烏”“鳥”字似是“紟”的變體，訛變甚大。今據王本作“烏”“鳥”。

② 以上“減”字，王本或誤作“滅”。

③ 上影本誤作“母”。

有内外中間取：○相内爲◎（音雷，又音回），相外爲○○（粼），相間爲[illegible]（環）。

古今殊文圖

黄帝貨，貨作[illegible]；帝嚳貨，貨作[illegible]；高陽貨，貨作[illegible]；商貨，貨作[illegible]，又作[illegible]，又作[illegible]；子貨、金貨作[illegible]；周之圜法，貨作[illegible]；景[1]王大錢，貨作[illegible]；齊公貨，貨作[illegible]；齊刀别種貨作[illegible]；莒貨，貨作[illegible]；公貨、刀貨作[illegible]。

黄帝貨，帝作[illegible][2]；帝昊金，帝作[illegible][3]；古文帝作[illegible]（此古文常用者，未悉起自何代）；師𩛥敦，帝作[illegible]。

古幣，金作[illegible]；黄帝貨，金作[illegible]；帝昊金，金作[illegible]；帝嚳金，金作[illegible]；商鐘，金作[illegible]；周鉦，金作[illegible]；晉鼎，金作[illegible]。

堯泉，泉作[illegible]，又作[illegible]；商泉、莊布泉作[illegible]；巨泉，泉作[illegible]；古尺斗柄，泉作[illegible]。

商貨，布作[illegible]，又作[illegible]；齊公布，布作[illegible]；齊布，布作[illegible]。

商鐘，惟作[illegible]；周敦，惟作[illegible]。

商鐘，子作[illegible]；周敦，子作[illegible]。

古今殊文多矣，以此六[4]條亦足見焉。

一代殊文圖

太昊金，昊作[illegible]，復作[illegible]。

高陽金，高作[illegible]，復作[illegible]，復作[illegible]，復作[illegible]，復作[illegible]，復作[illegible]。

堯泉，堯作[illegible]，復作[illegible]；又古文，堯作[illegible]，又作[illegible]；開元文字，堯作[illegible]。

夏貨，夏作[illegible]，復作[illegible]，復作[illegible]。

---

① 文庫影本、上影本、四庫本作“京”。

② 王本作“人”。

③ 藝文本作“[illegible]”，未知孰是。

④ 此“六”，各本同，以上論及“貨”“帝”“金”“泉”“布”“惟”“子”七字，“六”當是“七”之誤。

古文書，禹作。雲臺碑，禹作。

商貨，商作，復作，復作，復作，復作，復作，復作。

商壺，辛作；商卣，辛作；祖辛爵，辛作；祖戊匜，辛作。

齊刀，齊作，復作，復作；郝敦又有作。

一代殊文多矣，以此八條亦足見焉。

諸國殊文圖

晉姜鼎，通作；虢姜鼎，通作。

宋公鼎，公作；魯公鼎，公作。

晉姜鼎，文作；周公鼎，文作；周敦，文作。

屈生敦，君作；姬窭簠，君作；宋君鼎，君作。

周敦，在作；尹彝，在作[1]；父癸鼎，在作；父乙彝，在作。

周公鼎，作作；晉姜鼎，作作；孔父鼎，作作；楚王彝，作作。

諸國殊文多矣，以此六條亦足見焉。

殊文總論

觀古今殊文與一代殊文，則知先儒以義理説文字者，徒勞用心，一貨可説[2]也，二貨何説乎？二貨可説也，三貨、四貨至於十三貨何説乎？既有十三文，豈亦有十三義乎？一高可説也，二高何説乎？二高可説也，三高、四高、五高、六高何説乎？既有六文，豈亦有六義乎？况此文盡出聖人之手，豈聖人之書無義，而秦人史隸之書反有義乎？大抵書以紀命爲本，豈在文義，以義取文者，書之失也。後人之書，附義成文；古人之書，舍義成文。文而無義者，皆古聖人之書也；附義成文者，皆是依緣意想而取象，舍依緣則其意無所繫著，此後人之用心也。觀諸國殊文，則知三代之時，諸國之書，有同有異，各隨所習而安，不可彊[3]之使

---

[1] 文庫影本、上影本、藝文本、四庫本作爲注文，此從王本處理爲正文。

[2] “説”，上影本作“定”。

[3] “可彊”二字，藝文本作爲注文，非是。

同。秦人無知，欲使天下好惡趨避盡狥於我，易天下之心而同吾之心，易天下之面而同吾之面。

諧聲變體論（急慢聲諧　高下聲諧）

論急慢聲諧

急慢聲諧者，慢聲爲二，急聲爲一也，梵書謂二合聲是矣。梵人尚音，故有合二而成聲，合三、合四而成聲；華人尚文，惟存二合。此於梵書中論之矣。《詩序》曰："聲成文謂之音。"知聲有急慢，則發而爲文，抑揚合度，鏗鏘中節。箋釋之家全不及此，至於語辭，渾而無別，但取言中之義，不問句中之節。故柳宗元極論語辭之義，良由不知急慢之節，所以辭與句不相當。慢聲爲"者焉"，急聲爲"旃"，"旃"爲"者焉"之應；慢聲爲"者與"，急聲爲"諸"，"諸"爲"者與"之應。又如慢聲爲"而已"，急聲爲"耳"；慢聲爲"之矣"，急聲爲"只"；慢聲爲"者也"，急聲爲"者"；慢聲爲"也者"，急聲爲"也"；慢聲爲"嗚呼"，急聲爲"嗚"；慢聲爲"噫嘻"，急聲爲"噫"，皆是相應之辭也。此並載籍中常語，先儒不知考究。又如語言之中，慢聲爲"激搏"，急聲爲"郭"；慢聲爲"中央"，急聲爲"張"者，亦是也。古《艶歌》曰："蘭草自然香，生於大道傍。十月鈎鎌起，并在束薪中。"此"中央"之爲"張"也。張平子《西京賦》云："翔鶤仰而弗逮，况青鳥與黄雀。伏欞檻而俯聽，聞雷霆之相激。"① 此則"激搏"之爲"郭"也。可以觸類而長。

論高下聲諧（音讀附）

董正之董，亦爲督察之督者，東董凍督故也。改更之更，亦爲變革之革者，更梗更（去聲）革故也。伊之爲已（《大誥》曰："已予惟小子。"），已之爲億（《易》曰："億喪貝。"又曰："億無喪有事。"），伊已意億故也。非

① "况""相"，文庫影本、上影本、藝文本、四庫本作"滉""指"。王本注："據《文選》二張平子《西京賦》改。"此從王本。

之爲匪，匪之爲弗，非匪沸弗故也。昄即盼者，攀昄盼故也。儆類敬者，京儆敬故也。翻之爲反，庸之爲用，邪之爲也，之之爲只者，並此道也。而之爲爾，爾之爲汝，汝之爲若，于之爲於，於之爲與，與之爲與（音譽），亦此道也。是皆一義之所起，而發聲有輕重耳。乃若父雖甫音，讀若輔；道雖杜老切，讀若導；《禮記》“大昕”，昕音忻，讀若希；《説文》“臑”字，音懦，讀若襦；“甹”字，特一切，讀若亭，此爲音讀之别，無非聲之諧也。

論諧聲之惑

左氏曰：“止戈爲武。”武非从止，凡沚[①]、芷、齒、耻之類从止。武从戈，从亾，从戈以見義，从亾以見聲[②]。古文歌舞之舞作𦏶，振撫之撫作攺，廊廡之廡作庑，於古並从亾，於今並从無，而無於篆文亦从亾，則武之从亾，又何疑焉。若曰武欲見止戈，則古之武有作戊者，又有作戳者。戊之前垂[③]，象執戈揚盾之義；戳之从習，有習用干戈之義。及戊爲戊己之戊，戳爲襲敵之襲（襲敵之字，古作戳，今用衣襲字），則戎事之武，專用武也。若曰武有止戈之義，又何必曰偃武乎？亾之與止，易得相紊，左氏所見，止之訛也。武於六書爲諧聲。武，戈類也，武之从亾，亦猶戰之从單（音善），戮之从翏（音六），戢之从咠（音緝），戣之从癸，皆聲之諧也。《禮記》曰：“祖者，且也。”祖非从且，凡罝[④]、姐之類从且，徂、祖之類从且（音徂）。祖無且義。又曰：“荆者，侀也。”若荆之从井而有侀之義，則荆也，阱也，耕也，亦可曰荆乎？又曰：“富也者，福也。”若富之从畐（芳伏切）而有福之義，則輻也，幅也，副也，亦可曰福乎？若曰角，觸也；商，章也；秋之爲揫，春之爲蠢，皆此類也。凡

---

① 藝文本、上影本作“沚”，非是。

② 鄭樵在《寄方禮部書》中説：“凡从蟲者有蟲類，凡从皿者有皿類，凡从止者有止類，凡从戈者有戈類。蟲、皿、止、戈皆母文也。以蟲合皿爲蠱，以戈合止爲武。只是二母文相合，而取其意耳。二體既敵，無所附從，故不曰諧聲，而曰會意也。”（見吴懷祺校補、編著《鄭樵文集·附鄭樵年譜稿》，書目文獻出版社 1992 年版，第 33 頁）其中所論“武”字與此相矛盾。

③ 上影本、王本作“垂”。

④ 上影本、王本作“置”，非是。“置”从“直”，非从“且”。

此類是皆不識諧音。

論象形之惑

左氏曰："反正爲乏。"正無義也，正乃射侯之正（音征），象其形焉。正（音征）以受矢，乏以藏矢，是相反也。反正爲乏，其義在此。或曰，反正爲丏（音沔）。丏，蔽矢短牆也，正以受矢，丏以蔽矢，是相反也，此亦反正爲乏之義。邪正之正無所象，故正用侯正之正，邪用琅邪[①]之邪，並協音而借，是爲假借之書也。韓子曰："自營爲厶（音私）。"厶非自營之義也。厶於篆文作[illegible]，象男子之勢，故又音鳥。[illegible]與[illegible]（即了字）敵，了者交脛之端也，故厶勢下垂，了狀槌上[②]，並是象形之文。若乃自營之厶，與了絕之了，並同音而借，亦爲假借之書。疊，古作疊，祭肉之積在器也。从宜，祭器也。从晶（音精），象積肉之形。疊與豐同意，豐亦俎豆之衍也。揚雄以疊爲古理官決罪，三日得其宜乃行，故从三日，从宜，此亦爲不識象形者也，何用識奇字之多乎！能，象熊之形，許氏謂能熊屬則可矣，又曰賢能之能，何也？出，象花英之形，許氏謂象艸木益滋上[③]出，亦可矣，又曰，出，進，何也？是皆惑象形於假借者也。三代之前有左氏、韓子，三代之後有揚雄、許慎，猶不達六書之義，況他人乎！

論一二之所生

臣《六書證篇》實本《説文》而作，凡許氏是者從之，非者違之。其同乎許氏者，因畫成文，文必有説；因文成字，字必有解。其異乎許氏者，每篇總文字之成，而證以六書之義，故曰"六書證篇"。然許氏多虛言，《證篇》惟實義，許氏所説多滯於死，《證篇》所説獨得其生。蓋許氏之義，著於簡書而不能離簡書，故謂之死；《證篇》之義，舍簡書之陳迹，能飛行走動不滯一隅，故謂之生。今舉一二之義爲《説文》之首

---

① 文庫影本、四庫本作"琊"。

② 四庫本作"上縋"。

③ 文庫影本誤作"士"。

篇者，可以見矣。《説文》於一則曰：“惟初太始，道立於一，造分天地，化成萬物。”故於一之類則生“元”，生“天”，生“丕”，生“吏”。然“元”从上，“丕”从地，“吏”从又，皆非一也，惟“天”从一。《證篇》於一則曰：“一，數也，又象地之形，又象貫物之狀。在上爲一，故生‘天’，生‘百’；在中爲貫，故生‘毌’①（音貫），生[illegible]（古文車）；在下爲地，故生‘旦’，生‘丕’。爲貫爲地者無音，以無所麗，則復爲一矣，是以無音。”《説文》於丄（音上）則曰“丄，高也。此古文丄，指事也。”故於丄之類則生“帝”，生“旁”，生“下”。然“帝”本象形，“旁”則形兼聲，“下”非从上，而與上偶。《證篇》於丄則曰：“二，音貳，又音上。殺上者爲上，殺下者爲下，在物之中者，象編連之形，在物之上下者，象覆載之位。故於二則生‘竺’，生‘亝②’；於上則生‘元’，生‘帝’；於下則生‘帀’（音鎮），生𠫤（良仞切）；於中則生‘册’，生‘再’；於上下則生‘亟’，生‘亘’。在中在上下者無音，以自不能成體，必有所麗，是以無音。”此臣所作《證篇》之旨也。

論子母

立類爲母，從類爲子。母主形，子主聲。《説文》眼學，眼見之則成類，耳聽之則不成類；《廣韻》耳學，耳聽之則成類，眼見之則不成類。故《説文》主母而役子，《廣韻》主子而率母。《説文》形也，禮也；《廣韻》聲也，樂也。《説文》以母統子，《廣韻》以子該母。臣舊作《象類書》，總三百三十母，爲形之主，八百七十子，爲聲之主，合千二百文而成無窮之字。許氏作《説文》，定五百四十類爲字之母。然母能生而子不能生，今《説文》誤以子爲母者二百十類。且如《説文》有句類，生“拘”，生“鉤”；有卤類，生“㮚”，生“粟”；有半③類，生“胖”，生“叛”；有菐類，生“僕”，生“蹼”。據“拘”當入手類，“鉤”當入金類，則句爲虚設；“㮚”當入木類，“粟”當入米類，則卤爲虚設；

① 上影本、四庫本作“母”，非是。

② 王本作“垒”，誤。

③ 藝文本、上影本作“丰”，誤。

“胖”當入肉類，“叛”當入反類，則半爲虚設；“僕”當入人類，“⿰臣菐”當入臣類，則菐爲虚設。蓋句也、卣也、半也、菐也皆子也，子不能生，是爲虚設。此臣所以去其二百十，而取其三百三十也。

論子母所自

或曰：作文之始，其實一也，何以成母？何以成子？曰：顯成母，隱成子；近成母，遠成子；約成母，滋成子；同成母，獨成子；用成母，不用成子；得勢成母，不得勢成子。來與麥同物，麥顯而來隱，牙與齒同物，齒顯而牙隱，故麥爲母而來爲子，齒爲母而牙爲子。龍與魚同物，魚近而龍遠，㲋（丑略切）與兎同物，兎近而㲋遠，故魚爲母而龍爲子，兎爲母而㲋爲子。東（胡感切）與𢎘（音同上）同象，𢎘約而東滋，豆與登同象，豆約而登滋，故𢎘爲母而東爲子，豆爲母而登爲子。烏與鳥同體，鳥同而烏獨，易與𧰨同體，𧰨同而易獨，故鳥爲母而烏爲子，𧰨爲母而易爲子。眉與目相比，目用而眉不用，疋（音疏）與足相比，足用而疋不用，故目爲母而眉爲子，足爲母而疋爲子。𠂇（左）與又（右）敵體，又得勢而𠂇不得勢，𠬢（音攀）與廾（音拱）敵體，廾得勢而𠬢不得勢，故又爲母而𠂇爲子，廾爲母而𠬢爲子。舉此六條，可以觸類而長。

論省文

凡省文，有聲關於義者，有義關於聲者。甜之从舌者義也，舌之所嗜者甘；恬之从舌者非舌也，謂之从甜省，是之謂聲關於義。營之从𤇾（音熒）者聲也，以吕爲主，以𤇾爲聲；勞之从𤇾者非聲也，謂之从營省，是之謂義關於聲。伊从人，从尹，謂伊尹能尹正天下，如蛜蝛之蛜从伊省，亦謂之聲關於義。和謂調和之和，如銛利之利从刀，从和省。《易》曰：“利者義之和。”此亦謂之義關①於聲。凡省文之類，可以準此。

論篆隸

篆通而隸僻，故有左無右，有𨸏（今作阝，音阜）無⿰阝阜（音阜）。於篆則

① 王本誤作“開”。

左向右爲左，右向左爲右；獨向爲𠂤，相向爲㐆。篆明而隸晦，故有王無玉，有未無朱。於篆則中一近上爲王，中一居中爲玉；中一直爲朱，中一不直爲未。篆巧而隸拙，故有冖[1]（音覓）無冂[2]（音坰），有丶（音柱）無丨（音袞）。於篆則上冒爲冂，不冒爲冖[3]；上加丶爲主，加丨爲宀。篆縱而隸拘，故有刀無匕，有禾無禾（音稽[4]）。於篆體向左爲刀，向右爲匕[5]；首向左爲禾，向右爲禾[6]。然則篆之於隸，猶筮之於龜。

論創意

炅、香、炔。

上三字，並音桂，乃秦博士桂真之後，避地別居，各撰其姓之文而不殊本者。

䨮（音彎）、𦿆（音迄）、𡨴（音觥）、𡚻（音礩）、𨈬（音莽）、𣅿（音舉）、𡦹（音褒）、𤇯（音擁）。

上八字，孫亮命子。

據桂氏命姓、孫氏命子，制十一字，惟"炔"猶得桂聲而又無義，餘十字聲義兩途，俱不通，文而非文，字而非字者也。

論變更

𠔶（音沽）、罪。

上二字，秦人以市買多得爲"𠔶"；罪舊作"辠"，始皇以其似"皇"字，改而爲"罪"。

---

① 文庫影本、上影本、藝文本作"門"，非是。

② 上影本作"口"，非是。

③ 文庫影本、上影本、藝文本作、王本作"冂"，與"上冒爲冂"之"冂"同，當從四庫本作"冖"。

④ "音稽"，上影本作"音晢"，誤。

⑤ 文庫影本、四庫本兩"匕"字作"七"，形近而誤。

⑥ 王本、四庫本兩"禾"字作"尗"。藝文本、上影本均作"未"。文庫影本一作"未"，一作"木"。均誤。

𠀑代天、埊代地、𡆠代日、𡝕代月（又作𠥱）、〇代星、𢘑代臣、𡕀代載、𡔈代初、𠡦代年，𠙺代正（又作𠁈[①]）、曌代照、𧩀代證、𨲢代聖、𥠢代授、𤯔代戴、圀代國。

上武后更造十八字代舊十六字，史臣儒生皆謂其草創無義。以臣觀之：天作𠀑，日作𡆠，並篆文也。年作“𠡦”，正作“𠙺”，並古文行於世者。授，古文亦有作“𥠢”“𥠢”者；國亦有作“囯”者；地，籀文或有作“埊”者。〇[②]，崔希裕《纂古》而作，孰謂其草創而無所本與？

對，舊作“對”，漢文以言多非誠，故去口而作“對”。隋，舊作“隨”，文帝以周、齊不遑寧處，故去辵而作“隋”。疊，舊作“疊”，新室以三日太盛，改爲三田。騧，舊作“騧”，宋明以咼（音喎）類禍，改而爲瓜。形影之“影”，舊作“景”，葛稚川加彡於右。軍陣之“陣”，舊作“陳”，王逸少去東用車。尼丘之山，三倉合而爲“屔”（音尼），章貢之水，後人合而爲“贑”（音紺），荒、昏二義，元次山謚隋煬帝合而爲“𣇯”（音荒）。“鄗”（火各切）本一名，分而爲高邑者，漢光武也。“鄚”嫌近“鄭”，更而爲“莫”；“豳”嫌近“幽”，更而爲“邠”，此並唐明皇所更也。

論遷革

雅[③]，本烏鴉之鴉，借爲雅頌之雅，復有鴉矣，故雅遂爲雅頌之雅，後人不知雅本爲鴉。雇，本九鳸之鳸，借爲雇賃之雇，復有鳸矣，故雇遂爲雇賃之雇，後人不知雇本爲鳸。頌，本顔容之容，故从公，从頁，借爲歌頌之頌，今人見頌，知歌頌之頌而已，安知頌本爲容。泉，本貨錢之錢，故於篆象古刀文，借爲泉水之泉，今人見泉，知泉水之泉而已，安知泉本爲錢。

---

① 此三字，文庫影本、藝文本、上影本、四庫本均與正文無別，此從王本作注文。

② 文庫影本、藝文本、上影本、四庫本均作“星”，此從王本。

③ 王本作“鴉”，非是。

論便[①]從

人與蟲魚禽獸同物，同物者同爲動物也。天地之間，一經一緯，一從一衡，從而不動者成經，衡而往來者成緯。草木成經爲植物，人與蟲魚禽獸成緯爲動物。然人爲萬物之靈，所以異於蟲魚禽獸者，蟲魚禽獸動而俯，人動而仰，獸有四胑而衡行，人有四胑而從行。植物理從，動物理衡，從理向上，衡理向下。人，動物也，從而向上，是以動物而得植物之體。向上者得天，向下者得地，人生乎地而得天之道，本乎動物而得植物之理，此人之所以靈於萬物者，以其兼之也。人之體理從，故文字便從不便衡。坎、離、坤，衡卦也，以之爲字則必從，故☵必從而後能成水，☲必從而後能成火，☷必從而後能成巛。舟以衡濟，車以衡運，舟車，衡器也，作舟者必楹航而後能成舟，作車者必弋軸而後能成車。隹以衡飛，魚以衡走，隹、魚，衡物也，作隹者必作縣隹之勢而後能成隹，作魚者必作貫魚之勢而後能成魚。鼻從竅，目衡竅，作鼻者必爲從自，作目者亦爲從目，此可知其務從也。蓋人理從，從則起，起則生。衡則卧，卧則尸[②]。

論華梵上

諸藩文字不同而多本於梵書，流入中國，代有大鴻臚之職，譯經潤文之官，恐不能盡通其旨，不可不論也。梵書左旋，其勢向右；華書右旋，其勢向[③]左。華以正錯成文，梵以偏纏成體。華則一音該一字，梵則一字或貫數音。華以直相隨，梵以横相綴。華有象形之文，梵亦有之，尾作[illegible]，有尾垂之形，縛作[illegible]，有纏縛之象。華有省文之字，梵亦有之，地本作[illegible]，亦省作[illegible]，縛本作[illegible]，亦省作[illegible]，馱本作[illegible]，亦省作[illegible]。華有同聲而借之字，梵亦有之，野作[illegible]，而也亦作[illegible]，馱作[illegible]，而陁亦作[illegible]。

---

① 文庫影本、藝文本、上影本、四庫本皆作“便”，當以“文字便從不便衡”爲據；王本改“衡”，殆取本段縱横並舉之旨意，然與古本不合，故不取。

② 本段文字，各本“水”“舟”“隹”“魚”的篆文多有缺筆或走樣，如“隹”作[illegible]、[illegible]“魚”作[illegible]、[illegible]，今依小篆形體重新寫入。

③ 王本作“问”，誤。

華有協聲而借之字，梵亦有之，微用□，而尾亦用□，薩用□，而散亦用□。華書有重二之義，如舊漢書“元元休息”，下元字只作二，石鼓文、嶧山碑重字皆作二。梵書凡疊句重言則小作□，但華書每字之重皆作二，梵書一字疊一言重者作一□，三字、四字疊三言、四言重者，亦只作□。華蓋以目傳，故必詳於書，梵以口傳，如曲譜然，書但識其大略。華之讀别聲，故就聲而借，梵之讀别音，故即音而借。如史瑟同用□者，師史使瑟，商音之和也。帝彈同用□者，低底帝彈，亦商音之和也。娑薩同用□，亦商音之和。誐孽同用□，是爲角音之和。

論華梵中

觀今《七音韻鑑》出自西域，應琴七絃[1]，天籟所作，故從横正倒，輾轉成圖，無非自然之文，極是精微，不比韻書但平上去入而已。七音之學，學者不可不究。華有二合之音，無二合之字。梵有二合、三合、四合之音，亦有其字。華書惟琴譜有之，蓋琴尚音，一音難可一字該，必合數字之體，以取數音之文。二合者取二體也，如娑作□，縛作□，二合娑縛，則取縛之下體以合於娑，而爲□字。如囉作□，馱作□，曩作□，三合囉馱曩，則上取囉、中取馱、下取曩，而爲□字。如悉作□，底作□，哩作□，野亦作□，四合悉底哩野，則取悉之上體以合於野之下體，而包底哩爲錯文，不必具底哩，故其字作□。然二合者，是雙音合爲單音也，如雙爲“者焉”，單爲“旃”；雙爲“者與”，單爲“諸”，然則雙爲“娑縛”，單爲“索”，雙爲“娑彈”，單爲“薩”，何不即一“索”足矣，安用合“娑縛”，一“薩”足矣，安用合“娑彈”哉？曰，華音論讀，必以一音爲一讀，故雖“者焉”可以獨言“旃”，雖“者與”可以獨言“諸”也。梵音論諷，雖一音而一音之中亦有抑揚高下，故“娑縛”不可以言“索”，“娑彈”不可以言“薩”，實有微引勾帶之狀焉。凡言二合者，謂此音非一亦非二也；言三合者，謂此音非一、非二亦非三也，言四合者，謂此音非一、非二、非三亦非四也。但言二合者，其音獨易，其三合、四合者，其音轉難。大抵華人不善音，今梵僧呪雨則

① 四庫本作“應絃七琴”，非是。

雨應，呪龍則龍見[①]，頃刻之間，隨聲變化。華僧雖學其聲而無驗者，實[②]音聲之道有未至也。

論華梵下

梵人别音，在音不在字；華人别字，在字不在音。故梵書甚簡，只是數个屈曲耳，差别不多，亦不成文理，而有無窮之音焉。華人苦不别音，如切韻之學，自漢以前，人皆不識，實自西域流入中土，所以韻圖之類，釋子多能言之，而儒者皆不識起例，以其源流出於彼耳。華書制字極密，點畫極多，梵書比之，實相遼邈。故梵有無窮之音，而華有無窮之字。梵則音有妙義，而字無文彩；華則字有變通，而音無錙銖。梵人長於音，所得從聞入，故曰："此方真教體，清淨在音聞。我昔三摩提，盡從聞中入。"有"目根功悳少，耳根功悳多"之説。華人長於文，所得從見入，故天下以識字人爲賢智，不識字人爲愚庸。

① 兩"呪"字，文庫影本、四庫本作"咒"。

② 四庫本作"寔"。

《六書略》研究

引　言

東漢許慎《説文解字》是漢字學史上第一部體例謹嚴、博大精深的文字學經典著作，長期以來備受重視，被認爲是語言文字研究之圭臬，但從客觀事實出發，智者千慮亦有其失，《説文解字》也不可能十全十美，歷史上也有不少學者對其見解提出不同意見，比如唐代李陽冰"刊定《説文》，修正筆法"，他對一些漢字的闡釋，與許氏不同，多有新説。[①] 宋代鄭樵不僅對《説文》有關文字的解釋提出己見，還發展了傳統六書説，使六書學成爲一門專門之學。鄭樵所倡導的六書理論以及相關文字學研究在宋元明文字學研究的消沉時期掀起了一個小小的高潮。

由於鄭樵秉持"凡許氏是者從之，非者違之"[②] 的批判精神來研究文字，對許慎的見解多有批評，而清人復興漢學，推崇《説文》，極力維護許學正統地位，對鄭樵的文字學研究多持否定態度。

唐蘭認爲，"鄭樵是第一個撇開《説文》系統，專用六書來研究一切文字，這是文字學上一個大進步"[③]。從此，文字學界逐漸用比較客觀的態度來分析、評價鄭樵文字學的學術價值，進而認同他的學術成就。鄭樵最重要的文字學著作是《六書略》，對此書的專門研究，爲數還不多，特别對《六書略》文本的探究，還需要進一步加强。本研究將緊扣《六書略》的内容，分析文本，申發内涵，以推動鄭樵的文字學研究，評價鄭樵的學術成就。

① 李陽冰所刊定的《説文》今不傳，徐鍇《説文解字系傳·袪妄》或引其説，可參。
② 鄭樵：《六書略·論一二之所生》。
③ 唐蘭：《中國文字學》，上海古籍出版社1979年版，第21頁。

第一章 鄭樵與《六書略》

第一節 鄭樵的生平與著述

鄭樵，字漁仲，號夾漈，自稱“溪西逸民”，人稱“夾漈先生”，福建莆田人。他生於北宋徽宗崇寧三年（1104），卒于南宋高宗紹興三十二年（1162），終年五十九歲。關於鄭樵生平，顧頡剛有《鄭樵傳》，吴懷祺《鄭樵文集》附有《鄭樵年譜稿》，比較全面地梳理了鄭樵的生平，都很有參考價值。

鄭樵生平不以科舉爲務，十六歲即在莆田城北的夾漈山上築屋三間，名曰“夾漈草堂”，隱居其間，刻苦力學，立志讀古人之書，求百家之學。[①] 鄭樵《題夾漈草堂並記》云：“斯堂本幽泉、怪石、長松、修竹、榛橡所叢會，與時風、夜月、輕煙、浮雲、飛禽、走獸、樵薪所往來之地。溪西遺民於其間爲堂三間，覆茅以居焉。”[②] 他在《夾漈遺稿·獻皇帝書》中這樣描述那段時期的生活：“入山之初，結茅之日，其心苦矣，其志遠矣。欲讀古人之書，欲通百家之學，欲討六藝之文而爲羽翼，如此一生則無遺恨。”雖“困窮之極，而寸陰未嘗虛度。風晨雪夜，執筆不休，厨無煙火，而誦記不絕，積日積月，一簣不虧”。他讀書、研究很有規劃，“十年爲經旨之學”，“三年爲禮樂之學”，“三年爲文字之學”，“五、六年爲天文地理之學，爲蟲魚草木之學，爲方書之學”，“八、九年

① 吴懷祺校補、編著：《鄭樵文集·附鄭樵年譜稿》，書目文獻出版社 1992 年版，第 102 頁。

② 吴懷祺校補、編著：《鄭樵文集·附鄭樵年譜稿》，書目文獻出版社 1992 年版，第 1 頁。

爲討論之學，爲圖譜之學，爲亡書之學”等。[①] 爲了讀書，他在《夾漈遺稿·與景韋兄投宇文樞密書》中説：“聞人家有書，直造其門求讀，不問其容否，讀已則罷，去住曾不吝情。”《宋史·鄭樵傳》也説他“遇藏書家，必借留讀盡乃去”。其於故家借讀可考者有方漸“望壺樓”、方略“萬卷樓”等[②]。

鄭樵刻苦鑽研，勤於著述，給後人留下一筆巨大的精神財富。鄭樵最重要的著作，是其晚年所撰的巨著《通志》200 卷，由本紀 18 卷，年譜 4 卷，二十略 52 卷，世家 3 卷，列傳 115 卷，載記 8 卷組成。其中二十略包括氏族略、六書略、七音略、天文略、金石略等。顧頡剛《鄭樵著述考》列出的著作共有 60 餘種，分爲經旨之學、禮樂之學、文字之學、天文地理之學、蟲魚草木之學、方書之學、校讎之學、亡書之學、圖譜之學、通志、記事、文集、書目、附録等 14 類，後又考證出 20 種，幾乎涵蓋經、史、子、集 4 部。[③] 就文字學著作而言，數量也十分豐富，有《象類書》《六書證篇》《六書略》《金石略》《石鼓文考》等。《象類書》和《六書證篇》主要研究“六書説”，二書已亡佚。《六書略·六書序》云：“臣舊有《象類》之書，極深研幾，盡製作之妙義……今取《象類》之義，約而歸於《六書略》，使天下之字無所逃，而有目者可以盡曉。”可見《象類書》等主要觀點和成果保留在《六書略》中。《金石略》和《石鼓文考》主要研究金石文字，其中《石鼓文考》也已散佚，《金石略》一書存於《通志》中。另據《獻皇帝書》記載，鄭樵的字學著作還有《續汗簡》《字始連環》《梵書編》《分音》等，不過這些書也都亡佚了。

鄭樵雖然著述頗豐，研究成果不少，但他並沒有得到應有的重視。首先從作傳的角度看，歷史上爲鄭樵作傳者寥寥可數。最先爲鄭樵作傳

---

① 吴懷祺校補、編著：《鄭樵文集·附鄭樵年譜稿》，書目文獻出版社 1992 年版，第 23—24 頁。

② 吴懷祺校補、編著：《鄭樵文集·附鄭樵年譜稿》，書目文獻出版社 1992 年版，第 109 頁。

③ 厦門大學歷史系鄭樵研究小組所考者爲八十四種，詳見厦門大學歷史系鄭樵研究小組撰文《鄭樵史學初探》，《厦門大學學報》1963 年第 4 期。

的是他的兒子鄭翁歸，但他所作的《家傳》早已亡佚，不詳其内容。元初脱脱等人修《宋史》時，將鄭氏列入《儒林傳》，傳文寥寥三百餘字，在肯定其志向好學勤於著述之後，又批評道："好爲考證倫類之學，成書雖多，大抵博學而寡要。"① 清初黄宗羲等人所修的《宋元學案》，把鄭氏的傳和他的堂兄鄭厚合在一起，才三十一個字。康熙四十四年所修的《莆田縣志》，在《儒林傳》中，有鄭厚、鄭樵二條（卷21），鄭樵的傳有五百餘字。乾隆二年所修的《福建省志》，在《宋興化縣儒林傳》中，鄭樵的傳也僅五百餘字（卷188）②。都沒有很詳細的記載。其次，鄭樵著述雖多，但由於沒有得到重視和保存，散佚很多，今所知有刊本者僅《夾漈遺稿》《爾雅注》等數種，以晚年所撰的《通志》最負盛名。但《通志》一書，在宋元間也僅流傳《通志略》而已，足本《通志》反不若二十略流傳得廣。傳之不詳與著作散佚，可見鄭樵未得時人與後代重視，這在文化史上是很可惜的。

對鄭樵的爲人和著述，《四庫全書總目》大概可以代表清代以前主流的看法，以批評爲主，但也承認"瑕不掩瑜"，其説云："蓋宋人以義理相高，於考證之學罕能留意，樵恃其該洽，睥睨一世，諒無人起而難之，故高視闊步，不復詳檢，遂不能一一精密，致後人多所譏彈也。特其採摭既已浩博，議論亦多警闢，雖純駁互見，而瑕不掩瑜，究非游談無根者可及。"幸有清代學者章學誠作《申鄭》一文（見《文史通義》），專爲鄭樵辯護，説鄭樵"獨取三千年來遺文故册，運以別識心裁；蓋承通史家風而自爲經緯，成一家之言者也"，"鄭氏所振在鴻綱，而末學吹求則在小節"，後來顧頡剛作《鄭樵著述考》和《鄭樵傳》，對鄭樵的評價才逐漸趨於肯定，受重視的程度逐步提高。

第二節　《六書略》成因試探

《六書略》成書的原因，前人和現當代文字學者都曾有所涉及，但並

① （元）脱脱《宋史》卷436，《儒林六・鄭樵傳》，中華書局標點本1977年版。

② 參考顧頡剛《鄭樵傳》，北京大學《國學季刊》第一卷第二號（《通志・二十略・附録四》，中華書局1995年版）；林慶彰《論鄭樵》，《開封大學學報》1997年第1期。

未系統地論述過。我們認爲主要是宋代的學術環境、學術條件、鄭樵强烈的使命感以及比較正確的語言文字觀促使他著成此書。

從宋代的學術環境來看，宋人爲學以追求創新爲特色，能够擺脱傳統束縛。從漢代至唐代中葉的學術，主要爲經典注疏作傳，學識理念局限在傳注之中。唐中葉以後，學風開始轉變，學術上頗有創新意識，文字學領域也不例外。關於《説文》的研究，唐代李陽冰開始對其中有關文字形體的解釋提出懷疑和新見，宋代的鄭樵不僅在具體漢字的闡釋上作出科學合理的分析，還在六書理論方面提出了獨到的見解，力圖超越傳統思想的樊籬。他在《六書略・論一二之所生》中説自己對許慎學説的態度是"凡許氏是者從之，非者違之"，具有十分强烈的批判意識和創新精神。

宋代金石學的興起爲文字學的研究創造了良好的學術條件，也爲鄭樵分析漢字提供了具體材料和科學根據。宋代古文字的整理與研究甚爲興盛，首先有系統整理各種傳世古文資料的著作，如郭忠恕的《汗簡》和夏竦的《古文四聲韻》。隨著古代銅器的大量出土，考釋銅器銘文成爲一門專門之學，歐陽修、吕大臨、趙明誠等參與其中，都大大促進了文字學的發展。鄭樵本身亦對金石之學頗有研究，著有《金石略》一書。他在《通志・總序》中説："方册者，古人之言語，款識者，古人之面貌。方册所載，經數千萬傳，款識所勒，猶存其舊。蓋金石之功，寒暑不變，以兹稽古，庶不失真，今《藝文》有《志》，而金石無記。臣於是采三皇五帝之泉幣、三王之鼎彝、秦人石鼓、漢魏豐碑，上自蒼頡石室之文，下逮唐人之書，各列其人而名其地，故作《金石略》。"而對金石文字的研究，也促進了鄭樵對漢字演變和形義關係的思考。

鄭樵具有强烈的使命感。他研究六書理論的主要目的是爲了幫助人們正確認識漢字的構成、發展與變化，在説解文字上能够言之有據。他在《六書略・六書序》中就説："經術之不明，由小學之不振；小學之不振，由六書之無傳。聖人之道，惟藉六經。六經之作，惟藉文言。文言之本，在於六書。六書不分，何以見義？……臣舊有象類之書，極深研幾，盡制作之妙義，奈何小學不傳已久，見者不無疑駭。今取象類之義，約而歸於六書，使天下文字無所逃，而有目者可以盡曉。"他在《通志・

總序》中又説："書契之本，見於文字，……文字之本，出於六書。原此一家之學，亦倡於左氏。然‘止戈爲武’，不識諧聲。‘反正爲乏’，又昧象形。左氏既不别其源，後人何能别其流？是致小學一家皆成鹵莽，經旨不明，穿鑿蠭起，盡由於此。臣於是驅天下文字盡歸於六書。軍律既明，士乃用命。故作《六書略》。"可見他撰寫《六書略》的目的是很清楚的。

鄭樵具有較正確的語言文字觀。由於鄭樵對金石文字有較爲深入的研究，所以他對漢字的發展演變有較爲科學的認識，能用發展的眼光看待語言文字的問題。他在《六書序》中説："夫古文變而爲籀書，籀書變而爲篆隸，秦漢之人習篆隸必試以籀書者，恐失其原也。後之學者，六書不明，篆籀罔措，而欲通經，難矣哉！"他認爲字體由古文嬗變爲籀書，再由籀書嬗變爲篆隸，字體存在着一種動態的變化過程，這比漢代一些俗儒鄙夫所稱的"秦之隸書爲倉頡時書，云‘父子相傳，何得改易’"要高明很多。《六書略》中有《古今殊文圖》《一代殊文圖》《諸國殊文圖》《論省文》《論篆隸》《論變更》《論遷革》諸篇，雖所舉之例或有可商，但他提出的問題，都是與語言文字發展變化有關的問題，説明他對語言文字的現象多有觀察和思考，具有思辨精神。他特别强調六書之學是經學的根底，上引《六書序》中强調要明經術，就要振小學；要振小學，就要傳"六書"，説明清儒所謂"由小學入經學，經學可信"的觀點，鄭樵已經充分認識到了，這也是他正確的語言文字觀的表現。

正是宋代富有特色的學術環境、良好的學術條件，以及作者自身較正確的語言文字學觀和强烈的使命感，使鄭樵寫出《六書略》這樣一部見解新穎、突破陳規的文字學著作。

對於這樣一部與《説文解字》有著明顯不同的著作，在推崇許學、維護《説文》正統的時代，注定不易被認同。比如清人對《六書略》就少有讚譽，《四庫全書總目》謂"《六書略》多穿鑿"，對以鄭樵爲代表的宋元明時期的文字學著作每置貶詞，斥爲異端邪説，並且這種風氣一直延續到近代。如丁福保編纂《説文解字詁林》時對這些著作一概棄之不録，他説："南宋鄭樵以博洽傲睨一時，乃作《六書略》，其於儒先斥爲顛沛淪沒如受魅然，自《春秋傳》《禮記》至韓非、揚雄，皆斥爲不識六書之義，其詆諆許氏爲多虚言死説，僅知象形、諧聲二書以成《説文》，六書已失其四。”此“皆以巧説衺辭，蠱惑後世，遂開數百年嚮壁虚造、望文生訓之陋習”①。

在文字學方面，現代文字學家唐蘭先生是最早給予鄭樵較全面公正評價的人，他認爲，“鄭樵是第一個撇開《説文》系統，專用六書來研究一切文字，這是文字學上一個大進步”②。他説：“鄭樵《六書略》用許慎的理論，作許氏的諍臣，以子之矛，攻子之盾，確有許多創獲，在文字學史上是值得推許的。”③ 此後，文字學界開始認同肯定鄭樵，逐漸用比較客觀的態度來分析、評價鄭樵的文字學研究。

---

① 丁福保：《説文解字詁林自敘》，《説文解字詁林》，中華書局 1988 年版，第 62—63 頁。

② 唐蘭：《中國文字學》，上海古籍出版社 1979 年版，第 21 頁。

③ 唐蘭：《中國文字學》，上海古籍出版社 1979 年版，第 73 頁。

第二章　《六書略》之“六書説”

鄭樵晚年撰成歷史學巨著《通志》二百卷，其中的二十略五十二卷最受推重。《六書略》是二十略之一，是鄭樵最重要的文字學著作，全書約六萬字，分爲五個部分：

第一部分包括《六書圖》《六書序》《象形》《指事》；

第二部分包括《會意》（上下）和《轉注》；

第三部分是《諧聲》；

第四部分是《假借》；

第五部分包括《起一成文圖》《因文成象圖》《古今殊文圖》《一代殊文圖》《諸國殊文圖》《殊文總論》《諧聲變體論》（論急慢聲諧、論高下聲諧）《論諧聲之惑》《論象形之惑》《論一二之所生》《論子母》《論子母所自》《論省文》《論篆隸》《論創意》《論變更》《論遷革》《論便從》《論華梵》（上中下）。

第一至第四部分是鄭氏“六書學”的核心内容，包括兩方面：一是六書圖，鄭樵將六書每書所分細目以圖表形式顯現，使人一目了然。二是六書理論和六書實踐，分别對象形、指事、會意、形聲、轉注、假借諸書進行論述和分類，把有關文字列於其下，予以分析。《六書略》以六書分類統字，打破了許慎“據形系聯”的傳統，同時，鄭氏的“六書説”又有着顯著的特點，與傳統“六書”同中有異，對後世六書理論頗有影響，值得深入研究。本章將對《六書略》中的六書説進行討論。

第一節“六書圖”和“六書序”

《六書略第一》首列“六書圖”，把象形、指事、會意、形聲、轉注、假借用譜系的方式列出，一目了然。其“象形”圖如下：

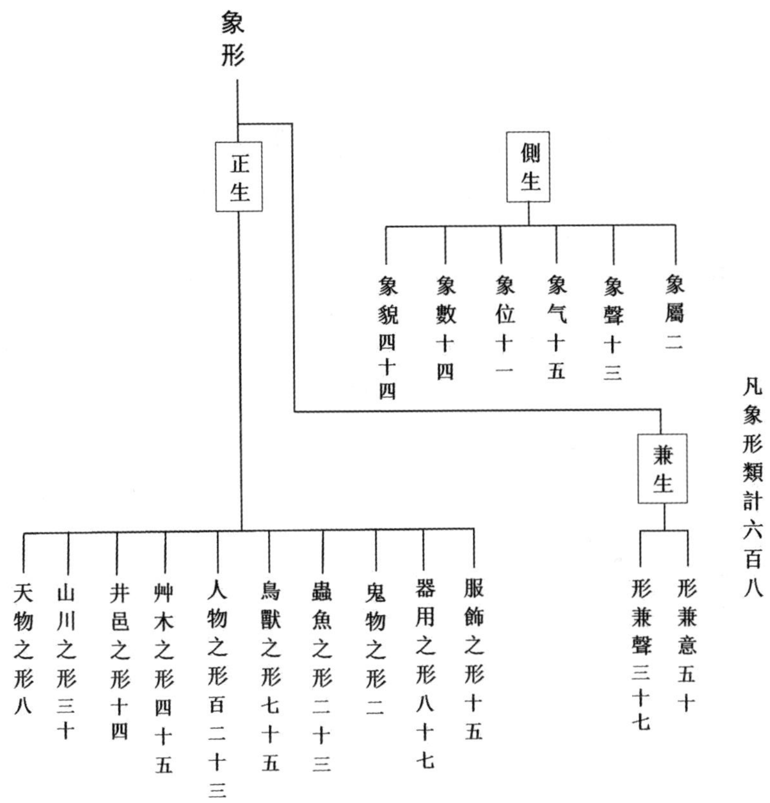

圖中可見，象形下分“正生”“側生”和“兼生”三大類，“正生”再分天物、山川、井邑、艸木、人物、鳥獸、蟲魚、鬼物、器用、服飾十小類，“側生”再分象貌、象數、象位、象气、象聲、象屬六小類，“兼生”再分形兼聲、形兼意兩小類。每類之下均標明字數，以與《六書略》各書中所列文字對應，如象形正生中的“天物之形”是八，對應的就是日、〇、月、天、旦、云、回、雨八字，“山川之形”是三十，對應

的就是山、丘、𠁁、𠙴、广、厂、石等三十字。《六書略》列各類象形字計 608 個。以下各書依此類推，不再説明。

《六書圖》之“指事”“會意”“諧聲”圖如下：

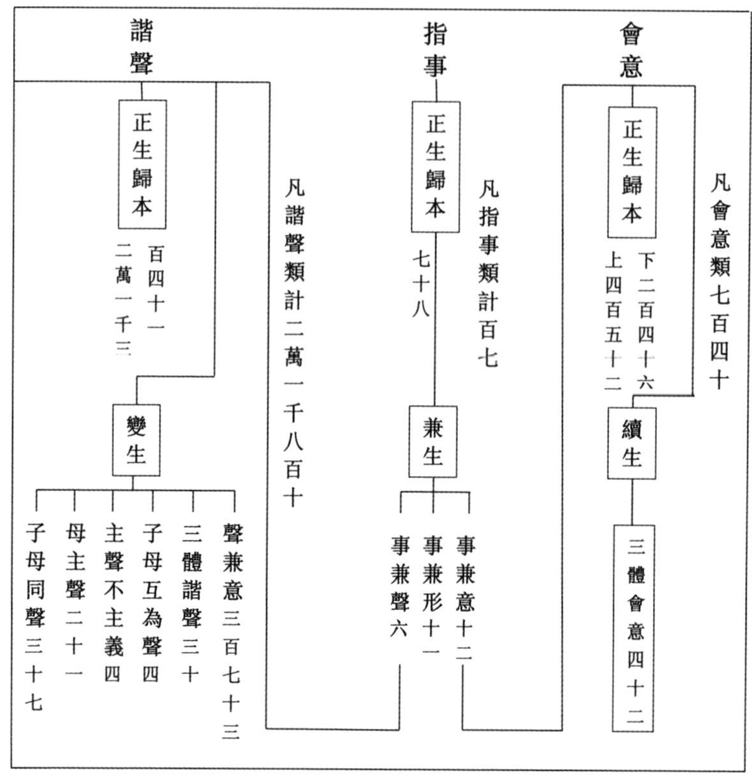

從圖中可見，指事有“正生歸本”類 78 字，是指鄭氏所定的純粹的指事字，又有“兼生”類，含“事兼聲”“事兼形”與“事兼意”三小類，則是指兼類現象。從圖中綫條設計來看，其“事兼意”與“會意”相連，“事兼聲”與“諧聲”相連，兩者之間具有内在的聯繫；中間的“事兼形”，自然是從正生而來，與象形相關聯。《六書序》云：“指事之别，有兼諧聲者，則曰事兼聲；有兼象形者，則曰事兼形；有兼會意者，則曰事兼意。”也説得很清楚。指事字相對較少，總共 107 字。

會意中的“正生歸本”，上 452 字，下 246 字，即《六書略·第二》之“會意第三上”和“會意第三下”。所謂“續生”，即指《六書略·第二》之“三體會意”，共42字。全部會意字計740字。

諧聲中的“正生歸本”，共21341字，在《六書略・第三》部分，這一部分字數多，只列出部首，下標明多少字，沒有具體的解釋（《六書略》云：“上諧聲字，多不能紀，今取二百七十六部 之中，而得二萬一千三百四十一字。並見《六書證篇》。”則其解釋當在《六書證篇》，可惜已亡佚）。如部首“一”下有5字，“示”下有120字等。其所謂“變生”，包括“子母同聲”“母主聲”“主聲不主義”“子母互爲聲”“三體諧聲”“聲兼意”，見於《六書略・第三》，諧聲字最多，共計21810字。

以上三類中都有“正生歸本”類，含義相同，指的是該類的正體，其所謂“兼生”“續生”“變生”，當都是指正生之外的另類，雖然名稱有所不同，但其含義應該是大致相同的。

《六書圖》之“轉注”圖如下：

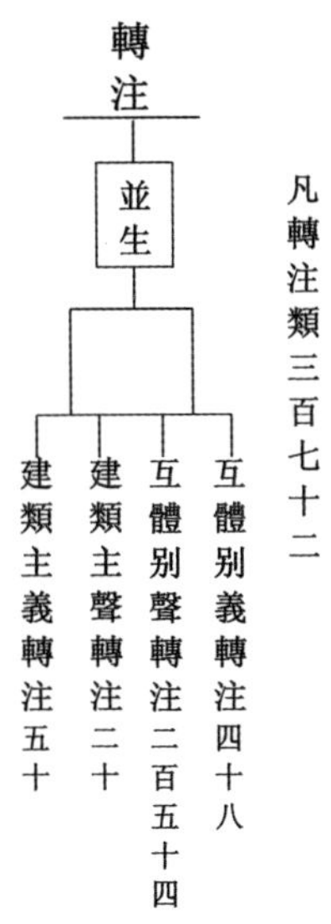

轉注以“並生”的方式分爲建類主義、建類主聲、互體別聲、互體別義四類，在《六書略・第二》進行具體分析，先按部首列出字頭，然後在“轉注音義”部分具體説明各字的音義。如建類主義類列出部首

"老"以及从"老"之耆、考、耇、耄、孝、耉、耋等字，然後在"轉注音義"部分再具體解釋諸字的讀音和意義，如"耆，渠脂切。《説文》：'老也。'"餘類推。鄭樵歸爲轉注的字共372字。

《六書略》之"假借"圖如下：

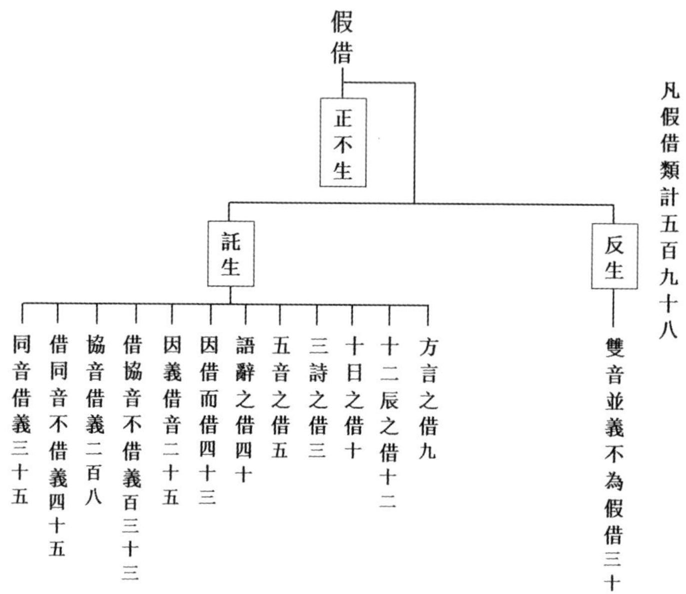

《六書圖》之"假借"，有所謂"正不生"，殆因假借乃"本非己有"，故爲"正不生"，與指事、會意、諧聲有所謂"正生歸本"相對。既是"正不生"，故分爲"託生"和"反生"兩類，"託生"又分爲"同音借義""借同音不借義"等十二類，"反生"則只有所謂"雙音並義不爲假借"三十字。假借類的具體分析，見《六書略・第四》，總共598字。

在列出六書圖後，鄭樵接着就寫了《六書序》，對他的"六書"分類進行説明：

> 一曰象形，而象形之别有十種：有天物之形，有山川之形，有井邑之形，有艸木之形，有人物之形，有鳥獸之形，有蟲魚之形，

有鬼物之形，有器用之形，有服飾之形，是象形也。推象形之類，則有象貌、象數、象位、象气 、象聲、象屬，是六象也，與象形並生，而統以象形。又有象形而兼諧聲者，則曰形兼聲；有象形而兼會意者，則曰形兼意。十形猶子姓也，六象猶適庶也，兼聲、兼意猶姻婭也。二曰指事。指事之别，有兼諧聲者，則曰事兼聲；有兼象形者，則曰事兼形；有兼會意者，則曰事兼意。三曰會意。二母之合，有義無聲。四曰轉注。别聲與義，故有建類主義，亦有建類主聲，有互體别聲，亦有互體别義。五曰諧聲。母主形，子主聲者，諧聲之義也。然有子母同聲者，有母主聲者，有主聲不主義者，有子母互爲聲者，有三體主聲者，有諧聲而兼會意者，則曰聲兼意。六曰假借，不離音義。有同音借義，有借同音不借義，有協音借義，有借協音不借義，有因義借音，有因借而借，有語辭之借，有五音之借，有三詩之借，有十日之借，有十二辰之借，有方言之借。六書之道，備於此矣。

許慎在《説文解字・敘》中給“六書”下了定義舉了例子，並以《説文解字》全書印證“六書”，以“象××之形”“从×从×”“从×，×聲”等方式顯示某字的六書類型，已經把“六書”理論運用得得體而透徹。但《説文》以部首統字，分爲五百四十部，據形係聯，從六書的角度來説，某類“書”具體情况如何，在《説文》中沒有直接的顯現。鄭樵以這種圖譜的方式對“六書”進行大小類的描述、又以文字進行説明、並與書中各類文字進行對應的做法，可謂前無古人，很有獨創性。鄭樵以這種方式顯示“六書之道備於此”，確實給人耳目一新、一目了然的感覺。這説明鄭樵對六書作過通盤的研究，《六書略》是一本精心構思的著作，在結構上互相呼應，内容上互相補充，體不大而思精，值得深入研究。即使其説或有問題，也應該根據當時的條件進行評判。

第二節　《六書略》之“象形”

在鄭樵的觀念中，“象形”於“六書”，是最基礎的，所以他説：

"六書也者，皆象形之變也。"他在《六書序》中又説："六書也者，象形爲本，形不可象則屬諸事，事不可指則屬諸意，意不可會則屬諸聲，聲則無不諧矣，五不足而后假借生焉。"可見他對象形字的基礎地位，是很强調的。現代學者一般認爲，漢字是以象形爲基礎的表意體系的文字，説明鄭樵的看法是很正確的。

鄭樵對象形的描述，可謂合理精闢。他在《象形第一・序》中説：

> 書與畫同出，畫取形，書取象，畫取多，書取少。凡象形者，皆可畫也，不可畫則無其書矣。然書窮能變，故畫雖取多而得算常少，書雖取少而得算常多。

這段話可以看出鄭樵的兩個重要觀點，一是"書畫同出"，二是"書畫有别"。所謂"書畫同出"，就是認爲象形字和圖畫一樣，都是取象於客觀事物，因而文字與圖畫具有共同的一面。所謂"書畫有别"，即"畫取形，書取象；畫取多，書取少"，他認爲漢字的象形，並不像繪畫一樣纖毫畢現，而是觀物以取象，抓住特徵，寥寥幾筆，以少勝多，所謂"書雖取少而得算常多"。從象形字的特點來看，鄭樵的看法是完全符合實際的。他對書與畫的區别，雖然還不能從文字與語言的對應關係來考慮，但他能著眼於書與畫之筆劃的繁簡、形神的不同來加以論述，説明他已開始辯證地思考書與畫的關係問題，較之單純論述"書與畫同出"，無疑更進了一步①。

鄭樵接着説：

> 今推象形有十種，而旁出有六象。

這裏的"十種"，就是"六書圖"中的"正生"十類，如"天物之形"山川之形"等；旁出"六象"，就是"六書圖"中的"側生"六類，即"象貌""象數""象位"等。

---

① 參見林志强《漢字學十六講》，高等教育出版社2019年版，第10頁。

鄭樵在《象形第一》的序中沒有交代“六書圖”中的所列象形的“兼生”類（形兼聲、形兼意），這是一個疏忽。但在“六象”之後，列出了“形兼聲”和“形兼意”的具體文字。

而在上節的“六書序”中，鄭氏對象形的分類論述已經非常完整了。他說：

> 一曰象形，而象形之别有十種：有天物之形，有山川之形，有井邑之形，有艸木之形，有人物之形，有鳥獸之形，有蟲魚之形，有鬼物之形，有器用之形，有服飾之形，是象形也。推象形之類，則有象貌、象數、象位、象气 、象聲、象屬，是六象也，與象形並生，而統以象形。又有象形而兼諧聲者，則曰形兼聲；有象形而兼會意者，則曰形兼意。十形猶子姓也，六象猶適庶也，兼聲、兼意猶姻婭也。

下面我們根據《六書略第一》所列各類象形字，各舉一些例子，略作説明。

一 象形“正生”十類

1. 天物之形

鄭氏所列天物之形的文字共 8 個字，即日、〇、月、天、旦、云、回、雨。其中的“〇”，即古文“星”字，“回”鄭樵認爲即古“雷”字，可見八字都是有關天象的文字。對於“天”字，他的解釋是“一大爲天，象天垂示之形”，顯然是根據後來的字形進行解釋的。對於“旦”字，他的解釋是“日初出於地上”，《説文》：“旦，从日見一上。一，地也。”可見兩者的内在關聯。

2. 山川之形

鄭樵所列山川之形共 30 字，如丘、山、水、川等。他把《説文》未見的“凹”“凸”二字也收入，在收字方面體現了與時俱進。他認爲“泉”字本“錢”字，借爲泉水之“泉”，這是不對的。説“水”字是“坎之體也。從則爲水”，乃根據八卦説字，也是不合理的。“山”“石”二字只有字頭，沒有釋文，類似情況在《六書略》其他部分也有，未知何故。

3. 井邑之形

鄭樵列井邑之形共 14 個，如井、丹、高、京等。“井邑之形”與“山川之形”都屬於地面上的物體形狀，從鄭樵所列的文字來看，大概井邑之形偏於人造，山川之形偏於自然，因此這樣的分類，也是合理的。比如“田”字，一般也可以看作山川之形，但“田”是“象田有所畫疆畛之形”，顯然有人爲的因素，因此歸於“井邑之形”。又如“穴”，他的解釋是“象穿土爲室之形”，顯然不是自然的洞穴。高、京等字，他取《説文》之説，都是人造的建築物。

4. 艸木之形

《六書略》的艸木之形，就是植物類的文字，共 45 字。有些字的歸類，如“之”字，鄭氏以爲即“芝”字，“象芝出於地”；“出，華英也。華皆五出，故象五出之形”。按《説文》云：“之，出也。象艸過屮，枝莖益大，有所之。一者，地也。”“出，進也。象艸木益滋上出達也。”兩相比較，雖有不同，但都以爲是與艸木有關的字，所以歸爲艸木之類。從現在的標準來看，“之”和“出”都从“止”，與脚的動作有關，而與艸木無關，鄭氏的歸類是不合理的。如果説，鄭氏把“之”和“出”歸爲艸木之形是由於他對兩字的理解所致，但把“火”字歸爲艸木之形，就令人費解了。《六書略》云：“火，象火形。又魚燕借爲尾象。”這無論如何都與艸木無關。在這一類裏，鄭氏對有些字的解釋，如“木，上象枝幹，下象根荄”。而《説文》的解釋是“从屮，下象其根”，沒有指出“上象枝幹”，可見鄭氏的解釋應該更科學一些，這是值得肯定的。

5. 人物之形

人物之形的字，《六書略》收了 123 字，在象形各小類裏，字數最多。這一類的字，大致包括三種：一是全體人形，如“人”“身”“大”“元”等；二是人體的某一部分，如“首”“面”“手”“心”等；三是與人有關的一些傳統上認爲會意字的例子，如“从”“比”“北”“並”等。鄭樵的歸類很容易使人想到古人造字的“同象異字”現象，即從同一個物象造出不同的字，體現了古人的造字智慧。如同是人形，分别造出“人”“大”“元”“夫”等字；同是人之頭部，分别造出“首”“面”“百”“𥄉”諸字。上述艸木之形也可見此類現象，如“才”“屮”“屯”

“耑”皆艸木之初生，這是以物象歸類帶來的一個好處[①]。鄭樵對於人物類文字的解釋，也有頗具理致的，如“身”字，“人身從（縱），禽畜身横。此象人之身”。把人身與禽畜之身作了比較。又如“亦”字，“今則作‘腋’”；“辵”字，“隸作辶”，則溝通了古今字和古今形。裘錫圭先生指出，《説文》説“止”字“象艸木出有址”，《六書略》則認爲“象足趾”；《説文》説“立”字“从大立一之上”，《六書略》則認爲“象人立地之上”；《説文》説“走”字“从夭、止，夭者屈也”，《六書略》則説“夭”“象人之仰首張足而奔之形”，其解釋明顯勝過《説文》，這是由於鄭樵對金石文字頗有研究，受到金石文字中較古字形的啟發[②]。張標先生也舉出了一些例子，如《説文》釋“元”爲“始”，《六書略》則説“元”爲“人頭也”，也都是很有見地的[③]。類似的例子，如“舌”字，《説文》釋爲“从干从口”，《六書略》則説“象吐舌之形”；“步”字，《説文》釋爲“从止㐆相背”，《六書略》則説“象二趾相前後”；“女”字，《説文》釋爲“婦人也，象形”，《六書略》則説“象婦人斂容儀之形”，鄭樵的解釋都更加明白易曉。黨懷興先生對上述所舉之“元”“立”“步”等字之解釋，也認爲比《説文》“更合理”，“所釋甚是”[④]。

當然，由於時代的局限，鄭樵對一些字的解釋，也是有問題的。如釋“長”字云：“在人上者，故古文从上，从人。後之爲字者，因古文而成體，其上則象發號施令，其下則象垂衣裳之形，从七，所以化下也。其實本古文之㞢耳。”此以“長”的傳抄古文“㞢”來釋義，顯然是不符合“長”的造字本義的。“七（化）”字下云：“道家謂，順行則爲人，逆行則爲道，人死則歸于土，道則離人，故能變化而上升。”此引道家之説來釋字，雖有理趣，但未必符合造字本義。“儿”字下云：“古文奇字，人

① 詳見林志强《試説漢字初文的“同象異字”現象》，《中國文字學報·第五輯》，商務印書館 2014 年版；林志强《漢字初文“同象異字”現象補例》，《古漢語研究》2018 年第 1 期。

② 參見裘錫圭《古文字學簡史》，《文史叢稿——上古思想、民俗與古文字學史》，上海遠東出版社 1996 年版，第 144—145 頁。

③ 參見張標《論鄭樵的〈六書略〉》，《古漢語研究》1997 年第 2 期。

④ 參見黨懷興《宋元明六書學研究》，中國社會科學出版社 2003 年版，第 97 頁。

也。‘人’象立人，‘儿’象行人。立有所負，行有所戴。”此强分“人”“儿”的不同，也不盡合理。

6. 鳥獸之形

鳥獸之形，鄭樵列了75個，包括牛羊馬犬等表示動物全形的字和皮革羽毛等表示動物局部的字，還包括動物類聚的字，如“雔”之表雙鳥，“雥”之表羣鳥等，還有表示動物動作的字，如“飛，鳥翥也”，“㹜，兩犬相齧也”等。在歸類上，鄭樵似乎也有自己的考慮。如“毛”字，按照《説文》，指“眉髮之屬及獸毛也”，是兼及人與動物的，鄭樵歸之於鳥獸之類，乃是取其“獸毛”之義；“尾”字，《説文》釋爲“从到毛在尸後，古人或飾系尾，西南夷亦然”，是從人的角度來解釋的，《六書略》也歸爲鳥獸類，釋爲“象毛在後體之形”。在釋字方面，“㲋”字《説文》釋爲“从四止”，《六書略》則加上按語云：“獸畜少滑者，有四止也。”“牢”字《六書略》釋爲“象圈養之狀”，“革”字釋爲“象獸之皮。凡取皮者必張之，頭角尾足皆具焉”，都比《説文》清晰。而釋“犬”字，《六書略》改《説文》之“縣（懸）蹏”爲“垂蹏”，按《段注》云：“有縣蹏謂之犬，叩氣吠謂之狗，皆於音得義。”説明“縣”有標識音義的功能，換成“垂”，雖然意義相同，但喪失了其内在的含義。可見《六書略》較之《説文》，亦有得有失。此外，在這一部分，“象”字標明“古作‘𤉢’”，“馬”字標明“亦作‘㣟’”，兼及傳抄古文和異體字；“角”“豕”“馬”“鹿”“兔”“鼠”“鳥”“烏”八字則只有字頭而没有釋文，是比較特别的。

7. 蟲魚之形

“蟲魚之形”與上一類的“鳥獸之形”，都屬於動物類文字，鄭樵把它們分開，大概只是爲了説明的方便，或正好湊足十類；其實合爲一類也是未嘗不可的。從所舉的例子來看，這一類主要是水中之魚和陸上的爬行動物，把“卜”“兆”字放在這一類，大概是因爲跟“龜”有關。至於其中的“燕”字，屬於鳥類，歸到“鳥獸之形”才更合理。他解釋“魚”字云：“其中从夊，象鱗。其下似火，象尾。”是根據“魚”的篆形來解釋的，對漢字的同形偏旁作了區分。他説：“丁，蠆尾也。又爲著物之丁。”完全是新説。蟲魚之形共23字。

8. 鬼物之形

《六書略》録鬼物之形只有兩個字："鬼"和"甶"。《説文・鬼部》云："鬼，人所歸爲鬼。从人，象鬼頭。鬼，陰氣賊害，从厶。"鄭樵釋爲"象鬼魅之形"，可謂簡潔。後者釋爲"鬼頭也"，則是承襲《説文》。

9. 器用之形

所謂器用之形，乃指人們創造之用品，包括生産生活所需之斗勺鼎壺、玉册壴（鼓）琴等，以及狩獵戰爭的器具如干戈刀盾、弓矢舟車等。《六書略》共收此類文字 87 個，把後起字"傘（繖）"也收入，值得肯定。把"乘"歸入此類，大概是因爲"軍法曰乘"。云"䠶"即"射"字，"舟"古作"匧"，"閚"，今作"曲"，今皆無法證明，不知其來源，值得進一步研究。解釋"射"字"象張弓發矢之形"，較《説文》高明。云"舟"字隸作"月"，溝通了隸變。

10. 服飾之形

服飾之形也屬生活所需，《六書略》共收此類文字 15 個，包括衣、衰、巾、市、帶等。但有些字的歸類，似乎是不合適的。如旌旗類文字，"示，音祈。象旗斿之形。""勿，州里所建旗，象其柄有三斿。""㫃，於阮切。旌旗之斿也，左象人執旗杠，右象旗斿。""㫃，丑許切。旌旗杠皃。"又如"肙（月）"可讀爲"衣"，但不是"衣"字，"网"字應該歸爲器用之形。"圖，象圖畫之形"，歸爲此類，也比較費解。

二　象形"側生"六類

1. 象貌

象貌類的文字，從《六書略》所收文字來看，多是表示狀態的字，在解釋上往往有"象……之皃""……皃"的形式，如"八，象分別之皃"，"丨，音衮，上下通皃"。但也不盡然，如"文"字引《説文》："錯畫也。象交文。""亝，音齊。象禾麥吐穗，上平也。"此類文字共 44 個。

2. 象數

象數就是數目字。《六書略》録象數類文字共 14 個，即一、二、三、亖（四）、㐅、五、七、九、十、千、廿、卅、世、卌。其中"五"有兩形，缺"六"和"八"。按《六書略》把"六"作爲"四"的轉注字，在《建類主義轉注音義》中云："六，與四同體，而有加焉。"又在《因文成象圖》中説："取𠫪（六）於𠩺（四）"；"八"則歸入象貌類："八，象分別之皃。"亦作爲"建類主義轉注"之類，不知這是否鄭氏在象數類不列"六"和"八"的原因。象數字按照傳統的分類，多歸於指事字，鄭氏歸到象形，對唐蘭"三書"説頗有影響。

3. 象位

象位類的文字，是指表示位置或方向的字。如左、右、上、中、下、旁等。此類字共 11 個。他把亼、丿、乀等也歸入此類，是比較特别的。"上""下"是《説文》以爲指事字的例子，鄭氏歸爲象形類，也是與衆不同的。唐蘭在《中國文字學》中説，鄭樵把"象貌，象數，象位諸類，都認爲是象形字，卻是很對的"①。

4. 象气

象气類文字是指與气體有關的字，共 15 個，包括自然之气和人體之气，以人之語气之類居多。如"气"是"象气上升之狀"，"只"是"語已之辭。象言訖而气散"，"兮"是"語所稽也。从丂，从八，象气越丂"，"乎"是"語之餘也。一曰，疑辭"，"乃"是"曳詞之難也。象气之出難"，等等。

5. 象聲

象聲類文字是指模擬各種聲音之字，共 13 個，包括一般的聲音和具體動物或物體發出的聲音。前者如"囂"是"聲也"，"曰"是"象口气出也。口气出，聲乃發"，"号"是"痛聲也"等等；後者如"牟"是"牛鳴"，"芈"是"羊鳴"，"喿"是"鳥在木上羣鳴"，"虤"是"兩虎爭聲"，"轟"是"群車聲"，"彭"是"鼓聲"等等。鄭樵在"牟"字後加按語云："此象其開口出气，蓋聲無形，不可象。"所以有些字是以"气"來代表"聲"的。

6. 象屬

象屬類收"巳""亥"二字。"巳"字無釋文，"亥"下云："十日、十二辰皆假借，惟巳、亥爲正書者，以其日辰不可名象，惟取同音而借，

① 唐蘭：《中國文字學》，上海古籍出版社 1979 年版，第 88 頁。

巳亥無同音之本，故無所借。巳不可爲也，象蛇之形而爲巳。亥不可爲也，象豕之形而爲亥。”鄭樵在《假借・十二辰之借》又説：“十日、十二辰，惟巳、亥有義，他並假借。以日辰之類，皆虛意難象，故因音而借焉。”意思是，天干（甲乙丙丁戊己庚辛壬癸）和地支（子丑寅卯辰巳午未申酉戌亥）中，其他都是假借，只有地支的巳和亥沒有同音之本，所以不能假借，巳爲蛇屬，亥是豕屬，故稱“象屬”。當然，鄭樵的這些論述，有些玄虛，對巳、亥的解釋也不準確。

三　象形“兼生”二類

1. 形兼聲

《六書略・六書序》云：“象形而兼諧聲者，則曰形兼聲。”從所舉例子來看，所謂“形兼聲”，即象形的字符兼有聲符的作用。如“淵，亦作‘𣶒’。《説文》：‘回水也。从水，象形。左右，岸也，中象水皃。’臣按，水復加𣶒，是爲形兼聲。”意思是“𣶒”既是形符，也能表音，是爲形兼聲。又如“滷”字，“西方鹹地也。鹵象鹽形，今以爲聲”。“㞷”的“生”，既“象其發湥也”，又兼表聲。“靁”中的“畾”，既象雷形，亦兼表聲。“疇”中的“𠃬”，既“象耕屈之形”，又兼表聲。其餘以此類推。但是，有些字的解釋還不够清楚，如第一個“齒”字，只注“从止聲”，按照鄭氏的理解，這裏的“止”應該也有象形的功能①。又如“龍”字，鄭氏引《説文》“从肉飛之形，童省聲”而無説，根據“形兼聲”的理解，這裏的“童”應該也有象形的功能②。《六書略》列形兼聲字共 37 個。

2. 形兼意

《六書略・六書序》云：“有象形而兼會意者，則曰形兼意。”結合鄭氏所舉字例來看，所謂“形兼意”，大概是指整字是象形，又可以拆解偏旁會合成意。如“鬼”字，見於“鬼物之形”，乃象形字，“象鬼魅之

---

① 根據一般的理解，“齒”中的“止”應是純粹的聲符，歸爲此類不合適。

② 根據古文字材料，“龍”本象形字，其左上之“立”，乃象龍角。鄭氏的理解，倒與古文字暗合。

形”，又根據《説文》“从人，象鬼頭。鬼陰气賊害，从厶”，故爲“形兼意”。又如“龠”字，引《説文》：“樂之竹管，三孔，以和眾聲。”又按云：“从册，象編竹。从亼，从⿲，集眾聲也。”“爵”字，引《説文》：“禮器也。象爵之形，中有鬯酒，又持之也。”“須”字，引《説文》：“面毛也。从頁，从彡。”這一部分的字例，從古文字的角度看，原來就是象形字，如“龠”“爵”“耒”“皀”“頁”“須”“鬼”“蕢”等，後來因爲綫條化，可以分成若干偏旁，《説文》就解釋爲會意字，鄭樵以爲象形兼意，是可取的。而另一些字，如“舂”“舀”“兵”“弄”“弃”“具”“戒”“共”等，本來就是由不同偏旁組合而成的會意字，鄭樵以爲是象形兼意，就不合適了，也與他的“象形、指事，文也”，“獨體爲文”等説法相衝突。此類文字，《六書略》共收 50 字。

以上就是《六書略》象形字的整體情况，各類共收 608 個。可以看出，鄭樵對象形字非常重視，研究也很細緻深入，類分得很細，且互相關照，有一定的系統性。他在分類上也頗有創新，如把傳統的指事字併入象形，唐蘭在《中國文字學》中把象形分爲象身、象物、象工、象事，就頗受鄭樵的影響。但是，鄭氏象形字也存在分類交叉、名實不一等問題；在釋字上，有傳承，有創新，但也有師心臆説。

第三節 《六書略》之“指事”

鄭樵對指事字的論述，是把指事字與象形字、會意字進行比較，他説：“指事類乎象形。指事，事也；象形，形也。指事類乎會意。指事，文也；會意，字也。獨體爲文，合體爲字。形可象者曰象形，非形不可象者，指其事曰指事。此指事之義也。”在《六書序》也説：“象形、指事，一也，象形别出爲指事。”對於指事字的分類，在《六書序》中作了説明：“指事之别，有兼諧聲者，則曰事兼聲；有兼象形者，則曰事兼形；有兼會意者，則曰事兼意。”《六書略》各類指事字共 107 個。

下面我們根據《六書略第一》所列各類指事字，各舉一些例子，略作説明。

一 “正生歸本”指事

《六書略》收“正生歸本”指事字 78 個。鄭樵説：“象形别出爲指事。”“形可象者曰象形，非形不可象者，指其事曰指事。此指事之義也。”説的好像是可以理解的，但聯繫他所舉的例子，其實又是不好懂的。如“爭”“章”“及”“美”等傳統認爲是會意結構的字，他都歸爲指事，這些字是如何從象形“别出”的，又是如何“指其事”的，鄭樵都沒有説明。所以胡樸安在《六書淺説・六書通論》中説：“鄭氏之分類則是，而每類所收之字則非。如史，記事者也，从又持中；古，故也，从十口；章，樂竟爲一章，从音从十，皆會意也，鄭氏悉收於指事正生類中。鄭氏既知指事爲文，會意爲字，文爲獨體，字爲合體，何以史、古、章……等字，而悉以爲指事耶？此鄭氏之誤也。”①

在他所舉的 78 個文字中，大概只有“音”“甘”等個别字比較符合指事字的道理。如“甘”字，鄭氏引《説文》釋“甘”云：“美也。从口含一。一，道也。”又加按語曰：“此象甘物含而不去之狀。”其中之“一”，或按《説文》指爲“道”，或按鄭氏指爲“甘物”，庶幾符合“非形不可象者，指其事曰指事”之義。“音”字“从言含一”，大概也可以作如是解。

二 “兼生”指事

“兼聲”相對“正生”而言，指兼類的文字。鄭氏分兼生指事爲三：事兼聲、事兼意、事兼形。上述《六書序》已經言明。

1. 事兼聲

事兼聲者，指事兼形聲也。鄭氏列“用”“庸”“甫”“菐”“今”“龚”，共 6 字。由於鄭樵指事字的例字不好理解，也導致事兼聲的解釋困難。如“用”字，鄭氏引《説文》爲説：“可施行也。从卜，从中。”其意大概是，“用”本身是個指事字，其中的“中”還兼表聲。庸，《説文》：“用也。从用，从庚。庚，更事也。《易》曰：‘先庚三日。’”其意

① 參見丁福保《説文解字詁林・前編中・六書總論》，中華書局 1988 年版，第 149 頁。

大概是，“庸”本身是個指事字，其中的“用”，則兼表聲。而“甫”是“男子美稱。从用父。”則其中的“父”兼表聲。其餘之“菐”，當爲“丵”兼表聲；“今”，或爲“人”兼表聲；“羙”，當爲“八”兼表聲。

2. 事兼形

事兼形者，指事兼象形也。鄭氏列了“支”“吏”“父”“爭”等11個字。其中的“爭”，也見於“正生”指事，顯然在歸類上是有問題的。這一類的字，也很難解釋。比如“史”字，鄭樵歸於正生指事，而“吏”字，鄭樵歸到事兼形，鄭樵在“吏”字下加按語曰：“臣疑吏、史之字象人形，吏从一象簪，與夫之一同。按《説文》，夫从一，象簪也。”則“吏”之爲“事兼形”者，其中的“史”當爲“形”，“一”當爲“事”，可是“史”又歸於“正生”指事，兩者是矛盾的。此外，鄭氏在“父”字後按云：“人道尊又，故父於又有加焉。父向左，子向右，是尊卑相向之義也。”顯然也是沒有字學根據的。另“申”字亦見於象形之“人物之形”，此重出。

3. 事兼意

事兼意即指事兼會意。鄭樵所列，有“冓”“爨”“叐”“寒”等12個字，多是傳統的會意字，則所謂“意”者已明，然其所指之“事”，仍然不好解釋。又“爨”字，《説文》解爲“齊謂之炊爨。臼象持甑，冂爲竈口，廾推林内火”，可謂清楚明白，鄭氏按語曰：“此説頗迂，爨上象竈以安甑，下象廾而焚也。”則反生疏離。他認爲《説文》之説“頗迂”是不合理的，“上象竈以安甑”，没有落實“臼”的作用，“下象廾而焚”則漏落了偏旁“林”（指柴火），“象廾而焚”的意思似乎是焚燒雙手，顯然是不合理的。

指事字是漢字中最爲抽象的一類，許慎定義爲“視而可識，察而見意”，在理論上還是比較模糊的，後人的理解也各有不同。鄭樵關於指事字的論述，能把指事與象形、會意進行比較，通過比較進行區别，又提出獨體合體的區分，因此鄭樵在理論上似乎是清楚的，但在字例上，由於缺乏結合其理論的明確的分析，也導致理解上的困難，此爲其粗疏之處。當然，也許鄭樵自有其道理，只是從《六書略》中還難以體會。

第四節 《六書略》之“會意”

在《六書序》中，鄭樵對會意字的論述，較之其他各書，最爲簡單。他指出會意是與“文”相對的“字”，“二母爲會意”，“二母之合，有義無聲”，僅此而已。但在《六書略・第二》會意開頭的《序》中，鄭樵有進一步的論述，他説：

> 象形、指事，文也；會意，字也，文合而成字。文有子母，母主義，子主聲。一子一母爲諧聲。諧聲者，一體主義，一體主聲。二母合爲會意。會意者，二體俱主義，合而成字也。其别有二，有同母之合，有異母之合，其主意則一也①。

這段論述，很清楚地總結了會意字的三個特點：第一，會意字是合體字，合“文”而成“字”；第二，會意與形聲不同，形聲是“母”“子”相合，一體（母）主義，一體（子）主聲，會意是二母相合，二體俱主義②；第三，二母可同可異，有同母之合，有異母之合，這應該是“同體會意”和“異體會意”的最早表述。

在《六書圖》中，會意字分爲“正生歸本”和“續生”兩類，“續生”指“三體會意”，則“正生歸本”就是上述“二母之合”的會意字了。“正生歸本”會意字相對較多，《六書略》分爲上、下兩部分進行

---

① 鄭樵在《寄方禮部書》中也論及會意和諧聲，可以與此相比勘。他説：“字者，以母統子，則爲諧聲。子統子，母統母，則爲會意。……如草木之類是母文矣，以盧附草爲蘆，以狄附草爲荻，以盧附木爲櫨，以狄附木爲楸。盧與狄但从草木之類，而爲之聲音，不能自立體者，謂之子文。故五百四十之中，皆無盧、狄文也。此之謂諧聲。凡从蟲者有蟲類，凡从皿者有皿類，凡从止者有止類，凡从戈者有戈類。蟲、皿、止、戈皆母文也。以蟲合皿爲蠱，以戈合止爲武。只是二母文相合，而取其意耳。二體既敵，無所附從，故不曰諧聲，而曰會意也。”（見吴懷祺校補、編著《鄭樵文集・附鄭樵年譜稿》，書目文獻出版社 1992 年版，第 32—33 頁）按，會意字是二母相合，此言“子統子”爲會意，與《六書略》不合。

② 段玉裁在《説文解字・敘》“四曰會意”下注曰：“會者，合也，合二體之意也。一體不足以見其義，故必合二體之意以成字。”與此近似。

解釋。

下面我們根據《六書略第二》所列“正生歸本”和“續生”會意字，各舉一些例子，略作説明。

1.“正生歸本”會意（上、下）

“正生歸本”會意字分“會意上”與“會意下”，按照部首順序收録的會意字共698字（今本實際爲689字）。從會意字的收字順序，以及後面有關轉注、諧聲的列字情況看，鄭樵《六書略》在以“六書”分類的同時，仍然使用漢字部首來對文字進行分類。可以認爲，《六書略》是以“六書”爲經，以部首爲緯來對漢字進行分析的。由於是按照部首進行排列的，所以會意字的“同母之合”與“異母之合”，鄭樵並没有集中排列。此外，鄭氏雖在《論子母》中整合了《説文》的部首，去其210部，保留330部，但在《六書略》中，仍是按照《説文》的部首來排列的。比如《論子母》認爲“‘㯮’當入木類，‘㮚’當入米類，則卤爲虚設”，但在《會意第三上》中，“㮚”“㯮”還是排在一起，與《説文》一樣屬“卤”部，其前的“多”字即“多”部，其後爲“䅬（兼）”字屬“秝”部，先後順序也與《説文》是一致的，這説明《六書略》並未按照鄭樵的新部首進行收字和排列。

在會意字這一部分，鄭樵對部分會意字的解釋，有他自己的理解，如“牢”字，鄭氏認爲“此象圈養之狀”，並指出“《説文》謂‘从牛，冬省，取其四周帀’之説，謬矣。”“吉”字，《説文》：“善也。从士、口。”鄭樵進一步指出，“士君子之口，無非善言”，緊扣“吉”字所从的“士”“口”進行解釋，符合形義統一的原則。“信”字从人从言，他認爲“信無所立，惟馮人言”，也頗有理趣。“杏”字，《説文》：“果也。从木，可省聲。”鄭樵按：“从可亦不得聲，从口，木實之可食者。”可備一説。《古文字譜系疏證》云：“杏，从木，从口。會杏實可口之意。”大概採納了鄭氏的意見①。“利”字，《説文》：“銛也。从刀和然後利，从和省。《易》曰：利者義之和。”《説文》引《易》以説“利”字从“和”省，虚而不實，“利”字古文字亦未見从“和”作者。鄭樵按云：

① 参見黄德寬主編《古文字譜系疏證》，商務印書館2007年版，第1734頁。

“从刀，从禾。二母相合，以刀取禾也。”他的説法應該比《説文》更明白，也很精確。此例也是他在字例説解中明確强調會意字“二母相合”的唯一例子。“看”字，《説文》：“睎也。从手下目。”鄭樵按曰：“今人視遠物，多以手掌於目上蔽日曜。”這是結合日常生活習慣來解字的。徐鍇在《説文解字繫傳》中説：“以手翳目而望也。”鄭氏按語或本此而發，然“視遠物”，“蔽日曜”，講得更爲具體，其説可從。朱駿聲云：“凡有所望者，常以手加目上，障日聚光也。”①

又如，“家”字《説文》：“居也。从宀，豭省聲。”鄭樵按云：“《説文》‘从豭省’，疑非也。家與牢同意。家，豕居，後人用爲室家之家。牢，牛屋，後人用爲牢獄之牢。”鄭樵的這個觀點，成爲後來很多釋“家”之説的來源。《段注》云：“按此字爲一大疑案。豭省聲讀家，學者但見从豕而已。从豕之字多矣，安見其爲豭省耶？何以不云叚聲，而紆回至此耶？”段氏對“豭省”的懷疑，從源流的角度來説，應該與鄭説有關，只不過鄭氏録《説文》，去掉了“豭”後的“聲”字，所論爲“省形”，段氏則保留“聲”字，所論爲“省聲”。雖然，根據甲骨文“家”字作（《合集》3522正），所从之豕，腹下有生殖器之形，乃豭（牡豕）之初文，許慎以“家”爲“豭省聲”，根據新材料，應該猶存古義②。但在甲骨文發現之前，鄭氏所疑是有道理的。他特别提到，“家與牢同意。家，豕居，後人用爲室家之家。牢，牛屋，後人用爲牢獄之牢”。這種在字形上與動物有關的意義，後來擴大用之於人，是一種普遍的語言文字現象，鄭樵的感覺是很正確的。

再如“我”字，《説文》：“施身自謂也。或説，我，頃頓也。从戈，从𠂢。𠂢，或説古垂字，一曰古殺字。”鄭樵按曰：“許氏如此之説，不知我之於六書爲何義乎？我也，戍、戚也，戊也，皆从戈，有殺伐之意。《説文》不知會同取義，而其説支離。况我既从殺，古文“成”又从刀，此爲殺之義何疑？又借爲吾我之我。許氏惑於借義。”按“我”字甲骨文作，金文作，字形原象刃部有齒的兵器之形。王國維認爲“我”字

① 朱駿聲：《説文通訓定聲》，中華書局1984年版，第739頁。

② 參見黄德寬主編《古文字譜系疏証》，商務印書館2007年版，第1357—1359頁。

疑象兵器之形，作爲第一人稱代詞是借義，準確可信。鄭樵雖然把“我”字誤歸爲會意字，又誤以“我”字“从殺”，但他指出“我”與“戍、戚、戊”爲一類，符合古文字的構形；又指出“我”字“借爲吾我之我。許氏惑於借義”，也都是很對的。

“兄”字，《六書略·會意第三上》：“《説文》：‘長也。从口，从儿。’臣謂从口所以訓子弟也。”按，“兄”字古文字作𠤎（《合集》19776），與後世無異。鄭氏申《説文》之説，以爲“兄”字所从之“口”是表示“訓子弟”的。後世林義光亦主此説，《文源》云：“兄”字“象人哆口形。兄帥教，與‘后’同意”①。裘錫圭以爲“‘兄’从‘口’，表示兄長是發號施令的人”②。

當然，也有一部分漢字，鄭氏的分析，有的得失參半，有的並不科學。如“辟”字，《六書略》云：“法也。从辛，辠也。从命省，出令以治人辠也。《説文》謂‘从卩，从口’，誤矣。”按，《说文》：“辟，法也。从卩，从辛，節制其辠也。从口，用法者也。”其實，本義爲“法”的“辟”，甲骨文作𢆉（《合集》26895），从辛，从卩，象用刑具對跪跽者施刑③。又楊樹達云：“辟法之字古只作㔭，从辛从人，辟字从○，乃玉璧之璧本字。《説文》誤以从○者爲从口。”④ 據此，鄭氏謂《説文》“从卩，从口”爲誤，得失參半；謂“辟”字“从命省”，則完全無據。

又如“鼓”字，《説文》云：“从壴、支，象其手擊之也。”鄭氏按：“从㞢，土刀切。《説文》於弓弢則曰从㞢。㞢，垂飾，與鼓同意。”按，“鼓”字甲骨文作𡔷（《合集》891 正），象手持鼓槌擊鼓之形，又作𡔷（《合集》20075）、𡔷（《合集》30388），从支，或从攴，《説文》“支象其手擊之也”，十分準確。鄭氏以爲从㞢，不可信。再如“名”，《説文》：“自命也。从口，从夕。夕者，冥也。冥不相見，故以口自名。”鄭氏按曰：“此説非也。大凡義理，但見其説不徑直即不爲實義。名从口見義，

① 林義光：《文源》（標點本），上海古籍出版社 2017 年版，第 74 頁。

② 沈培：《説古文字裏的“祝”及相關之字》引，季旭昇《説文新證》，福建人民出版社 2010 年版，第 713 頁。

③ 參見趙平安《〈説文〉小篆研究》，廣西教育出版社 1999 年版，第 107 頁。

④ 參見楊樹達《積微居金文説》，中華書局 1997 年版，第 6 頁。

从夕見聲。”所謂“从夕見聲”，實不知何指。

在收字歸類方面，《六書略》頗有類别不清之弊，會意字也不例外。有一字重見於一類者，如“靁”字，既見於《會意上》，又見於《會意下》，釋文也完全相同，純粹是重複。有一字重見於兩類者，如“奥(牢)”字既歸於象形之“鳥獸之形”，又歸於會意；“畫”字既歸於指事之“事兼形”，亦歸於會意。有本應是形聲而誤歸於會意者，如“春”字引《説文》是“屯聲”，明顯是形聲，而鄭氏歸爲會意①。還有同類構形者，或歸於象形，或歸於會意，不能堅持統一標準。如胡樸安結合“正生”和“續生”的會意字例，指出，“並木爲林、並生爲甡之類，入之會意，而並玉爲珏、並山爲屾，又入之象形；重夕爲多、重戈爲戔之類，入之會意，而重火爲炎、重田爲畕，又入之象形；三耳爲聶，三馬爲驫之類，入之會意，而三車爲轟、三隹爲雥，又入之象形。四魚爲䲆、四工爲㠭，入之會意，而四口爲㗊、四屮爲茻，又入之象形。兩邑相向爲𨛜之類，入之會意，兩𠂤相向爲𨸏，又入之象形；兩臣相背爲𦣞之類，入之會意，而兩人相背爲北，又入之象形。不能畫一如此，致使後人有象形與會意本有相通之義之論，此鄭氏有以誤之也。”②

此外，這一部分還收録了一些文字的古文、籀文、奇字等，保存了一些傳抄古文的資料。如“鬧”字或作“㕦”，最早應該見於《六書略》，後來《字彙補》《康熙字典》皆引《六書略》。其字可能源於《集韻》之“侖”而有所訛變。《集韻·效韻》：“鬧侖：擾也。或作侖。”又如字頭之“𢓊”，乃《説文》“遠”之古文，“全”乃《説文》“瀍”之古文，“㐰”乃《説文》“信”之古文等。又録“羌”的古文“𦍋”，“典”的古文“𥫚”，“甚”的古文“𠤔”“𤯔”，“侖”的籀文“𠎝”“𠓜”，“員”的籀文“鼎”，“秦”的籀文“𥣫”，“倉”的奇字“仺”等。

2. “續生”會意

《六書略》之“續生”會意，按照鄭樵的意見，是指“三體會意”，其《序》曰：“二母之合爲會意。二母者，二體也。有三體之合者，非常

① “春”字又見《三體諧聲》，則是合理的。

② 丁福保：《説文解字詁林·前編中·六書總論》，中華書局1988年版，第151頁。

道也，故别之。”此類字共收42個。

首先需要指出的是，“三體會意”所收的這42個字，除了“丞”“棄”“或”“祭”“牆”“朢”“冠”等字外，其他字均重見於其他類，在選字歸類方面是相當粗疏的。這一部分字，大部分確實都是由三個部件會合成意的，如“復（退）”之从彳、从日、从夂，“解”之从刀、从牛、从角，“簋”之从竹、从皿、从皀，“祝”之从示、从人、从口，等等。但也有四體會意的，如“㠭”字已明言“从四工”，自然不止三體；“寒”字“从人在宀下，以茻薦覆之，下有仌”，可分爲“宀、人、茻、仌”四個部件。

“灋”字既見於“正生歸本”的會意，又見於此三體會意。在三體會意裏，鄭氏分析爲“从水，平準也。从廌，觸不直者去之”，即拆分爲“水”和“廌”兩體，而在正生歸本類，鄭樵引用《説文》，分析爲从水、从廌、从去，屬三體組合，因此“灋”字的兩種分析，對調一下才是合理的。

在三體會意中，鄭樵似乎不收同體的三體會意，這類字都在“正生歸本”之二體會意中，如三鹿之“麤”、三兔之“䨲”、三犬之“猋”、三心之“惢”、三耳之“聶”、三子之“孨”、三魚之“鱻”、三力之“劦”等，但是此類字放在“二體會意”顯然也是不合理的。

第五節　《六書略》之“諧聲”

“諧聲”一般稱爲“形聲”。《六書序》論“六書”順序云：“六書也者，象形爲本，形不可象則屬諸事，事不可指則屬諸意，意不可會則屬諸聲，聲則無不諧矣，五不足而后假借生焉。”這裏的“意不可會則屬諸聲，聲則無不諧矣”兩句，前句應該是指“轉注”，後句應該是指“諧聲”，所以《六書略》是把“諧聲”排在“轉注”之後，“轉注”在《六書略第二》“會意”之後，“諧聲”在《六書略第三》。但根據“諧聲别出爲轉注”之説，“諧聲”應該排在“轉注”之前，這樣也符合傳統“六書”的一般順序。鄭樵自己在“諧聲”和“轉注”對舉時，也是“諧聲”在前，“轉注”在後。如《六書序》曰：“諧聲、轉注，一也。”

《轉注序》亦曰："諧聲、轉注，一也。役它爲諧聲，役己爲轉注。"《互體别聲序》又曰："諧聲、轉注，皆以聲别。"根據這種情況，本書先介紹諧聲，下節再説轉注。

在"六書"歷史上，大家對諧聲的看法大體比較一致，鄭樵的特點是設立子母之説，從子母功能的角度來討論諧聲的問題；同時又從諧聲與轉注的關係上來討論諧聲，反而使得問題變得複雜。《六書序》有以下文字論及諧聲：

> 會意、諧聲、轉注，字也。
>
> 諧聲、轉注，一也，諧聲别出爲轉注。二母爲會意，一子一母爲諧聲。
>
> 五曰諧聲。母主形，子主聲者，諧聲之義也。然有子母同聲者，有母主聲者，有主聲不主義者，有子母互爲聲者，有三體主聲者，有諧聲而兼會意者，則曰聲兼意。

在《六書略第三》中又集中討論了諧聲：

> 序曰：諧聲與五書同出，五書有窮，諧聲無窮；五書尚義，諧聲尚聲。天下有有窮之義，而有無窮之聲。擬之而后言，議之而后動者，義也。不疾而速，不行而至者，聲也。作者之謂聖，述者之謂明。五書，作者也；諧聲，述者也。諧聲者，觸聲成字，不可勝舉，今略，但引類以計其目。

鄭樵在《七音略》中還有《諧聲制字六圖》，云：

> 諧聲者，六書之一書也。凡諧聲之道，有同聲者，則取同聲而諧；無同聲者，則取諧聲而諧；無諧聲者，則取正音而諧；無正音者，則取旁音而諧。所謂聲者，四聲也；音者，七音也。制字之本，

或取聲以成字，或取音以成字，不可備舉①。

歸納以上論述，鄭氏的諧聲有如下幾個特點：

①諧聲與轉注、會意一樣，都是合體字。

②諧聲由母、子偏旁組合而成，母主形，子主聲，但也有各種變化，如子母同聲、母主聲等；

③諧聲尚聲，觸聲成字，容易産生新字，不可勝舉。

④諧聲與轉注關係密切，諧聲别出爲轉注。

⑤諧聲之“聲”，包括“四聲”和“七音”。或取聲以成字，或取音以成字。

根據《六書圖》，“諧聲”分爲“正生歸本”和“變生”兩類，“變生”又分爲子母同聲、母主聲、主聲不主義、子母互爲聲、三體諧聲、聲兼意六類，與《六書序》所論相同。

下面我們根據《六書略第三》，分爲“正生歸本”和“變生”諧聲字，略作説明。

1. “正生歸本”諧聲字

這一部分，鄭樵在《序》中説：“諧聲者，觸聲成字，不可勝舉，今略，但引類以計其目。”這裏所謂“引類以計其目”，指的是按照漢字部首來計算各自部首下的形聲字數量。這一部分的部首，基本按照《説文解字》的順序，始“一”而終“船”②。並記云：“上諧聲字，多不能紀，今取二百七十六部③之中，而得二萬一千三百四十一字。並見《六書證篇》。”《六書證篇》今已亡佚④，所以鄭樵的“正生歸本”諧聲字的具體情況不得而知。

2. “變生”諧聲字

“變生”諧聲字，分爲子母同聲、母主聲、主聲不主義、子母互爲聲、聲兼意、三體諧聲（四體附）六類。這一部分都具體列出了字頭及

① 鄭樵：《通志·二十略》，中華書局1995年版，第356頁。

② 船，《説文》屬“舟”部，《六書略》列爲部首。

③ 今本實只有二百七十六五部。

④ 《六書略第五·論一二之所生》論及《證篇》之旨，可參看。

其音義。

(1) 子母同聲

在《六書略第五》，有《論子母》和《論子母所自》兩篇，集中討論了他的“子母”之説。《論子母》云：

> 立類爲母，從類爲子。母主形，子主聲。《説文》眼學，眼見之則成類，耳聽之則不成類；《廣韻》耳學，耳聽之則成類，眼見之則不成類。故《説文》主母而役子，《廣韻》主子而率母。《説文》形也，禮也；《廣韻》聲也，樂也。《説文》以母統子，《廣韻》以子該母。臣舊作《象類書》，總三百三十母，爲形之主，八百七十子，爲聲之主，合千二百文而成無窮之字。許氏作《説文》，定五百四十類爲字之母。然母能生而子不能生，今《説文》誤以子爲母者二百十類。且如《説文》有句類，生“拘”，生“鉤”；有鹵類，生“㮚”，生“㮛”；有半類，生“胖”，生“叛”；有菐類，生“僕”，生“䧱”。據“拘”當入手類，“鉤”當入金類，則句爲虛設；“㮚”當入木類，“㮛”當入米類，則鹵爲虛設；“胖”當入肉類，“叛”當入反類，則半爲虛設；“僕”當入人類，“䧱”當入臣類，則菐爲虛設。蓋句也、鹵也、半也、菐也皆子也，子不能生，是爲虛設。此臣所以去其二百十，而取其三百三十也。

《論子母所自》云：

> 或曰：作文之始，其實一也，何以成母？何以成子？曰：顯成母，隱成子；近成母，遠成子；約成母，滋成子；同成母，獨成子；用成母，不用成子；得勢成母，不得勢成子。來與麥同物，麥顯而來隱，牙與齒同物，齒顯而牙隱，故麥爲母而來爲子，齒爲母而牙爲子。龍與魚同物，魚近而龍遠，㲋（丑略切）與兔同物，兔近而㲋遠，故魚爲母而龍爲子，兔爲母而㲋爲子。東（胡感切）與马（音同上）同象，马約而東滋，豆與登同象，豆約而登滋，故马爲母而東爲子，豆爲母而登爲子。烏與鳥同體，鳥同而烏獨，易與豸同體，豸

> 同而易獨，故鳥爲母而烏爲子，豸爲母而易爲子。眉與目相比，目用而眉不用，疋（音疏）與足相比，足用而疋不用，故目爲母而眉爲子，足爲母而疋爲子。𠂇（左）與又（右）敵體，又得勢而𠂇不得勢，𠬜（音攀）與𠬞（音拱）敵體，𠬞得勢而𠬜不得勢，故又爲母而𠂇爲子，𠬞爲母而𠬜爲子。此舉六條，可以觸類而長。

以上内容可以看出幾點：①所謂“子母”，是主從關係，母爲主，子爲從；母主形，子主聲。②鄭氏分析漢字的“母”是330個，“子”是870個；《説文》540部首中有330個即鄭氏之“母”，其餘210個屬於鄭氏之“子”。③“母”“子”可以從顯隱、近遠、約滋、同獨、用不用、得勢不得勢六個方面進行判斷。

根據鄭氏所舉之例，“母”有手、金、木、米、肉、反、人、臣、麥、齒、魚、兔、马、豆、鳥、豸、目、足、又、𠬞，等等；“子”有句、鹵、半、丵、來、牙、龍、皀、東、登、烏、易、眉、疋、𠂇、𠬜，等等。

簡而言之，鄭樵的“母”“子”即漢字偏旁，總共1200個，其中330個是“母”，即《説文》中的330個部首，主形或義，其他870個是“子”，主聲。他對母子的判斷標準，如顯隱、遠近等，則比較玄虚難懂。

所謂“子母同聲”，即“指主形的母與主聲的子‘同聲’”①，共列37字，如“铻”字“午”“吾”皆聲，“敧”字“奇”“支”皆聲，“⿰豆句”字“豆”“句”皆聲，“孶”字“茲”“子”皆聲等，每個字的一個偏旁是“母”，另一個偏旁是“子”。在鄭樵所列字例中，似乎只有“怵”“鄧”二字難以分析爲“子母同聲”。

“子母同聲”應是鄭樵發現的一個特殊漢字類型，在《文源》中，林義光把此類文字稱爲“二重形聲”，從名實關係看，現代學者稱爲“兩聲字”或“雙聲符字”更爲合適。

（2）母主聲

鄭樵强調“母主形，子主聲”，但又説：“小學之義，第一當識子母之相生。”（《六書序》）所以主形之母，也可以主聲。此所謂“母主聲”，

① 參見黨懷興《宋元明六書學研究》，中國社會科學出版社2003年版，第122頁。

即指主形之母也主聲的形聲字，是形符兼聲[①]。如“筑”的“母”是“竹”，亦表“張六切”之音；“𡖐”的“母”是“多”，亦表“囊何切”之音。由於鄭氏之“母”“子”比較玄乎，有些字例不好判斷。此類文字，《六書略》共列 21 個。

（3）主聲不主義

《六書略》此類文字只有“㞒”“𡰥”“匏”“魏”4 字。黨懷興認爲，所謂“主聲不主義”，是指沒有主形的母文，構成部件是兩個表聲的子文的形聲字。如“魏”字本作“巍”，从嵬，委聲，隸變後省“山”形，母文“嵬”不復存，“鬼”“委”都是表聲的子文[②]。按照這樣的理解，“㞒”字中的“尸”“夷”，“𡰥”字中的“尸”“匕”，“匏”字中的“夸”“包”，應該都屬於鄭樵所定的“子”，均主聲。如果不分“子”“母”，這類字也很像“子母同聲”的雙聲符字。

（4）子母互爲聲

子母互爲聲也只有四個字，即“靡”“𦫳”“𤖣”“蜼”，都是多音字。黨懷興認爲，子母互爲聲“是指表聲之子與表義之母分別表示多音字字音之一的諧聲字”[③]。如“靡”字从麻从非，其“忙皮切”“文披切”“眉陂切”“靡詖切”諸音，由偏旁“非”表示；其“謨加切”之音，則由偏旁“麻”表示。“𦫳”字从辰从會，其“承真切”之音，由偏旁“辰”表示；其“黄外切”之音，則由偏旁“會”表示。“𤖣”字从將从且，其“子兩切”之音，由偏旁“將”表示；其“坐五切”之音，則由偏旁“且”表示。“蜼”字从虫从隹，其“徒冬切”之音，由偏旁“虫”表示；其“魯水切”之音，則由偏旁“隹”表示。這種情況也可以視爲文字發展過程中而發生的“音隨字變”現象。

（5）聲兼意

“聲兼意”就是形聲兼會意，聲符兼有表意的作用。如“禮”字从示，从豊。豊即古“禮”字，既表意，又表音。“禬”即“禬祭”，其聲

---

① 參見黨懷興《宋元明六書學研究》，中國社會科學出版社 2003 年版，第 122 頁。

② 參見黨懷興《宋元明六書學研究》，中國社會科學出版社 2003 年版，第 123 頁。

③ 參見黨懷興《宋元明六書學研究》，中國社會科學出版社 2003 年版，第 123 頁。

符“告”，也表意。有些字鄭樵自己亦加以解説。如“禜”字《説文》以爲“从示，榮省聲”，鄭樵按云：“此从營省，爲營以祀日月星辰山川也。”又如“態”字，引《説文》：“意也。从心，从能。”又引徐鍇曰：“心能其事，然後有態度也。”加按云：“能音耐，此即諧聲字。”這樣“聲兼意”的特點就比較明顯了。此類字共收373字，其中有些字重見於其他類别，如“爨”字已見“事兼意”類①，“箕”字已見“形兼聲”中，“筑”字又見“母主聲”，“嚳”字又見“子母互爲聲”，“糴”字又見“建類主聲轉注”等。又收了一些純粹的會意字，如上舉“爨”字即是。又如“蠹”，《説文》：“木中蟲。”“蠱，造蠱之法，以百蟲寘皿中，俾相啖食，其存者爲蠱。故从蟲、皿也。”此外，“莫”字，“朙”字，也都是傳統的會意字，没有“聲兼意”的特點，不應收入此類之中。

（6）三體諧聲（四體附）

此類下《序》曰：“一子一母爲諧聲，是合二體者也。有三體之合者，非常道也，故别之。”“三體諧聲”與“三體會意”一樣，鄭樵都認爲是“非常道”的情況。此所謂“三體”，多是兩體爲形符，一體爲聲符。如“歸”是从止，婦省，自聲；“奉”是从手，从廾，丰聲；“春”是从艸，从日，屯聲；等等。“四體附”者，如“履”是从彳，从夊、舟，尸聲；“疑”是从子、止、匕，矢聲。“寶”字鄭氏分析爲从宀，从貝，珤聲，屬三體諧聲，其實也可以分析爲从宀，从貝，从玉，缶聲，屬四體諧聲。此類字《六書略》共收30字。

以上“正生歸本”形聲字加上各類“變生”形聲字，總共21810個。可以看出，鄭樵對形聲字的研究，分類更爲細緻，並且通過分類，發現了一些特殊的類型，是對形聲字研究的有力推進。當然，鄭樵的有關學説，也存在概念不清的問題，其理論和實踐，都還比較粗疏。

---

① 但兩處解釋不同。“事兼意”之“爨”，七亂切，引《説文》爲釋，並加按語云：“此説頗迂，爨上象竈以安甑，下象廾而焚也。”“聲兼意”之“爨（或作爨）”，麤尊切，釋爲“鼎欲沸皃”。

第六節 《六書略》之“轉注”

“六書”之中，轉注的問題最爲複雜。鄭樵對轉注的論述，有些地方也是比較難懂的。我們根據《六書略》對轉注問題的相關論述，來看看鄭氏的“轉注”觀點。

《六書序》曰：“會意、諧聲、轉注，字也。”可見轉注字是合體字，這與一般認識無異。

《六書序》又曰：“諧聲、轉注，一也，諧聲别出爲轉注。”《轉注序》亦曰：“諧聲、轉注，一也。役它爲諧聲，役己爲轉注。轉注也者，正其大而轉其小，正其正而轉其偏者也。”《互體别聲序》又曰：“諧聲、轉注，皆以聲别。”可見轉注與形聲關係密切，都注重“聲”的問題。

《六書序》又云：“四曰轉注。别聲與義，故有建類主義，亦有建類主聲，有互體别聲，亦有互體别義。”可見轉注要區别“聲與義”，可以分爲“建類主義”“建類主聲”“互體别聲”和“互體别義”四類，《六書圖》列轉注“並生”四類，即同此。

《六書略》在具體類别下又對有關轉注的小類進行了界定説明。在“建類主義轉注”下説明了“建類主義”和“建類主聲”的區别：“立類爲母，從類爲子，母主義，子主聲。主義者，是以母爲主而轉其子。主聲者，是以子爲主而轉其母。”在“互體别聲轉注”下説明了“互體别聲”和“互體别義”的區别：“諧聲、轉注，皆以聲别。聲異而義異者，曰互體别聲。義異而聲不異者，曰互體别義。”以下即按照此類説法，結合有關例子進行説明。

1. 建類主義轉注

《六書略》對轉注字的排列，是先按部首列出相關轉注字，然後再在“轉注音義”下具體解釋所列各字的音義。如“建類主義轉注”先列“老”部和耆、考、耇、耉、孝、𦒷、耋諸字，“履”部和𡲬、屨、屦、𡳐、屣、𡳝、屎、屘、屩、屐、𡳞、屧諸字，然後在“轉注音義”之“建類主義轉注”下具體解釋所列各字的音義。

所謂“建類主義轉注”，是指由一個主義的類目來統領一組意義相關的轉注字，它們形符相同而聲符不同，即所謂“以母爲主而轉其子”。如“老”下統領耆、考、耇、㐲、孝、耆、耋，這些字都是从老省，都與老人的意義相關，但聲符不同。如“耆”，《説文》：“老也。”“考”，《説文》：“老也。”“耇”，《説文》：“老人面凍黎若垢。”“㐲”，《説文》：“老人行才相逮。从老省、易省，行象。”“孝”，《説文》：“善事父母者。从老省，从子，子承老也。”“耆”，《説文》：“老人面如點也。”“耋”，《説文》：“年八十曰耋。”此類字中，“八”統領四、六，分别解釋爲：“八，數也。”“四，脉八之數，未能上徹。”“六，與四同體，而有加焉。”這些解釋比較玄虛，大概是鄭樵所特有的解釋。《六書略》共收“建類主義轉注”50 字。

許慎在《説文解字・敘》中説：“轉注者，建類一首，同意相受，考老是也。”通常的理解，所謂“建類一首”，意思就是建立字類要統一它們的部首，如“考”“老”同部。所謂“同意相受”，意思就是同組轉注字的意義可以互訓，如《説文解字・老部》：“考，老也。”“老，考也。”按照這樣的理解，鄭樵的“建類主義轉注”的大部分例子，是很符合《説文解字》的轉注要義的。

2. 建類主聲轉注

所謂“建類主聲轉注”，“是以子爲主而轉其母”，即以建類之字的聲符爲主，統領具有相同聲符形式而義符不同的文字。如“弌”下統領“弍”“弎”，是以“弌”的聲符“弋”爲建類，弍、弎皆从弋，所以歸爲一類，但弍、弎並不是从“弋”得聲，只是“以弌爲類之聲，故可以轉二、三而爲注”。“鳳”下統領“凰”，是以“鳳”的聲符“凡”爲建類，“凰”亦从“几（凡）”，故歸爲一類，但“凰”並不是从“凡”得聲，只是“以鳳爲建類”。“糴”下統領“糶”，是以“糴”的聲符“糴”爲建類，“糶”字从糴，故歸爲一類，但“糶”字並不是从“糴”得聲，只是“以糴爲建類”。但鄭樵在“弦”字下説：“凡字，母主義，子主聲，未有省母而立子者，惟弦省母，以子主類，故爲建類主聲之注也。”按一般理解，“弦”字从弓，玄聲，“弓”爲“母”，“玄”爲“子”，則“母”未省。他的説法也不太好懂。《六書略》收此類字共 20 個。

3. 互體別聲轉注

所謂“互體別聲轉注”，鄭樵所指是“聲異而義異者”，如“杲”與“東”“杳”，“尖”與“奈”，“古”與“叶”，“唯”與“售”，“含”與“吟”等，從這些例子觀察，同組字之間除了聲異義異外，在形體上還有偏旁相同而組合不同的關係，多爲上下結構與左右結構的不同，也有個別是包含結構，如“東”是“从日在木中”，與“杲”和“杳”都算互體別聲轉注。至於“易”與“明”構成互體別聲轉注，是因爲鄭氏引《祕書》之説：“日月爲易，象陰陽也。”在“本”字條云：“本、朱、末同意，一在下爲本，在中爲朱，在上爲末。一無義也，但記其別耳。”所論十分恰當。《六書略》此類文字共收 254 字。

4. 互體別義轉注

所謂“互體別義轉注”，鄭樵所指是“義異而聲不異者”，如“桗”與“楤”，“旻”與“旼”，“朞”與“期”，“猶”與“猷”等。與“互體別聲轉注”一樣，這類字除了聲同義異外，在形體上也有偏旁相同而組合不同的關係，且全部都是上下結構與左右結構的不同。《六書略》收此類文字共 48 個，其中“忥”“忾”也見於“互體別聲轉注”。

鄭樵説“諧聲、轉注，一也，諧聲別出爲轉注”，但從所收字例看，其實除了形聲字，也有一些傳統的會意字（如“孝” “明”）、指事字（如“本”“末”）等。胡樸安指出，“鄭樵之論，誤以形聲爲轉注，强爲分別，使人愈迷。役他役己，語多晦澀。其意以爲合兩體爲字。役他者，從彼字之聲而用此字之義；役己者，通此字之義而合彼字之聲，是强以形聲之字當轉注也。其分類有四：一曰建類主義，二曰建類主聲，自以爲得‘建類一首’之例，實則取《説文》之相同者列之，皆形聲字也；三曰互體別聲，四曰互體別義，自以爲得‘同意相受’之例，然其中所列之字，‘杲’‘東’爲會意，‘桗’‘楤’爲形聲，其誤又豈足辨耶?”①按胡氏的批評有一定道理，但鄭樵之論轉注，並沒有按照《説文》之“建類一首，同意相受”來設計，故所謂“自以爲得‘建類一首’之例”

① 丁福保：《説文解字詁林 · 前編中 · 六書總論》，中華書局 1988 年版，第 156 頁。

“自以爲得‘同意相受’之例”云云，也未必有根據。黨懷興認爲，“鄭樵轉注的内容是很豐富的，但過於龐雜，失於寬泛。‘建類主義轉注’之説雖自徐鍇而來，有學術傳承，但其他三類‘建類主聲轉注’、‘互體别聲轉注’、‘互體别義轉注’等與之相比又有較大差異。這幾種説法既自亂其例，也與許慎的轉注説距離相差甚遠。難怪楊慎説：‘鄭漁仲《六書略》考論假借，極有發明，至説轉注，則謬以千里矣。’”①

第七節 《六書略》之“假借”

“假借”問題也是“六書”中比較複雜的問題，歷代學者對假借的性質一直存在不同的看法。鄭樵對假借的研究可謂深入細緻，對後世也有深遠的影響。從《六書略》來看，鄭樵對假借字的重要性有充分的認識，他的主要觀點是：第一，假借是濟象形、指事、會意、形聲、轉注之不足而生的，他説：“六書也者，象形爲本，形不可象則屬諸事，事不可指則屬諸意，意不可會則屬諸聲，聲則無不諧矣，五不足而后假借生焉。”第二，假借在“六書”研究中是非常重要的，“六書之難明者，爲假借之難明也。……六書明則六經如指諸掌，假借明則六書如指諸掌”。第三，假借是讀通經籍的關鍵問題，“學者之患，在於識有義之義，而不識無義之義。假借者，無義之義也……先儒所以顛沛淪於經籍之中，如汎一葦於溟渤，靡所底止，皆爲假借之所魅也”。

對於假借的類别，《六書略》分得很細，《六書序》云：

> 六曰假借，不離音義。有同音借義，有借同音不借義，有協音借義，有借協音不借義，有因義借音，有因借而借，有語辭之借，有五音之借，有三詩之借，有十日之借，有十二辰之借，有方言之借。

這些分類，在《六書略第四》“假借第六”下又有進一步的分析，分

① 黨懷興：《宋元明六書學研究》，中國社會科學出版社2003年版，第163—164頁。

爲“有義之假借”和“無義之假借”,《序》曰:

> 然就假借而言之,有有義之假借,有無義之假借,不可不别也。曰同音借義,曰協音借義,曰因義借音,曰因借而借,此爲有義之假借。曰借同音不借義,曰借協音不借義,曰語辭之借,曰五音之借,曰三詩之借,曰十日之借,曰十二辰之借,曰方言之借,此爲無義之假借。

以上分類,其實有好幾個標準:有義無義是一個標準,音義關係又是一個標準(如同音借義、協音借義等),具體對象又是一個標準(如語辭之借、五音之借等),所以從分類的角度來説,存在範圍大小不一、互相交叉的問題,是不太合適的。

在《六書圖》中,假借又分爲“託生”和“反生”兩類,“託生”下所列,即上述十二類假借,“反生”下即“雙音並義不爲假借”。《六書略第四》專章論列假借之字,以下逐項説明①。

1. 同音借義

鄭樵的“同音借義”,屬於他所謂“有義之假借”,實即詞義之引申。按古人常將意義引申與假借混爲一談,不像現代語言學這樣涇渭分明,鄭樵對假借的分類,也是不分假借與引申。這一類的字,《六書略》共收35個。如“初,裁衣之始,而爲凡物之始”,“基,築土之本,而爲凡物之本”,“本,木之基,而爲凡物之基”,“牛爲牝牡,而牝牡通於畜獸”,“隹爲雌雄,而雌雄通於鳥雀”。其中有些解釋,也不乏其新見,如“希乃疏巾之希,而爲希少之希”,“疏巾”之説,可能是鄭樵結合字形提出的新看法。其他文字的本義,鄭樵也都結合字形進行解釋,抓住了漢字作爲表意體系文字的重要特點,頗得形訓之旨。

2. 借同音不借義

此類屬於無義之假借,是最純粹的假借,相當於傳統六書“本無其

---

① 以下對鄭樵有關概念的理解,參考了黨懷興《宋元明六書學研究》(中國社會科學出版社 2003 年)中的説法,不一一出注。

字，依聲託事”的假借。如“汝，水也，而爲爾汝之汝”，“業，大版也，而爲事業之業”，“它，蛇屬也，而爲它人之它”，“蚤，虱類也，而爲蚤夜之蚤”，“來，麥也，而爲來往之來”，等等。其中的“來”字，鄭樵把它歸爲純粹的假借，比《説文》歸爲引申，要更加科學。當然，從現在的認識來看，鄭樵對有些字的分析，也是不對的。如“爲，母猴也”，“易，蟲屬也”，“出，花英也”。也有一些字例，應該是引申的關係，如“休，憩也，而爲休美之休”。此類字共收45個。

3. 協音借義

所谓“協音借義”，從所列字例來看，大多數是字的意義變化而導致讀音變化的現象，如“中之爲中（去聲）”，“分之爲分（去聲）”，“衣之爲衣（去聲）”，“冠之爲冠（去聲）”，“飲之爲飲（去聲）”“食之爲食（時吏切）”，“好之爲好（去聲）”等，這種讀音的變化，多數是聲調的變化，且多變爲去聲，也有變爲其他聲調的。有些字的音變還比較多，如“數（色主切）之爲數（尸故切），爲數（色角切）”，“比（毗至切）之爲比（音皮。和也），爲比（上聲。方也），爲比（蒲必切。次也），爲比（音芘。朋也）”等。這種現象，實際上是古人音變構詞的手段，即通常所謂“破讀”或“四聲别義”，主要還是屬於詞義引申的問題，鄭氏歸爲“有義之假借”，其“有義”的判斷，還是對的。個别的例子，如“歸之爲歸（音饋）”，一般認爲是假借。此類文字，《六書略》共收208個，還是比較多的。

4. 借協音不借義

“借協音不借義”之“協音”，即音變，與上述“協音借義”之“協音”相同；“不借義”即意義不相關，故鄭氏歸爲“無義之假借”。如“荷之爲荷（胡可切。負也）”，“正（音征，射侯之正也）之爲正（去聲）”，“説之爲説（音悦）”，“信之爲信（音伸）”，“省（昔井切）之爲省（所景切）”，“縣（平聲）之爲縣”，等等。鄭氏把“辟（必益切。君也）之爲辟（蒲益切。法也）”歸爲“協音借義”，大概認爲“辟”字的“君”與“法”的意義相關，而把“辟（必益切。君也）之爲辟（音避），爲辟（音弭。止也），爲辟（音裨。《禮》：‘素帶終辟’），爲辟（音僻。《禮》：‘負劍辟咡’）”歸爲“借協音不借義”，應是認爲“辟”字的“君”義與“避”“僻”等意義無關。可見他對“辟”字的意義作了很細的劃分，是值得肯定的。當然，像“要之爲要（去聲）”，意義之間還是有聯繫的，也應該歸爲“協音借義”，但鄭氏歸到“借協音不借義”，是不妥的。

5. 因義借音

“因義借音”，結合所舉例子來看，其實與“協音借義”差不多，也是因爲詞義引申而語音發生變化，仍屬“音變構詞”範圍，只不過這裏的語音變化比“協音借義”的“協音”更大一些，“協音”主要是聲調的變化，而這裏的音變，表面上看來，好像與原來的讀音差别很大，如“琢本琢玉之琢，而爲大圭不琢之琢（音篆）”，“以其内也，故可内（音納）”，“伯，長也，而爲伯王之伯（音霸）”，“副（普逼切），剖也，而爲副貳之副”，“橇本音毳，以其義通於橋，故又音橋”，等等。當然，這些變化仍然符合語音演變的規律，只不過在鄭樵看來，兩者之間好像沒有關係，故稱爲“借音”。此類既然是“因義”而借，鄭氏自然歸爲“有義之假借”。

6. 因借而借

所謂“因借而借”，乃是借之又借。或因音而借義，再由借義而引申，如“難，鳥也，因音借爲艱難之難；因艱難之難，借爲險難之難（去聲）”，“來，本麥也，因音借爲往來之來；因往來之義借爲勞來之來（音賚）”，“邪本琅邪之邪，因音借爲語辭之邪；因語辭之義借爲虚邪之邪（音徐。《詩》：‘其虚其邪’）”；或因本義引申出引申義，再因引申義之音産生假借義，如“食本啖食之食，因義借爲飲食之食（音伺）；因飲食之音借爲食其之食（音異）”，“能（奴來切），獸也，因義借爲能鼈之能（三足鼈）；因能鼈之音借爲能事之能（音耐）；又爲三能之能（音台）”。其中有意義引申的關係，所以鄭氏歸爲“有義之假借”。此類字共收 21 個字頭，共有 43 個假借義項，故《六書略》注爲“43”，比較特别。

7. 語辭之借、五音之借、三詩之借、十日之借、十二辰之借、方言之借

“語辭之借”與下面的“五音之借”“三詩之借”“十日之借”“十二辰之借”“方言之借”，從分類的角度來説，應該都屬於“借同音不借義”或“借協音不借義”，都屬於傳統上比較純粹的假借，鄭樵把它們獨立爲與“借同音不借義”和“借協音不借義”並列的類别，在邏輯上是

有問題的。但把它們獨立出來，對於强調這幾種比較特殊的假借現象，還是有一定作用的。爲方便起見，這裏把它們合併論述。

對於“語辭之借”，鄭樵《序》曰：“書者象也。凡有形有象者，則可以爲象，故有其書。無形無象者，則不可爲象，故無其書，語辭是也。語辭之用雖多，而主義不立，並從假借。”在此類的末尾又説：“以語辭之類，虚言難象，故因音而借焉。”此類字例，如“唯，應也（本上聲，乃唯諾之唯，借平聲）”，“害，本災害也（本去聲，借音曷。《詩》：‘害澣害否’）”，“員，物數也（音云。《詩》：‘聊樂我員’）”。鄭樵認爲語辭是無形無象的，是虚言難象的，所以多是因音假借而來，可見他對語辭用字的認識是很正確的。

“五音之借”之五音，即指“宫商角徵羽”。這五個字，原來都有本義，“宫，本宫室之宫。商，本商度之商。角，本頭角之角。徵，本徵召之徵。羽，本羽毛之羽”，而作爲五聲用字，都是假借義。此即所謂“五音之借”，也是本無其字的假借。“三詩之借”的三詩，指“風雅頌”。此三字，也是原有本義，“風，本風蟲之風。雅，本烏鴉之鴉。頌，本顔容之容。”作爲三詩用字，則用其假借義。鄭氏云：“三詩五音皆聲也，聲不可象，並因音而借焉。”

“十日之借”和“十二辰之借”，是分析天干地支的用字情况。鄭樵認爲，“十日、十二辰，惟巳、亥有義，他並假借。以日辰之類，皆虚意難象，故因音而借焉。”按“巳”“亥”二字，鄭樵歸於象形類下的“象屬”類，他在《象屬》下認爲，“十日、十二辰皆假借，惟巳、亥爲正書者，以其日辰不可名象，惟取同音而借，巳亥無同音之本，故無所借。巳不可爲也，象蛇之形而爲巳。亥不可爲也，象豕之形而爲亥”，與此可以對照。天干地支中的一些字，如“乙”字、“癸”字，其本義到底是什麽，目前還無法論定，鄭樵對包括“巳”“亥”在内的有關文字的分析也不一定可靠，但他把天干地支的用字歸爲假借，應該是很正確的。

“方言之借”，按照鄭樵自己所説，是指“非由音義而借，蓋因方言之異，故不易其字”。就是説，這是因方言音變而借用的同形字。如“鮦之爲鮦（音胄。鮦陽，縣名）”，“咎之爲咎（上如字，下音皋。皋陶字亦如此）”等。《六書略》收此類字共 9 個，其中“敦之爲敦（音燾。《禮》：‘每敦一几’)，爲敦（音凋。敦弓）”算2個。

8. 雙音並義不爲假借

“雙音並義不爲假借”，在《六書圖》中屬於假借之下與“託生”並列的“反生”。所謂“雙音並義”，應該是指此類字有不同的讀音和意義，但“不爲假借”，則説明它們之間存在除假借之外的某種關係。此類共舉15字30項，如“陶也（陶冶之陶），陶也（皋陶之陶）”，“杷也（補訝切。枋也），杷也（白加切。收麥器）”，“校也（古孝切。木囚也），校也（户教切。木闌也）”，“被也（部委切。寢衣也），被也（普義切。《春秋傳》：‘翠被豹舄’）”，等等。裘錫圭先生指出，鄭樵此類“所收之字大部分就是我們所説的同形字”，他舉“杷”字爲例，説：“現在，當收麥器講的‘杷’寫作‘耙’，當柄講的‘杷’已並入‘把’字。不論是爲當柄講的｛把｝這個詞，還是爲耙子的｛耙｝這個詞造字，都可以造出一個从‘木’‘巴’聲的字來，所以鄭氏認爲這兩個‘杷’‘雙音並義’，都是本字。用我們的話來説，這兩個‘杷’就是同形字。”① 此外，像上舉的“被”字，當寢衣講的“被”與當帔講的“被”，兩者之間是有聯繫的，應該屬於意義引申造成音義有别的文字類型，與同形字還不完全相同。當然，就鄭樵的觀點而言，這類字既然歸爲一類，自有相同的性質。不過，既然叫作“不爲假借”，又放在假借之下，顯然是不合適的。

黨懷興對鄭樵的假借研究進行了合理中肯的總結，他指出，以上“‘託生’類‘有義之假借’主要論述的是詞義的引申變化問題，詞義引申而語音不變者爲‘同音借義’，語音稍變者爲‘協音借義’，語音變化較大者爲‘因義借音’，詞義引申基礎上的再引申爲‘因借而借’。有義之假借是承許慎《説文》假借説而來的，是對傳統假借説的歸納和總結。‘無義之假借’論述的才是真正意義上的假借問題。鄭氏將這種假借分爲‘借同音不借義、借協音不借義’兩類，前者爲同音假借，後者爲音近假借。‘語辭之借’、‘五音之借’、‘三詩之借’、‘十日之借’、‘十二辰之借’、‘方言之借’等從邏輯上講或可歸入‘借同音不借義’，或歸入

① 裘錫圭：《文字學概要》，商務印書館1988年版，第210頁。

‘借協音不借義’中。鄭氏獨立分説，集中闡述，也易於引起學者對這些問題的注意，但從邏輯分類上講，容易造成混亂。‘無義之假借’是鄭樵假借説中最有價值的部分。‘反生’僅有‘雙音並義不爲假借’一類，是與‘託生’類差異較大的一類，實際是‘不爲假借’，論述的是同形字現象”。“鄭樵的假借學説，如楊慎所論：‘鄭漁仲《六書略》考論假借，極有發明。’這不是虚言。《六書略》論假借，分類細密，條理清楚，將自許慎以來的假借説加以系統的分析歸類，其以詞義的引申變化爲假借，直承許慎而來，涉及到了詞義引申中的許多問題，對詞義引申的研究有特殊的貢獻。鄭氏假借研究的最大貢獻在於，明確指出了真正意義上的假借——‘無義之假借’，並加以條分縷析，分析了文字中存在的許多‘無義之假借’的現象，這給後人的假借研究以極大的影響”。①

① 參見黨懷興《宋元明六書學研究》，中國社會科學出版社 2003 年版，第 175—177 頁。

第三章 《六書略》引《説文》評議

《六書略》之作，是爲了通文字、明經術、曉六書。鄭樵《六書序》云：“經術之不明，由小學之不振；小學之不振，由六書之無傳。聖人之道，惟藉六經。六經之作，惟藉文言。文言之本，在於六書。六書不分，何以見義？……臣舊有象類之書，極深研幾，盡制作之妙義，奈何小學不傳已久，見者不無疑駭。今取象類之義，約而歸於六書，使天下文字無所逃，而有目者可以盡曉。”要研究六書，當然是不能離開《説文解字》的。所以鄭樵又説：“六書無傳，惟藉《説文》。”（《假借第六·序》）因此，《六書略》與《説文解字》具有十分密切的關係。

《六書略》在具體文字的分析中引用了諸多典籍和字書，包括《説文》《爾雅》《方言》《博雅》《集韻》《廣韻》《玉篇》《類篇》等，其中引用《説文》者最多。由於《六書略》專以“六書”來對漢字進行分類，在文字分析上也多有新説，與《説文》的“始一終亥”的佈局以及文字分析頗有不同，所以一般認爲《六書略》具有突破《説文》的反傳統傾向。但是，鄭樵自己説過，“臣《六書證篇》實本《説文》而作，凡許氏是者從之，非者違之”，其説雖然是指《六書證篇》（已佚），但也適用於《六書略》。因此，對《六書略》和《説文解字》的關係，特別對《六書略》一書所引《説文》的例子進行分析，有助於理解鄭樵對待《説文》的態度，掌握其“是者從之，非者違之”的具體情況。

第一節 《六書略》明引《説文》例

據《六書略》統計，全書分析象形類文字 608 個，指事類文字 107

個，會意類文字 740 個，轉注類文字 372 個，諧聲類文字 21810 個，總共 24235 字[①]。其中“諧聲第五”共 21341 字，因爲“多不能紀”，只是“引類以計其目”，即只列部首並標明字數，沒有對具體文字進行分析；又有約 460 字[②]屬於《説文》未收之字，扣除這兩部分，《六書略》實際分析的與《説文》共有的文字約 2430 個。據我們統計，《六書略》在文字分析中直接標明引用《説文》者，約 1100 例。這樣看來，《六書略》對《説文》的直接引用率是 45%。下面分爲若干小類進行分析。

一 與《説文》内容完全相同者

《六書略》引《説文》，多節引，所節引的部分，有較多與《説文》内容全同，充分體現鄭樵“是者從之”的態度。略舉數例如下：

1.【广】

《六書略・山川之形》：“《説文》：‘因广爲屋，象對剌高屋之形。’”

按，大徐本《説文》同。

2.【京】

《六書略・井邑之形》：“《説文》：‘人所爲絕高丘也。从高省，丨象高形。’”

按，大徐本《説文》同。

3.【桼】

《六書略・艸木之形》：“《説文》：‘木汁可以鬃物，象形，桼如水滴而下。’”

按，大徐本《説文》同。

4.【亦】

《六書略・人物之形》：“《説文》：‘人之臂亦也。从大，象兩亦之形。’”

按，大徐本《説文》同。

---

① 今本實際字數略有出入，參見本書《六書略》（整理本）。

② 此據戴麗玲《〈六書略〉釋文的梳理和研究》，碩士學位論文，福建師範大學，2010 年。

5.【象】

《六書略·鳥獸之形》:“《説文》:‘象,長鼻牙,南越大獸,三年一乳,象耳牙四足之形。’”

按,大徐本《説文》同。

6.【燕】

《六書略·蟲魚之形》:“《説文》:‘玄鳥也。籋口,布翄,枝尾。’”

按,大徐本《説文》同。

7.【斗】

《六書略·器用之形》:“《説文》:‘十升也。象形,有柄。’”

按,大徐本《説文》同。

8.【尹】

《六書略·指事第二》:“《説文》:‘治也。从又丿,握事者也。’”

按,大徐本《説文》同。

9.【典】

《六書略·會意第三上》:“《説文》:‘五帝之書也。从册在丌上,尊閣之也。莊都説,典,大册。’”

按,大徐本《説文》同。

10.【麤】

《六書略·會意第三下》:“《説文》:‘鹿行揚土也。’”

按,大徐本《説文》同。

11.【愚】

《六書略·互體别義轉注音義》:“《説文》:‘戇也。从心,从禺。禺,猴屬,獸之愚者。’”

按,大徐本《説文》同。

12.【孳】

《六書略·子母同聲》:“《説文》:‘汲汲生也。从子,兹聲。’”

按,大徐本《説文》同。

二 與《説文》内容基本相同者

《六書略》明引《説文》,也常有主要内容相同,但個别文字有所差異的情况，這一方面固然可以看作古人引書比較隨意，但另一方面，有些文字的改動，可能也包含引用者的特别用意，但也有得有失。大致可分爲以下三類：

（一）文字略有不同，但大意沒有區别者，如：

1.【𠫓】

《六書略·人物之形》：“《説文》：‘不順出。𠫓，到子。’”大徐本《説文》：“不順忽出也，从到子。”

按，《六書略》把《説文》的“不順忽出也”省爲“不順出”，又把《説文》的“从到子”，改爲“𠫓，到子”。

2.【麻】

《六書略·會意第三上》：“《説文》：‘與𣏟同。人所治也。从广，在屋下。’”大徐本《説文》：“與𣏟同。人所治，在屋下。从广从𣏟。”

按，《六書略》在《説文》的“人所治”後增“也”字，又把《説文》“在屋下。从广从𣏟”調整爲“从广，在屋下”。

3.【便】

《六書略·會意第三上》：“《説文》：‘安也。人不便，更之。’”大徐本《説文》：“安也，人有不便，更之。”

按，《六書略》省“人有不便”的“有”字。

4.【竦】

《六書略·聲兼意》：“《説文》：‘謹也。从立，从束。束，自申束也。’”大徐本《説文》：“竦，敬也。从立，从束。束，自申束也。”

按，鄭氏把《説文》的“敬”字換成了“謹”，意義相近。

（二）根據他人之説，或提出己見，增補或改變《説文》内容而互有得失者，如：

1.【𧇡】

《六書略·象聲》：“《説文》：‘兩虎爭聲。从曰，象口气出也。’”大徐本《説文》：“兩虎爭聲。从虤，从曰，讀若憖。臣鉉等曰：曰，口气出也。”

按，《六書略》省“从虤”“讀若憖”，在“从曰”下增“象口气出也”，顯然是根據徐鉉的説法。類似的有：

2.【普】

《六書略·會意第三上》："《説文》：'日無光'。徐鍇曰：'無光則遠近皆同，故从並。'"大徐本《説文》："普，日無色也。从日从並。徐鍇曰：日無光則遠近皆同。故从並。"

按，《六書略》省略《説文》對字形"从日从並"的分析，又把"日無色"改爲"日無光"。其"日無光"應該來自徐鍇之説。

3.【盈】

《六書略·會意第三上》："《説文》：'滿器也。从夃。'夃音姑。古者以買物多得爲夃。"大徐本《説文》："滿器也。从皿、夃。臣鉉等曰：夃，古乎切，益多之義也。古者以買物多得爲夃，故从夃。"

按，《六書略》省"皿"，增釋"古者以買物多得爲夃"，顯然取自徐鉉之説。

4.【亦】

《六書略·人物之形》："《説文》：'人之臂亦也。从大，象兩亦之形。'今則作'腋'"。大徐本《説文》："人之臂亦也。从大，象兩亦之形。凡亦之屬皆从亦。臣鉉等曰：今别作腋，非是。"

按，兩相對照，《六書略》的"今則作'腋'"，乃取自徐鉉之説。不同的是，徐鉉以爲别作"腋"爲非，而鄭樵則肯定"亦""腋"爲古今字關係。

5.【夭】

《六書略·人物之形》："《説文》：'屈也。从大，象形。'又古老切，不長也。"大徐本《説文》："屈也。从大，象形。"

按，《六書略》比《説文》多出"又古老切，不長也"七字。《玉篇》《類篇》"夭"字有"少長"之釋，《六書略》的"不長也"當據此而有所改變，是鄭氏自己的表達。此義當與《釋名》"少壯而死曰夭"及《博雅》"不盡天年謂之夭"相當，即"夭折"之"夭"。

6.【井】

《六書略·井邑之形》："丼，即'井'字。《説文》：'八家一井，象井幹之形。其中點者，罋之象也。'"大徐本《説文》"丼，八家一井，象構韓形，·罋之象也。古者伯益初作井。"

按，《六書略》把《説文》“象構韓形”引作“象井幹之形”，把《説文》的“·”用文字表述爲“其中點者”（在“丹”字中，也把《説文》“一象丹形”替換爲“其中之點象丹形”）。《段注》云：“韓（韓），井上木闌也，其形四角或八角。”鄭氏替換爲“井幹”，似更明白。《説文解字繫傳》：“臣鍇曰：韓，井垣也。”沈濤《説文古本考》：“濤按，《初學記七·地部》引‘八家爲井，象構幹形’……‘構韓’，古本蓋作‘構幹’。”[①] 則鄭氏作“井幹”，似亦有所本。

7. 【章】

《六書略·指事第二》：“《説文》：‘樂終爲一章。从音，从十。十，數之終也。’”大徐本《説文》：“樂竟爲一章。从音，从十。十，數之終也。”

按，《六書略》换“竟”爲“終”，屬同義替换，也可能受後面“數之終”的影響。“章”“竟”二字皆从“音”，形上有關係，以“樂竟”釋“章”，更能顯示它們内在的聯繫，當以《説文》爲優。

8. 【俒】

《六書略·聲兼意》：“《説文》：‘全也。’引《逸周書》：‘朕實不明，以俒伯父。’”大徐本《説文》：“俒，完也。逸周書曰：朕實不明，以俒伯父。”

按，《六書略》用“全”替换“完”。《段注》指出，《説文》以“完”訓“俒”，是“以疊韻爲訓”，而且與“俒”字有形體上的聯繫。鄭氏以“全”替换，意義雖然不變，但失去了與原字形上的聯繫。

9. 【守】

《六書略·會意第三上》：“《説文》：‘寺官也。从宀，从寸。寺府之事者。从寸。寸，法度也。’”大徐本《説文》：“守官也。从宀，从寸。寺府之事者。从寸。寸，法度也。”

按，《六書略》改《説文》“守官”爲“寺官”，“寺官”之説，未見於其他字書和典籍，當是鄭氏新説，其説或據“寺府之事”而來。《段注》云：“寸部曰：寺，廷也；广部曰：府，文書藏也。”則“寺官”猶

---

① 轉引自丁福保《説文解字詁林》，中華書局 1988 年版，第 5286 頁。

“廷官”。

10. 【大】

《六書略·人物之形》：“《説文》：‘大象人形。’又曰：大人也。”大徐本《説文》：“天大地大人亦大，故大象人形。”

按，《六書略》“又曰”的内容，可以有兩種標點：“大，人也”或“大人也”。前者把“大”解釋爲“人”，與前引《説文》“大象人形”的内涵相當，而一般説“又曰”，應該是另外的解釋，因此，“又曰”的内容當理解爲“大人也”爲優。若此説可信，則鄭氏釋“大”爲“大人”，可謂精闢。以大人之“大”引出大小之“大”，正與“天大地大人亦大”的内涵相銜接。

11. 【來】

《六書略·艸木之形》：“《説文》：‘周所受瑞麥來麰，一來二麰，象芒朿之形。《詩》曰：貽我來麰。”大徐本《説文》：“周所受瑞麥來麰，一來二縫，象芒朿之形。天所來也，故爲行來之來。《詩》曰：貽我來麰。”

按，《六書略》改《説文》“一來二縫”爲“一來二麰”，又省“天所來也，故爲行來之來”兩句。此省略應該是有專門意圖的。“來”字在《六書略》中，又歸於“借同音不借義”類，解釋爲：“來，麥也，而爲來往之來。”在鄭樵看來，“來”的本義是“麥”，作爲來往之“來”，屬於純粹的假借。而許慎認爲，“來”作爲行來之“來”，是因爲“天所來也”，乃是屬於引申，故鄭樵省此二句。

12. 【才】

《六書略·艸木之形》：“《説文》：‘艸木之初也。从丨，上貫一，將生枝葉，下一，地也。’”大徐本《説文》：“艸木之初也。从丨，上貫一，將生枝葉，一，地也。’”

按，《六書略》“下一，地也”，較《説文》多一“下”字。按《説文》的“一，地也”，指的是“才”字的上面一横表示地，鄭樵説“下一”，當是指“才”字的那一撇。古文字“才”字作✦（《合集》1916）、[illegible]（《合集》7）、[illegible]（《遺卣》，《集成》5402.1），目前一般以爲是“弋

(杙)”的分化字①，但就傳統説法而言，《説文》的“从丨，上貫一”還是符合“才”的構形，鄭氏的“下一”，則是無法落實的。

（三）引用有出入，且屬於明顯錯誤者，如：

1.【聯】

《六書略·會意第三下》：“《説文》：‘連也。从耳，耳連於頮也。从絲，絲連不絕之貌也。’”

按，“頮”字，《説文》作“頰”。“耳連於頰”，説明“聯”字从耳之意，而作“頮”，則不知所云，《六書略》顯然是錯誤的。“頮”“頰”之混，可能是形近致誤。

2.【漁】

《六書略·聲兼意》：“語居切。捕魚也。又牛據切。《説文》：‘澱滓濁泥。’”

按，“漁”，《説文》正篆作“瀏”。《説文》云：“瀏，捕魚也。”“《説文》‘澱滓濁泥’”句，王樹民注云：“按此文與‘漁’之字義無關，《説文》‘漁’字下亦無此文，不知何故錯置于此。”② 按“澱滓濁泥”是《説文》“淤”字的釋文，確與“漁”字無關。此條顯然爲誤置。

3.【雀】

《六書略·會意第三上》：“即約切。《説文》：‘鳭鷯别名。’”

按，“雀”同“雀”。《説文》：“雀，依人小鳥也。”《集韻·藥韻》：“雀，《説文》：‘依人小鳥也。’或从鳥。”《説文》“雀”下無“鳭鷯别名”之説，《六書略》無據。也可能“説文”二字屬於衍文。

4.【瞱】

《六書略·會意第三上》：“音域輒切。《説文》：‘光也。’隸作‘瞱’‘暈’。”

按，此字據釋文，當爲从“日”之“曄”，《説文·日部》：“曄，光也。”其字頭與後之隸定字，皆从“目”，非是。从“目”之“瞱”，見於《玉篇·目部》，義爲“目動”。此條前後皆“目”部字，當是有意的

① 陳劍説，參見季旭昇《説文新證》，福建人民出版社 2010 年版，第 510 頁。

② 王樹民點校：《通志二十略》，中華書局 1995 年，第 318 頁。

安排，非誤置，亦非訛混，當是鄭氏有誤。

以上各條錯誤，有的可能是傳抄刊刻造成的，如“類”與“�”；有的可能是《六書略》本身的錯誤，如“�”字條；也有可能是其他原因造成的錯誤，如誤置、衍文等。

第二節 《六書略》引《説文》並加按語例

鄭樵《六書略》直接引用《説文》並以“按”“臣按”方式提出意見者共62條①，比較集中體現鄭樵對有關文字的看法，本節擬對這一部分内容進行評議，從中可以看出鄭氏之説的是非得失。這62條中，“杏”“利”“看”“家”“我”“鼓”“名”7字已見第二章第四節《〈六書略〉之“會意”》部分，此從略。下面依次對另55字逐條疏證。

1.【匕】

《六書略·人物之形》：“今作‘化’。《説文》：‘變也，从到人。’臣按，道家謂，順行則爲人，逆行則爲道，人死則歸于土，道則離人，故能變化而上升。”

按，此以道家之説來釋字，顯然是鄭樵的發揮。從内容來講，所引的道家之説，對於説明“匕”之“从到人”（即“順行爲人，逆行爲道”）以及“匕”字作爲“化”（變化而上升）的含義，雖未必符合造字本義，亦不乏其理趣。

2.【夲】

《六書略·人物之形》：“《説文》：‘進趣也。’臣按，夲與交、尣同意，交以脛之交，尣以脛之偏，夲以脛之進。”

按，《六書略》“交”“尣”“夲”三字相連。《説文》“交”“尣”皆爲部首，順序相連，“夲”則與“尣”還間隔“壺”“壹”“㚔”“奢”“亢”等幾個部首，並不聯屬，鄭樵把“夲”放在“交”“尣”之後，把它們歸在一起，顯然是爲了比較。《説文》：“交，交脛也。”“尣，尳，曲

① 《六書略》加按語者共64條，其中“戚”字重見於《會意第三下》和《互體别聲轉注音義》，“瘧”字不見於《説文》，所以《六書略》引《説文》並加按語者實際爲62條。

脛也。从大，象偏曲之形。”故鄭樵認爲“交以脛之交，尣以脛之偏，夲以脛之進”，亦屬其一得之見。

3.【虍】

《六書略・鳥獸之形》：“《説文》：‘虎文也。’按，此象虎而刳其肉，象其皮之文。”

按，大徐本《説文》：“虍，虎文也。象形。凡虍之屬皆从虍。徐鍇曰：象其文章屈曲也。”鄭樵的按語顯然根據徐鍇之説。《甲骨文字典》：“象虎頭形。《説文》：‘虍，虎文也。象形。’《説文》説解不確。”[①]“虍”應是“虎”的減省分化字。

4.【歰】

《六書略・鳥獸之形》：“《説文》：‘不滑也，从四止。’臣按獸畜少滑者有四止也。”

按，鄭樵之説，進一步説明了“不滑”的理據。《説文解字繫傳》引徐鍇説：“四皆止，故爲歰也。”鄭樵則由“四止”想到了“獸畜”。

5.【卵】

《六書略・蟲魚之形》：“《説文》：‘凡物無乳者卵生。’臣按，此象蟲之卵附着於木枝之形，如雀甕螵蛸之類是也。”

按，“卵”字的形義關係頗有歧説，或以爲乃“𡱂”之部分截取簡化字，本義爲陰囊，引申爲禽類之蛋[②]。鄭氏以爲象蟲之卵附着於木枝之形，大概也是根據字形想象出來的一種説法。

6.【且】

《六書略・器用之形》：“《説文》：‘薦也。从几，足有二横，一其下，地也。’臣按，此即俎豆之俎。”

按，從古文字的角度來説，“且”爲“祖”之初文。鄭樵認爲“且”即“俎”之初文，是傳統《説文》學者的一種看法。鄭氏在《會意第三上》引《説文》釋“俎”字云：“禮俎也。从半肉在且上。”《説文》“俎”即屬“且”部，從《説文》的系統出發，鄭樵的説法也有其道理。

---

① 徐中舒主編：《甲骨文字典》，四川辭書出版社1989年版，第525頁。

② 參見季旭昇《説文新證》，福建人民出版社2010年版，第940頁。

7. 【壺】《説文》："昆吾圜器也。"臣按，禮經古有壺，何必取于昆吾。

按，"昆吾"所指，有山名、美石名、官名、部落名等等。段《注》云："'缶'部曰：'古者昆吾作匋。'壺者昆吾始爲之。"王筠《説文釋例》云："壺下云：'昆吾圜器也。'十五年前，吾亦如段氏説，今思得之，昆吾者，壺之别名也。昆讀如渾，與壺雙聲，吾與壺疊韻，正與疾藜爲茨、之于爲諸、者焉爲旃一例。"[1] 鄭氏將"禮經"與"昆吾"相對，意謂"禮經"有壺，就不必"取于昆吾"，似乎是將"昆吾"當作"壺"之出處，應與段氏之意近同。

8. 【牟】

《六書略·象聲》："《説文》：'牛鳴也。从牛，象其聲，气从口出。'臣按，此象其開口出气，蓋聲無形，不可象。"

按，"牟"字古文作[illegible]（秦《高奴權》），从牛，从一指事符號，表示牛鳴之聲。鄭樵認爲"此象其開口出气，蓋聲無形，不可象"，説得很有道理。只是他既説了"聲無形，不可象"，又歸此字於象形類的"象聲"，有些矛盾。

9. 【厹】

《六书略·形兼聲》："《説文》："獸足蹂地也。象形，九聲。"按，九亦象足踍。"

按，"厹"亦作"内"。從古文字來看，"厹"是"萬""禽""禹"等字下部繁化後形成的部件[2]，並不是獨立的文字，《説文》根據小篆另出别解，鄭氏認爲"九亦象足踍"，也是據後起字形而作的想象，是爲此字之"形兼聲"而作的解釋。

10. 【雩】

《六书略·形兼聲》："《説文》：'艸木華也。'臣按，从亏雖聲，亦象蒂萼。"

按，"雩"即"華（花）"字，古文字作[illegible]（不栺方鼎，《集成》

① 王筠：《説文釋例》，中華書局 1987 年版，第 447 頁。

② 參見劉釗《古文字構形學》，福建人民出版社 2006 年版，第 24 頁。

2736)、[illegible]（鼄公華鐘，《集成》245），本是象形字。徐灝《説文解字注箋》指出，“雩”字“上象蓓蕾，下象莖葉，小篆變爲亐耳”。《説文》以“亐”爲聲，鄭氏列此字爲“形兼聲”，故又以爲“从亐雖聲，亦象蒂蕚”，從古文字來看，亦較近古。

11. 【奰】

《六書略・形兼聲》：“《説文》：‘大皃。从大，𥄕聲。’按，𥄕雖聲，亦象人之面目。”

按，《説文》：“𥄕，目圍也。”“奰”之訓“大皃”，是從其偏旁“大”得義的，與訓“目圍”的“𥄕”，亦即鄭氏所謂“象人之面目”，意義上聯繫不大。鄭氏把“奰”歸爲形兼聲，故解釋了聲符“𥄕”的意義，但並不符合“形兼聲”的本質。

12. 【淵】

《六書略・形兼聲》：“亦作‘㴇’。《説文》：‘回水也。从水，象形。左右，岸也，中象水皃。’臣按，水復加㴇，是爲形兼聲。”

按，“淵”字甲骨文作[illegible]（《屯南》2650），象潭中有水之形，即後世之“㴇”；又加水旁作[illegible]（《屯南》722），即“淵”。鄭氏曰：“水復加㴇，是爲形兼聲。”應該是很正確的。

13. 【侖】

《六書略・形兼意》：“《説文》：‘樂之竹管，三孔，以和眾聲。’臣按，从册，象編竹。从亼，从吅，集眾聲也。亼音集，吅音吟。”

按，“侖”字甲骨文作[illegible]（《合集》23241 正）、[illegible]（《合集》24883），象編管之樂器形。小篆爲繁化之形，《説文》在“樂之竹管，三孔，以和眾聲”之後又析爲品、侖，並説“侖，理也”，顯然是以後起義説之。鄭氏申説《説文》之意，謂“从册，象編竹。从亼，从吅，集眾聲也。亼音集，吅音吟”，比《説文》拆爲“品、侖”，其説更爲合理。

14. 【耒】

《六書略・形兼意》：“《説文》：‘手耕曲木也。从木推丰。古者垂作耒枱，以振民也。’臣按，丰亦音耒，象形。”

按，《易・繫辭下》：“斲木爲耜，揉木爲耒。”“耒”字本爲象形，古作[illegible]（父己觶）、[illegible]（耒簋），又加“手”形繁化作[illegible]（耒作父己簋）

等形。小篆所从之“木”，乃中間短横與末端分叉的訛變，所从之“丯(丯)”，乃“叉”形與末柄的訛變，故《説文》析爲“从木推丯(丯)”，並非其朔。鄭氏以爲“丯亦音末，象形”，亦不確。

15. 【鬱】

《六書略·形兼意》：“《説文》：‘芳艸也。十葉爲貫，百廾貫築以煮之爲鬱。从臼、冂、缶、鬯。彡，其飾也。’臣按，鬱之上體與爨同意，象煑鬱之形。从彡，所以飾鬯也。”

按，“鬱”字可能是“鬰”的同源分化字。“鬰”的本義是林木葱鬰繁茂，亦與鬱鬯的意義有一定的聯繫。《段注》云：“臼，叉手也。缶，瓦器。冂，覆也。鬯之言暢也。叉手築之令糜，乃盛之於缶而覆之，封固以幽之，則其香氣暢達，此會意之恉也。”鄭氏云：“鬱之上體與爨同意，象煑鬱之形。从彡，所以飾鬯也。”林義光《文源》亦疑“𦥑”乃“𦦝”之譌，待考。

16. 【臾】

《六書略·指事第二》：“《説文》：‘束縛捽抴爲臾。从申，从乙。’臣按，从臼，从人，則有捽抴之義。”

按，鄭樵指出，“捽抴”義的“臾”，是从臼，从人，不是《説文》所説的“从申，从乙”，這是很正確的。“臾”字甲骨文作[illegible]（《合集》1107），商代金文作[illegible]（尹臾鼎，《集成》1352），周代金文作[illegible]（師臾鐘），从臼，从人，會以雙手曳人之意，“曳”字即由此字分化而來。林義光亦非《説文》从“申”之説，其《文源》云：“‘臾’从人、臼，象兩手捽抴一人之形。”于省吾認爲“林説甚是”①。《漢語大字典》“臾”字條亦采林説②。就學術源流而言，林義光之説，或本之鄭氏。

17. 【甘】

《六書略·指事第二》：“《説文》：‘美也。从口含一。一，道也。’臣按，此象甘物含而不去之狀。”

---

① 參見于省吾《釋臾》，《甲骨文字釋林》，中華書局1979年版，第301—302頁。

② 參見林志强、田勝男、葉玉英《〈文源〉評注》，中國社會科學出版社2017年版，第285頁。

按，《説文》以“甘”中之“一”爲“道”，顯得玄虚；鄭氏以爲“象甘物含而不去之狀”，解釋得更加合理。王筠《説文釋例》以爲“一”是“所含之物”，與鄭氏之説同。

18. 【公】

《六書略·指事第二》：“《説文》：‘平分也。’臣按，从八，从厶，所以别厶也。”

按，大徐本《説文》對“公”字的完整解釋是：“公，評分也。从八，从厶。八猶背也。《韓非》曰：背厶爲公。”可見《説文》是根據《韓非子》“背厶爲公”之説，以“八”爲“背”來解釋“公”的意義，而鄭樵是以“八”爲“别”來解釋“公”的意義，在情理上都説得通。又按，《説文》：“八，别也。象分别相背之形。”“分别”與“相背”其實相關。《六書略·象貌》：“八，象分别之皃。”只取《説文》的“分别”之義，但與“公”字解説合觀，鄭氏之説，内部理據還是一致的。

19. 【吏】

《六書略·事兼形》：“《説文》：‘治人者也。’徐鍇曰：‘吏之治人，心主於一，故从一。’臣疑吏、史之字象人形，吏从一象簪，與夫之一同。按《説文》，夫从一，象簪也。”

按，吏、史同源分化，“吏”上之“一”爲分化符號。鄭樵能把“吏”“史”聯繫起來，頗爲可貴，但以爲“吏、史之字象人形，吏从一象簪，與夫之一同”，則不確。

20. 【父】

《六書略·事兼形》：“《説文》：‘矩也。家長率教者。’臣按，人道尊又，故父於又有加焉。父向左，子向右，是尊卑相向之義也。”

按，“父”字商代金文作（父癸方鼎，《集成》1275），甲骨文作（《合集》27442），皆爲手持一物，《説文》釋爲“从又舉杖”，可備一説。鄭氏按語以人道尊又、父左子右等闡述父子尊卑之義，純屬義理，不合字源。

21. 【克】

《六書略·事兼形》：“篆作‘𡕷’。《説文》：‘肩也。象屋下刻木之形。’臣按，今匠者治材，刻之以承上木，則曰肩。”

按，“克”字甲骨文作（《合集》114），（《合集》15190）等形，林義光《文源》云：“克，能也。古作（克彝），象以肩任物形。‘’象肩，猶‘肩’字从‘’，象形；‘’即‘凷’字（見“古”字條），重物也。以肩任重物，能事之意。”陳斯鵬根據古文字形體，認爲林義光之説“可謂的論”，“克”字本从肩負凷，會克任之意[①]。《説文》以爲“象屋下刻木之形”，與形不合。鄭氏按語以“匠者治材”爲説，亦不可靠。

22.【爨】

《六書略·事兼意》：“《説文》：‘齊謂之炊爨。𦥑象持甑，冂爲竈口，廾推林内火。’臣按，此説頗迂，爨上象竈以安甑，下象廾而焚也。”

按，對“爨”字的解釋，《説文》已經説得很清楚，基本上每個偏旁及其意義都説到了，只有“𦥑象持甑”略有疏漏，段玉裁改作“䦆象持甑”，注云：“中似甑，𦥑持之。”更爲精準。對於《説文》這樣非常清晰的解釋，鄭氏反而以爲“頗迂”，很是奇怪。其説“爨上象竈以安甑，下象廾而焚也”，其實不離《説文》範圍，但不如《説文》具體明白，“下象廾而焚”也有問題，“廾”乃推木而焚，非“象廾而焚”也。

23.【㞕】

《六書略·事兼意》：“《説文》：‘殘穿也。从歺，从又。’臣按，歺，殘骨也。又，取之也。然凡从㞕者，皆有深意。”

按，“㞕”之“殘穿”義，《説文》學家也説不明白。鄭氏按語云：“歺，殘骨也。又，取之也。”會合其意，大約是“取殘骨”，然其後又云：“凡从㞕者，皆有深意。”與前不諧，不知何意，待考。

24.【各】

《六書略·會意第三上》：“《説文》：“異辭也。从口、夊。夊者，有行而止之，不相繼也。”臣按，在上爲夂，陟紀切。在下爲夊，音綏，則有行義。”

按，“各”字从“夂”从“口”，本義爲“至”“到來”，已見於甲

---

① 參見陳斯鵬《説“凷”及其相關諸字》，《卓廬古文字學叢稿》，中西書局2018年版，第57—59頁。

骨文。後作"各"，典籍常假"格"爲之。徐灝《説文解字注箋》指出，"各"字"因假爲'異辭'，久而昧其本義耳"①，其説可從。傳統《説文》學者基於"異辭"來理解"各"的形義關係，如王筠《説文解字句讀》云："'夊者有行'，此訓夊爲行也，'而止之'，當作'而口止之'，不使行也。必兩人而後言'各'，故分夊、口爲兩人而説之。聽者从也，不相異也。'各'則此行而彼止之，是不相聽从之意也。"② 此從"各"字所从之"夊"和"口"兩個偏旁來理解"行"和"止"之義，並且强調要分爲兩人而説之，此行而彼止之，故爲"不相聽"，故爲"異辭"。鄭樵按語强調"在上爲夂，陟紀切。在下爲夊，音綏，則有行義"，大概也是從"行止"的角度來理解"各"的意義。"不相聽也"，小徐本作"不相聽意"，唯有鄭樵作"不相繼也"，可謂獨一無二。"聽"與"繼"，字形不相類，應該不是訛誤所致。這種通過文字偏旁的進一步解釋來理解整個漢字形義關係的做法，《六書略》比較多見。

25. 【羿】

《六書略・會意第三上》："《説文》：'羽之羿風。亦古諸侯。一曰射師。'臣按，从幵，音堅，堅也。射所以破堅也。从羽，箭必以羽。有窮國君。"

按，"羿"，隸省作"羿"，下訛从"廾"。大徐本《説文》："从羽，幵聲。"《段注》云："鍇本無聲，鉉本有，蓋會意兼形聲也。"鄭氏按語以"幵"爲義符，从"幵"表示"射所以破堅"，从"羽"表示"箭必以羽"，故歸爲會意。其實他解釋"幵，音堅，堅也"，已經説明聲中有義，應該歸到"聲兼意"類。

26. 【則】

《六書略・會意第三上》："《説文》：'等畫物也。从刀，从貝。貝，古之物貨也。'按，今人稱金之劑曰'則'。一曰'法也'。古作劃。劃，籀从鼎。"

按，鄭氏指出"今人稱金之劑曰'則'"，此義項未見於宋代有關字

① 徐灝：《説文解字注箋》，續修四庫全書本，第240頁。

② 王筠：《説文解字句讀》，中華書局1988年版，第51頁。

書，故鄭氏申之。《宋史・律曆志一》：“其則，用銅而鏤文，以識其輕重。”湘潭出土宋銅則銘文：“銅則，重一百斤。黄字號。”① 其中之“則”，當即“金（銅）之劑”。其“一曰‘法也’”，殆本《爾雅》《類篇》《集韻》諸字書以及有關古籍注語。此條按語主要目的是補充義項，與形義分析無關。

27.【筋】

《六書略・會意第三上》：“《説文》：‘肉之力也。’臣按，从竹，从肋。惟竹肋多筋絲，所以爲筋之主，故《説文》曰：‘竹，物之多筋者。’”

按，大徐本《説文》：“筋，肉之力也。从力，从肉，从竹。竹，物之多筋者。”《説文》“筋”字是部首，緊接“肉”部，故分“筋”字爲肉、力、竹三個部件，釋爲“肉之力”，與“力”字下曰“筋也”相對②，内部對應很嚴密，因此各家都把“筋”分析爲三個部件。至於把“肉力”合爲“肋”，當屬鄭氏首創。從鄭氏按語來看，他顯然是根據《説文》所説的竹爲“物之多筋者”而把“筋”字分析爲从竹，从肋，並説“惟竹肋多筋絲，所以爲筋之主”。後來徐灝也認爲“筋”字結構是从竹，从肋，他説：“骨節字借竹節爲之，筋从竹，疑本訓竹筋，假借爲筋力也。从肋，謂竹理也。”③ 而饒炯在《説文解字部首訂》中則以爲“造字原从肉力會意，……又加竹以明之”④。可見从“肋”之説，亦頗有應之者。

28.【㬱】

《六書略・會意第三上》：“今作‘替’。《説文》：‘廢。一偏下也。’按，从竝，一上而一下也。从曰，告也。”

按，古文字“並”字以兩人正面並立來表示，“替”字則以兩人並立而一上一下來表示，甲骨文作[illegible]（《合集》32892）、金文作[illegible]（中山王鼎），因有“廢”義。後來“㬱”字所从的“白（自）”或“曰”當爲

① 參見《漢語大詞典》，漢語大詞典出版社 1997 年版，第 1033 頁。

② 《六書略・人物之形》也説：“力，筋也。力由筋以生，故象筋之形。”

③ 徐灝：《説文解字注箋》，續修四庫全書本，第 467 頁。

④ 轉引自丁福保《説文解字詁林・四下・筋部》，中華書局 1988 年版，第 4614 頁。

後加，《説文》以“白（自）”爲聲符，可視爲聲化。鄭氏按語曰：“从竝，一上一下也”，驗之古文字，可謂暗合。然其“从曰，告也”之説，並無根據。

29.【虔】

《六書略·會意第三上》：“《説文》：‘虎行皃。’按，此从文，當有虎文之義。”大徐本《説文》：“虎行皃。从虍，文聲，讀若矜。臣鉉等曰：文非聲，未詳。”

按，“文”與“虔”聲韻均不合，故徐鉉以爲“文非聲”。鄭樵以爲“文”是義符，从虍，从文，“當有虎文之義”，並歸於會意，其説可從。《古文字譜系疏證》云：“虔，从虍，从文，會虎身紋飾之意。”①

30.【僉】

《六書略·會意第三上》：“《説文》：‘皆也。从亼，从吅，从从。’引《虞書》：‘僉曰伯夷。’按，此吅、从無義，但亼人口之多耳。”

按，“僉”字的“皆”義，《説文》以亼、吅、从三個偏旁説之，其意即王筠《説文句讀》所言：“謂亼眾口而皆聽從之也。”鄭樵則認爲“吅、从無義，但亼人口之多耳”，即“吅”非眾口，“从”非聽從，“但亼人口之多”，義在“多”，未必有“皆”義，故鄭説不確。

31.【䍃】

《六書略·會意第三上》：“《廣雅》：‘瓶也。’又夷周切。《説文》：‘瓦器也。’按，从肉，藏肉器。”

按，《説文》：“䍃，瓦器也。从缶，肉聲。臣鉉等曰：‘當从𦥑省乃得聲。’”徐灝《説文解字注箋》：“䍃、匋語之轉，肉聲、䍃聲古音並在幽部，鼎臣謂當从𦥑省乃得聲，非也，𦥑亦从肉聲。”孔廣居《説文疑疑》：“肉轉去則如柚切，正與䍃諧。徐説非是。鄭樵以䍃爲藏肉器，亦屬臆説。”② 另，鄭樵以“肉”爲義符會意，因歸此字爲會意。

32.【𩫖】

《六書略·會意第三上》：“余封切。从亯，从自。自，鼻也，知臭香

① 黄德寬主編：《古文字譜系疏證》，商務印書館 2007 年版，第 2654 頁。

② 丁福保：《説文解字詁林》，中華書局 1988 年版，第 5469—5470 頁。

所食也。按，此與䈞同體，即烹飪調庸之義。或作庸，从庚，庚乃烹飪器。𩫖以烹爲主，借爲庸用之庸，後人不知，但識借義而已。”

按，此條雖未標明引自《説文》，但其中“从亯，从自”“知臭香所食也”皆同《説文》。“𩫖”字甲骨文作（《合集》13523）、（《合集》29795），象兩城樓相對之形。《説文》以爲城郭之“郭”字，又爲“墉”（本義爲城垣）字古文。其實二字初本一字，後世分化，表外城者造“郭”字，表垣牆者造“墉”字，後起字行而本字廢。金文承之作（毛公鼎），或下部訛變爲“自”，爲《説文》所承，“讀若庸”，則透露了此字的本形本義[①]。鄭樵增“自，鼻也”，並以爲與䈞同體，本義是烹飪調庸，借爲庸用之用，所論皆不確。

33.【䈞】

《六書略·會意第三上》：“《説文》：‘孰也。从亯，从羊。’按，从亯，普庚切。一曰，鬻也。篆文作“䈞”。”

按，大徐本《説文》：“孰也。从亯，从羊，讀若純。一曰，鬻也。”甲骨文作（《合集》6861）、（《合集》28915），从亯、羊，會以熟羊祭享之意，本義爲孰（熟）。《段注》：“今俗云純熟當作此字，純、醇行而䈞廢。”其所从之“亯”有許兩切、普庚切、許庚切，鄭氏特别注明亯爲普庚切，大概是着眼於“䈞”的“孰”義。

34.【畟】

《六書略·會意第三上》：“《説文》：‘治稼畟畟，進也。’引《詩》：‘畟畟良耜。’按，此从夊、从畀省。《説文》从田，从人、夊，誤矣。又節力切。”

按，“稷”字古作（《璽彙》4443），从禾从鬼；其異體“禝”作（中山王鼎），从示从鬼。“稷”爲五穀之神，故以从禾从鬼會意[②]。“畟”當是從“稷”分化出來的一個字，《説文》分析爲“从田、人，从夊”，不誤。鄭氏以爲“从夊、从畀省”，無據。

---

① 參見林志强、田勝男、葉玉英《〈文源〉評注》，中國社會科學出版社2017年版，第249頁。

② 參見黄德寬主編《古文字譜系疏證》，商務印書館2007年版，第235頁。

35.【眞】

《六書略·會意第三上》:“《説文》:‘僊人變形。’臣按，从匕，从具，變化之具也。”

按，關於“真”字的構形，諸説紛紜。根據現有的研究成果，“真”是顛覆之“顛”的本字，真假之真爲其假借義。“真”字金文作（季真鬲）、（真盤）、（伯真甗），其上所从，即是倒人之形，表示顛倒或顛落，下从“鼎”或“貝”（古文字“鼎”和“貝”常互譌），或又增“丁”以爲聲，或又加“丌”[①]。《説文》:“真，僊人變形而登天也。从匕，从目，从乚，八，所乘也。”林義光《文源》以爲其“説不可曉”。《六書略》著眼於“僊人變形”之説，並把偏旁合併爲从匕，从具，解釋爲“變化之具”，乃是根據後來的字形所作的别解，並不符合“真”字的源流。

36.【頃】

《六書略·會意第三上》:“《説文》:‘頭不正也。’臣按，从頁，从匕。飯匕之匕，其形不正。”

按，大徐本《説文》録徐鉉等曰:“匕者有所比附，不正也。”以“比附”説“不正”，還是比較牽强的。鄭説以“飯匕之形不正”爲説，與徐鉉之説不同。王筠《釋例》亦以匕柶爲説，云:“匕部‘頃’，大徐曰:‘匕者有所比附，不正也。’按，許君以‘比敘’釋‘匕’，鼎臣緣之以生‘比附’之義，非也。‘頃’及上文‘跂’字，自從部首説中‘一名柶’之‘匕’，故‘跂’下云:‘匕，頭頃也。’即以‘頃’字承之，言人頭不正如匕也。脈絡分明，了然言下，不須横生枝節也。”[②] 王説可謂申鄭之説，頗有理趣。

37.【叚】

《六書略·會意第三上》:“《説文》:‘柔皮也。’按，此从皮省，从又。又者，以手柔之也。”

---

① 參見謝明文《釋“顛”字》，《古文字研究》第三十輯，中華書局2014年版，第493—498頁；李守奎、王永昌《説解漢字一百五十講》，陝西師範大學出版總社2021年版，第88—91頁。

② 王筠:《説文釋例》，中華書局1987年版，第347頁。

按，“皮”字會意不明，《説文》：“柔皮也。从申尸之後。尸或从又。”徐鉉以爲似有闕脱。鄭樵根據“柔皮”之説，以爲“此从皮省，从又。又者，以手柔之也。”朱駿聲《説文通訓定聲·乾部第十四》：“當云从又申尸之後，會意。又或从叉。今本有闕脱。又按，以許書列字次第，屍、臀……八字連屬，疑謂人穀道兩傍之皮。説者以攻皮之工當之，則與㼱字同，何不曰从皮省而隸尸部乎？”亦主“从皮省”之説，可參。

38. 【廛】

《六書略·會意第三下》：“《説文》：‘一畝半，一家之居。’臣按，此从广，从里，从坴省。《説文》‘从广、里、八、土’，誤矣。”

按，“廛”字見於戰國文字，作（《緇衣》36）、（《十鐘山房印舉》“纏”字偏旁），从厂或广，从土，中間所从并非里、八。《説文》分析爲从广、里、八、土，鄭氏以爲从广，从里，从坴省（意即“即陸而居”，見《三體會意》“廛”字），皆不能定。

39. 【威】

《六書略·會意第三下》：“《説文》：‘滅，从火戌。火死于戌。陽氣至戌而盡。’引《詩》：‘赫赫宗周，褒姒威之。’臣按，从火，从戌，戌，聲也，未必有義。”

按，本條又見於《互體别聲轉注音義》，後增“又莫列切”，其餘全同。“威”字古作（子禾子釜）、（詛楚文）、（《雲夢·日甲》146背），戌爲兵器，當會兵火所滅之意。典籍多作“滅”。《説文》以陰陽之説釋之，自不可信。鄭氏歸此字於會意，而按語則以爲“戌，聲也，未必有義”，可謂自相矛盾。

40. 【息】

《六書略·會意第三下》：“《説文》：‘喘也。’按，此从心，从自。自即鼻也。”

按，鄭樵指出“自即鼻也”，甚確。《段注》云：“自者鼻也。心气必從鼻出，故从心、自，如心思上凝於囟，故从心、囟，皆會意也。”

41. 【鱻】

《六書略·會意第三下》：“《説文》：‘新魚精也。从三魚。不變魚。’按，今人以小魚爲鱻，从魚之多也。”

按，王筠《句讀》以爲《説文》“从三魚，不變魚”，“文義不完，似有挩字”[①]。大徐本《説文》徐鍇曰：“三，衆也。衆而不變，是鱻也。”鄭氏按語殆本徐鍇，但意思有所不同。他的意思應該是，小魚多，故小魚爲鱻。他把魚理解爲“小魚”，似乎沒有根據也沒有必要。後人還是多從“三”表示“多”來理解“鱻”的含義，如徐灝《説文解字注箋》云：“灝謂从三魚者，取其多而益鮮美耳。”

42. 【如】

《六書略·會意第三下》：“《説文》曰：‘隨也。’按，从女，从口。女子之口，惟从命。”

按，“如”爲“女”之分化字，“口”爲分化符號，後世或以爲義符。《説文》：“徐鍇曰：女子从父之教，从夫之命，故从口會意。”乃是以禮教之義立説。按徐鍇之所謂“口”，應是父、夫之“口”，鄭氏“女子之口，惟从命”，其“口”則爲女子之“口”，二者不同，但禮教的内涵則是一致的。“隨也”，《説文》作“从隨也”。

43. 【婁】

《六書略·會意第三下》：“《説文》：‘空也。从毋、中、女，空之意也。一曰，婁務也。’臣按，此與《孟子》‘摟則得妻’之‘摟’同，‘婁’是本文，挑婦人也。”

按，“婁”字《説文》據小篆立説，以“母（大徐本作“毋”）、中、女”會“空之義”，不可信。《段注》云：“从毋猶从無也，無者空也；从中女謂離卦，離中虚也，皆會意也。”輾轉牽合，亦不可據。鄭氏以爲“婁”即“摟”字，“‘婁’是本文，挑婦人也”，甚有道理。林義光《文源》亦以爲“‘婁’即‘摟’之古文，曳也。”季旭昇以爲甲骨文（《合集》19830）即“婁”字，本義爲摟女腰，金文加“角”聲，作（伯要簋）、（是要簋）。“婁”爲來紐侯韻，“角”爲見牛屋韻，二字聲近，韻對轉[②]，可供參考。按《集韻·矦韻》：“婁，古作嫈。”“嫈”字結構頗與甲骨文暗合。綜合古今文字材料來看，小篆中的“毋”乃

---

① 王筠：《説文解字句讀》，中華書局1988年版，第461頁。

② 參見季旭昇《説文新證》，福建人民出版社2010年版，第890頁。

“臼”與人形上部連筆而譌，“中”或爲“角”之譌[①]。

44.【里】

《六書略·會意第三下》：“《説文》：‘居也。从田，从土。’臣按，埋、貍之字並从里，則知里字復有霾音。又按趩、悝之字並从里，則知里字又有恢音也。”

按，“里”字从田，从土，會田土可居之意。鄭氏按語指出从里之字的讀音問題，既有“霾”音，又有“恢”音。

45.【奪】

《六書略·會意第三下》：“《説文》：‘手持隹失之也。’臣今按，从寸者，攘人不顧法度，如奞攫然。”

按，“奪”字本作（奪作父丁卣，《集成》5331.1），从衣，从雀，从又，會捕鳥之意，引申爲奪取[②]。或解爲“雀在衣中，手奪之”[③]。所从“衣”與“雀”，小篆訛爲“奞”，隸變又將“又”訛爲“寸”。《説文》以“手持”釋“又”，尚存古義；鄭氏以从“寸”之法度義説之，不可信。

46.【叡】

《六書略·會意第三下》：“《説文》：‘深明也。通也。’臣按，此从目，从叡省。或言从谷省，非。古作‘睿’。”

按，此條字頭是“叡”，按語又云“从叡省”，顯然有誤，應該是抄刻所致。《段注》以爲“叡實从叡省，从叡者皃其能容也，能容而後能明。古文《尚書》‘思曰叡’，今文《尚書》‘思心曰容’，義實相成也。”按“叡”通作“壑”。林義光《文源》亦以爲“从‘壑’省，从目。壑中極目所及，故爲‘深明’、爲‘通’，與‘窅’同意”。段、林之説，字理可通，唯未見不省之形耳（秦公鎛作，見《集成》270.1）。此條“从叡省”之“叡”若真是“叡”字之誤，則鄭氏之説，乃段、林之先也。另鄭氏按語“或言从谷省”，乃指《説文》。《説文》分析“叡”字

① 參見林志强、田勝男、葉玉英《〈文源〉評注》，中國社會科學出版社2017年版，第285—286頁。

② 黄德寬主編：《古文字譜係疏證》，商務印書館2007年版，第2461頁。

③ 季旭昇：《説文新證》，福建人民出版社2010年版，第294頁。

爲“从㲋，从目，从谷省”，鄭氏非之，故言“从叡［叡］）省”。

47.【堯】

《六書略·會意第三下》：“《説文》：‘高也。从垚在几上，高遠也。’臣按，堯當从垚，从儿。因帝堯以垚爲名，故又加儿焉。古文作“兓”，亦从二儿，可知也。”

按，“堯”字甲骨文作[甲骨文]（《合集》9379），从二土在卩上，所从之“卩”後訛爲“兀”[①]，歷代《説文》學者皆以从“兀”説之，唯鄭樵以爲从“儿”，並引古文爲證。从“儿”雖可會“高”之意，但於古無徵，亦不合《説文》，其説不可信。所引《説文》“从垚在几上”之“几”，當據《説文》作“兀”，故後按曰“从儿”，以示不同。

48.【勞】

《六書略·會意第三下》：“《説文》：‘劇也。从力，熒省。熒火燒門，用力者勞。’臣按，从力，从營省，言用力經營也。又郎到切。”

按，“勞”字甲骨文作[甲骨文]（《合集》24284），戰國文字作[戰國文字]（郭店楚簡《緇衣》），从炏，从衣，表示火下綴衣之勞。秦系文字省“衣”爲“冖”，另加義符“力”，表示體力操勞之意[②]。《説文》釋爲“熒火燒冖，用力者勞”，鄭氏引作“熒火燒門”，所據當爲另本《説文》[③]。鄭氏大概覺得“熒火燒門，用力者勞’之説不合理，故改爲“从力，从營省，言用力經營也”，可謂别解。徐灝《説文解字注箋》引趙古則《六書本義》曰：“勞从力，从營省，用力經營，故勞。”蕭道管《説文重文管見》曰：“案，勞非从熒省，當从營省，悉心經營，甚勞。”[④] 皆承襲鄭説。

49.【勖】

《六書略·會意第三下》：“許六切。勉也。臣按，从力，从冒，會意。《説文》謂聲，誤矣。”

---

① 參見季旭昇《説文新證》，福建人民出版社 2010 年版，第 949 頁。

② 參見季旭昇《説文新證》，福建人民出版社 2010 年版，第 960 頁。

③ 姚文田、嚴可均《説文校議》：“‘熒火燒門’，《五音韻譜》如此。宋本及小徐、《韻會·四豪》引作‘燒冂’，毛本剜改‘門’字作‘冂’。”轉引自丁福保《説文解字詁林》，中華書局 1988 年版，第 13425 頁。

④ 轉引自丁福保《説文解字詁林》，中華書局 1988 年版，第 13427—13428 頁。

按，《段注》云：“勖，古讀如茂，與‘懋’音義皆同。故《般庚》‘懋建大命’‘予其懋簡相爾’，今文《尚書》‘懋’皆作‘勖’，見《隸釋·石經殘碑》，‘心’部：‘懋，勉也。’”段氏因此認爲此字音“許玉切”爲非。據此，“懋”“勖”同訓“勉”，古讀皆如“茂”，《說文》以“勖”是“从力，冒聲”，是沒有問題的。但鄭樵可能根據其“許六切”之音，判斷《說文》“冒聲”誤，而把“勖”看成“从力，从冒，會意”。其會意之說，也可能根據小徐“勉其事冒犯而爲之”，見《說文解字繫傳》。

50.【鸛】

《六書略·互體別聲轉注音義》：“《說文》：‘小雀也。’《詩》：‘鸛鳴于垤。’今按，鸛，水鳥之大者。”

按，“雚”[①]“鸛”古今字。甲骨文作（《合集》32137）、（《合集》26909），从雈，从吅，吅亦聲。大小徐《說文》皆作：“雚，小爵也。从雈，吅聲。《詩》曰：‘雚鳴于垤。’”鄭氏字頭和《詩經》引文直接作“鸛”，“小爵”作“小雀”，正確可從。《段注》云：“爵，當作雀。”徐灝《說文解字注箋》云：“鈕（樹玉）云：‘小’當爲‘水’之譌。《玉篇》：‘雚，水鳥也。’灝按，鄭箋亦云‘水鳥’。雚、鸛古今字。”鄭氏認識到《說文》“爵”當作“雀”，但可能沒有認識到《說文》“小”爲“水”之誤，不過按語指出“鸛”屬“水鳥”，也是不錯的。另，鄭氏歸此字爲“互體別聲轉注”類，是因爲“鸛”與“驩”屬於“聲異而義異者”。

51.【枼】

《六書略·互體別聲轉注音義》：“《說文》：‘楄也。从世聲。’徐鉉謂从世非聲，改而爲卅。卅，穌合切。臣按，此即木葉象形，非聲也。”

按，大徐本《說文》：“枼，楄也。枼，薄也。从木，世聲。臣鉉等曰：當从卅，乃得聲，卅，穌合切。”鄭氏針對徐鉉按語認爲“枼”爲木葉象形，不是形聲。“枼”字古作（拍敦，《集成》4644），確象樹葉之形。但其木上之形，《說文》以爲“世聲”，也未嘗不可。《段注》云：

① “雚”字嚴格依形隸定應作“雈”，隸楷混同於从“艸”的“雚”。

"按鉉曰：'當从𠀤，乃得聲。'此非也。毛傳曰：莱，世也。莱與世，音義俱相通。"另，鄭氏歸此字爲"互體别聲轉注"類，是因爲"莱"與"枻"屬於"聲異而義異者"。

52. 【禜】

《六書略·聲兼意》"《説文》：'設緜蕝爲營，以禳風雨雪霜水旱疫癘。从示，榮省聲。'臣按，此从營省，爲營以祀日月星辰山川也。"

按，大徐本作"从示，榮省聲"，小徐本作"从示，从營省聲"，段注本亦同。鄭氏謂从營省，並結合《説文》"設緜蕝爲營"，指出"从營省"的原因是"爲營以祀日月星辰山川也"，較諸家之説更詳細，講出了其中的理據。

53. 【知】

《六書略·聲兼意》："《説文》：'詞也。'或曰，覺也。臣按，从矢，發也。發口而後人知之。"

按，"知"字甲骨文作（《合集》38289），商代金文作（⿰宮鼎），从大、口、子，表示大人教給孩子知識，兼有"知識"與"智慧"之義。"大"似"矢"，故或从"大"或从"矢"，"子"綫條化則似"于"。字繁化作（毛公鼎），是爲"智"；簡化作（《雲夢·日乙》46），是爲"知"，二者爲異體關係。"知"字《説文》析爲从口、从矢，鄭氏申从矢之説，以爲"發口而後人知之"，雖屬别解，亦有理趣。

54. 【態】

《六書略·聲兼意》："《説文》：'意也。从心，从能。'徐鍇曰：'心能其事，然後有態度也。'臣按，能音耐，此即諧聲字。"

按，鄭氏按語指出"能音耐，此即諧聲字"，很有道理。《段注》云："心所能必見於外也。能亦聲。"徐灝《説文解字注箋》云："愚謂直從能聲耳。"總之，鄭氏以能爲聲，是對的。

55. 【雲】

《六書略·聲兼意》："《説文》：'山川氣也。从雨，云象雲回轉之形。'臣按，古雲作'云'，雷作'回'，皆象其形，尊罍器見之矣。後人借云爲云曰之'云'，回爲回旋之'回'，故於雲、雷復加'雨'以别。"

按，《象形·天物之形》亦收"云""回"二字："云，古'雲'字，象其形。後人加‘雨’，故以‘云’爲云曰之‘云’。”“回，古‘雷’字。後人加‘雨’作‘雷’，又作‘靁’，省作‘雷’。回象靁形，借爲回旋之‘回’”。古尊罍器多作云回。”與此可以對勘。此條鄭氏論“云”“雲”是古今字關係，正確無誤。至于“回”字，還需要具體分析。“雷”字古文作[illegible]，籀文作[illegible]，中間的[illegible]，《説文》解釋爲“閒有回，回，雷聲也”。根據《説文》的解釋，“雷”字古文、籀文中的“回”，與《説文·囗部》表示回轉的“回”，應該是同形的關係。鄭樵把雷聲之“回”與回轉之“回”看成一字，認爲雷聲之“回”借爲迴旋之“回”，可能是不對的。

以上爲《六書略》中有按語的字條，從中可見，鄭氏按語有是有非，有得有失。當然，鄭樵除以“按”“臣按”方式提出己見外，還有“臣謂”和随文解释或附加説明等其他的方式，如“兄”字下云“臣謂从口所以訓子弟也”，“辟”字下云“《説文》謂‘从卩，从口’，誤矣”。“誓”字下云“蓋誓之以言”，“臤”字條云“从臣，从又，臣能致力也”，“本”字條云“本、朱、末同意，一在下爲本，在中爲朱，在上爲末，一無義也，但記其别耳”，等等，此類情况，不再贅述。

第三節 《六書略》暗引《説文》例

《六書略》引用《説文》者最多，除了明確標引《説文》外，還有未標明《説文》，但釋文與《説文》相同或基本相同者，也相當多。上節“畗”字條，即屬此類。其内容完全相同者，《山川之形》就有如下之例：

1.【厂】

《六書略·山川之形》：“山石之厓巖，人可居。”

按，大徐本《説文》同。

2.【永】

《六書略·山川之形》：“象水巠理之長。《詩》曰：‘江之永矣。’”

按，大徐本《説文》同。

3.【𨸏】

《六書略·山川之形》：“兩阜之間也。”

按，大徐本《説文》同。

4.【屾】

《六書略・山川之形》："二山也。"

按，大徐本《説文》同。

5.【磊】

《六書略・山川之形》："衆石也。"

按，大徐本《説文》同。

此類例子尚多，不贅。

除全同者外，也有暗引《説文》而文字頗有不同者，兹以象形字部分为例，如：

1.【日】

《六書略・天物之形》："太陽之精，正圓不虧，其中象日烏之形。"大徐本《説文》："實也。太陽之精不虧。从口、一，象形。"

按，許慎"不虧"，鄭氏作"正圓不虧"，突出了太陽圓而不缺的常態；許慎之"一"，指"日"中的一横，但所指未及指明，鄭氏以爲"其中象日烏之形"，雖據傳説，但更爲明白。

2.【月】

《六書略・天物之形》："太陰之精，多虧少盈，故其形缺。"大徐本《説文》："闕也。大陰之精，象形。"

按，鄭氏指出月亮"多虧少盈，故其形缺"的常態，很好地説明了《説文》釋月爲"闕"的含義，頗有道理，同時也很符合"月"字的構形。

3.【身】

《六書略・人物之形》："人身從，禽畜身衡。此象人之身。"大徐本《説文》："躳也，象人之身。"

按，"象人之身"爲二者相同之處，而鄭氏增加"人身從（縱），禽畜身衡（横）"，對人身和禽獸之身作了比較，也頗有理趣。鄭氏在《六書略・論便從》中闡述了人與動物的異同，可比照互觀。

4.【女】

《六書略・人物之形》："象婦人斂容儀之形。"大徐本《説文》："婦人也，象形。”

按，“女”字古文字作（《合集》20685）、（《合集》19907），象女人斂手跪跽之形。林義光《文源》指出，“女”字古文“象頭、身、脛及兩臂之形。身夭矯，兩手交，此女之態”。鄭樵認爲“女”字“象婦人斂容儀之形”，比《説文》之説顯然更爲形象。

5.【立】

《六書略・人物之形》：“象人立地之上。从大，人也。一，地也。”大徐本《説文》：“立，住也。从大，立一之上。臣鉉等曰：大，人也。一，地也。會意。”

按，鄭氏根據徐鉉之説，認定“大”表示人，故解“立”爲“象人立地之上”，更爲明確合理。

6.【自】

《六書略・人物之形》：“鼻也，象鼻形。又始生之子亦爲自。”大徐本《説文》：“鼻也，象鼻形。”

按，大徐本《説文》：“皇，大也。从自，自始也。……自，讀若鼻。今俗以始生子爲鼻子。”鄭樵應該是綜合了《説文》“皇”字條關於“自”字的解釋，故增加了“又始生之子亦爲自”一句，釋義更爲完整。

以上例子，雖未標明《説文》，但基本釋義與《説文》相同，只是增加了若干文字，使得釋義或更加通俗易懂，或更加形象生動，或更加完整圓滿，值得肯定。《六書略》中此類現象還有不少，亦不贅述。

第四節　《六書略》不引《説文》例

鄭樵是以“凡許氏是者從之，非者違之”的態度來研究文字的。《六書略》中明引、暗引《説文》者至多，前面三節已經作了分析，從中可見鄭氏“是者從之，非者違之”的具體表現。《六書略》中還有不少見於《説文》之字，但其釋義並不引用《説文》。這類不引《説文》的字例，比較集中反映了鄭樵對許氏“非者違之”的態度。下面略舉一些例子進行説明。

1.【水】

《六書略·山川之形》："坎之體也。從則爲水。"大徐本《説文》："準也。北方之行，象衆水並流，中有微陽之氣也。"

按，"水"字古文字即象水之形，如甲骨文"水"字作（《合集》33349）、（《合集》10157），象流水狀。鄭樵《六書略·因文成象圖》云："有近取：取天（天）於☰（乾體），取巛（地，亦爲坤字）於☷（坤體），取巛（水）於☵（坎體），取火（火）於☲（離體）……有遠取：取山於☶（艮體），取雷於☳（震體），取風於☴（巽體），取澤於☱（兑體）。"此以八卦之"坎（☵）"釋"水"，認爲☵變爲縱向即爲"水"，形體上雖然有點巧合相像，但在道理上，與《説文》所謂"中有微陽之氣"一樣都很牽强，不足據。

2.【泉】

《六書略·山川之形》："本'錢'字，象錢貨之形。自九府圜法行，然後外圓内方。此實錢也，借爲泉水之'泉'，所以生字皆取借義。"大徐本《説文》："水原也。象水流出成川形。"

按，鄭樵在《論遷革》中繼續申説其觀點，云："泉，本貨錢之錢，故於篆象古刀文，借爲泉水之泉，今人見泉，知泉水之泉而已，安知泉本爲錢。"其實"泉"字甲骨文作（《合集》8370）、（《合補》10642 甲）、（《合集》8371）等形，象水流出洞穴之形，表泉水之義。《説文》釋爲"水原（源），象水流出成川形"，是基本不錯的。鄭氏以爲乃"錢"本字，反而以"泉水"義爲借義，正好顛倒了。其説不可從。

3.【出】

《六書略·艸木之形》："華英也。華皆五出，故象五出之形。"大徐本《説文》："進也。象草木溢滋，上出達也。"

按，"出"字甲骨文作（《合集》20259）、（《合集》6105），从止，从凵（坎），會足邁出凵之意。小篆字形有訛變，許慎誤以爲"象草木溢滋，上出達也"，鄭樵則以爲象華英"五出之形"，皆不合"出"字構形。

4.【長】

《六書略·人物之形》："在人上者，故古文从上，从人。後之爲字者，因古文而成體，其上則象發號施令，其下則象垂衣裳之形，从乜，所以化下也。其實本古文之𠑿耳。”大徐本《説文》：“久遠也。从兀从匕。兀者，高遠意也，久則變化。亾聲。𠂕者，倒亾也。”

按，“長”字甲骨文作（《合集》27641）、（《合集》28195），象老人長髮拄杖之形，金文相承作（牆盤）、（長日戊鼎），小篆訛變，《説文》釋形支離不確，鄭氏以古文之“𠑿”爲説，亦不合“長”字形義關係。

5.【元】

《六書略·人物之形》：“人頭也。从二，从儿。二，古文上字，象人頭。儿，象其身。”大徐本《説文》：“始也。从一，从兀。徐鍇曰：元者，善之長也，故从一。”

按，“元”字商代金文作（兀作父戊卣），象人而突出其首。甲骨文作（《合集》4855），頭部以一横或二横表示。鄭氏將“元”上之“二”解爲古文“上”，並以爲“象人頭”，其下之“儿”則“象人身”，其説戴侗《六書故》、林義光《文源》皆承之，與《説文》和徐鍇之説不同，但比《説文》更有道理，基本符合古文字的構形。這個大概也是鄭氏得益於金石文字的緣故。

6.【鬥】

《六書略·人物之形》：“从丮，从𠃛，象對敵之形。”大徐本《説文》：“兩士相對，兵杖在後，象鬥之形。”

按，“鬥”字甲骨文作（《合集》152正）、（《合集》21524），象兩人相對徒手搏鬥之形。《説文》的解釋，“兩士相對”，勉强可通，但“兵杖在後”没有着落，“象鬥之形”是以“鬥”釋“鬥”。故段《注》曰：“按此非許語也。許之分部次弟，自云‘據形系聯’。丮、𠬜在前部，故受之以‘鬥’，然則當云‘爭也，兩丮相對，象形’，謂兩人手持相對也。乃云‘兩士相對，兵杖在後’，與前部説自相戾。且文从兩手，非兩士也。此必他家異説，淺人取而竄改許書，雖《孝經音義》引之，未可信也。”鄭樵的解釋則緊扣字形，“从丮，从𠃛，象對敵之形”，非常貼切，比段氏改釋“兩丮相對，象形”“謂兩人手持相對”都更精彩。

7.【〓】

《六書略·器用之形》："即'射'字。象張弓發矢之形。"大徐本《説文》："射，弓弩發於身而中於遠也。"

按，此條字頭之"〓"疑非古"射"字，但其内容是解釋"射"的。按"射"字甲骨文作〓（《合集》19476），花東甲骨文又加一手或雙手，作〓（《花東》264）、〓（《花東》7），金文作〓，沿襲了花東甲骨文的結構，字形均表示以手張弓搭箭而射。由於此字中之"弓"作〓，而古文字"身"字有作〓者，兩者形近，故後世"弓"遂訛爲"身"，小篆作〓。關於"射"字的訛變，宋元時期戴侗最早指明，不過他認爲是弓矢合起來訛爲身。他説："射之从身絕無義，考之古器銘識，然後得其字之正。蓋左文之弓矢訛而爲身，右偏之又訛而爲寸也。"[①] 許慎解爲"弓弩發於身而中於遠也"，是根據訛變了的字形來解説，自然是不符合字源的[②]。而鄭樵所説的"象張弓發矢之形"，則完全符合古文字構形，是非常正確的。鄭樵的這一看法，無論從小篆之"〓"還是據楷體之"射"，都是無法得出的[③]，所以特别令人佩服。戴氏見過古器銘文之"射"，鄭樵估計也是見過的。果真如此，這又是鄭氏得益於古器文字的又一例證。

8.【圖】

《六書略·服飾之形》："象圖畫之形。"大徐本《説文》："畫計難也。从囗，从啚。啚，難意也。"

按，《説文》的解釋比較難懂。《段注》云："《左傳》曰：'咨難爲謀。'畫計難者，謀之而苦其難也。"本義當是指計劃、圖謀。林義光《文源》以爲"圖"的本義是地圖，楊樹達《積微居小學述林·釋圖》云："依形求義，圖當訓地圖。从囗者，許君於冋下云：'囗象國邑。'是也。""从啚者……啚爲鄙之初字……物具國邑，又有邊鄙，非圖而何

---

① 戴侗：《六書故》，上海社會科學院出版社2006年版，第699頁。戴書"射"作"弜"。

② 參見林志强《漢字學十六講》，中國高等教育出版社2019年版，第152頁。

③ 《六書略·會意第三上》有"䠶"字，鄭樵全引《説文》："弓弩發於身而中於遠也。篆作射，从寸。寸，法度也。"

哉?”《古文字譜系疏證》以爲會圍繞鄙（啚）邑繪畫地圖之意[①]，季旭昇釋爲“版圖、地圖、畫地圖”[②]，以上諸説，與鄭氏之説應該是一脈相承的。

9.【爭】

《六書略・指事》：“象二手而競一物之狀。”大徐本《説文》：“引也。从𠬪厂。臣鉉等曰：厂音曳，𠬪，二手也，而曳之，爭之道也。”

按，“爭”字甲骨文作[illegible]（《合集》3037）、[illegible]（《合集》5234），从𠬪，象兩手相爭持，中間之“ᒧ”象所爭之物。“ᒧ”金文或變作“ʃ”，爲後來小篆所本。《説文》云：“引也。从𠬪厂。”説得不够明白，故徐鉉復加解釋，謂二手相曳爲爭之道，但把所爭之物的“厂”認爲手的動作“曳”，仍然不够精確。鄭氏謂“象二手而競一物之狀”，比較許慎和徐鉉的説法，應該更爲精準明白。《六書略》“爭”字既見於“指事”類，又見於“事兼形”類，釋文相同，是其分類混亂的一個表現。

10.【梵】

《六書略・會意第三上》：“木得風也，疑从風省。”大徐本《説文》：“出自西域釋書，未詳意義。”

按，“梵”字爲《説文》新附字，鄭氏的解釋應該是根據《集韻》。《集韻・東韻》“梵，木得風皃。”《集韻・梵韻》“楓，風行木上曰楓。或作梵。”從《集韻》看，“梵”字全形作“楓”，簡形作“梵”，則鄭氏“疑从風省”的解釋是合理的。

11.【是】

《六書略・會意第三上》：“時也。从日，从正。日，辰也，正其辰也。篆作‘昰’。”大徐本《説文》：“是，直也。”

按，甲骨文有[illegible]（《合集》20093）、[illegible]（《合補》7250），或釋爲“是”。金文或作[illegible]（毛公旅鼎）、[illegible]（虢季子白盤），亦有从日作者，如[illegible]（𨟭兒鐘）。按照古文字演變條例，“是”字初形可能是从日，止聲，古音“止”在章紐之部，“是”在禪紐之部，聲音很接近。後在“止”

① 黄德寬主編：《古文字譜系疏證》，商務印書館2007年版，第1507頁。

② 季旭昇：《説文新證》，福建人民出版社2010年版，第531頁。

的豎筆上加横，又將上下割裂而作，變爲从早从止；又在横筆上加飾筆形成，變成或形。後一種情況與“萬”字本作（《前》三·三〇·五），在末筆上加横作（仲卣），横上又加短豎作（史宜父鼎），再演變爲（頌鼎）屬同類現象①。若此説可信，即“是”之初文乃从日止聲，很有可能就是“時”字古文的異寫。按“時”字古文見於《説文》，也見於中山王鼎，作，其結構爲上“止”下“日”，與“是”之上“日”下“止”正好形成分化條件，加則進一步形成區别字。也就是説，“是”字是從“時”之古文分化而來②。如此，則鄭氏不從《説文》，而從“日”字的時辰義出發，釋“是”爲“時也”，是很正確的。

以上例子説明，鄭樵不同意《説文》，提出自己的看法，總的來説也是得失參半。其所失者，如“水”“泉”“出”“長”諸字，固然受限於當時的認知和客觀條件；其所得者，如“元”“鬥”“射”“圖”“爭”“梵”“是”諸字，較諸許慎、徐鉉等人，或暗合古形，或更加準確，體現了鄭樵的真知灼見。同時他對《説文》的“是者從之，非者違之”的實事求是的態度，也是值得嘉許的。

《六書略》中不引《説文》而自爲立説的還有一些，如“信”字條曰：“信無所立，惟馮人言。”“叒”字條云：“二又爲友，三又爲叒，所助者多，故爲順也。”限於篇幅，就不一一分析了。

---

① 參見劉釗《古文字構形學》，福建人民出版社 2006 年版，第 24 頁。

② 參見林志强、田勝男、葉玉英《文源評注》，中國社會科學出版社 2017 年版，第 140—141 頁。

第四章 《六書略》相關專題研究

第一節 鄭樵關於漢字的生成理論[①]

鄭樵的文字學研究，因有突破《説文》的反傳統傾向，曾一度受到苛責和鄙棄。20世紀三四十年代，唐蘭先生對鄭樵的文字學作了比較多的研究，給了鄭樵一個公允的評價。他認爲鄭樵專用六書來研究一切文字，這是文字學上一大進步，鄭樵《六書略》確有許多創獲，在文字學史上是值得推許的[②]。這之後，研究中國文字學和文字學史的學者在總體上都能以比較客觀的態度來評論鄭樵的文字學，但對他的文字學理論的深入而全面的研究尚未充分展開。本節根據《六書略》等有關材料，擬對鄭樵的漢字生成理論作一次探索。

一 "書畫同出"與"起一成文"

漢字的起源問題，是文字學的重要課題，也是漢字生成理論的重要組成部分。20世紀以來，隨着地下考古資料的不斷出土和文字學研究的不斷深入，漢字起源的神秘外衣正在逐層被揭開，圖畫和漢字有密切關係的觀點已爲多數學者所接受。鄭樵對這一問題早有認識，見解相當深刻和獨到。他在《六書略・象形第一》中説：

> 書與畫同出。畫取形，書取象；畫取多，書取少。凡象形者，

① 本節曾以《鄭樵的漢字生成理論》爲題刊於《古汉语研究》2001年第1期。

② 唐蘭：《中國文字學》，上海古籍出版社1979年版，第21、73頁。

皆可畫也，不可畫則無其書矣。然書窮能變，故畫雖取多而得算常少，書雖取少而得算常多。

本書第二章第二節已經指出，鄭樵的這段話闡述了兩個重要觀點，一是“書畫同出”，二是“書畫有别”。首先他認爲書畫同出，這就是説，象形字和圖畫一樣，都是取象於客觀事物，正如許慎所説，象形字是“畫成其物，隨體詰詘”而形成的，因而文字與圖畫具有共同的一面。其次，他在指出書畫有共性的同時，還進一步區别了書畫的不同：“畫取形，書取象；畫取多，書取少。”他認爲漢字的象形，並不像繪畫一樣纖毫畢現，而是觀物以取象，抓住特徵，寥寥幾筆，以少勝多，所謂“書雖取少而得算常多”。從象形字的特點來看，鄭樵的看法是完全符合實際的。他對書畫的區别，雖然還不能抓住關鍵問題——書與語言中的詞掛鉤，具有音和義，畫則否——但他能着眼於書畫之筆畫的繁簡、形神的不同來加以論述，説明他已開始辨證地思考書畫的關係問題，較之單純論述“書畫同出”，無疑更深了一步。

鄭樵在對“六書”之順序問題進行探討時，提出了“象形爲本”的觀點（詳下）。可以看出，“書畫同出”與“象形爲本”密切相關，承認“書畫同出”，就必須承認“象形爲本”，反之亦然。這説明鄭樵對於與其漢字生成理論相關的各組成部分，已開始注意互相之間在邏輯上的一致關係。這是一個理論體系之所以能够形成的重要表現。

關於漢字的起源問題，鄭樵還有一種“起一成文”説。較之“書畫同出”，“起一成文”説有着更爲獨特的一面，因而流傳更廣，影響更大。《六書略》中有一篇《起一成文圖》，是其説的集中體現。全文如下：

衡爲一，從爲丨（音衮），邪丨爲丿（房必切），反丿爲乀（分勿切），至乀而窮。

折一爲㇕（音及），反㇕爲𠂆（乎旱切），轉𠂆爲𠃊（音隱），反𠃊爲┘（居月切。了从此，見了部），至┘而窮。

折一爲㇕者，側也，有側有正。正折爲∧（即宀字也，又音帝，又音入），轉∧爲∨（側加切），側∨爲＜（音畎），反＜爲＞（音泉)，至泉而窮。

一再折爲冂（五犯切），轉冂爲凵（口犯切），側冂爲匚（音方），反匚爲コ（音播），至コ而窮。

引一而繞合之，方則爲口（音圍），圓則爲〇（音星），至〇則環轉無異勢，一之道盡矣。

丶（音柱）與一偶，一能生，丶不能生，以不可屈曲，又不可引，引則成丨。然丶與一偶，一能生而丶不能生，天地之道，陰陽之理也。

文中前五節從五個角度談由“一”而衍生出的十七種“初文”，最後一節將“一”與“丶”進行比較，闡明“一能生”的道理。另外，《因文成象圖》中的某些例子也與“起一成文”相同或相似。相同的如“衡從（横縱）取”之例：

衡丨爲一，從一爲丨。

相似的如“加取”之例：

一加一爲二，二加一爲三，二加二爲亖。

又如“微加減取”之例：

加丿爲延，減丿爲㢟……加一爲王，減一爲土。

這些相似之例，似可看作鄭氏“起一成文”説的引申。

以上可以看出，“起一成文”説是從文字符號體系内部來探討文字用於表現其内容或對象物的憑藉手段——筆畫及其相生之理。這與“書畫同出”説顯然不同。“書畫同出”講的是文字、圖畫及其與對象物的關係，是從整體上考察文字與它所反映的外部世界之間的關係，是從社會功能和本質屬性的角度來闡述漢字起源問題的。因此，“起一成文”雖然也可視爲漢字起源的學説，但它與“書畫同出”角度不同，性質有别，兩者不宜混爲一談。然而如果就漢字生成的角度而言，“起一成文”和“書畫同出”又是互相聯繫的。“書畫同出”注重文字與外部世界的關係，“起一成文”則着眼於字符内部筆畫的形成，兩者内外結合，是相輔相成的。

二 “子母相生”説

鄭樵在《六書序》中説：“小學之義，第一當識子母之相生。”所以“子母相生”説是鄭氏漢字生成理論的第一要義，也是他的漢字生成理論中極富特色的一個組成部分。

關於漢字的孳乳衍生，鄭樵之前已有人論述。許慎《説文解字·敘》云：“蓋依類象形，故謂之文，其後形聲相益，即謂之字。文者，物象之本；字者，言孳乳而寖多也。”（據段注本）唐代張懷瓘在《書斷》中説，“文者祖父，字者子孫”，認爲“字”由“文”而衍生。但鄭樵似對前人的“文”“字”之説有所不滿，他在《七音略·七音序》中説：

> 漢儒識“文”“字”而不識“子”“母”，則失制字之旨……獨體爲文，合體爲字，漢儒知以説文解字而不知文有子母，生字爲母，從母爲子，子母不分，所以失制字之旨。

可見他的“子”“母”之説是爲了彌補前人“文”“字”之説的不足，以明造字之旨的。從上舉材料來看，其“子”“母”之説，可能是受張懷瓘“祖父”“子孫”説的啟發。那麼什麼是“子”“母”呢？除了上舉“生字爲母，從母爲子”之外，鄭樵在《通志·總序》中説：

> 主類爲母，從類爲子。

在《六書略·論子母》中又説：

> 立類爲母，從類爲子，母主形，子主聲……母能生而子不能生。

爲了進一步明確“子”“母”的概念，鄭氏又有一篇《論子母所自》，云：

> 顯成母，隱成子；近成母，遠成子；約成母，滋成子；同成母，獨成子；用成母，不用成子；得勢成母，不得勢成子。

他接着又舉例説，來與麥同物，麥顯而來隱，故麥爲母而來爲子；龍與魚同物，魚近而龍遠，故魚爲母而龍爲子；豆與登同象，豆約而登滋，故豆爲母而登爲子；烏與鳥同體，鳥同而烏獨，故鳥爲母而烏爲子；眉與目相比，目用而眉不用，故目爲母而眉爲子；左與右敵體，右得勢而左不得勢，故右爲母而左爲子。

由於母主形而子主聲，因此在重形的字書裏，以母爲綱領，在重音的韻書裏，則以子爲綱領，地位各不相同。鄭樵在《論子母》中説：

> 《説文》眼學，眼見之則成類，耳聽之則不成類；《廣韻》耳學，耳聽之則成類，眼見之則不成類。故《説文》主母而役子，《廣韻》主子而率母。《説文》形也，禮也；《廣韻》聲也，樂也。《説文》以母統子，《廣韻》以子該母。

他的這個思路，促使他對《説文》部首的設立進行了重新思考。他批評《説文》子母不分，誤子爲母，認爲《説文》五百四十部首應該删並。《論子母》云：

> 許氏作《説文》，定五百四十類爲字之母，然母能生而子不能生，今《説文》誤以子爲母者二百十類。且如《説文》有“句”類生“拘”、生“鉤”，有“𠧪”類生“栗”、生“粟”，有“半”類生“胖”、生“叛”，有“菐”類生“僕”、生“蹼”。據“拘”當入“手”類，“鉤”當入“金”類，則“句”爲虚設；“栗”當入“木”類，“粟”當入“米”類，則“𠧪”爲虚設；“胖”當入“肉”類，“叛”當入“反”類，則“半”爲虚設；“僕”當入“人”類，

“蹼”當入“臣”類，則“菐”爲虚設。蓋句也、卣也、半也、菐也，皆子也，子不能生，是爲虚設。

根據以上内容，鄭樵所謂“母”，是指具有表義作用的可以充當部首的形符或意符，其所謂“子”，則主要指形聲字中的聲符，所謂“子母相生”，所揭示的就是如何由獨體之文衍生孳乳出合體之字的制字之理，包括母與母相生而形成“有義無聲”的會意字和母與子相生而形成的形聲字。

由於鄭樵的“子母”理論有些地方還嫌籠統含糊，如上舉所論子母之别的顯隱、遠近、約滋、同獨等六原則就不易掌握，也難以實際操作，這對他的學説的傳播和發展是有影響的。當然鄭氏“子母”理論的價值還是無可置疑的。前面已經指出，鄭樵的“子母”説是爲了彌補前人“文”“字”説的不足而提出來的，同時他的這個學説也是對他自己關於“六書”順序之主張的進一步深入和發展。他認爲“六書”由象形而指事而會意而形聲（詳下），亦即是由“文”到“字”的組合生成過程，而“子母相生”的理論，則更具體地闡明了會意和形聲這兩類合體之“字”所由構成的獨體之“文”的性質。所以他的“子母相生”説既是對前人理論的繼承和發展，也是他的漢字生成理論的進一步深入和完善。

三　鄭樵對“六書”排列順序的主張

鄭樵的文字學，以注重“六書”爲主要特色。他把“六書”作爲文字學的根本，對之進行深入細緻的研究。其中對“六書”排列順序的研究，與他的漢字生存理論有密切的關係。鄭氏對“六書”排列順序的主張，在《六書序》中講得很明白：

六書也者，象形爲本。形不可象，則屬諸事；事不可指，則屬諸意；意不可會，則屬諸聲。聲則無不諧矣，五不足而後假借生焉。

在《象形第一》中又説：

六書也者，皆象形之變也。

在“六書”研究史上，鄭樵之前還沒有學者明確强調“六書”的排列順序，班固、鄭衆、許慎諸家的“六書”順序有别，南唐徐鍇分“六書”爲“三耦”，但都沒有説明其排列順序之先後的理由。到了鄭樵，則把“六書”的排列順序予以邏輯化，讓人覺得“六書”不是隨便湊合的幾個概念，而是符合人類思維邏輯和文字發展進程的理論體系，使“六書”的系統性更明確，理論性更强。雖然至今仍有人對鄭樵的“六書”排列順序持不同的看法①，但這並不影響鄭樵對“六書”理論所作出的貢獻。就鄭樵的漢字生成理論來説，他對“六書”排列順序的主張至少有兩點具有基礎理論價值：第一是强調“象形”在“六書”中的居首地位。上文已經説過，這一點與他的“書畫同出”理論具有一致的邏輯關係。第二他認爲“象形、指事，文也；會意、諧聲、轉注，字也”②。而“六書”由象形而指事而會意而諧聲，簡言之，就是由“文”到“字”的組合生成過程。這與他的“子母相生”説也是相一致的。因此，鄭樵對“六書”排列順序的研究，也是他的漢字生成理論的一個重要的組成部分。

四 結語

以上就是鄭樵關於漢字生成理論的主要内容。可以看出，鄭樵對漢字的生成問題，已經有了一個較爲全面系統的研究。首先，在漢字起源這個問題上，他分别從漢字與外部世界之關係的角度和漢字體系内部其字符如何構成的角度進行了研究，提出了“書畫同出”説和“起一成文”説。其次，就漢字體系内部而言，他從最微觀的筆劃講起，闡述了漢字因畫成文、因文成字的組合生成機制，他的“起一成文”“子母相生”的學説，就是其理論的集中概括。再次，鄭樵的漢字生成理論，

① 中國臺灣學者李孝定認爲：“六書者，象形爲本，形不可象，則屬諸事，事不可指，則屬諸意，三不足而後假借生焉；假借者，以聲爲本，注之形而爲形聲，聲則無不諧矣。其或時地既殊，聲音或異，則别出爲轉注。”見《漢字史話》，臺北聯經出版社 1997 年版，第 41 頁。

② 《六書略・六書序》。

不僅涉及漢字本身，還涉及造字法的聯繫與發展。他把“六書”排成序列，使這個傳統文字學理論更具邏輯性，更有系統性。總之，鄭樵的漢字生成理論，既討論了漢字起源與外部世界之關係的宏觀的生成問題，又討論了漢字内部筆畫構成和因“文”成“字”的微觀的生成問題，還討論了造字法的生成問題，而且各個部分又都互相聯繫，具有一致的邏輯關係，這説明鄭樵的漢字生成理論，已經形成一個自成體系的框架，這是其理論的第一個特色，也是一個可貴之處。鄭樵治學，重“會通之義”，其漢字生成理論體系的形成，也是其“會通”精神的體現。

鄭樵漢字生成理論的第二個可貴之處在於他的獨創性。他的“書畫同出”“起一成文”“子母相生”諸説以及他對“六書”順序的主張，除了“子母相生”有一定淵源外，其他基本上都是他的獨創。以前有人認爲他的“起一成文”説是受到“道生一，一生二，二生三，三生萬物”以及“一陰一陽之謂道”等古代哲學的影響，這話不無道理，但似乎也沒有確鑿的證據，更不會影響其“起一成文”説的獨創性。因爲“起一成文”談的是漢字的生成問題，與哲學不是一碼事。總之，鄭樵的漢字生成理論，從文字學史的角度來看，在當時是十分新穎而獨到的，其創新精神是值得肯定的。

第三，鄭樵的漢字生成理論，也難免其幼稚、粗疏之弊。他過分注重文字形體之間的聯繫，就容易把本來沒有關係的字符硬扯在一起，顯得牽强附會。比如在《因文成象圖》裹，他總結了“因文成象”的二十一個原則：到（倒）取、反取、向取、相向取、相背取、相背向取、近取、遠取、加取、減取、微加減取、上取、下取、中取、方圓取、曲直取、離合取、從衡（縱横）取、邪正取、順逆取、内外中間取。其中很多只是比附字形，强自立説，如“近取”之例的取“六”於“四”、取“九”於“七”、取“耳”於“自（鼻）”、取“自”於“目”，“離合取”之例的離“人”爲“八”、合“八”爲“人”等，都是無稽之談，不足爲據。本節特別闡述的他的“書畫同出”“起一成文”“子母相生”諸説，也都有其不够深入的地方。比如“起一成文”説雖然闡明了“一”作爲字符的基本筆畫在初文創造中的作用，但要運用這個理論來解釋所有漢字筆畫的形成，難度還是相當大的。也許鄭樵自己也感到了它的局限，所以在“一之道盡”之後，他又搬出了“𠃌”作爲輔助。他的“子母相生”之説，相對於其他各部分而言，論述是比較多的，但諸如所論子母之别的六原則等問題，就未必精確。至於“書畫同出”和對“六書”排列順序的主張，雖然比較簡明扼要，也還是有可議之處。

清代戴震在《與是仲明論學書》中説，鄭樵等宋代學者，“著書滿家，淹博有之，精審未也”①。就漢字生成理論而言，鄭樵可謂獨創有之，精審未也。當然這是時代的局限，任何人都不可避免。姚孝遂先生在黄德寬、陳秉新所著《漢語文字學史·序》中説：“鄭樵的文字學理論，現在看起來，不免有些幼稚，然而卻是新穎而獨到的。任何新生事物，在其發生的階段，都不可避免地顯得有些幼稚，這是情理之常，絲毫不足爲怪。令人遺憾的是，鄭樵所需要研究和整理的範圍過於廣博，他没有在文字學方面作進一步的探討，從而使他的文字學理論得到進一步的發揮和完善。”這個評論是非常允當的。

第二節 《六書略》五版本文字對勘選記（上）②

《六書略》是鄭樵《通志·二十略》之一。根據王樹民《通志·二十略·前言》所述，《通志》全書及《二十略》單行本，有元、明、清各種刊本存世，1995 年中華書局所出王樹民點校的《通志·二十略》（簡稱“王本”），即據有關古本校正，因此王樹民點校之本可以作爲比較完善的刊本。1987 年中華書局還根據商務印書館萬有文庫十通本影印出

---

① 段玉裁編：《戴東原集》卷九，轉引自梁啟超《清代學術概論·戴震和他的科學精神》，上海古籍出版社 1998 年版，第 37 頁。

② 本節與下節曾以《〈六書略〉四版本文字對勘選記（一）》和《〈六書略〉四版本文字對勘選記（二）》爲題，分别發表於《海峽人文學刊》2021 年第 1 期和《漢語字詞關係研究（二）》，中西書局 2021 年版。所謂“四版本”，是指王本、文庫影本、藝文本、上影本。本書《六書略》（整理本）的校勘，在四版本的基礎上又核對了四庫本；本節與下節，也據四庫本作了相應的修訂，故題目改爲“五版本”。

版了《通志》（簡稱“文庫影本”①）。1990年上海古籍出版社以明代陳宗夔校刊本爲底本影印出版了《通志略》（簡稱“上影本”）。1976年臺灣藝文印書館以1935年北京大學影印的元至治本（有沈兼士序）爲底本影印出版了《六書略》（簡稱“藝文本”）。此外還有較通行的欽定四庫全書本（簡稱“四庫本”）。以上各版本文字互有不同，都存在一定程度的訛誤。我們通過五個版本的對勘，可以糾正一部分訛誤，特别是文字學專業問題的錯誤。本節主要就《六書略》的“象形”“指事”部分選擇若干條目進行對勘，並把相關問題稍作類聚歸併。

1.【云】古“雲”字，象其形。後人加“雨”，故以“云”爲云曰之“云”。

按，王本、上影本、藝文本、四庫本“曰”字皆作“回”，文庫影本作“曰”，當以作“曰”爲是。此條辨析“云”“雲”的不同，“云”爲“雲”的古字，“雲”是通過加“雨”旁以别於“云”，後人以“雲”表雲氣義，以“云”爲云曰義。“雲回”亦作“雲迴”，指雲氣翻卷繚繞，古籍中通常寫作繁體之“雲”。若用“回”字，其文當作“故以‘雲’爲雲回之‘雲’”此用簡體之“云”，故當以“曰”爲是。

又按，各本用“云回”，也可能是受到下“回”字條“古尊罍器多作云回”的影響。“雲”字見於《説文》，戰國楚簡秦簡皆有之，更早的材料則未見，古尊罍器當無“雲”字，故雲氣義、云曰義皆作“云”。

《六書略第三》“雲”字條云：“《説文》：‘山川氣也。从雨，云象雲回轉之形。’臣按，古雲作‘云’”，雷作‘回’，皆象其形，尊罍器見之矣。後人借云爲云曰之‘云’，回爲回旋之‘回’，故於雲、靁復加‘雨’以别。”此可與上述情況相比勘。

2.【朿】七賜切。木芒也。

---

① 此本來源甚早。《六書略》“玄”字見於“燕”字條、“玄”字條、“衒”字條、“幵”字條、“乳”字條、“畜”字條、“念”字條、“玭”字條，共11見，其中有三個“玄”字改作“元”，即象形字部分“燕”字條引《説文》“玄鳥也”之“玄”，會意字部分“幵”字條“子玄切”之“玄”，“畜”字條引《淮南子》“玄田爲畜”之“玄”，文庫影本皆作“元”，乃避諱所致。據此可知此本之底本應該源於宋代。宋人避諱甚嚴，因趙匡胤之父名玄朗，故“玄”改爲“元”或“真”（參見陳垣《史諱舉例》，上海書店出版社1997年版，第112頁）。

按，“七賜”，各本皆作“亡晹”，與“朿”音不諧。“朿”字《類篇》《集韻》《廣韻》並七賜切。從字形判斷，“亡晹”顯係“七賜”之誤。上影本“朿”作“束”，形近而誤，古書常見。下“來”字條，“象芒朿之形”之“朿”字，上影本亦作“束”。

注音之誤還有一些，如下“𤇾”字條“敷文切”，録自《類篇》，當是“𤇾”的同義字“焚”字之音。《類篇》“𤇾”“焚”二字先後相鄰，可能誤置。“屵”字條“五葛切”，上影本作“正葛切”，“正”字誤。“鬱”字條“紆勿切”，上影本作“紓勿切”，誤。指事字部分之“辛”字條“去虔切”，上影本作“去度切”，非是。

3.【禾】音稽。木之曲頭，止不能上也。

此字頭只有藝文本不誤，文庫影本、四庫本誤作“禾”，王本誤作“朩”，上影本誤作“木”。《六書略》第五《論篆隸》也有兩個“禾”字，王本、四庫本也誤作“朩”。藝文本、上影本均誤作“未”，文庫影本一誤作“未”，一誤作“木”。按誤作“禾”者，撇筆透過中畫所致也；誤作“朩”者，中豎筆上伸，第一撇筆作横，且上下分開，下部作“小”所致也；誤作“未”者，或爲“朩”之第二筆延長且上下相連所致；誤作“木”者，當爲“禾”之缺第一筆所致。

此類偏僻字所産生的錯誤，多因刻手對原字構形不清楚，且有形近諸字相混所致，例子甚夥。如“麥”字條“夂”，王本誤作“夕”；“朮”字條字頭，王本、上影本、藝文本作“朩”，上下分開，下作“个”形；“乜”字條字頭，王本、上影本、藝文本作“匕”，不確；“面”字條“百”，文庫影本、上影本、藝文本、四庫本作“百”，形近而誤；“臼”字條字頭，王本、文庫影本、上影本、四庫本皆類似“臼”形，形近而誤，其他有關字條多見（相反的情況也有，如“舂”字下部所从之“臼”，藝文本皆誤爲“臼”，“臿”“舀”“臽”各條同）。又如“萑”字條，上从丫，不从艹，王本、上影本、藝文本字頭作“萑”，與“艸多貌”的“萑”混同。“壬”字條字頭，只有藝文本不誤，王本、文庫影本、上影本、四庫本字頭作“壬”，形近而誤。

此外，或因刻手不識字，依樣描摹，致有生造字形者，如“矢”字，各本皆作“矢”；“厶”字，文庫影本、上影本、藝文本皆作“厶”，幾不成字。至於常用字而又形近者，刻本亦多錯誤，如“臿”字條云：“《説文》：‘舂去麥皮也。从臼，干所以臿之。’”其中之“干”，王本作“千”，上影本作“于”，皆形近而誤。指事字“羊”字條“从干”之“干”，文庫影本、上影本、藝文本、四庫本皆誤作“于”。此不贅舉。

4.【馬】何關切，又胡關切。《説文》：“馬一歲也。从馬，一絆其足也。”亦作“㦃”。

各本字頭作“㻀”，末字作“㤽”，當正。按作“㻀”，是將“馬”字的四點連爲一横，“一絆其足”之“一”作一豎，合爲“十”形。“馬”又隸定爲“𩡧”，把其中的“十”形居左，則作“㦃”，《集韻·删韻》：“𩡧，《説文》：‘馬一歲也’。亦書作㦃。”各本“㦃”作“㤽”，是因爲把“十”誤作“忄”所致，猶如“博”亦作“愽”、“協”亦作“恊”。“何關切”，各本均作“何開切”，《類篇》同，“關”“開”形近而誤也。因有此誤，《集韻》遂將“𩡧”字又歸入咍韻，《段注》以爲“未詳”，徐灝《説文解字注箋》已正確指出：“《集韻》又咍韻，作何開切，胡關之訛也。”

5.【犬】《説文》：“狗之有垂蹏者也。孔子曰：‘視犬之字如畫狗。’”

“垂”，各本同，《説文》作“縣”，《集韻》《類篇》《玉篇》等皆作“縣”或“懸”。按“縣”（懸）與“垂”在“懸掛”“垂掛”的意義上屬同義詞，故《六書略》易“縣”爲“垂”。《段注》云：“有縣蹏謂之犬，叩氣吠謂之狗，皆于音得義……明一物異名之所由也。”據此可知“縣”有標識音義的功能，换成“垂”，就喪失了其内在的含義。會意字部分“殺”字條引《説文》“城郭市里高縣羊皮”之“縣”字，《六書略》作“掛”，亦同義替换之例。

又“弱”字條，《六書略》引《説文》：“彡象毛氂。”“氂”字《説文》作“氂”。按“毛氂”猶毫氂，言其細小。“毛氂”指兽毛，亦可指細小，與“毛氂”同。《漢書·梁懷王劉揖傳》：“宫殿之裹，毛氂過失，亡不暴陳。”王先謙《補注》曰：“毛氂，猶後世言毫氂。”可見《六書略》用“毛氂”，亦有道理。

又“夔”字條，《六書略》引《説文》：“神魖也。如龍，一足，象有角足人面之形。”“角足”之“足”，《類篇》同，殆承上“一足”之“足”而來，《説文》本作“手”；前已言“足”，當以作“手”爲好。又“業”字條，《六書略》引《説文》：“大版也。所以飾鍾鼓。捷業如鋸齒，以白畫之。象其鉏鋙相承也。从丵从木。木象版。《詩》：‘巨業維樅。’”其中“从丵从木。木象版”二句，《説文》作“从丵从巾。巾象版”。按“業”字乃取象於古代鐘架造型，象銅人以頭和雙手承托鐘架的横筍作擎舉之狀，《説文》古文作“[古文字形]”，象兩人並舉（虡）之形，金文或作[金文字形]（晉公𥂴），人形之上乃栒上捷業如鋸齒之大版。小篆之“[小篆字形]”，省去重複部分，上體是形如鋸齒的大版，下體是人形的省變，仍是虡上著版之象①。其下的所謂“巾”或“木”，乃就小篆字形而言，從筆畫的對應性來講，从“巾”應該更爲準確一些。“矢”字條，《六書略》引《説文》：“从入，象鏑栝羽之形。古者夷牟初作矢。”“栝”字文庫影本、藝文本同《説文》，王本、上影本作“括”，形近而誤。又“勹”字條，《六書略》引《説文》：“挹取。凹象形，中有實。與包同意。”“凹”字各本同，大徐本《説文》無。王本斷爲“挹取凹”，不通。大徐本《説文》作：“挹取也。象形，中有實。與包同意。”“卂”字條，《六書略》引《説文》：“疾飛也。似飛而羽不見。”“似”字《説文》作“从”。“舀”字條，《六書略》引《説文》：“杼臼也。从爪臼。”《類篇》同。“杼”字大徐本《説文》作“抒”。當以“抒”爲本字。《説文・手部》：“抒，挹也。”

又指事字部分之“艮”字條，《六書略》引《説文》：“狠也。从目匕。匕目猶目相比不相下。《易》曰：‘皀其限。’目匕爲皀，匕目爲真。”其中之“狠”，《説文》作“很”；“从目匕”，《説文》作“从匕目”；“目匕爲皀”，《説文》作“匕目爲皀”。按“艮”字《説文》屬“匕”部，“真”字《説文》歸“七”（音“化”）部，故末句當作“匕目爲皀，七目爲真”。“匕”“七”形近，各本多混同。

總之，《六書略》引《説文》，與大徐本、小徐本或異，或有節略，

① 參見曾憲通《從曾侯乙編鐘之鐘虡銅人説“虡”與“業”》，《曾侯乙編鐘研究》，湖北人民出版社1992年版；又收入《古文字與出土文獻研究叢考》，中山大學出版社2005年版。

或有改説，或有錯誤，皆需認真審核考訂。其改説者，可能體現了鄭氏對具體形義關係的看法，有得有失，值得進一步研究。

6.【卵】公渾切。鯤，無子。

按，字頭“卵”，各本同。其上條即“卵”字條，此疑承上條而誤。據其反切與釋義，字頭當即“鯤”或“鰥”字。但“鯤”字見於釋文，故字頭當即“鯤”之異體“鰥”。《類篇》：“鯤鱞鰥：公渾切。《爾雅》：‘鯤，魚子。’或作鱞、鰥。”《集韻・魂韻》：“鯤……或作鰥。”《爾雅・釋魚》：“鯤，魚子。”郭璞注：“凡魚之子，總名鯤。”可見“無子”即“魚子”之誤。“無”字文庫影本、上影本、藝文本、四庫本同，王本作“魚”，當以王本爲是。“魚”“無”形近而誤。

同屬字頭有誤的還有一些，如“【白】魚胞也”一條，據“魚胞”之義，當即“鰾”字。《類篇》：“鰾，魚胞也。”亦見《康熙字典・魚部》“鰾”字條。又如“【爾】尼輒切。箝也，象竹篾交錯成物之狀”。其字頭各本均作“爾”，當爲“籋”之誤。又“【登】禮器也”一條，文庫影本、上影本、藝文本字頭作“登”，王本作“豋”，據其釋義，當以王本爲是。“豋”字《説文》歸“豆”部，“登”字《説文》歸“癶”部。又“【厶】音齊。象禾麥吐穗，上平也。”各本字頭均作“厶”，實爲“亝”字之誤。《説文》：“亝，禾麥吐穗上平也。”

《六書略》字頭還有一些疑難問題，如“【躳】即“射”字。象張弓發矢之形。”此字頭各本同，然非古“射”字隸定，疑有誤。又如“【匩】今作‘曲’。象器曲受物也。”“匩”字各本同。此字作爲“曲”之古文，未聞。《漢語大字典》和《中華字海》均只引用《六書略》爲説，未見其他書證。会意字部分的“眚”作为古文“姓”字，似乎也是首見於《六書略》，其來源也有待新證。

7.【矛】時丑切。堪矛，魚名。

按，各本皆作“時丑切”。然“矛”字未見“時丑切”之音，《集韻・震韻》注爲“時刃切”，“時丑切”當爲“時刃切”之訛。俗書“丑”“刃”相混，从古本《尚書》的情況來看，大概是源於唐寫本而流行於日本古抄本的習慣寫法。如“羞”之“丑”旁，唐寫本伯 2630 之《立政》篇作“刄（刃）”，日本寫本之内野本、觀智院本、上〔影〕本各1見，上〔八〕本則5見。“好”的借字“斈”，日本古抄本作“𡥈”，“丑”亦作“刄”。在日藏唐代傳寫本《篆隸萬象名義》中，“丑”字亦多作“刄”，可資比證。如《部首總目》“彳，丑亦反”，“辵，丑略反”，“丑，勑（敕）九反”，三“丑”字皆作“刄”；金部“鈕”字所从之“丑”亦作“刄”①。

8.【㐆】即“衣”字。从向身。

按，字頭“㐆”乃“㐆”之訛變。“‘㐆’即‘衣’字”，當理解爲“㐆”讀爲“衣”，陰陽對轉。《禮記・中庸》：“壹戎衣而有天下。”鄭玄注：“衣讀如殷，聲之誤也，齊人言殷聲如衣……壹戎殷者，壹用兵伐殷也。”“㐆”讀爲“衣”猶“衣”讀如“殷”。

鄭樵在使用“向”字時，與“反”字的意義頗有糾葛。《六書略・指事》之“事兼意”中的“司”字條，鄭氏認爲《説文》謂“司”字“从反后”是不對的，“司”字應該是“向后者也”。《六書略・因文成象圖》中論文字形成的一些規則，有所謂“反取”之例和“向取”之例，“反取”之例有反𠆢（人）爲𠤎（化），反止（止）爲𣥂（撻），反可（可）爲叵（普可反）等，“向取”之例有向后（后）爲司（司），向𠂇（左）爲又（右），向彳（丑亦反）爲亍（丑玉反），向永（永）爲𠂢（𠂢，音派）等。從這些論述來看，他的“反”和“向”應該是有區別的。

但是，就具體例子而言，“反”和“向”有時又是相混的。如上舉的“彳”與“亍”，鄭氏歸於“向”，但在《六書略・人物之形》中，“亍”字仍從《説文》之説“从反彳”，則歸於“反”；上舉的“永”和“𠂢”，鄭氏也是歸於“向”的，但在《六書略・山川之形》中，“𠂢”字解釋爲“从反永”，也歸於“反”，可見鄭樵的“反”和“向”又是相關的。

按，“向”有相向、相對之意，從方向的角度來説，相向相對即是方向相反。所以强分“向”與“反”似乎是沒有意義的，在具體例子上也很難完全區別開來。本條之“㐆（㐆）”字，與“身”乃一字分化，“㐆”爲“身”之反向，故《説文》認爲“㐆”是“从反身”，因此，《六書

① 詳見林志强《古本〈尚書〉文字研究》，中山大學出版社2009年版，第34—35頁。

略》的“从向身”，實與《説文》的“从反身”同意。

9.【彤】象作彤。船中也。

按，上影本此“象”字爲“篆”字之誤，其他各本作“篆作彤”。下“䜌”字條“篆不連體，絕二絲”之“篆”則爲“象”字之誤，其他各本作“象不連體，絕二絲”。“象”“篆”二字形近，正好互換而誤。

10.【及】逮也。从又，从人。徐鍇曰：“及前人也。”古文作㇅。秦刻石作𠄎。

按，《説文·又部》：“及，逮也。从又，从人。㇂，古文及，秦刻石及如此。弓，亦古文及。”按鄭氏所録“及”字古文，乃《説文》之弓，其所録秦刻石之𠄎（各本轉録字形有所變異），並非《説文》所録古文字形。又按鄭氏研究過石鼓文，石鼓文“及”字作𠬤，或即鄭氏所謂秦刻石之“及”，而字形與“𠄎”不類，或因隸定轉録失真所致。

以上所列，零雜不成系統，就文字訛誤情況而言，不外字形之誤、字音之誤、字義之誤、引文之誤等，各有緣由，需要仔細對照甄别，方能還其本來面目；其中一些材料還有疑難不可解者，亦有體現鄭氏新説者，更有待深入研究。

第三節　《六書略》五版本文字對勘選記（下）

本節在第二節的基礎上，以《六書略》的“會意”“轉注”和“諧聲”部分爲範圍，根據有關材料，從字形、字音、字義和釋文等不同角度，羅列若干字例，以窺見《六書略》各本的文字訛誤和用字不同情況。

一　據字形結構的分析確定訛誤之例

會意字和形聲字是由字符組合而成的，有些文字的訛誤情況，我們通過漢字結構的分析，即可知其訛誤所在。如：

“毒”字从“毐”，王本、上影本、四庫本誤作“毒”。“番”“宷”“䫊（糞）”諸字皆从“釆”，各本或誤作“采”。“孚”字从“爪”，上影本誤作“瓜”。“䫊”“棄”从“苹”，各本或誤作“華”。“㬥”“承”从“収”，各本或誤作“收”。“㪇”从“𣏟”，上影本、王本誤作“林”。

“湏”字从“水”，文庫影本、上影本、藝文本、四庫本字頭誤从“彡”作“須”。“瘒”字所从之“皐”的下部作“辛”，王本、藝文本、四庫本訛爲“幸”[①]。“攸”“寇”“旻”“夐”“楸”諸字皆从“攴”，各本均誤作“支”。按“攴”“支”相混的現象很多見，古文字即有之，如金文“鼓”字既有从攴者，亦有从支者[②]，《説文》承之有“鼓”“鼔”二形，故楷體隸定之字“攴”“支”相混，亦淵源有自矣。

在《谐声第五·序》中，鄭氏有所謂“引類以計其目”，指的是按照漢字部首來計算各自部首下的形聲字數量。其部首應是按照《説文》部首順序，故有些字可以根據《説文》部首校訂之，其中不少都是形近而误。如“鬥”誤作“門”，“朮”誤作“求”，“夂”誤作“欠”等，此不贅舉。

根據字形判斷訛誤的情况，有時還要參看篆文、古文、奇字的隸定寫法，如：

“敖”字條云：“牛刀切。《説文》：‘出遊也。从出，从放。’篆作‘敫’。”按，“敖”“敫”非一字，此“敫”當爲“敳”字之誤；“敖”字篆書作“𢾕”，可隸定爲“敳”。“楸”字古文作“𣓌”，上影本、四庫本誤作“救”，王本誤作“枚”。“悉”字古文作“𢝉”，王本、藝文本作“恖”，屬於隸古定；文庫影本、上影本則誤作“恩”。“倉”奇字作“仺”，上影本、四庫本誤作“全”。“定”，《集韻·徑韻》：“古作𤴓。”各本誤作“正”。“孚”字古文作“采”，各本皆作“孪”，訛不成字。“屋”字條云：“籒作‘屋’，或作‘臺’。”據《説文》，“籒作‘屋’”之“屋”爲“屋”之誤，“或作臺”之“臺”爲“臺”之誤。“禮”字條云：“古作‘禮’。”各本同。此“禮”與字頭字形相同，非是。按《説文》“禮”之古文作“礼”，故此“禮”爲“礼”之誤。

有些字的各本之間，其訛誤過程似乎可以看到一些邏輯的關係。如：

“興”字條引《説文》：“起也。从舁，从同。同力也。”其中之

---

① 按“瘒”又是“瘒”字之訛，其中之“皐”爲聲符，説見王引之《康熙字典考證·疒部》。

② 參見容庚《金文編》，中華書局1985年版，第329頁。

“舁”，王本、文庫影本、上影本均作“羿”，藝文本、四庫本作“𢍺”。按“舁”字上部本从臼，藝文本作“𢍺”，上部乃由“臼”字的左右相向變爲同向，“羿”當由“𢍺”再變而來。“宔”字條引《説文》：“宗廟宔祏。”“廟”字王本作“庿”，是《説文》古文；藝文本作“廇”，爲“庿”之俗寫；上影本則進一步訛成了“廣”。“愔”字《集韻》“伊淫切”，文庫影本、藝文本、四庫本作“伊滛切”，“滛”當爲“淫”字之誤；“滛”近於“滔”，王本遂又誤作“伊滔切”①。

有些字的訛誤情況似乎比較複雜，需要進一步考證。如“坪”字條云：“蒲兵切。地平也。或書作‘聖’。”“或書作‘聖’”，文庫影本、藝文本、上影本、王本同，唯四庫本作“或書作‘𡍮’”。據《集韻》《類篇》等書，“坪”字或書作“𡍮”，變左右結構爲上下結構而已，與“聖”字之形差别甚大，無由直接訛誤作“聖”。深思之，當與“聖”的俗寫有關。“聖”字俗書有作“垩”者，乃由“聖”的草書[illegible]、[illegible]、[illegible]等形楷化而成②。“坪”字或作“𡍮”，與“聖”的俗書“垩”頗爲接近，刻本誤“𡍮”爲“垩”，又轉爲正體之“聖”，故有此訛誤。又如“𥎦”字條云：“昨木切。矢鋒也。或作‘矣’。”各本同。按“矣”爲“𠤕（疑）”之省體，非“𥎦”字異寫。俗字“山”“止”偏旁相混，“𥎦”又作“𡵂”，故“矣”字可能是“𡵂”字之誤。顧藹吉在《隸辨》中説：“（止）亦作山，與从山之字無别。”③同類的例子，如“困”字既寫作“朱”，也寫作“朱”；“動”字既寫作“歱”，也寫作“𡺞”；“歸”字既从“止”作“𣦔”，又从“山”作“𡹐”，等等。因此把“𥎦”之或體定爲“𡵂”，“矣”乃“𡵂”之誤，在道理上是完全説得通的。但因爲《六書略》與《類篇》《集韻》有密切的關係，如果參考此二書，這裏的“矣”應是“矦”字之誤，而非“𡵂”字之誤。《類篇・五下》：“𥎦矦：昨木切。矢鋒也。或作‘矦’。”釋文與《六書略》全同。《集韻》“或作”亦爲“矦”。

① “奸”字條云：“犯淫也。”“淫”字藝文本、王本作“滛”，也是同樣的錯誤。

② 參見林志强《古本〈尚書〉文字研究》，萬卷樓圖書股份有限公司2015年版，第95頁。

③ 顧藹吉：《隸變》，中國書店1982年版，第803頁。

二　據字義分析確定訛誤之例

有些文字的訛誤，除了考慮字形，還要參稽字義。如“䑙”字條云：“託盍切。歠也。或从習。又託協切，犬小䑙。”其中“犬”字，王本、上影本作“大”。按“䑙”當即“䑜”字。《説文》：“䑜，歠也。”徐鍇《繫傳》：“謂若犬以口取食也。”據此，當以作“犬”爲是。《類篇》作“犬小舐”。“欇”字條引《博雅》：“枝也。”與《類篇》同。按《廣雅·釋器》：“欇，杖也。”《集韻·葉韻》：“欇，《博雅》：‘杖也。’”故“枝”乃“杖”之誤。“㛈”字條云：“乃可切。裒㛈，衣皃。”王本注云：“汪本‘裒’作‘襃’，據元本、明本、于本、殿本改。”① 按下“裒”字條云：“裒㛈，衣皃。”《玉篇·衣部》亦云：“裒㛈，衣好皃。”據此，汪本之“襃”當即“裒”字之誤（王本“裒”字條注亦云：“汪本‘裒’作‘襃’。”）此處當作“裒㛈，衣皃。”《類篇》正作“裒㛈，衣皃”。又按，“裒”作爲“褒”的異體，有“衣襟寬大”之義，但單用，如“裒衣博帶”，似未見於“裒㛈”。“懭”字文庫影本、上影本、藝文本、四庫本云：“苦晃切。懭恨，意不得也。”據《集韻·蕩韻》：“懭悢，意不得也。”則“恨”乃“悢”字之誤，二者僅一點之別。《類篇》正作“懭悢，意不得也”。“希”字條云：“疏巾也。从爻，从巾。”上影本作“疏中也”，“中”當爲“巾”之誤。按“希”的“疏巾”之義，古籍未聞。“希”有“疏”義（見《論語·先進》“鼓瑟希”皇侃疏），其字从“巾”，“疏巾”之説，有形義理據。“希”字《説文》未見，此條當係鄭氏自創新釋，與《類篇》《集韻》皆不同。

三　據字音分析確定訛誤之例

據字音分析來確定訛誤，主要是反切的问题。《六書略》各本反切誤字甚多，要根據字書的讀音來糾正反切用字的錯誤。如“㶳”字“對鄰切”，《廣韻》作“將鄰切”，則“對”乃“將”之誤。“晶”字“黑角切”，《廣韻》“莫角切”，《類篇》《集韻》皆作“墨角切”，則“黑”爲

① 見《通志·二十略》，中華書局1995年版，第299頁。

“墨”之誤。“欇”字上影本、王本作“夫涉切”，《類篇》作“失涉切”，則“夫”爲“失”之誤。“愉”字上影本、王本作“容未切”，《類篇》作“容朱切”，則“未”爲“朱”之誤。“䖡”即“衄”字，《廣韻》“女六切”，王本作“文六切”，則“文”爲“女”之誤。“員”字上影本、藝文本、王本皆作“子禮切”，《類篇》作“于權切”，則“子”爲“于”之誤，“禮”爲“權”之誤。“麤”字各本皆作“食胡切”，《廣韻》“倉胡切”，《類篇》“滄胡切”，則“食”爲“倉”“滄”之誤皆有可能；考慮到《六書略》與《類篇》的關係，當以作“滄”爲是。“㚇”字上影本作“火廻切”，文庫影本作“火迴切”，《類篇》《集韻》皆“火迵切”，則“廻”“迴”皆“迵”之誤。“奆”即“套”字，上影本、王本作“切號切”，《類篇》“叨号切”，則“切”爲“叨”之誤。“鼜”字各本作“虛冬切”，《類篇》同，《字彙》“盧容切，音龍”，《康熙字典》“《廣韻》力冬切，《集韻》盧冬切”，則“虛”爲“盧”之誤。“找”即“划”字，“舟進竿謂之划”，上影本作“胡爪切”，《集韻》“胡瓜切”，則“爪”爲“瓜”之誤。“一乳兩子”之義的“孖”字，各本作“數省切”，《類篇》《集韻・線韻》作“數眷切”，“省”當爲“眷”之誤①。“㬎”字條文庫影本云：“渠飯切。絮中小繭。”《集韻・寑韻》“絮中小繭”之“㬎”，音“渠飲切”，則“飯”爲“飲”字之誤②。“䄬”字《集韻》“敞尒切”。“尒”字王本作“尓”，異體；上影本作“汆”，文庫影本、四庫本作“含”，皆誤。“㕚”字《類篇》《集韻》“子末切”，上影本作“子宋切”，則“宋”爲“末”字之誤。“䜭”《類篇》《集韻》“咨林切”，文庫影本、上影本、王本、四庫本作“容林切”，則“容”爲“咨”字之誤。“㹳”字《類篇》《集韻》“郎達切”，上影本作“卽達切”，則“卽”爲“郎”字之誤。“祏”《類篇》《廣韻》“常隻切”，文庫影本、王本、藝文本、上影本作“常焦切”，則“焦”爲“隻”字之誤。“鈴”字《類篇》《集韻》“郎丁切”，文庫影本、四

① 按，“一乳兩子”之義的“孖”即“孿”之異體，字書音“所眷切”“生患切”“嗇患切”，又音“吕患切”“力員切”“婁眷切”等。後世多讀後者之音。

② 按“㬎”字《廣韻》“呼典切”，此爲常見之音。“渠飲切”當爲别音别義，與《説文》“讀若唫唫”之“唫”同音。

庫本作“節丁切”，則“節”爲“郎”字之誤。

“忦”字條“苦怪切”之“苦”，各本作“若”，“廳”字條“苦謗切”之“苦”，上影本、王本作“若”；“霏”字條“匹各切”之“各”，王本、上影本作“名”。有一對聯寫道，“‘若’不撇開終是‘苦’，‘各’能捺住即成‘名’”，乃以漢字筆畫的變化來闡發人生哲理。《六書略》各版本“苦”“若”相混，“各”“名”相混，正爲此聯提供了文字訛誤的例證。

有些反切用字的訛誤沒有直接的證據，需要稍作分析考證，如：

“玅”字條云：“于達切。小意。”其音“于達切”，頗可疑。按“小意”之“玅”，《集韻》“于遥切”（《類篇》誤作“千遥切”）。其字又作“䒘”，《集韻》“伊堯切”。據此推測，“于達切”之“達”，或爲“遶”字之誤。

以上都是根據被切字的讀音來糾正反切用字的錯誤，也有是根據反切來糾正被切字的錯誤的，如“桒”字條云：“卉，穌合切。”各本同。按“卉”與“蘇合切”之音不符，當爲“卅”字之誤。象貌部分的“燹”字，音“敷文切”，乃録自《類篇》[①]。此當是“燹”的同義字“焚”字之音。

四　《六書略》釋文對勘舉例

《六書略》對文字形義的分析，參照《類篇》《集韻》等字書，沿用許慎《説文解字》。鄭氏對《説文》和各書的引用，有全引，亦有節引；有明引，亦有暗引；有承襲，亦有自創。其中或有訛誤，亦有頗具價值者，需要具體分析。下面列舉若干條，以窺見一斑。

“漁”字條引《説文》云：“澱滓濁泥。”王本注云：“按此文與‘漁’之字義無關，《説文》‘漁’字下亦無此文，不知何故錯置于此。”[②] 按“澱滓濁泥”爲《説文》“淤”字釋文，《六書略》當爲誤置。“雀”字條引《説文》云：“鵂鶹别名。”按“雀”同“雀”。《集韻・藥韻》：

① 見《類篇・十中》“燹”字條。

② 見《通志・二十略》，中華書局1995年版，第318頁。

“雀，《説文》：‘依人小鳥也。’或从鳥。”《説文》無“鵂鶹别名”之説，《六書略》無據，或“説文”二字爲衍文。

“憼”字條云：“居慶切。《説文》：‘肅也。’或从心。”王本注云：“《説文》十下心部‘憼’字下作‘敬也’，夾漈避宋諱改作‘肅’。”①按此條與《類篇·十下》“憼”字同，未必是夾漈避宋諱。“憼”字已从心，末尾“或从心”爲多餘。《集韻·映韻》將“敬憼儆”合爲字頭，云：“《説文》：‘肅也。’或从心。”“肅也”者，“敬”之義也；“或从心”者，“憼”字也。如果只取其中之“憼”爲字頭，而釋文照搬，就會多餘“或从心”。

“祋”字條引《説文》云：“殳也。或説，城郭市里高掛羊皮，有不當入而欲入者，暫下以驚牛馬曰祋，故从示殳。”其中“掛”字，《説文》作“縣（懸）”，《類篇》《集韻》同，《六書略》作“掛”，乃同義替換之例也。象形字部分“犬”字條引《説文》“狗之有縣蹏者也”之“縣”字，《六書略》作“垂”，亦屬同類。此二條皆替換《説文》的“縣”字，是否有深意，待考。“皻”字條引《説文》云：“醜也。一曰，老女。”此“老女”，各本無異，《集韻》《類篇》同。《説文》作“老嫗”。段注：“婦人之老者曰嫗。”“觲”引《説文》云：“用角低昂便也。”“低昂”，《説文》作“低仰”，此亦同義替換也。②

“甚”字條引《説文》云：“尤安樂也。从甘、匹。匹，耦也。”其中“从甘、匹。匹，耦也”句，《類篇》作“从甘、甘，匹，耦。”上言《六書略》與《類篇》關係密切，但此條顯然有修訂調整。此句小徐本作“从甘、甘，匹，耦也”。大徐本作“从甘，从匹，耦也”。段注本作“从甘、匹。匹，耦也”，注云：“匹，各本誤‘甘’，依《韻會》正。”這説明，《六書略》對《類篇》所作的修訂調整是合理的。段氏“依《韻會》正”，其實可以依更早的《六書略》。

“紅”字條云：“質力切。《説文》：‘作布帛之總名也。樂浪挈令織。

---

① 見《通志·二十略》，中華書局 1995 年版，第 318 頁。

② 按，“觲”字重見於《六書略》之《會意第三上》和《三體會意》，在《會意第三上》，“低昂”各本同，在《三體會意》，文庫影本、四庫本作“低昂”，王本、上影本、藝文本作“低仰”。

从糸从式。’徐鉉曰：‘挈令，蓋律令之書也。’”王本注曰：“《説文》作布帛之總名也，按此文見《説文》十三上系部，爲‘織’字之釋文，今誤置於‘絨’字下。”① 按《六書略》此條節録自《類篇》，《類篇·十三上》把“織”“絨”合爲一條，其釋文云：“質力切。《説文》‘作布帛之總名也’，‘樂浪挈令，从糸从式’。徐鉉曰：‘挈令，蓋律令之書也。’……”其中的“作布帛之總名也”屬於“織”的釋文；“樂浪挈令（織），从糸从式”則屬於“絨”的釋文。《六書略》除“令”後多一“織”字外，其餘與《類篇》全同。但《六書略》只以“絨”爲字頭，故有不合。其實“織”“絨”在“布帛總名”的意義上應當屬於異體字，《正字通》曰：“絨，同織。”段注解釋“樂浪挈令織”曰：“樂浪，漢幽州郡名也。挈，當作栔；栔，刻也。樂浪郡栔於板之令也，其織字如此。録之者，明字合于六書之法，則無不可用也。”從這個角度説，《六書略》把對“織”的解釋糅合到“絨”字中，也無不可。

“某”字條云：“謨杯切。果名。《説文》：‘枏也。’又莫後切。酸果也。”其中“枏也”，各本同。按《説文》：“某，酸果也。从木从甘。”並無“枏也”之釋。《類篇·六上》“梅楳某槑”下曰：“謨杯切。果名。《説文》：‘枏也。’可食，亦姓。或作楳、某、槑，亦書作棊、梅。又母罪切。梅伯，紂諸侯。某、槑，又莫後切。酸果也。”《集韻·灰韻》“梅楳某槑”下曰：“果名。《説文》：‘枏也。’可食，亦姓。或作楳、某、槑，亦書作棊。”把《六書略》與《類篇》和《集韻》比較，“枏也”之釋是三者共同之點，可見三者關係密切。但《集韻》所録，止於中間，特别是末後的“酸果也”三字，只見於《類篇》，可見《六書略》的釋文顯然是節録《類篇》，它與《類篇》的關係更爲密切。又“諅”字條云：“居之切。忌也。又渠記切。《説文》：‘妄也。’引《周書》：‘上不諅于凶德。’”按《説文》：“諅，忌也。从言其聲。《周書》曰：‘上不諅于凶德。’”並無“妄也”之釋。《類篇·三上》“諅諆”下曰：“居之切。忌也。或作諆，又並渠記切。《説文》：‘妄也。’引《周書》：‘上不諅于凶德。’”與《六書略》幾乎全同，且“妄也”之説，不見於其他字書。

① 見《通志·二十略》，中華書局1995年版，第318頁。

此條材料更能證明《六書略》與《類篇》具有十分密切的關係。

"斸"字條云："竹角切。《説文》：'斫也。斲或从丮、畫。'"按"畫"字，文庫影本、上影本、藝文本、四庫本作"書"，形近而誤。王本作"畫聲"，注云："'畫'原作'書'，'聲'字脱，據《説文》十四上斤部改補。"[①] 其説乃據段注本《説文》，與大小徐本不同[②]。按段氏據《玉篇》改篆，左从晝，右从丮，字作𣃔，並注云："大徐作从畫从丮，篆體作斸，今依《玉篇》正。晝聲猶㽛聲也。"[③] 其説頗有理趣。蔣冀騁曰："按，段説是。徐灝説：'戴（氏）侗曰，斫木使應規巨繩墨之謂斲。灝按，㽛讀如斗，故斲从㽛聲，而斸用斲爲聲，蓋古音斲讀如鐸也。鼎臣不知而妄删聲字。𣃔从晝聲，原本誤作斸。段訂是也。'"[④] 但段氏所據从"晝"的"𣃔"字只見於《玉篇·斤部》[⑤]，《玉篇·丮部》的"斸"字仍然从"畫"[⑥]，段氏棄而不顧，此其一；以"晝"爲聲符，乃段氏新加，徐灝承之，大小徐《説文》皆以爲會意，《六書略》亦歸爲會意，此其二；《六書略》對文字的解釋，與《類篇》《集韻》等書的關係十分密切，《類篇》《集韻》引《説文》對"斸"的解釋，與《六書略》無異，此其三。因此王本以後出之段氏改篆本校對《六書略》，未必符合《六書略》之舊。

《三體會意》"灋"字條云："刑也。从水，平準也。从廌，觸不直者去之。"[⑦] "廌"，上影本、文庫影本、王本、四庫本同，只有藝文本作"廌"，當以作"廌"符合原本。按此條解釋，來源于《説文》，但包含著鄭氏的新發展。他以"平準"釋"从水"之義，以"觸不直者"釋"廌"之義，以"去之"釋"去"之義，同時把"廌"和"去"合爲一個字符"廌"，是其獨特之處。《類篇》《集韻》所引《説文》，或同大

---

① 見《通志·二十略》，中華書局1995年版，第299頁。

② 大徐本《説文》作："斫也。……斸，斲或从畫、从丮。"小徐本作："斲或从丮、畫。"

③ 見段玉裁《説文解字注》，上海書店出版社1992年版，第717頁。

④ 見蔣冀騁《説文段注改篆評議》，湖南教育出版社1993年版，第105頁。

⑤ 見《宋本玉篇》，中國書店1983年版，第315頁。《龍龕手鑒》斤部亦有从晝的"𣃔"字。

⑥ 見《宋本玉篇》，中國書店1983年版，第128頁。

⑦ 按，"灋"字又見於《六書略·會意第三下》，其形義解釋引《説文》，與此不同。

徐，或同小徐，惟鄭氏之説與眾不同。大徐本《説文》：“灋，刑也。平之如水，从水。廌所以觸不直者去之，从去。”小徐本作“灋，刑也。平之如水，从水。廌所以觸不直者去之”，末無“从去”二字；段注本作“灋，刑也。平之如水，从水。廌所以觸不直者去之，从廌去”，末作“从廌去”三字，各有不同。鄭氏有所本，亦有所創新。當然，隨着出土材料的增多，過去認爲是會意字的“灋”字也可能是从“去（盍）”聲的形聲字①。此是後話。

以上各條説明，《六書略》之撰，多有參考《類篇》《集韻》諸書，既有疏漏，亦有整合調整乃至自創新説者，需要仔細甄别和研究，方能明其所以。校訂之難，眾所共知。以上所列，自有不確甚至錯誤者，懇請博雅君子有以正焉。

① 參見裘錫圭《説字小記·説“去”“今”》，《裘錫圭學術文集·金文及其他古文字卷》，復旦大學出版社 2012 年版，第 418 頁；裘錫圭《談談古文字資料對古漢語研究的重要性》，《裘錫圭學術文集·語言文字與古文獻卷》，復旦大學出版社 2012 年版，第 42 頁。宋保《諧聲補逸》亦曰：“灋，从水、从廌、去聲。重文作法，去聲。《廣雅疏證》‘法’字注云‘去聲’。保謹案：法字去聲，猶弦怯劫䖔从去聲也。”（轉引自丁福保《説文解字詁林·十上》“灋”字條，中華書局 1988 年，第 9680 頁）日本學者白川静指出“灋”字从水，“𪊽”聲，“𪊽”又以“去”爲聲，實際上亦以“去”與“灋”聲相諧（白川静《漢字之起源》，引自周法高《金文詁林補》，臺北“中研院”歷史語言研究所，1982 年，第 2649—2650 頁），清華簡《命訓》簡 12“灋”字作，以往未見，其字从廌，从盍，簡 15“灋”字作，从廌，从去，與从“盍”者爲異體，説明“灋”讀爲盍（去）聲是有根據的（參見顔世鉉《説簡本〈緇衣〉“灋”與“廌”的關係》，《中國古文字研究會第二十一屆年會散發論文集》；劉偉浠《〈清華大學藏戰國竹簡（五）〉疑難字詞集釋及相關問題研究》，碩士學位論文，福建師範大學，2017 年）。

結語：鄭樵文字學研究的成就與不足

顧頡剛在《鄭樵傳》開篇就説：

> 鄭樵是中國史上很可注意的人。他有極高的熱誠，極鋭的眼光，極廣的志願去從事學問。在謹守典型又欠缺徵實觀念的中國學界，真是特出異樣的人物。因爲他特出異樣，所以激起了無數的反響。有説他武斷的，有説他杜撰的，有説他迂僻的，有説他博而寡要的，有説他疏漏草率的，有説他切切于仕進的。大家沒有曉得他的真性情，真學問，隨便給他加上幾個惡名。從他的當世，直到清代的中葉，他一向擔負不良的聲望。雖也有少數人説他在名物上是極精核的，但他的學問的全體到底是那一般的樣子，依然未能知道。……自從章學誠出來，辨明著述與纂輯不是同等的事業，又作了《申鄭》《答客問》諸篇，把他的真學問、真力量暢盡的説了，於是他的地位才漸漸有提高的樣子①。

鄭樵讀書論學，涉獵極廣，著述頗豐，博學多識。在文字學研究領域，鄭樵既有相當不俗的成績，也有難以避免的不足。下面根據《六書略》《金石略》《石鼓文考》諸書對其研究成果作簡要歸納。

---

① 顧頡剛：《鄭樵傳》，鄭樵著，王樹民點校《通志二十略・附録四》，中華書局 1995 年版，第 2068 頁。

一

鄭樵現存的字學著作中，最重要的是《六書略》，而《六書略》中最能體現鄭氏字學研究成果的是對“六書”理論的研究。《六書略》對“六書”的深入研究表現在下面幾個方面：

第一，他在許慎定義的基礎上對“六書”進行重新闡釋，其中不少看法是比較新穎的，也包含許多正確的因素。鄭樵很重視象形字，提出“書畫同出”“象形爲本”等觀點，研究也很細緻深入，類分得很細，且互相關照，有一定的系統性。他將指事與象形、會意進行比較來闡釋“指事”字的特點，他説：“指事類乎象形：指事，事也；象形，形也。指事類乎會意：指事，文也；會意，字也。……形可象者，曰象形，非形不可象者指其事，曰指事。”這比許慎的定義要明白清楚許多。他指出會意字是“二母爲會意”，“二母之合，有義無聲”，也是很簡潔的。他對“諧聲”的認識也頗爲精到，他説：“諧聲與五書同出，五書有窮，諧聲無窮；五書尚義，諧聲尚聲。天下有有窮之義，而有無窮之聲……諧聲者，觸聲成字，不可勝舉。”鄭樵通過形聲字的分類，還發現了“子母同聲”等特殊的類型，是對形聲字研究的有力推進。他的假借觀點，極有發明，他指出假借可以濟象形、指事、會意、形聲、轉注之不足，他的“無義之假借”，指出了假借的眞義，是現代語言文字學範疇裏真正意義上的假借。

第二，他的“子母相生”説，發揮了“獨體爲文，合體爲字”的觀點，並把“六書”之間的先後順序和邏輯關係揭示出來。他在《論子母》篇中立 330 母爲形之主，870 子爲聲之主，合爲 1200“文”，構成無窮之“字”。他又説：“象形、指事，文也；會意、諧聲、轉注，字也；假借，文字俱也……六書也者，象形爲本，形不可象，則屬諸事，事不可指，則屬諸意，意不可會，則屬諸聲，聲則無不諧矣，五不足而後假借生焉。”清代王筠在《説文釋例·六書總説》中對此有所訂正，他認爲“會意形聲，誠爲繼起。若象形指事，各立門户，相對相當，不可分本末，特以虛實論之，形先事後耳，似不可言爲本”。對於“形不可象”，他認爲似當云“無形可象”①。儘管如此，鄭氏此説明確了“六書”中的“文”“字”之别，揭示了“六書”之間的排列順序和相互關係，其中以“象形”爲本，較之許慎把“指事”置於“象形”之前，無疑更容易爲人們所接受。所以王筠説：“許君首指事，似不可解。”②

第三，對“六書”中的每一書又進行了更爲詳細的分類，如象形分“正生、側生、兼生”三科，再分爲十八類；諧聲分“正生、變生”兩科，“變生”又分爲六類等。這種分類先以圖表形式列出，又在《六書序》中用文字加以説明，可謂綱目清楚，條理井然，説明他的“六書”研究是有規劃和設計的，有一盤棋的佈局，是規律性的認識。

第四，《六書略》以“六書”統字，共分析象形字 608 個，指事字 107 個，會意字 740 個，諧聲字 21810 個（實際分析 469 字，其他僅存部首及其字數），轉注字 372 個，假借字 598 個，徹底打破了《説文》以部首統字、據形系聯的格局，是對漢字系統的另一種分類，是在實踐上對其“六書”理論的進一步驗證，其創新精神是值得肯定的。

鄭樵對“六書”的重視和實際研究，奠定了他在文字學史上的地位，正如唐蘭先生所評價的那樣，鄭樵是文字學史上“第一個撇開《説文》系統，專用六書來研究一切文字”的人。他的研究使文字學進入一個比較純粹的理論探求階段，從而使文字學的研究提高到了一個新的高度。在他的影響下，“六書”學成爲鄭氏之後漢語文字學研究的一個新領域，一個核心問題，出現了一大批以“六書”爲名的文字學著作，提出了不少有價值的見解，推動了漢字學理論的進一步深化。在漢語文字學史上，“六書”理論的不斷發展和進步，不能否認鄭樵《六書略》的轉軌之功和提倡之力。

二

鄭樵的文字學研究，除了“六書”理論以外，還對文字學的其他諸多問題進行了有益的探索，主要有以下幾個方面：

---

① 王筠：《説文釋例・六書總説》，中華書局 1987 年版，第 5 頁。

② 王筠：《説文釋例・六書總説》，中華書局 1987 年版，第 5 頁。

第一，鄭樵對文字的起源問題作了可貴的探索，闡明了“書畫同源”和“書畫有别”的觀點，又從另一個角度提出“起一成文”説。前者注重文字與外部世界的關係，後者着眼於字符内部筆畫的形成，兩者内外結合，相輔相成。詳見本章第一節。

第二，鄭樵以子母説爲基礎，討論部首的設定及其功能，對漢字部首提出新的建設性看法。他在《論子母》中認爲《説文》定五百四十類爲字之母，其中包括誤以子爲母者二百十類，删減這一部分，《説文》的部首就只剩下三百三十部。過去論及部首簡化，學者多以爲始于明代梅膺祚所作《字彙》的二百一十四部。梅氏的部首是檢字法的部首。鄭氏三百三十部首雖然仍是文字學性質的部首，但畢竟早于梅氏。故首倡部首簡化之功，當推鄭氏。只可惜《六書略》不以他所設立的部首統字，他的三百三十部，除了《論子母》和《論子母所自》兩文所舉，如手、金、木、米、肉、反、人、臣、麥、齒、魚、兔、马、豆、鳥、豸、目、足、𠂇、𦥑之外，其餘部首具體情況如何，不得而知，因而也降低了鄭氏部首對後世的影響力。

第三，鄭樵對漢字變化問題進行了多方探索。《六書略》中有《古今殊文圖》《一代殊文圖》《諸國殊文圖》《殊文總論》諸篇，討論漢字歷時異體和共時異體。他指出字形因古今差異、方國不同而有所變化，同一時代可能也有不同寫法；文字只是記録語言的符號，不宜尋求每一字形必有義理存乎其中，否則同一個詞若有幾個字形就要認爲有幾種義理。《六書略》還有《論省文》《論篆隸》《論變更》《論遷革》等，涉及文字演變和字用不同，也都有其新穎深刻的一面。

第四，鄭樵對比較文字學作了有益的嘗試。《六書略》中有《論華梵》三篇，討論漢字與梵文的差别。如《論華梵下》云：“梵人别音在音不在字，華人别字在字不在音，故梵書甚簡，只是數個屈曲耳，差别不多，亦不成文理，而有無窮之音焉……華書制字極密，點畫極多，梵書比之實相遼邈，故梵有無窮之音而華有無窮之字，梵則音有妙義而字無文彩，華則字有變通而音無錙銖。”鄭氏的這項研究雖未深入，但把對漢字的研究延伸到與外域文字的比較中去，其視野是相當開闊的，在當時也是很難得的。

第五，鄭樵對金石文字的研究也頗有成績，主要著作有《金石略》和《石鼓文考》。《金石略》一書所收“上自蒼頡石室之文，下逮唐人之書”，保存了不少金石材料。馬衡指出，“鄭樵作《通志》，以金石別立一門，儕於二十略之列，而後金石學一科，始成爲專門之學，卓然獨立，即以物質之名稱爲其學科之名稱矣”①。可見其書在中國金石學史上的地位。鄭樵的《石鼓文考》，從文字學的角度考證石鼓文的年代，以本文丞、殹兩字秦斤秦權有之，認爲石鼓是秦國之物，證據確鑿，倍受古今學者的稱讚。他還利用金石文字的材料和研究成果來解釋漢字的形義關係，有許多精闢的見解，詳見本書相關章節。

三

鄭樵的文字學研究有不少真知灼見，值得繼承發揚。但是因爲時代和個人條件的局限，也難免存在不足之處，主要有：

第一，理論闡述不够精審，如論轉注之“役它”“役己”以及“正其大而轉其小，正其正而轉其偏者”等，論子母之“顯隱、近遠、約滋、同獨、用不用、得勢不得勢”等，論因文成象之“到（倒）取、反取、向取、相向取、相背取、相背向取、近取、遠取、加取、減取、微加減取、上取、下取、中取、方圓取、曲直取、離合取、從衡（縱横）取、邪正取、順逆取、内外中間取”等，有些地方過於玄虚，缺乏實際操作價值。

第二，對“六書”的分類過於煩瑣，又隨意兼類，實際上混淆了象形、指事、會意、形聲的嚴格界限。《六書略》以“六書”統字，又存在重出互見等情況，理論和實例不能很好對應，其歸屬不易掌握，查檢也不方便。

第三，在文字分析上存在穿鑿附會之處。比如他主張“起一成文”，因而認爲“天、百、母、車、旦、丕”等字都是由“一”滋生出來的，又承許慎之誤而認爲“爲”是母猴的象形，不同意韓非之説而認爲“厶”象男子之勢，此類臆説，書中多見，皆不足取。

---

① 參見馬衡《凡將齋金石叢稿·中國金石學概要上》，中華書局1977年版，第2頁。

第四，因反對義理之學而完全否認以義説字也過於偏激，沒有充分認識到漢字的表意性質。把假借分爲有義之假借和無義之假借，把詞義引申也認爲是假借，還不能跳出古代語文學的樊籬。秦代“書同文”本是大勢所趨，他在《殊文總論》卻認爲是“無知”之舉 。這些也都是其理論所存在的誤區。

總而言之，鄭樵的文字學研究，有思想、有創新、有特色，但也存在粗疏和不嚴密等問題，正確的評價仍然應該堅持一分爲二的觀點，取其精華，棄其不足，肯定他在文字學史上應有的地位。

下　編

《〈説文〉大小徐本録異》的整理和研究

林志强　陳近歡　龔雪梅

《〈説文〉大小徐本録異》(整理本)

長樂　謝章鋌　撰

整理説明

一、本次整理所據版本爲遼陽吴歐《稷香館叢書》第十册之《〈説文〉大小徐本録異》。

二、原版豎排，今改爲横排。

三、原文同部之字降一格，在説明二本字數差異時，則又降一格（具體可參看《研究》第一章第三節）。今爲方便、整齊起見，字頭及新起行皆頂格平齊。

四、原文以大字書字頭並引大徐本，再雙行小字引小徐或説明二者之差異，但大徐本中的按語、反切以及新附字的説解也用雙行小字。爲醒目起見，今字頭及凡大徐本的内容，皆用大字，小徐本及一些説明性文字用小字，單行。

五、原文手抄，存在一些繁簡混雜的情況，其無疑義者，徑改爲正體。

六、凡張鳴珂的校讀内容均加“（）”以示區别。

七、本次整理中用于比較的版本，大徐本用陳昌治刻大徐本（中華書局 1963 年版），小徐本用祁寯藻刻小徐本（中華書局 1987 年版）。在整理過程中需要説明的文字均以脚注方式注出。

《説文解字》弟一

《説文》十四篇，大小徐本皆分一篇爲上下卷，大徐合下卷字數而計之，故下卷不列總數，小徐則分計上下也①。

十四部，六百七十二文。小徐作“文二百七十四”。重八十一。小徐作“重七十七”。

凡萬六百三十九字。小徐無。

文三十一。新附。小徐無。

一　於悉切。小徐伊質反。按：大徐是孫愐反切，小徐是朱翺反切。小徐曰：“當許慎時未有反切，故言‘讀若’。此反切皆後人之所加，甚爲踈朴，又多脱誤，今皆新易之。”然則雖出於朱翺，亦小徐之所審定欤？其所謂踈朴、脱誤，則未始斥其人也。今舉其一以見例，餘不備列。唯初太始。小徐“始”作“極”。

元　始也。从一②，从兀。小徐作“从一、兀”。徐鍇曰：元者善之長也。小徐無“也”字。故从一。小徐此下尚有“元，首也。故謂冠爲元服，故从兀。兀，高也，與堯同意。俗本有‘聲’字，人妄加之也。會意”。按：大徐引小徐説，多删節，今舉其一以見例。

天　按：小徐有説，大徐不引，兹舉其一以見例。

吏　徐鍇曰：“吏之治人心主於一，故从一。”小徐“於一”下有“也”字，無“故从一”三字③。按：大徐引小徐説，有增益處，兹舉其一以見例。

帝　王天下之號也。小徐無“也”字。辛、示、辰、龍、童、音、章皆

---

① 此段内容原補書於書眉處。

② 分析偏旁的術語“从”，陳昌治刻大徐本（中華書局1963年版）作“从”，祁寯藻刻小徐本（中華書局1987年版）作“從”，謝氏抄本則“从”“從”互作，如“元”字“从一从兀”，作“从”；“辛、示、辰、龍、童、音、章皆從古文丄”，作“從”。現統一爲“从”，以下不再说明。

③ “吏之治人心”之“治”字，祁寯藻刻小徐本（中華書局1987年版）作“理”。

从古文丄。小徐“辛”下有“言”字。

旁 溥也。从二，闕。方聲。小徐“闕”字在“方聲”下。

丅 底也。指事。小徐作“底也，从反丄爲丅”，無“指事”二字。

禧 禮吉也。桂未谷《義證》謂徐鍇本“吉”作“告”，然汪本及近刻《小學彙函》本亦皆作“礼吉”，未知未谷此據何本①。

祥 福也。从示，羊聲。一云善。小徐無“一云善”三字。

福 祐也。从示，畐聲。小徐“祐”作“備”。

神 天神，引出万物者也。从示、申。小徐“申”下有“聲”字。小徐曰：“申即引也，疑多‘聲’字。”（嗚珂按：汲古大徐本亦有“聲”字。）②

齋 戒潔也。从示，齊省聲。小徐無“省”字。

祡 燒祡樊燎以祭天神。小徐“燒祡”③作“柴”，無“樊”字。

祰 从示，从告聲。小徐本作“从示，告聲”。（此與大徐同。）④

祏 从示，从石。小徐作“从示、石，石亦聲”。

祫 从示、合。小徐“合”下有“聲”字。小徐曰：“詳《周礼》義，誤多‘聲’字。”

𥜶 读若春麦爲𥜶之𥜶。小徐本“爲𥜶”作“爲麷”。

禜 从示，榮省聲。小徐作“从示，从營省聲”。《禮記》曰：“雩禜祭水旱。”小徐《禮記》上有“臣鍇按”三字，則此非許氏原文也。

禬 从示，从會，會亦聲。小徐作“从示，會聲”。《周礼》曰：“禬之祝號。”小徐本無“曰”字。

禡 《周礼》曰。小徐無“曰”字。

禂 《诗》曰：“既禡既禂。”小徐“《诗》曰”上有“臣鍇按”三字，則此亦非許书原文也。

社 从示、土。小徐“土”下有“聲”字。

---

① 此條原本補在書眉處，在“祥”字上，現按陳昌治刻大徐本（中華書局1963年版）列字次序放在“丅”下“祥”上。

② 張鳴珂按語書於頁眉。

③ “燒祡”原誤倒作“祡燒”，稿本已乙正。

④ 此條原本補在書眉處，在“祏”字上，現按陳昌治刻大徐本（中華書局1963年版）列字次序放在“祡”下“祏”上。其右邊有“此与大徐同”五字，從字跡看，與上“神”字條“嗚珂按”相同，當爲張鳴珂按語。

袿 古文社。小徐“社”下有“同”字。

禓 从示，昜聲。小徐“昜”作“易”，誤。（祁刻不误）

祲 《春秋傳》曰：見赤黑之祲。小徐“之祲”下有“是”字。

禍 从示，咼聲。小徐“咼”上有“从”字。

祟 从示，从出。小徐作“从示、出”。

文六十。小徐大數在後，多五字，凡六十五。

禰 親廟也。从示，爾[①]聲。一本云：古文禮也。泥米切。小徐：“秋畋也，从示，爾聲。臣鍇曰：獵者所以爲宗廟之事也。《左传》曰：鳥獸[②]之肉不登於俎，則君不射，故从示。又祖禰也。息淺反。”

禮 小徐：“祝也，从示，虘聲。側慮反。”大徐無。

祧 遷廟也。从示，兆聲。他彫切。小徐：“从示，从兆。他彫切。”

祆[③] 胡神也，从示，天聲。火千切。小徐“天聲”作“从天”，餘同。

祚 福也。从示，乍聲。臣鉉等曰：“凡祭必受胙，‘胙’即‘福’也。此字後人所加。徂故切。”小徐：“从示，从乍。徂故切。”

文四。新附。小徐無此大數而有其字，且多一“禮”字而“祧”“祆”“祚”三字切音亦同，蓋後人取大徐本附益之。

皇 今俗以始生子爲鼻子。小徐本“始”上有“作”字，“子”下有“是”字。

玉 鋭廉而不枝。小徐本“枝”作“忮”，徐鍇曰：“忮，害也。”故作“忮”似誤。

珣 醫無閭珣玗琪。小徐本“閭”下有“之”字。一曰器。小徐本“器”上有“玉”字。

環 肉好若一謂之環。小徐本無“謂之環”三字。

琥 賜子家雙琥。小徐本“家”下有“子”字，“琥”下有“是”字。

瓏 从玉，从龍，龍亦聲。小徐本作“从玉，龍聲”。

瓛 桓圭公所執。小徐本“公”上有“三”字。

珩 从玉，行聲。小徐無“聲”字。按：小徐本“琳”“珩”“玦”三篆俱

---

① 抄本“爾”作“尔”。

② 抄本此前爲行草，有多處塗改，當係謝氏原稿；此後爲工整楷書，應是重抄。

③ 抄本字頭原作“祅”，形近而誤，今正。下“祧、祅、祚”之“祅”，同誤，並正爲“祆”。

在末，不在此處。

珥[①] 瑱也。小徐本“也”作“者”。

琫 佩刀下飾。小徐本“下”作“上”，（大徐本亦作“上”）鍇曰：“刀削上飾也。琫之言捧也，若捧持之也，上爲首也。”下“珌，佩刀下飾”，不誤。

璂 弁飾往往冒玉也。小徐本“往往”作“行行”，鍇曰：“謂綴玉於武冠，若綦子之列布也。《左傳》曰：‘瓊冠玉纓。’”

瑳 《詩》曰：瑟彼玉瓚。小徐本“瑟”作“瑳”。（大徐本亦作“瑳”）

璁 石之次玉者。小徐本“之”下多“玉言”二字。

玽 石之次玉者。小徐本“次”作“似”。

玕 《禹貢》：雝州，球、琳、琅玕。小徐本“雝”作“雍”，“球”作“璆”。㺱，古文玕。小徐本作“古文玕，从玉、旱”。

璗 《禮》：佩刀，諸侯璗琫而璆珌。小徐本無“禮”字。

文一百二十六，重十七。小徐本作十五。文十四。新附。小徐本俱無。

士 數始於一終於十[②]。从一，从十。小徐本無“从一，从十”四字。

壿 舞也。小徐本“舞”上有“壿”字。（有“壿”字。《詩》下無“曰”字。）[③]

中 而也。小徐本“而”作“和”，孫星衍曰：“‘而’是‘内’之譌，改作‘和’，便失其意。”[④]

於 从丨，从㫃，㫃亦聲。小徐本無“从㫃”二字。

屮 艸木初生也。小徐本無“艸”字。

毒 从艸，从毒[⑤]。小徐本作“从屮，毐聲”，鍇曰：“毐（讀若娭），嫪毐。字从‘士’（音仕）下‘母’（音無），言其毒厚也。”

䈞 古文毒，从刀、䒹。小徐本“䈞”作“箣”，“古文毒从刀、篙。鍇曰：

---

① “珥”字原書作“瑱”，書誤，圈去，旁寫“珥”。由于《稷香館叢書》本只有前二頁是謝氏原稿，其餘皆爲重抄，這種情況是張鳴珂校讀而改，還是抄手抄誤而改，不得而知。

② 此條抄漏“十”字，然補在“終”與“於”之間，當補在“於”與“从”之間。

③ 此條“小徐本‘舞’上有‘壿’字”，其中“壿”字邊有一“士”字，可能是校者誤補，故於“舞上”之下再書“有壿字”三字，並補“《詩》下無‘曰’字”五字。若此，則依例當録大徐本“《詩》曰：壿壿舞我”。

④ 陳昌治刻大徐本（中華書局 1963 年版）作“中，内也。”

⑤ 陳昌治刻大徐本（中華書局 1963 年版）“从中，从毒。”

竹亦有毒，南方有竹，傷人則死。篙，聲也。”

熏　从屮，从黑。屮，黑熏黑（汲古本作“象”）也。小徐本作“屮，黑熏象”。鍇曰：“黑，非白黑之‘黑’字。‘囮’象穴，火炎上出礙於艸，故爲‘熏’。此言‘黑熏象’，故知非白黑之‘黑’。”①

芝　从艸，从之。小徐本作“从艸，之聲”。

莆　小徐本無此篆②。芓、蘡、蘇③。此三字在末。

莠　禾粟下生莠。小徐本“下”下有“揚”字。

蘮　菜也，似蘇者。小徐本“也”誤“侣”。（作“之”）④

薅　从艸，从水、毒。小徐本無“从艸”二字。

茿。小徐本無此篆。（在下）⑤

苷　从艸，从甘。小徐本作“甘聲”。

藎　公⑥艸，盡聲。小徐本“公”作“从”，不誤。（汲古本作“从”不作“公”）

萇　萇楚跳弋。小徐本“跳”作“銚”，不誤。（汲古本作“銚”）

蒢　黄蒢職也。小徐本“黄”作“董”。

莙　井藻也。小徐本“井”作“牛”。（汲古本亦作“牛”）

莒　《周書》所説。小徐本“書”上有“禮”字。

蘦 䕭，籀文菌。小徐本作“臣鍇曰：‘䕭，古文菌也。’”然則此非許語也。

莃　从艸，稀省聲。小徐本作“从艸，希聲”。

蕼　从艸、肆。小徐本作“从艸，肆聲”。（汲古本有“聲”字）

薺　蒺梨也。小徐本“梨”作“藜”。（汲古作“梨”）

蘜　从艸，籟省聲。小徐本作“从艸，鞠聲”。

---

① 祁寯藻刻小徐本（中華書局1987年版）末句作“故知非白黑字”。

② 祁寯藻刻小徐本（中華書局1987年版）有，見22頁下。

③ 此三字畫有圈號。

④ 末二字本作“誤侣”，圈去，旁加“作之”二字，指小徐本“也”作“之”。按，謝氏所用小徐本，據研究（詳後），乃小學彙函本，此處“誤侣”，乃據此本，“作‘之’”乃張鳴珂據别本校改。

⑤ 見祁寯藻刻小徐本（中華書局1987年版）第22頁上。本條抄本連上“薅”字條，今依例另起一行。卷二“牝”字、“趙”字，依例亦當另起一行。

⑥ 抄本“公”字打圈，旁寫“从”。按，謝氏所用大徐本，據研究乃平津館本（詳後），此處“公艸，盡聲”，正與平津館本同。

藗 遬，籒文速。小徐無此四字。

茚 昌蒲也。从艸，印聲。益州云。小徐本“云”作“生”。

藺 菡藺。芙蓉已發爲芙蓉[①]. 小徐本“芙蓉”皆作“夫容”，以下同。

蓮 芙蕖之實也。小徐本“芙蕖”皆作“夫渠”，以下同。

蓍 生十歲，百莖。小徐本作“生千歲，三百莖”。(汲古本與小徐同)

薔 艸牆聲。小徐本“艸”上有“从”字。(汲古有“从”字)[②]

萋 苦萋也。小徐本無“也”字。

蘼 从草[③]，靡聲。小徐本“聲”下有“省”字。

莍 茉樧實裹如表者。小徐本“裹”作“裹”，“表”作“裘”。

萌 艸芽也。小徐本無“芽”字。

蘳 黄華。小徐本“黄華”二字倒，(“讀若”下有“墮”字) 鍇曰：“謂草木之黄華者也。”

英 一曰黄英。小徐本“曰”作“名”，“英”作“荚”。(祁本與大徐同)

蓨 从艸，隨省聲。小徐本“隨”作“隋”，無“省”字。

兹 从艸，兹省聲。小徐本“兹”作“絲”。

蔽 《周禮》曰：轂獘不蔽。小徐本“轂”下有“雖”字。

葻 从艸、風。讀若婪。小徐本“風”下有“風亦聲”三字。

荒 一曰艸淹地也。小徐本“淹”作“掩”。(祁本作“淹”)

蘀 艸木凡皮葉落陊地爲蘀[④]。小徐本無“凡”字。《詩》曰：十月隕蘀。小徐本“隕”作“殞”。

藪 豫州甫田。小徐本“甫”作“圃”。雝州弦圃。小徐本“雝”作“雍”，“圃”作“蒲”。

䋣 《夏書》曰：厥艸惟䋣[⑤]。小徐本“䋣”作“繇”。

莱 耕多艸。小徐本作“耕名”，無“多艸”字。

蘼 艸木相附蘼土而生。《易》曰：百穀草木蘼於地。小徐本“蘼”作

① 此句陳昌治刻大徐本（中華書局1963年版）作“芙蓉華未發爲菡藺，已發爲芙蓉。”

② 陳昌治刻大徐本（中華書局1963年版）有“从”字。

③ “草”，大小徐本皆作“艸”。

④ 祁寯藻刻小徐本（中華書局1987年版）“陊”作“墮”，“蘀”作“蘀”（大徐本同）。

⑤ 陳昌治刻大徐本“䋣”作“䋣”。

“麗”，“地”作“土”。

芠 从艸，从殳。小徐本作“殳聲”。

蓴 从艸，專聲。小徐本“專”下無“聲”字。

莤 讀若陸。小徐本“陸”作“俠”。

莜 《論語》曰：以杖荷莜。今作蓧。小徐本（“莜”作“蓧”），無“今作蓧”三字①。

蓳 一曰蓳蔗。小徐本“蔗”作“歷”。

葚 从艸，是聲。小徐本無“聲”字。

芻 刈艸也。象包束艸之形。小徐本無“象”字，作“刈艸爲也包束艸之形。”按：“爲也”二字應乙轉②。

雚 《詩》曰：食鬱及雚。小徐本無“《詩》曰”六字。

萑 小徐本：“草多貌。从艸，隹聲。專唯反。”在“茸”下，大徐無③。

草 一曰象斗子。小徐本“象”作“橡”，無“子”字。

萅 屯聲。小徐本“屯”下有“亦”字，鍇曰：“屯，草木之難也，故云亦聲。”

文四百四十五。小徐本無“五”字。文十三。新附。小徐本無。

薅 拔去田艸也。小徐本作“披田艸”也④。

莫 从日在茻中。小徐本下有“茻亦聲”三字。

葬 厚衣之以薪。小徐本下有“茻亦聲”三字。

《説文解字》第二

小 从八、丨，見而分之。小徐本“而”下有“八”字。

---

① “今作蓧”三字，陳昌治刻大徐本系徐鉉按語，非《説文》正文。

② 此條“束”字，大小徐本皆作“束”，形近而誤。謝氏指出“爲也”二字當乙轉，甚是。按“象”字隸古定作“𤉣”“𤔔”等形，漢印作“𤉣”（參見林志强《古本〈尚書〉文字研究》，中山大學出版社 2009 年版，第 31 頁），與“爲”字近似，故“爲”字當爲“象”字之誤。清代田吴炤《説文二徐箋異》“芻”字條云：“炤按，‘爲’當是‘象’字之譌而誤到在‘也’字上也。《校勘記》謂當依鉉作‘也象’，其説是。”

③ 陳昌治刻大徐本（中華書局 1963 年版）有，在 17 頁“萑”字下。“草多貌”，二徐本作“艸多皃”。

④ “茻”，陳昌治刻大徐本（中華書局 1963 年版）作“艸”，祁寯藻刻小徐本（中華書局 1987 年版）作“草”。此或系涉下條“茻”字抄誤。

公　从八，从厶，音司。小徐本無“音司”二字。按：“音司”二字乃後人所加，應作小字注。許書無“音某”之文。（汲古本分行小字）

必　从八、弋，弋亦聲。小徐本作“从八，弋聲”。

文五，重五。小徐本作“四”，不誤。

特　朴特，牛父也。小徐本作“特，牛父也”①。

牨②　此篆未見。（在下）

犝　畜牷也。小徐本“牷”作“牲”。（汲古作“牲”）

牿　《周書》曰：今惟牿牛馬。小徐本“惟”下有“淫”字。

牢　从牛，冬省。小徐本“省”下有“聲”字。

犓　从牛、芻，亦聲。小徐本“芻”下有重“芻”字。（汲古本亦重）

文二。新附。小徐本無。

呱　小兒嗁聲。小徐本無此四字。

含　嗛也。小徐本“嗛”作“銜”。案：上“嗛，口有所銜也”。

嗿　野人言之。小徐本“言之”作“之言”。

唏　从口，稀省聲。小徐本作“希聲”。

唉　讀若埃。小徐本“埃”上有“塵”字。

咸　从口、戌。戌，悉也。小徐本作“从口，戌聲”。

嗝③　从口、鬲，又聲。鬲，古文疇。小徐本無“鬲，古文疇”四字。

哽　語爲舌所介也。小徐本“介”下有“礙”字。

啻④　語相訶歫也。小徐本“歫”上有“相”字。从口歫辛。小徐本無“歫”字。讀櫱。小徐本“讀”下有“若”字。（汲古本有“若”字）

吺　投省聲。小徐本作“殳聲”。

嗙　謌聲嗙喻也。小徐本“謌”作“訶”。舞嗙喻也。小徐本作“訶舞嗙喻”。（祁本均作“謌”）

啾　嘆也。小徐本“嘆”作“嘆”。

昏　从口，氒省聲。氒音厥。小徐本作“氒，古文厥字”。此“音厥”二字

---

① 小徐本“父”字，抄本打圈號。

② 此字抄本連“特”字後，此依例另起一行。

③ 本條字頭原書作“嗝”，少一“又”符，今正。

④ 此字當隸作“啇”，“啻”爲“啇”之變形。

亦後人所加，非許書也①。

文一百八十。小徐本作“一百八十二”。文十。新附。小徐本無。

嗀 一曰窒嗀。小徐本“窒”作“室”②。

喪 从哭，从亾，會意。亾亦聲。小徐本作“从哭，亾聲”。

趞 趞趞也。小徐本“趞趞”作“趬趞”也。（汲古作“趬趞”）

赼 疑之等赼而去也。小徐本“而”上有重“赼”字。

趁 趨趙，久也。小徐本“趨”作“趁”。（汲古作“趁”）

趙③ 趨趙也。小徐本“趨趙”作“趙趨”也。

趉 走也。小徐本無“走也”二字。

趯 从走，雚聲。小徐本無“从走，雚聲”四字。（祁本有，在“一曰”之上，“脊”下無“皃”字）

趚 行趚趚也。小徐本作“行速趚趚”。

趍 讀若池。小徐本“池”誤“地”。

趦 讀若匐。小徐本無“讀若匐”。

趆 从歪，庐省聲。小徐本無“省”字④。

止 下基也。小徐本無“基”字。

歷 過也。小徐本此下有“傳也”二字。

疌 機下足所履者。小徐本“者”下有“疾”字。

登 上車也，从癶豆，象登車形。小徐本“象”作“爲”⑤。

此 从止，从匕。匕，相比次也。小徐本作“从止，能相比次”。按：語不悉，蓋誤。按：鍇曰“匕，近也”，則鍇本亦當有“从匕”語，寫者脱之。

文一。新附。小徐本無。

正 从止，一以止。小徐本作“从一，从止”。

---

① 陳昌治刻大徐本（中華書局 1963 年版）“丮音厥”三字已作爲注文，用雙行小字。見 34 頁下。

② 陳昌治刻大徐本（中華書局 1963 年版）亦作“室”。

③ 本條抄本連上“趁”字條，今依例另起一行。

④ 本條録大徐“从歪”二字抄漏補于側，録小徐“省”後有“聲”字，圈去，旁補“字”字。“歪”字今大小徐本皆作“走”。

⑤ “爲”字是“象”字之誤，詳上“芻”字條注。

邁[①] 从辵，蠆省聲。小徐本作“萬聲”。按：下尚有“邁”字，“虫”不省，則非“萬聲”也。

邁 或不省。小徐本“不省”作“从蠆”。

隨 从辵，嫷省聲。小徐本作“隋聲”。

逭 迹逭也。小徐本作“迹道也”。

遫 从辵，黎聲。小徐本“聲”上有“省”字。

遞 怒不進也。小徐本此下有“一曰鷙也”四字。

達 《詩》曰：挑兮達。小徐本“達”下有“兮”字。（汲古本亦有“兮”）

迭 一曰达。小徐本“达”誤“迭”。按：上有“达”字與“迭”互訓。

遷 古文遯。小徐本“遷”作“述”不誤。（汲古本亦作“述”）按：“遷”音“人質反”，已見上文[②]。

迪 前頡也。小徐本“頡”作“頓”。

逞 《春秋傳》曰：何所[③]不逞欲。小徐本“何”上有“君”字。

文一百一十八，重三十一 。小徐本作“三十”。文十三。新附。小徐無。

廴[④] 从彳引之。小徐本“从”作“行”，非是。（祁本同）

齨 一曰馬八歲，齒臼也。小徐本無“一曰”二字。从臼，臼亦聲。小徐本作“从齒，臼聲”[⑤]。

齰 从齒，从骨，骨亦聲。小徐本作“从齒，骨聲。”

齬 嘸聲。小徐本“嘸”作“醮”。

文一。新附。小徐本無。

蹡 《詩》曰：管磬蹡蹡。小徐本“管磬”作“磬管”，“蹡蹡”作“鏘鏘”。（祁本作“蹡蹡”）

---

① 抄本“辶”旁寫作“辵”，爲統一起見，皆作“辶”。下“邁”“逭”“遞”同。

② 大小徐本“遷”“遯”皆另立條目，此條殆謝氏串行所致，把“遷”“遯”合爲一字看待了。其實當作“迹，古文遯”。二徐本無異。“述”即“迹”字隸定。

③ “所”字抄本書作“若”，圈去，旁補“所”。

④ 抄本字頭或行文中的個別字形，或用小篆，或間雜篆隸筆勢，整理本盡量遵從原貌，不一一説明。

⑤ 抄本原作“小徐本無臼，齒亦聲三字”，圈去“無”“亦”“三”“字”四字，“臼”“齒”乙轉，旁加“作从”二字。

蹐 《商書》[①] 曰：予顛蹐。小徐本“予”上有“若”字。

蹢 从足，適省聲。小徐本作“从足，啇聲”。

踣 跋也。小徐本“跋”作“駁”。

跛 从足，皮聲。小徐本此下有“讀若罷”三字。

文八十五。小徐本“五”作“六”。文七。新附。小徐本無。

䟽 从疋，疋亦聲。小徐本作“疋囪”，無“疋亦聲”三字。

延 从㐅，从疋，疋亦聲。小徐本無“从疋”二字。

龢 从龠，炊聲。小徐本無“聲”字。

龣 管樂也。小徐本此下有“七孔”二字。

龢 讀與和同。小徐本無“與”字。

《説文解字》第三

㗊 又讀若呶。小徐本作“一曰呶”。

羊 从干，倒入一爲干，入二爲羊，讀若能。小徐本無“倒”字，“能”作“飵”。(汲古本無“倒”，祁本有“倒”)

屰 从干下屮。小徐本“屮”作“凵”。(汲古本作“凵”)

西 舌皃。从谷[②]省，象（形）[③]。小徐本作“象形，从谷省聲”。

㲋 讀若聲。小徐本“聲”作“馨”。(汲古“馨”)

糾 从糸、丩。小徐本作“从糸，丩聲”。

肸 从十，从肸。小徐本作“从十，肸聲”。

博 尃，布也，亦聲。小徐本無“亦聲”二字。（汲古“从十，从尃。尃，布也。”祁本“从十、尃。尃，布也。亦聲。”與此異。)[④]

謦 从言，殸聲。殸，籀文磬字。小徐本無“殸，籀文磬字”。

詧 从言，察省聲。小徐本“察”作“祭”。

---

① 抄本“商”字漏，補于旁。

② 抄本原作“谷”，下引小徐本同，與“谷”形近。

③ 抄本原作“从谷省象”，無“形”字，所據乃平津館本。此“形”字乃張鳴珂據别本所補。

④ 此條當系謝氏顛倒大小徐本所致。當作“尃，布也。小徐本下有‘亦聲’二字”。

信　从人，从言，會意。小徐本（作“从人、言”），無“會意”二字。㐰，古文，从言省。小徐本作“信省也”。

詁　《詩》曰詁訓。小徐本無“曰”字。

証　諫也。从言，正聲。小徐本此下有“讀若正月”四字。

諴　《周書》曰：不能諴於小民。小徐本作“丕諴於小民”。（汲古作“丕”，宋本作“不”）

䛡　徒歌。鍇曰：“今《説文》本皆作‘徒也’，當作‘徒歌’。”（大徐本同）①

説　从言、兑。小徐本“兑”下有“聲”字。

諈　諉纍也。小徐本“纍”作“累”。

誐　《詩》曰：誐以溢我。小徐本“溢”作“謐”。

詷　《周書》曰：在夏后之詷。小徐本作“在後（后）之詷。”②

譞　从言，圜省聲。小徐本作“从言，睘聲”。

諰　从言，从思。小徐本作“从言，思聲”。

評　召也。小徐本作“召許也。”

訝　《周禮》曰：諸侯有卿訝發。小徐本“發”作“也”。

訥　从言，从内。小徐本作“从言，内聲”。

譸　《周書》曰：無或譸張爲患③。小徐本無“爲”字。

䜌④　从言、絲。小徐本“絲”下有“形”字。

㬱　《周書》曰：上不㬱于凶涜。小徐本作“爾尚不㬱于凶涜。”⑤

詪　眼戾也。小徐本“眼”作“很”。（汲古作“很”）

謞　疾言也。小徐本無“言”字。

䜂　从言，隨省聲。小徐本作“隋聲”。

---

① 此條原補在書眉處。

② 此條“後”字右上角有圈號，在其右邊寫“后”字。按，謝氏據小學彙函本《繫傳》，作“後”；“后”爲張鳴珂校改。

③ 陳昌治刻大徐本（中華書局1963年版）“患”作“幻”，祁寯藻刻小徐本（中華書局1987年版）亦作“幻”，作“患”殆抄誤。

④ 抄本作“䜌”，“言”在两边，“糸”在中间，抄誤。

⑤ “涜”字，陳昌治刻大徐本（中華書局1963年版）和祁寯藻刻小徐本（中華書局1987年版）皆作“德”。抄本誤。

訟　曰謌訟。小徐本“曰”上有“一”字。(汲古有“一”字)

訢　从言，斥省聲。小徐本作“从言，㡿聲”。

譙　嬈譊也。小徐本“譊”作“嬈”。(祁作“嬈譊也”)

誚[①]　《周書》曰：亦未敢誚公。小徐本“亦”上有“王”字。

詆　苛也。小徐本“苛”作“荷”。

讄　从言，累[②]省聲。小徐本作“畾聲”。讇，或不省。小徐本作“讄，或从纍”。

謚　从言、兮、皿，闕。小徐本作“从言、兮，皿聲”。鍇曰：“皿非聲，兮聲也。”

訄　讀若求。小徐本作“讀又若邱”[③]。

文二百四十五。小徐本“五”作“八”。重三十三。小徐本作“三十一”。文八。新附。小徐本無。

譱　吉也。小徐本“吉”作“言”。此與義美同意。小徐本作“此義與‘美’同意”。(汲古本同)

竟　樂曲盡爲竟。小徐本無“爲”字。

文一。新附。小徐本無。

収　凡収之屬皆从収[④]。小徐本“廾”皆作“収”。

奐　从廾，夐省。小徐本“省”下有“聲”字。

𢍰　从廾，睪聲。小徐本“从”上有“一”字。

弄　从廾持玉。小徐本無“持”字。

樊　从大[⑤]，从棥，棥亦聲。小徐本無“从棥”二字。

革　古文革之形。小徐本“革”作革。案：鍇云“此从古文革省之也”，則小徐本亦應作“革”，若作“革”，則無所謂省矣。

文五十七。小徐本“五十九”。文四。新附。小徐本無。自此以下凡新附

---

① “誚”字陳昌治刻大徐本（中華書局1963年版）在“譙”字條，作爲其古文。小徐本另立字頭。

② 大徐本作“纍”，此抄誤。

③ “邱”，祁寯藻刻小徐本（中華書局1987年版）作“丘”。

④ 此條當按大徐本作“凡廾之屬皆从廾”。

⑤ “大”，陳昌治刻大徐本（中華書局1963年版）、祁寯藻刻小徐本（中華書局1987年版）皆作“𠬞”。此用隸變之形。

不記。

鬻　孚也。小徐本作“烹”，不作“孚”。（汲古作“亯”）

埶　持亟種之。小徐本無“亟”字。（汲古作“而”，宋本作“亟”）

谻　相踦之也。小徐本“之”作“谻”。（汲古作“谻”）

𠬪　拖持也。小徐本“拖”作“亦”。（汲古作“亦”）

厷　臂上。从又，从古文。小徐本“文”下有“𠃋”字。（汲古有“𠃋”）

叜　从灾，闕。小徐本無“闕”字。

叡　又卑也。小徐本“又卑”作“又取”。（汲古作“又取”）

叒　从二又，相交友也。小徐本作“二又相交。”（祁本無“友也”二字）

臤　讀若鏗鏘之鏗，古文以爲賢字。小徐本無“之鏗”二字，“賢”作“臤”。

豎　豎立也。小徐本“豎立”作“堅立”。

皮　文二。小徐本“二”作“三”。

瓷　文三重二。小徐本作“文二重三”。不誤。

辭　或从衣从朕，作䙴。按：本作“从朕从衣”，此从徐鍇説改“朕”作“朕”①。

徹　从育。小徐本作“育聲”，下尚有“一曰相”三字。

效　象也。小徐本“象”作“爲”②。

敿　擊連也。小徐本“擊”作“繫”③。

𢾅　从羣，羣亦聲。小徐本無“羣亦聲”三字。

敗　敗賊皆从貝，會意。小徐本無“會意”二字，鍇説中有之，則此二字非許原書也。（祁本作“賊敗皆从貝”）

文七十七。小徐本“七十八”。

教　文二重二。小徐本作“重三。”

卟　讀與稽同，《書》云：卟疑。小徐本作：臣鍇曰：“《尚書》曰：‘明

---

① 此條原抄在書眉處，抄録内容及表達方式均與“録異”體例有所不同。

② “爲”字是“象”字之誤，詳上“芻”字條注。

③ 陳昌治刻大徐本（中華書局1963年版）亦作“繫”。

用稽於’。”① 則此非許引書也。

《説文解字》第四

夐 从人在穴上。小徐本作“人在穴中”。使百工敻求。小徐本作“营求”。

奰 从大旻。小徐本“旻”下有“聲”字。

目 人眼。小徐本作“人目也”。

瞦 目瞳子精也。讀若禧。小徐本“精”下有“瞦”字，“讀若禧”作“讀若《爾雅》禧福”。

矊 目旁薄緻宀宀也。小徐本“緻”下有“從”字。

睔 从目、侖。小徐本“侖”下有“聲”字。

䀣 讀若《詩》云：泌彼泉水。小徐本“泌”作“䀣”。

眔 从目，从隶省。小徐本作“隶省聲，讀若與隶同也”。

看 睎之。小徐本“之”作“也”。(汲古作“也”)

睡 从目、垂。小徐本“垂”下有“聲”字。(汲古有)

眣 涓目也。小徐本“涓目”作“眲也”。

睇 目小視也，南楚謂眄曰睇。小徐本“小”下有“衺”字，“眄”下無“曰”字。

文百十三，重八。小徐本“八”作“九”。(汲古作“九”)

䀠 古文以爲醜字。小徐本“醜”作“䰠”。

䁃 宫不見也，闕。小徐本“宫”作“穴宀”，（汲古作“宀宀”）鍇曰：“宀音緜。”

𤾊② 从白，𤾊聲。𤾊與疇同。小徐本無“𤾊與疇同”四字。

習 从羽，从白。小徐本作“从羽，白聲”。

翰 《逸周書》曰：大翰若翬雉。小徐本“大”作“文”。

𦐇 羽初三皃。小徐本“三”作“生”，不誤。(汲古作“生”)

翬 《詩》曰：如翬斯飛。小徐本“如”作“有”。

---

① “明用稽於”句，祁寯藻刻小徐本（中華書局 1987 年版）作“《尚書》曰：‘明用卟疑’，今文借稽字”。

② 根據釋文，字頭抄誤，本當作“𠷎（疇）”，小篆作𠷎。

翜　从羽，从冃。小徐本作“冃聲”。

翌　以羽翢自翳其首。小徐本無“以”字。

雅　一名鸒，一名卑居。小徐本作“一名卑、一名譽居”。按：下《鳥部》亦作“鸒”，注：“卑居也。”此則小徐本誤。

隻　鳥一枚也。小徐本作“鳥一枚曰隻也”。

雊　雄雌鳴也。小徐本“雄雌”作“雌雄”。

雗　鳥大雛也。小徐本“鳥大雛”作“天鸙”。

雃　《春秋傳》有公子苦雃。小徐本“苦”作“若”①。

雇　老雇鷃也。小徐本作“鷃鷃”，無“也”字。

舊　鴟舊，舊留也。小徐本無下“舊”字。

芉　从丫，象頭角足尾之形。小徐本“象”下有“四”字，無“頭角”二字。

芈　象聲氣上出。小徐本無“聲”字。

羠　騬羊也。小徐本“騬”作“驐”。

羌　西戎牧羊人也。小徐本“牧”作“從”。

羼　一曰相出前也。小徐本作“相出前屋在初也”。

瞿　讀若②章句之句。小徐本此下有“又音衢”三字，非許原文，大徐本作小注，乃後人所加。

鳳　虎背。小徐本“虎”作“龜”。(汲古作“龜”)

鷃　司馬相如説从安聲。小徐本作“鶛，从鳥，安聲”③。

鵽　从鳥，説省聲。小徐本作“兑聲”。

鷈　从鳥，虒也。小徐本“也”作“聲”。(汲古作“聲”④)

鷫　適省聲。小徐本作“啇聲”。

鴮　鳥似鶡而青。小徐本“鶡”誤“歇”。(祁本不誤)

鳴　从鳥，从口。小徐本作“口聲”。

焉　凡字朋者羽蟲之屬。小徐本“屬”作“長”。(汲古作“長”)

---

① 抄本作“小徐本‘苦’作‘苦’”，後一“苦”字爲“若”之誤。

② “若”字抄本漏，補于旁。

③ 祁寯藻刻小徐本（中華書局 1987 年版）“安”字下部作“夂”，乃“又”之訛。

④ 陳昌治刻大徐本（中華書局 1963 年版）“也”作“聲”，與小徐本同。

蕼 交積材也。小徐本“交”上有“小也象”三字。此“小也”似因下“幺，小也”而誤衍。

幾 激也，殆也。小徐本作“激殆也”①。

叀 中，財見也。小徐本“中”誤“中”。(祁不誤)

放 文二。小徐本“二”作“三”。(汲古“三”)

叏 撮也。从𠬪，从已。小徐本作“从𠬪，乙聲。”

奴 从又，从歺。小徐本此下有“歺亦聲”三字。

叡 奴探堅意也。貝，堅寶也。小徐本作“叡奴深堅意”，“堅寶”作“堅實”。按：“叡奴”未得其解。

叡 坑也。小徐本“也”作“地”。

殊 蠻夷長有罪當殊之。小徐本“之”字②有“市”字。此本之作“市朱切”③，若“市”字上屬則切語少一字矣。

殤 讀若《易》曰：夕惕若厲。小徐本無“讀若”二字。鍇曰：“當言‘讀若《易》曰’也。”然則此二字大徐從小徐加也。

骴 骴或从肉。小徐本無“骴或从肉”四字。

腜 婦始孕腜兆也。小徐本“始”作“胎”。

膍 肶膍也。小徐本“肶”作“朏”④。(祁作“肶”)

腄 瘢胝也。小徐本“瘢”作“跟”，鍇曰：“謂脚跟行多生胝皮也。”則此字應作“跟”。

膢 一曰祈穀食新曰離膢。小徐本無“離”字。

腆 設膳腆腆多也。小徐本“腆”字不重。

脘 胃府也。舊云脯。小徐本“府”作“脯”，無“舊云脯”三字。

腒 北方謂鳥腊曰腒。小徐本無“曰”字。

---

① “激”字，陳昌治刻大徐本（中華書局1963年版）、祁寯藻刻小徐本（中華書局1987年版）皆作“微”。“幾”無“激”義，抄本誤。

② “字”後當漏“下”字。

③ 小徐本作“船區切”，大徐本作“市朱切”，故“此本”指大徐本。“之”字或爲“殊”之誤。

④ 陳昌治刻大徐本（中華書局1963年版）作“朏”，祁寯藻刻小徐本（中華書局1987年版）作“肶”，與此所録正好相反。

腠[①] 脯也。小徐本“脯”作“膊”。按：鍇説應作“脯”。（祁作“脯”）

肥 从肉，从卪。小徐本作“从肉，卪聲”，鍇曰“不得云聲”，然則此亦从鍇説去“聲”字也。

剛 彊斷也。小徐本無“斷”字。

剝 从录。录，刻割也。小徐本作“录聲”，下有“一曰”二字[②]。

刲 《易》曰：士刲羊。小徐本無“士”字。

券 故曰契券。小徐本無“券”字。

文六十二，重九。小徐本作“文六十四，重七”。

觼 揮角皃。小徐本“揮”作“撣”。

觬 角觬曲也。小徐本無“曲”字。

觶 饗飲酒角也。小徐本作“饗飲酒觶”。

觴 𥏻省聲。小徐本作“𥏻聲”。

《説文解字》第五

篇 關西謂榜曰篇。小徐本無“曰”字。

筵 《周禮》曰：度堂以筵，筵一丈。小徐本無“曰”字，“筵”字不重。

箸 飯攲也。小徐本“也”作“者”。（祁作“也”）

箇 从竹，固聲。小徐本此下有“讀若箇”三字。按：“箇”或當作“个”。

簍 裒也。小徐本“裒”作“抱”。

笒 一曰笒籯也。小徐本“曰”上有“一”字。（汲古有“一”字）[③]

篍 吹筩也。小徐本“筩”作“筩”。（祁本作“筩”）

籞 《春秋傳》曰[④]：澤之目籞。小徐本“目”作“自”。按：《傳》作

① “腠”字陳昌治刻大徐本（中華書局1963年版）在“脩”和“膕”之間，祁寯藻刻小徐本（中華書局1987年版）在“膊”和“膕”之間，排列順序不同。

② 抄本原作“小徐本‘录’下有‘一曰’二字”，圈去“录”字，旁加“作录聲”三字。

③ 按此條所録，大小徐無異，“録異”不成立。

④ 抄本原無“曰”字，補于旁。

“舟”。（祁作“《傳》曰”①）

笑　小徐本載大徐説，此後人所加。

文四百四十四②。小徐本作“四十五”。

左　手相左助也。小徐本作“手左相佐也”。按：“佐”俗字，非許書所有。

文二重一。小徐本無“重一”二字。

巧　技也。小徐本“技”上有“巧”字。

巨　从工，象手持之。小徐本“之”下有“形”字。

甚　从甘，从匹。耦也。小徐本“从匹”作“甘匹”。（汲古作“从甘。甘，匹，耦也”。）

曹　从册，册亦聲。小徐本無“册亦聲”三字。

卤　从乃省，西聲③。或曰，卤，往也。小徐本作“从乃，卤省聲。或曰，隨往也”。

哥　古文以爲謌字。小徐“謌”作“訶”。（祁作“謌”）按：鍇謂“或借此爲‘歌’字”，則許書不以“哥”爲“謌”也。

磬　籀文鼓，从古聲。小徐本無“聲”字。鍇曰“鼓聲”，則聲不从“古”也④。

鼖　从鼓，賁省聲。小徐本作“卉聲”。

豈　還師振旅樂也。小徐本“旅”下重“旅”字。

䖒　古陶器也。小徐本“陶”作“祠”。

虍　凡虍之屬皆从虍。小徐本此下有“讀若《春秋傳》曰：虍有餘。”

虞　从虍，異象其下足。小徐本“象”下有“形”字。

虡　篆文虞省。小徐本無“省”字，非。

贙　讀若迴。小徐本“迴”作“回”。按：“贙，胡畎切”，則“迴”“回”二字似俱讀⑤當作“逈”。

皿　飯食之用器也。小徐本“飯”作“飲”。

---

① 祁寯藻刻小徐本（中華書局1987年版）作“《春秋傳》曰”，與大徐本無異。

② 大徐本作“文百四十四”，此“百”前衍“四”字。小徐本作“文百四十五”。

③ 抄本原作“从乃西省聲”。“西省”二字乙轉。

④ 祁寯藻刻小徐本（中華書局1987年版）作“臣鍇曰：‘古聲’”。與此不同。

⑤ “讀”字疑衍。

盂　飯器也。小徐本“飯”作“飲”。

盛　黍稷在器中以祀者也。小徐本無“以祀者”三字。

盧　从皿，𧇡聲。小徐本作“盧聲”。（汲古作“盧”）

盥　澡手也。小徐本無“手”字。

𥁖　讀若陵。小徐本“陵”上有“棘”字。

盇　从血、大。小徐本“大”下有“聲’字。

彤　彡其畫也。小徐本此下有“彡亦聲”三字。（祁作“从丹彡，彡其畫，彡亦聲”。）

青　丹青之信言象然。小徐本“象”作“必”。（汲古作“必”）

井　象構韓形，·，罋之象也。小徐本“韓”作“韓”，無“·”，無“之”字。

榮　熒省聲。小徐本無“聲”字。

皀　又讀若香。小徐本無“又”字。

食　从皀，亼聲。小徐本無“聲”字。

叨　饕或从口，刀聲。小徐本“饕”上有“俗”字，無“或”字。

飻　殄省聲。小徐本作“㐱聲”。《春秋傳》曰：謂之饕飻。小徐本作“《春秋傳》是謂饕飻”。

合　合口也。小徐本作“亼口”，鍇曰：“亼口，合口也，會意。”

𣪊　讀若筩莱①。小徐本“筩”作“莨”。

匋　包省聲。古者昆吾作匋。小徐本“省聲”下有“臣鍇曰”，則此非許書也。

罄　殸聲。殸，古文磬字。小徐本無“殸，古文磬”字。

矣　語以②詞也。小徐本“以”作“巳”。

𩏑　从韋，缺省。讀若拔，物爲決引也。小徐本“缺省”作“夬聲”，“決引”爲“夾引”。（祁作“夬引”）

來　《詩》曰：詒我來𨑖。小徐本“詒”作“貽”。

夌　从屮。屮，高也。小徐本“高”下有“大”字。

---

① “莱”字，大小徐本皆作“莩”，此當是抄誤。

② 陳昌治刻大徐本（中華書局1963年版）作“已”。

夔　神魖也。小徐本“神”作“即”，誤。

䢅　禼，古文偰字。小徐本無“禼，古文偰字”五字。

䑞　从舜，生聲。《爾雅》曰：䑞，華也。小徐本“生”作“㞷”，“䑞”作“䑞”。按：作“生”與“皇”聲不近。（第六部“㞷，艸木妄生也。从之在土上，讀若皇”）

䚹　一曰盛虜頭橐也。小徐本“橐”作“櫜”。

夊　後有致之者。小徐本“致”作“至”。（祁作“致”）

夃[①]　益至也。从乃。小徐本無“从乃”二字。按：“乃”即“㇋”，上已言从“㇋”，不應再言“从乃”也。

《説文解字》第六

㰉　从木，敄聲。讀若髦。小徐本無“讀若髦”三字。

梛　槢椐木也。小徐本“槢”作“椶”。

槾　籒文寢。小徐本無“槾”“寢”字。

梳　山槫也。小徐本“槫”作“樗”，鍇曰：“《爾雅》：栲，山樗。”

栩　其阜，一曰樣。小徐本“其”下有“實”。（汲古有“實”，宋無）

栝[②]　一曰直木。小徐本無“一曰直木”四字。

榗　从木，晉聲。《書》曰：竹箭如榗。小徐本“聲”下有“《詩》曰：榛楛濟濟”，鍇曰：“《説文》無‘榛’字，此即‘榛’字也。”無“《書》曰”以下六字。按：上“榛”字在“㯂”字下，小徐云無“榛”字，未详。又按：“㯂”字、“梳”字皆切音，非反音，“榛”在中间，此三字小徐本所載切音，與小徐同[③]，或皆後人迻補也。

椵　木可作牀几。小徐本“牀”作“伏”，鍇曰：“伏几，伏膺之几也。”

權　一曰反常。小徐本無“一曰反常”四字。

檻　一曰監木也。小徐本“監”作“堅”。

榆　榆白枌。小徐本作“木白枌”。

---

① 抄本在旁寫“夃”字。

② 此字當作“桔”，抄誤。

③ 此句當作“與大徐同”，書誤。

梬　梬棗，果似李。讀若嚶。小徐本無“果似李”三字（祁作“木”），“嚶”作“遻”。

樹　生植之總名。小徐本“生”上有“木”字。

朵　此與采同意。小徐本“采”作“采”。按：“采”古“穗”字，與“采”不同，小徐則作“采取”之“采”，有說，詳《繫傳》①。

枎　枎疏四布也。小徐本無“疏”字。

杕　从木，大聲。《詩》曰：有杕之杜。小徐本“《詩》”上有“臣鍇按”，然則此非許書也。

枯　《夏書》曰：唯箘輅枯。小徐本“枯”作“楛”。（祁作“枯”）

桴　棟名。小徐本“棟”上有“眉”字。鍇曰：“眉、楣，同也。”

櫨　有櫨橘焉。小徐本“櫨橘”作“甘櫨”。

榱　齊魯謂之桷。小徐本無“魯”字。

楣　秦名屋櫋聯②也。小徐本無“聯”字。

樀　户樀也。《爾雅》曰：檐謂之樀。讀若滴。小徐本無“户”字，“謂之樀”③有“樀朝門”三字，“讀若滴”作“讀與滴同”。按，鍇曰：“據許慎指謂④‘朝門之檐’也”。則“樀朝門”三字應有。

橦　帳極也。小徐本“極”作“柱”。

牀　安身之坐者。小徐本作“安身之几坐也”。

枱　耒耑也。小徐本“耒”作“耒”，不誤。（汲古作“耒”）

椵　穜樓也。小徐本“樓”作“椵”⑤。

楷　讀若驪駕。小徐本無“讀若驪駕”四字。

杓　从从木⑥，从勺。小徐本作“从木，勺聲”。

櫑　刻木作雲雷象，象施不窮也。小徐本無下“象”字。

梫　讀若指撝。小徐本作“讀若檍”。

---

① 祁寯藻刻小徐本（中華書局 1987 年版）作“采”。

② 陳昌治刻大徐本（中華書局 1963 年版）“聯”作“聠”。

③ 此處抄脱“下”字。

④ 祁寯藻刻小徐本（中華書局 1987 年版）“謂”作“曰”。

⑤ 小徐本“穜”作“種”。

⑥ 陳昌治刻大徐本（中華書局 1963 年版）少一“从”字。謝氏此據平津館本。

核　狀如㪘尊。小徐本“尊”下有“之形也”①三字。

栙　从木，夅聲。讀爲②鴻。小徐本無“讀若鴻”三字。

柷　樂木空也，所以止音爲節。小徐本作“樂木工用祝聲音爲亨”，鍇誤不可讀。

棨　傳信也。小徐本“信”作“書”。

橥　車歷録束文也。小徐本“文”作“交”。（汲古作“交”，宋本作“文”）

橃　从木，發聲。小徐本作“撥省聲”。

柿　陳楚謂櫝爲柿。小徐本“櫝爲”作“之札”。

櫱　若顛木之有𣎵櫱。小徐本“𣎵”作“餘”。

槎　衺斫也。山不槎。小徐本無“衺”字，“山”下有“木”字。（汲古有“木”字）

梏　手械也。从木，告聲。小徐本“从木”上有“所以告天也”五字。鍇曰：“械之以告天也，《尚書》曰：‘天討有罪。’”

楬　楬桀也。小徐本“桀”作“櫫”。（祁本作“桀”）

文四百二十一。小徐本“一”作“三”。重三十九。小徐本“九”作“八”。

東　動也。从木。官溥説。从日在木中。小徐本無“从木官溥説”五字。

𣞤　《商書》曰：庶草繁無。小徐本“無”作“蕪”③。按鍇説亦作“無”，大徐引鍇説“或説‘大𠕋’爲‘規模’之‘模’”。按：原書“大𠕋”作“𡗜”，不分兩字④。

叒　日初出東方湯谷，所登榑桑叒木也。小徐本“湯”作“暘”，“榑桑”作“榑木”，“叒木”作“桑木”。

桑　从叒木。小徐本作“从木，叒聲”。

𡳿　小徐本“㞢”古文，大徐本無。按：數目“文二重一”，若無此字，則不重矣。大徐本誤脱。

師　从帀，从𠂤。𠂤四帀，眾意也。小徐本作“从𠂤。帀四帀，眾意”。

---

① “也”字原漏，補于側。

② “爲”乃“若”字之誤。

③ 祁寯藻刻小徐本（中華書局1987年版）“草”作“艸”，“無”字無異。

④ “大徐引鍇説……不分兩字”，抄本用大字單行，應作小字雙行。

敖　从出，从放。小徐本作“放聲”。

賣　从出，从買。小徐本作“買聲”。

䵷　《易》曰：槷䵷。小徐本作“《易》曰：‘劓䵷困於赤芾。’”

索　从宋、糸。小徐本作“糸聲”。

𣎵　盛而一横止之也。小徐作“盛而从一横，止之皃也”。

甤　从生，豨省聲。讀若綏。小徐本作“豕聲。豨字讀若綏”。似誤。

乇　从垂穗，上貫一，下有根。小徐本作“穗上貫下有跟”，無“从垂”“一”三字。

稽　多小意而止也。从禾，从只聲①。小徐本“小”作“少”②，“从禾”作“从禾，支聲”③。

𥝩　一曰木名。小徐本“名”下有“闕”字。

桼　象形。小徐本“象”下有“木”字。

圖　从囗，从啚。啚，難意也。小徐本作“啚聲，難意也”。

國　从囗，从或。小徐本作“或聲”。

囿　一曰禽獸曰囿。小徐本作“又禽獸有囿”。

囚　讀若聶。小徐本“聶”作“籋”。

囮　从囗、化。小徐本“化”下有“聲”字。

賜　或曰此古貨字，讀若貴。小徐本“鍇按：《字書》云：‘古貨字。’”然則“或曰”以下非許書也。

賀　以禮相奉慶也。小徐本“禮”下有“物”字。

貢　獻功也。小徐本無“功”字，此下有“獻納總稱尊嚴”。

貸　从貝，代聲。小徐本此下有“借也”二字，下“貣”字注同。

負　一曰受貸不償。小徐本無“一曰受貸不償”。

贅　貝當復取之也。小徐本此下有“一曰最”三字，鍇曰：“最者，出也，附贅之義。老子曰：‘餘食贅行。’贅，獨出也。’”

質　从貝，从所，闕。小徐本作“所聲”，無“闕”字。

---

① 陳昌治刻大徐本（中華書局 1963 年版）作“从禾，从支，只聲”。此處“禾”字抄誤，“只”前漏“支”字。

② 祁寯藻刻小徐本（中華書局 1987 年版）“小”字無異。

③ 祁寯藻刻小徐本（中華書局 1987 年版）作“从禾、只，支聲。”

罠　从网、貝。小徐本作“貝聲”。

貶　从乏。小徐本作“乏聲”，鍇曰：“當作‘从乏，乏亦聲’，脱誤也。”

貧　从貝，从分，分亦聲。小徐本作“分聲”，鍇曰：“當言‘分亦聲’，脱誤也。”

賕　以財物枉法相謝也。小徐本無“物”字、“也”字，按：小徐本“也”字多不備。

䝿[①]　臾，古文蕢。小徐本無“臾，古文蕢”四字，鍇曰：“臾音匱。”[②] 似許書本無“蕢”字[③]，故鍇作音耳。

賣　貿也。从貝，从賣。小徐本無“貿也”二字，此字大徐本在“貿”之下，小徐本在“貴”之下。（汲古作“从貝，賣聲”）

郡　至秦初置三十六郡以監其縣。小徐本“初”下有“天下”二字[④]，“其”下有“郡”字。

都　《周禮》：距國五百里爲都。小徐本“禮”下有“制”字。

酇　酇，聚也。小徐本作“酇，四里也”。

郤　《诗》曰：有郤家室。小徐本“《诗》曰”上有“臣鍇曰”，“有”上有“即”字，然則此非許引《詩》也。

岐　或从山，支聲。小徐本無“聲”字。

邠　周太王國。小徐本作“周王徙國”。

扈　在鄠有扈谷甘亭。小徐本作“在鄠有扈國也，有甘亭”。

郝　右扶風鄠盩厔鄉。小徐本作“右扶風鄠鄉盩厔縣”。

郚　左馮翊谷口鄉。小徐本無“鄉”字。（祁本作“也”）

郹　晉邑食[⑤]也。小徐本有“食”字，在“邑”下。（汲古作“晉邑也”）

邲　《春秋傳》曰：晉楚戰于邲。小徐本“春秋”上有“臣鍇按”，然則此非許書也[⑥]。

---

① 此字當作“蕢”。大徐本《説文·艸部》：“蕢，艸器也。从艸，䝿聲。臾，古文蕢，象形。《論語》曰：‘有荷臾而過孔氏之門。’”

② 祁寯藻刻小徐本無“臾音匱”之語。

③ 這裏的“蕢”字當是“臾”字誤書。

④ 祁寯藻刻小徐本（中華書局 1987 年版）“郡”下尚有“焉”字。

⑤ 大徐本無“食”字，根據録異體例及所録小徐本情况，此處“食”字衍。

⑥ 祁寯藻刻小徐本（中華書局 1987 年版）“春秋”下無“傳曰”二字。

鄍　河東聞喜聚。小徐本“聚”作“邑”。

郱　鄭地郱亭。小徐本作“鄭地有郱亭也”。

郇　周武王子所封國[①]。小徐本“武”作“文”，鍇曰：“武王弟所封。”

鄟　《春秋傳》曰：鄟陽封人之女奔之。小徐本無“封”字、“之”字。

郋　地名。小徐本“地”作“城”。（祁作“城名也”）

鄱　鄱陽豫章縣。小徐本作“翻陽縣”[②]。

郴　今桂陽郴陽縣。小徐本無“縣”字。

郝　沛郡。小徐本作“沛國縣”。

鄺　从邑，虘聲。小徐本此下有“今鄺縣”三字。

郣　郣海地。小徐本無“海”字，鍇曰“疑郣海近此字”，據鍇此言，則許書當無“海”字也。

郙　敲省聲。小徐本“敲”作“㪉”。（汲古作“蔽”）

文一百八十四。小徐本“四”作“三”[③]。

鄉　六鄉治之。小徐本“六鄉”作“六卿”。

《説文解字》第七

旹　古文時，从之、日。小徐本作“古文从日之作”。

早　从日在甲上。小徐本此下有“㕇，古文甲字”五字。

昧　爽。小徐本“昧”下重“昧”字，不連上讀。

旭　一曰明也。小徐本無“一曰明也”四字。

晉　从臸。小徐本作“臸聲”。

暘　《虞書》曰：暘谷。小徐本“曰”下有“至于”二字。

晵　星無雲也。小徐本“無雲”下有“暫見”二字。

㬉　从㝵。小徐本作“㝵聲”，鍇曰：“不得云聲。”

昨　壘日也。小徐本“壘”作“累”。

---

① “國”字抄本原作“邑”，圈去，旁改“國”。

② 祁寯藻刻小徐本（中華書局 1987 年版）作“鄱陽縣”，疑“翻”字係抄誤。

③ 祁寯藻刻小徐本（中華書局 1987 年版）作“二”。

昌　从曰。小徐本有“曰亦聲”三字，鍇云：“後人妄加之。”

暀　光美也。小徐本作“美光”①。

暍　傷暑也。小徐本“傷”下有“熱”字，無“也”字。

暵　《易》曰：熯萬物者莫暵于②離。小徐本作“莫暵乎火，火離也”。

𦱸　與爼同意。小徐本“意”作“說”。

昆　从比。小徐本作“比聲”。

昕　旦明，日將出也。讀若希。小徐本作“旦也，明也，日將出也，讀若忻。”按：“讀若希”，見鍇説。（此字小徐本在上“昭”字上）

𣊫　闕。小徐本此下有“且从三日在於中”③，鍇曰：“‘且’字下後人加。”

文三。小徐本作“文二，重一”，誤。

𠆦　古文㫃字，象形，及象旌旗之游。小徐本作“古文‘㫃’字如此，象旌旗之游，及㫃之形”④。

旚　游游而長。小徐本“游游”作“愁愁”。

旗　以象罰星。小徐本“罰”作“伐”。

旟　旟旟，眾也。小徐本作“旟，眾也”。

旂　旗有眾鈴。小徐本作“有鈴曰旂”。

旝　發以機，以追敵也。小徐本上“以”字作“其”，“追”作“磓”。

游　从㫃，汓聲。小徐本此下有“汓，古泅字”。（祁作“汓，古文泅”）

旅　从，俱也。小徐本作“旅，俱也，故从从”。（汲古本較祁本少“爲旅”二字）

文二十三。小徐本“三”作“四”。

冥　十六日而月始虧幽也。小徐本“月”下有“數”字，“也”下有“冖聲”二字。

鼆　讀若黽蛙之黽。小徐本無“讀若”以下六字。

曐　上爲列星。一曰象形。小徐本“爲列”作“列爲”，“象”上有“星”字。

---

① 此處原作“光美”，有乙轉符號。

② “于”字原作“於”，圈去，改“于”。

③ “於”字祁寯藻刻小徐本（中華書局1987年版）作“㫃”，此抄誤。

④ 大徐本“㫃”字古文作𠆦，小徐本作“𠂢”。鍇曰：“兩耑下垂中相連也。”

月　闕也。小徐本此下有“十五稍滅，故曰闕也”八字。

朏　从月、出。小徐本“出”下有“聲”字，鍇曰：“本無‘聲’字，有者誤也。”

朙　照也。小徐本“照”作“昭”。

盟　殺牲歃血。小徐本“歃”作“啑”。以立牛耳。小徐本作“以立牛，殺其耳也”。

夗　从夕，从卪。小徐本無“从卪”二字。（此即“夗”）

貫　从毌、貝。小徐本“貝”下有“聲”字。

马①　艸木之華未發，函然。小徐本無“函然”二字。讀若含。小徐本無此三字。

𢎘　《商書》曰：若顛木之有𣎴桥。小徐本“𣎴”作“𢎘”。（汲古作“𢎘”）古文言由桥。小徐本無此五字。（大徐引小徐説不見《繫傳》，“𢎘”下俟考）

𠧚　籒文栗，从西、二卤。小徐本“籒”作“古”。（汲古作“古”，祁作“籒”）

棗　从重朿。小徐本“朿”下有“聲”字。

牑　牀板也。小徐本“牀”作“木”②。

牖　从片、户、甫。小徐本“甫”下有“聲”字。

禾　二月始生，得時之中，禾，木也。小徐本“二”上有“从”字，“中”下有“和”字，“禾”下無“木也”二字。

稼　一曰稼，家事也。小徐本無“一曰”“事”三字。

稙　《詩》曰：稙稚尗麥。小徐本作“稙稺菽麥”。（汲古作“稙”）

稺　从禾，屖聲。小徐本此下有“晚穜後熟者”五字③。

秫　从禾、术，象形。小徐本作“朮聲”，無“象形”二字，鍇曰：“言聲，傳寫誤加之。”④

稉　秔或从更聲。小徐本作“俗稉”。

---

① 抄本書如“弓”字，二者形近。

② 祁寯藻刻小徐本（中華書局 1987 年版）“板”作“版”。

③ 祁寯藻刻小徐本（中華書局 1987 年版）“熟”作“孰”。

④ 祁寯藻刻小徐本（中華書局 1987 年版）“术”作“朮”。

稗　琅邪有稗縣。小徐本“縣”作“鄉”。

移　一曰禾名。小徐本此下有“故相倚則移也”六字。

采[①]　人所以収，从爪、禾。小徐本作“从禾，爪聲”，“人”以下俱無。

穟　禾采之皃。小徐本以“穟”爲“采”之異，注曰：“或从禾，遂聲。”

秠　二稃二米。小徐本“二”皆作“一”。（“一稃二米”，汲古、祁本皆同）

穮　《春秋傳》曰：是穮是衮。小徐本“衮”作“蓑”。

稞　一曰無皮穀。小徐本無“一曰無皮穀”五字。

稻　春[②]粟不潰也。小徐本“潰”作“漬”。

稔　《春秋傳》曰：鲜不五稔。小徐本無“鲜”字[③]。

程　十程爲分。小徐本“十”作“一”，誤。

秅　二秭爲秅，《周禮》曰。小徐本作“秭也”，“禮”作“書”，無“二”“爲秅”三字。

秳　爲粟二十升，爲粟十六升。小徐本“升”皆作“斤”。按：鍇注“二十斗其量一百二十斤也”，似宜作“斗”，“升”“斤”俱非。按：“米”部“檗”字注亦作“一秳粟二十斗”。

兼　并也。从又持秝。小徐本“并也”下俱無，其説見於鍇注。

䅘　治黍、禾、豆下潰葉。小徐本無“黍”字，有“粟麥”字。

馨　殸，籀文磬。小徐本“殸”上有“臣鍇曰”。

米　粟實也，象禾實之形。小徐本“粟”作“穬”，“禾實”作“禾黍”，鍇曰：“穬，顆粒也。”

粱　粱省聲。小徐本“粱”作“梁”。（汲古作“梁”）

糕　早取穀也。小徐本“取”作“収”[④]。

粊　《周書》有《粊誓》。小徐本“有”作“曰”。（祁本作“有”）

釋　潰米也。小徐本“潰”作“漬”。（汲古“漬”）

臬　从米、臼[⑤]。小徐本作“臼聲”。

---

① 此字當作“采”，抄誤。

② 此字當作“舂”，抄誤。

③ 祁寯藻刻小徐本（中華書局 1987 年版）“稔”下有“是”字。

④ 祁寯藻刻小徐本（中華書局 1987 年版）作“收”，抄本“収”當爲“收”之俗寫。

⑤ 抄本原作“从臼米”，有乙轉符號。

穖 麩也。小徐本“麩”作“麧”。

粻 粉也。从米，卷聲。小徐本以爲“粉”之異文，注曰：“或从卷作。”

文三十六，重七。小徐本“六”作“五”，“七”作“八”。

毇 米一斛。小徐本“米”上有“糲”字。

糳 丵聲。小徐本“丵”下有“省”字。

舂 擣粟也。午，杵省也。小徐本“粟”作“米”，無“午”字。

臿 干所以臿之。小徐本作“干聲”，無“所以臿之”四字。

舀 从爪、臼。小徐本“臼”下有“聲”字。（祁作“臼，爪聲”）

臽 从人在臼上。小徐本此下有“春地坎，可臽人”六字。

枲 麻也。从朩[①]，台聲。小徐本“麻”下有“子”字，“台”下作“台者，从辞省聲”。

檾 熒省。小徐本“省”[②] 下有“聲”字。

麻 與𣏟[③]同。小徐本“與”上有“枲也”二字。

韭 一穜而久者，故謂之韭。一，地也。小徐本“久”下有“生”字[④]，“故謂”以下俱無，“一，地也”見鍇注。

瓢 从瓠省，票聲。小徐本作“从瓟，瓠省聲”。似誤。

宅 所託也。小徐本“託”下有“居”字。

室 从至。至，所止也。小徐本作“至聲，室屋皆从至，所止也”。

奥 室之西南隅。小徐本“西”作“東”，似誤。（祁作“西”）

察 覆也。从宀、祭。小徐本“覆”下有“審”字，“祭”下有“聲”字。

富 一曰厚也。小徐本無“一曰厚也”四字。

宲 禾聲。禾，古文保。小徐作“保省聲”[⑤]，餘無。

寡 一曰[⑥]寡寡不見省人。小徐本作“一曰寡不省人”。

宜 从宀之下一之上。小徐本“从”作“在”。

---

① 抄本作“木”，形近。

② “省”字抄本原作“熒”，圈去，旁改“省”。

③ 抄本作“林”，形近。

④ 祁寯藻刻小徐本（中華書局1987年版）“穜”字作“種”。

⑤ 祁寯藻刻小徐本（中華書局1987年版）“保”作“保”。

⑥ “曰”字抄本原書作“旦”，圈去，旁改“曰”。

寡　从頒。頒，分賦也，故爲少。小徐本作“頒，分也。从宀、頒，故爲少也”。按：“从宀”上已見，此似誤。

寒　以茻薦覆之。小徐本作“从茻上下爲覆”。

害　宀、口，言從家起也。小徐本無“宀口”二字。

索①　入家搜也。小徐本作“入家搜索之皃”。

竀　竀與籟同。小徐本無下四字。

宄　讀若軌。小徐本無“讀若軌”三字。

宕　汝南有宕鄉②。小徐本“宕”上有“項”字。

宋　从木。讀若送。小徐本作“木聲”，餘無。

宔　宗廟宔祏。小徐本“宔祏”作“主石”。

文七十一。小徐本“一”作“二”。

營　市居也。小徐“市”作“帀”。

膂　吕，从肉，从旅。小徐本作“旅聲”。

寱　《詩》曰：陶寱陶穴。小徐本“《詩》曰”以下無，而鍇説中引之。

竈　炊竈也。从穴，鼀省聲。小徐本“炊”作“炮”，“省”下無“聲”字，有“鼀，黽也，象竈之形”七字③。

窐　甑空也。小徐本無“甑”字。

宲　从求省。小徐本“省”下有“聲”字，有“讀若《禮》‘三年導服’之‘導’”。

窔　決省聲。小徐本作“夬聲”。

窠　空也。小徐本此下有“一曰鳥巢也，一曰”七字。

窋　空大也。小徐本無“大”字。

窵　窵窅深也。小徐本無“深”字，鍇曰：“深邃皃。”

窋　从穴中出。小徐本作“从穴，出聲”。（汲古同小徐）

窕　讀若挑。小徐本無下三字。

窔　窅窔深也。小徐本“深”下有“窱”字。

---

① 此字當作“索”，抄誤。

② 陳昌治刻大徐本（中華書局 1963 年版）“有”上有“項”字。

③ 祁寯藻刻小徐本（中華書局 1987 年版）“象竈之形”作“象竈之之形”，衍一“之”字。

竄 一曰小鼠。小徐本“鼠”下有“聲”字。

窇 窀窇也。小徐本“窇”下有“夜”字。

㝱 寐而有覺也。从宀，从疒，夢聲。小徐本“而”下無“有”字，無“从宀”二字，“夢聲”作“从夢”。

寤 寐覺而有信曰寤。小徐本“有”作“省”。

寐 寐而未厭。小徐本作“寐而猒也”。

㝲 水聲，讀若悸。小徐本作“火聲”，餘無。（祁作“水”）

㝥 一曰河内相評也。小徐本無“一曰”以下。

文十。小徐本作“十一”。

疒 倚也。小徐本“倚”作“痾”，鍇曰：“痾者，病气有所倚也。”

瘵 病也。小徐本“病”下有“劣”字。

疞 腹中急也。小徐本“急”下有“痛”字。

癈 固病也。小徐本作“痼疾也”。

疕 頭瘍也。小徐本作“酸痟也”。

瘖 不能言也。小徐本“也”作“病”。

瘀 積血也。小徐本“也”作“病”。

瘚 从疒，从屰，从欠。小徐本作“从疒，欮聲”。

疽 癰也。小徐本“癰”上有“久”字。

疥 搔也。小徐本作“瘙也”。

痂 疥也。小徐本“疥”作“乾瘍”。

癘 惡疾也。蠆省聲。小徐本“惡”下有“瘡”字，“蠆”作“厲”。此字小徐在部末。

瘧 熱寒休作。小徐本作“寒熱休作病”。

瘇 脛气足腫。小徐本無“足”字。

痱 讀若枏，又讀若襜。大徐無“讀若”等字。（此小徐本，大徐本作“痱，从疒，冄聲”）①

痰 病息也。小徐本“病”下有“小”字。

---

① 此條为變例，依正例當調整爲：痱 从疒，冄聲。小徐本下有“讀若枏，又讀若襜”七字。

痱　瑕也。小徐本作“瘕病也”。

疷　病也。小徐本“病”下有“不翅”二字。

瘷　劇聲也。小徐本“劇聲”作“病”。

瘚　一曰將傷。小徐本“將”作“持”，鍇曰：“謂騎馬爲持馬所傷也。”

𤻲　樂聲。小徐本此下有“讀若勞”三字。

瘌　楚人謂藥毒曰痛瘌。小徐本無“曰”字。

冟　奠爵酒也。小徐本“爵酒”作“酒爵”。

冃　小兒蠻夷頭衣也。小徐本“兒”下有“及”字。

最　犯而取也。从冃，从取。小徐本作“犯取，又曰會，从冃，取聲”。

𠕋　此篆大徐本無。

文五。小徐本“五”作“六”。多一“𠕋”字。

兩　从一。㒳，平分。亦聲。小徐本作“从一，从㒳。㒳，平分也。㒳亦聲”。

㒼　从廿、㒳。㒳，平也。小徐本“廿”下多“十”字，“㒳”上少“㒳”字。

𦉳　古文网。小徐本此下有“从冖，亾聲”。

䍦　小徐本此下有“䍦或从足①巽”五字，在《逸周書》上，於許書例合。

罧　周行也。小徐本無“行”字。

𦊓　或从冋。小徐本作“或从貞省”。

罪　捕魚竹网②。小徐本無“竹网”二字。

𦋹　㓷，籀文鋭。小徐本無下四字。

罛　魚罟也。小徐本“罟”作“网”。

罶　从网、留，留亦聲。小徐本作“从网，留聲。”鍇曰：“當言‘留亦聲’，脱‘亦’字。”

䍐　溝罛䍐。小徐本“溝”作“講”。（祁作“講䍐罶”）

署　部署有所。小徐本作“部署也，各有所也”。

罷　而貫遣之。小徐本“而貫”作“即貫”。（汲古“貫”作“貫”）

① “足”字抄本原作“足足”，重，圈去其一。

② “网”字抄本原作“器”，圈去，旁改“网”。

置　从网、直。小徐本作“直聲”①。

詈　从网，从言。网罪人也。小徐本無“网罪人”三字。

䍟　馬絡頭也。从网，从䭾。小徐本“馬”上有“䍟”字，下“䭾”俱作“䭾”②。

覂　反覆也。小徐本無“反”字。

覈　實也，考事而笮邀遮其辤。小徐本作“乍邀遮其辤”③，餘無，蓋脱誤，詳鍇注可知。

帥　从巾、𠂤。小徐本“𠂤”下有“聲”字。

帨　帥或从兑，又音税。按：“又音税”後人所加，非許文也。

𢁉　从執。小徐本作“執聲”。

帤　一曰幣巾。小徐本“巾”作“布”。

幅　从巾，畐聲。小徐本“畐”作“幅”，誤。（祁作“畐”）④

㡃　一曰㡃隔。讀若荒。小徐本無“讀若荒”三字。

帶　男子鞶帶，婦人帶絲，从巾。小徐本“鞶帶”作“鞶革”，“帶絲”作“鞶絲”，“从”下有“重”字。（祁本“佩必有巾”作“帶必有巾”）

㡆　一曰婦人脅衣。小徐本“衣”作“巾”。讀若末殺之殺。小徐本作“椒榝之榝”。

幕　覆食案亦曰幕。小徐本“覆”以下無。

帖　从巾，占聲⑤。小徐本此下有“署，謂檢署名也”。疑是鍇注。

幏　南郡蠻夷賨布。小徐本“南郡”作“臬帬”，似誤。

㡏　一曰車上衡衣。讀若頊。小徐本“上衡”作“衡上”，無“讀若頊”。

文六十二。小徐本“二”作“四”。

韍　从犮。小徐本此下有“俗作紱”三字，非許原文，大徐本可考。

錦　襄邑織文。小徐本“邑”作“色”。（汲古作“色”）

---

① “置”字祁寯藻刻小徐本（中華書局 1987 年版）在“罷”字上。

② 祁寯藻刻小徐本（中華書局 1987 年版）作“䍟絡頭者也。”無“馬”字，多“者”字，且“䍟”字作“䍟”，下“䭾”俱作“䭾”，皆多出四點。

③ 祁寯藻刻小徐本（中華書局 1987 年版）“乍”作“笮”。

④ 祁寯藻刻小徐本（中華書局 1987 年版）作“畐”。

⑤ 抄本原作“帖署巾聲”，圈去“署”，旁改“从”，並在“巾”和“聲”旁加“占”字。

白　物色白。小徐本此下有“皆入之”三字。

㿟　際見之白。小徐本“白”作“皃”，未是。

文十一，重二。小徐本“二”作“三”，誤。

㡀　𠁁省。小徐本此下有“象刺文也”四字。

黼　合五采鮮色。小徐本作“會五采鮮皃”。

黻　黑與青相次文。小徐本“次”作“刺”。（祁作“次”）按：此誤，上“黼”字亦作“次”。

粹　會五采繒色。小徐本無“色”字。

黺　衮衣山龍華蟲。小徐本此下有“粉，米也”三字，方接“黺，畫粉也，从粉省”。小徐本“省”下有“聲”字。

光緒十一年春正月晦，嘉興張鳴珂校讀一過。

附：《稷香館叢書》自序、于省吾序及目録

一　《稷香館叢書自序》

余喜聚書，又嗜小學，所收善本，或出並世諸家見聞之外。念公器未宜獨閟，欲刊布久矣。流走四方，鹿鹿未果。比處故都，攜書自隨，幸得俯仰其閒，理舊業，幽居自守，昕夕多暇，輒思檢校前代許學名稿，墨版以公諸世；復賴二三友好，不吝所藏，惠然相假，合得九家八種，都三十二卷爲一帙，付之影印，顔曰“稷香館叢書”，竟宿懷也。其詳著於最目，而别爲提要於篇首，凡皆孤稿精鈔，尟見於著録，無論刊刻。後此得閒，當旁搜遺佚，廣爲續編，海宇學人，容有取焉。

中華民國二十四年，歲次乙亥仲秋，遼陽吴甌自序

二　《于省吾序》

吾友吴君伊賢，近薈輯名家考訂《説文》稿本八種付諸景印，顔之曰“稷香館叢書”，屬予序之。予以爲《説文》之學，清儒號稱極盛，自顧臧惠戴諸先生倡之於前，至段玉裁爲之作注，而海内學者靡然嚮風。段氏致劉端臨書有曰：“恐拙著不能成，孤負天下屬望爲慮。”又曰：“無

處不有斛獲。”又曰：“胸中充積既多，觸處逢源，無所窒礙，言簡而明。此書計三年可成，足以羽翼漢注，足以副同志之望。”由是可覘段氏致力之勤與夫自信之堅。自來注《説文》者，至段氏而集其成，然亦至段氏而啟其紛。段氏書出，始有訂補、札記、匡謬、箋正諸著，誠許氏之功臣，而段氏之諍友矣。自段氏之後，考訂《説文》者，無慮數百家，而桂未谷、王貫山、朱允倩、徐子遠四家者，著述爲最富，雖學識不逮段氏，然鉤深稽遠，窮一世之力以從事於斯，亦各有不可泯滅者在也。至高郵王石渠先生，其學與段氏相伯仲，《説文段注簽記》一書，要言不煩，攸關至鉅。今伊賢致力《説文》之學，至勤且篤，而尋隱訪佚，數家者均在網羅之列，聞此後復將集録續編，凡海内學人之讀是書者，宜念吴君搜輯之勤，不可忘也。

中華民國廿四年八月，海城于省吾

三 《稷香館叢書目録》

第一册 丁氏八千卷樓舊藏《説文疑》稿本十二卷（稷香館吴氏藏本）

第二册 王石臞（念孫）《説文段注簽記》清本一卷（雙劍誃于氏藏本）

第三册 第四册 桂未谷（馥）《説文段注鈔案》手稿二卷（雙劍誃于氏藏本）

第五册 第六册 王箓友（筠）、張石舟（穆）手訂《説文答問疏證》六卷（稷香館吴氏藏本）

第七册 朱允倩（駿聲）《小學識餘》手稿五卷（純嘏堂朱氏家藏本）

第八册 朱允倩（駿聲）《説文段注拈誤》手稿一卷（純嘏堂朱氏家藏本）

第九册 徐子遠（灝）《象形文釋》手稿四卷（續書樓倫氏藏本）

第十册 謝枚如（章鋌）《説文大小徐本録異》稿本一卷（稷香館吴氏藏本）

《〈説文〉大小徐本録異》研究

緒　論

第一節　謝章鋌生平及其著作概説

一　謝章鋌生平

謝章鋌（1820—1903），初字崇禄，後字枚如，號江田生，晚號藥階退叟，自稱癡邊人。福建長樂人，祖籍浙江上虞，世居福州。謝章鋌工詩、詞，兼善古文、駢文，是福建近代重要的文學家，又在詞學理論方面有重要建樹，也曾致力于傳統小學的研究，因此享有"百科學者"之美譽。

清嘉慶二十五年（1820），謝章鋌出身於一書香世家，其曾祖謝世南、祖父謝蕡孝、父親謝鵬年，均爲長樂縣學生員。謝章鋌自幼喪母，且身體羸弱多病，直到十一歲方才拜師入學。但他聰明好學，青年時代即博覽群書，爲以後的創作、研究及教學打下了堅實的基礎。道光十八年（1838），年十九歲，得補弟子員（秀才），"時天下多事，慨然有建樹之志"①。二十二歲，他跨出家門，開始了遊學、講學之路。其足跡北至於山西、陝西，西至於巴蜀，南及香港；主講過陝西同州、豐州書院，江西白鹿洞書院，福建漳州丹霞、芝山書院，最後返回福州故里，執教於城南烏石山（今烏山）致用書院長達十六年之久。光緒三年（1877），中進士，"慨然於中興日久，外患將作，廷試縱筆論交鄰，肯款千百言，

---

① 福建省地方誌編纂委員會主編：《長樂縣誌》，福建人民出版社 1993 年，第 874—875 頁。

閲者持臆見，抑下等，先生故爲中書舍人，遂掛冠歸”①。歸閩後作私印“二十秀才，三十副貢，五十舉人，六十進士，文不逮歸震川，而晚達與之同”② 以自嘲。光緒二十四年（1903），逝世於福州致用書院，享年八十四歲。謝章鋌以其精湛的學術造詣，高尚的個人品格贏得了學生的擁戴，陳寶琛云：“數其教也，曰有恥，曰近情，曰有恒，曰不苟。”③ 人稱其爲“一代宗師”。

二　謝章鋌著作

謝章鋌一生，活到老，學到老，可謂讀書千萬，著作等身。其謂“吾始讀書，喜賈長沙，繼又喜陸宣公，於近代最喜顧亭林之數子者，大旨不背於儒而其意則時用名法”，又云“乃吾自爲書又往往與應仲遠、洪榮邁相出入，而其精不至焉”④，足見其汲取賈誼等人的文章詩賦營養而自成一家。較之詩文，謝章鋌最突出的成就是詞的創作實踐和詞學理論的研究。嚴迪昌在《清詞史》中梳理閩詞發展歷程，認爲閩詞直到謝章鋌時才形成有影響的詞人群，並高度評價謝章鋌是晚清詞論家中“爲數並不很多的理論和實踐兼擅的名家詞人”⑤。咸豐同治年間，他與朋友組織聚紅詞榭，聲勢頗大，也取得較爲重要的成績，在很大程度上促進了閩詞的發展。詞榭有《聚紅榭雅集詞》傳於世，爲謝章鋌手録。

謝章鋌居所在福州的三山之一——于山，名曰“賭棋山莊”，因此其所著就名爲《賭棋山莊全集》。謝氏一生著述宏富，據《賭棋山莊全集》卷首之《賭棋山莊所著書》所列，已刻之書計有十五種，現收録在沈雲龍主編、台灣文海出版社出版的《近代中國史料叢刊續編》⑥ 第十五輯中，子目分别爲：《賭棋山莊文集》七卷（光緒十年刊）、《賭棋山莊文

① 轉引自陳慶元《謝章鋌的學術思想及其傳世稿本》，《福建師範大學學報》（哲學社會科學版）2001 年第 1 期。

② 陳慶元主編，謝章鋌著：《謝章鋌集》，吉林文史出版社 2009 年版，第 59 頁。

③ 轉引自長樂人傑編委會主編《長樂人傑》，福州美術出版社 2008 年版，第 115 頁。

④ 轉引自林公武、黄國盛主編《近現代福州名人》，福建人民出版社 1999 年版，第 461 頁。

⑤ 嚴迪昌：《清詞史》，江蘇古籍出版社 2001 年版，第 501 頁。

⑥ 沈雲龍主編：《近代中國史料叢刊續編》，台灣文海出版社出版 1984 年版。

集續編》二卷（光緒十八年刊）、《賭棋山莊文集又續編》二卷（光緒二十四年刊）、《賭棋山莊詩集》十四卷（光緒十四年刊）、《酒邊詞》八卷（光緒十五年刊）、《賭棋山莊餘文集》五卷（民國二十四年刊）、《賭棋山莊詞話》十二卷、《賭棋山莊詞話續編》五卷（光緒十年刊）、《説文閩音通》二卷（光緒三十年刊）、《賭棋山莊筆記》（包括《圍爐瑣憶》一卷、《藤陰客贅》一卷、《稗販》四卷、《課餘偶録》四卷及《課餘續録》四卷，光緒二十七年編刊）、《賭棋山莊八十壽言》一卷（光緒二十八年刊）以及謝章鋌曾祖謝世南所輯之《東嵐謝氏詩略》（光緒十九年刊）。未刊之作有《尚書注疏毛本阮本考異》一卷、《毛詩注疏毛本阮本考異》三卷、《春秋左氏傳注疏毛本阮本考異》一卷、《説文大小徐本録異》七卷、《我見録》十卷、《備忘録》三十卷、《陳鄉賢鼇峰載筆圖記事輯略録》一卷。據陳慶元主編《謝章鋌集·前言》介紹，還有《詞學纂説》一册、《樂此不疲隨筆》一卷、《便是齋瑣語》一卷、《賭棋山莊藏書目》一卷未刊①。

流傳下來的稿本計有十五種三十七册，現分藏於福建省圖書館和福建師範大學圖書館。福建師範大學陳慶元教授，經過對這些稿本的仔細甄别、梳理之後，影印出版了《賭棋山莊稿本》②，收録有：《賭棋山莊文集》四册、《賭棋山莊文稿》一册、《賭棋山莊詩集》七册、《賭棋山莊詞》一册、《詞學纂説》一册、《樂此不疲隨筆》一册、《便是齋鎖語》一册、《我見録》一册、附録二種、《聚紅榭雅集詩存》一册、《閩省近事竹枝詞抄並題詞》一册。後又以《賭棋山莊全集》爲底本，廣爲參校所見各種稿本、整理本，以點校重排的方式出版了《謝章鋌集》，並附《謝章鋌年譜》③一章於書末，可謂嘉惠學林。

第二節　二徐《説文》差異研究概説

漢代許慎的《説文解字》，是中國文字學的經典著作，經過輾轉傳

① 陳慶元主編，謝章鋌著：《謝章鋌集》，吉林文史出版社 2009 年版，第 3 頁。

② 陳慶元主編：《賭棋山莊稿本》，江蘇古籍出版社 2002 年版。

③ 《謝章鋌年譜》由陳昌强撰寫。

抄，後世流傳者主要有大徐本和小徐本。大徐即徐鉉，字鼎臣，五代宋初人。入宋後奉詔與句中正等人校定《説文解字》（以下簡稱《説文》），其所定本，世稱大徐本。小徐即徐鍇，徐鉉之弟，字楚金，未入宋而亡，著《説文解字繫傳》（以下簡稱《繫傳》），世稱小徐本。因昆弟二人同治《説文》，同名於江左，故後世合稱二人爲二徐，大徐本與小徐本亦合稱爲二徐本或大小徐本。大徐本流傳雖幾經曲折，但綿延而下不曾中斷；小徐本則至乾隆中葉方顯於世，學者以爲“其勢不敵大徐”①，但也大有“得鍇本必謂勝於鉉本”② 之勢。此後，清儒們不僅校勘大徐本，也開始校勘小徐本，進而以二徐對校，探其異同。

自清代以來，單獨校勘大徐本或校勘小徐本的著作，數量相當之多，而二徐對校研究的著作就相對較少，主要有朱士端《説文校定本》、林昌彝《説文二徐定本校證辨譌》③、謝章鋌《説文大小徐本録異》、田吴炤《説文二徐箋異》、董詔《二徐説文同異附考》、錢大昕《二徐私改諧聲字》及汪奎《説文規徐》等。這些著作基本上都是通過條列二徐本異處進行校勘，故在編纂體例、所得結論等方面多有相似之處。民國以後關於二徐《説文》的研究除相菊潭《説文二徐異訓辨》④ 形成專書外，其餘多是以單篇論文的形式出現。曾勤良的《二徐説文會意形聲字考異》⑤，考察二徐本對同一字説解却有會意、形聲差異者凡275文，得出二徐本在會意形聲的説解方面互有得失的結論，較爲可信；李相機的《二徐説文學研究》⑥，依據具體材料，從二徐生平、校勘、體例、優劣得失等方面進行客觀論述，多有創獲；徐士賢的《説文亦聲字二徐異辭考》⑦，較爲

---

①　謝章鋌：《賭棋山莊文續集・答張玉珊》，陳慶元主編，謝章鋌著《謝章鋌集》，吉林文史出版社2009年版，第84頁。

②　（清）段玉裁撰：《汲古閣説文訂》，中華書局1985年版。

③　據翁敏修云，林昌彝是書題作《説文二徐定本校證辨譌》，只是各卷前均題作《説文二徐定本互校辨譌》。參見翁敏修《清代説文校勘學研究》，碩士學位論文，台灣東吴大學，1999年。

④　相菊潭：《説文二徐異訓辨》，台北正中書局1964年版。

⑤　曾勤良：《二徐〈説文〉會意形聲字考異》，碩士學位論文，台灣輔仁大學，1968年。

⑥　李相機：《二徐説文學研究》，碩士學位論文，台灣輔仁大學，1968年。

⑦　徐士賢：《〈説文〉亦聲字二徐異辭考》，碩士學位論文，台灣大學，1989年。

詳細地考證了二徐“亦聲説”的得失；宋文田《〈説文〉二徐本頁部字研究》[①]，運用比較法，找出二徐“頁”部字的共性與差異，並借助古籍資料、出土材料進行研究，指出二徐《説文》的價值與不足。

綜觀這些著作，可以看出，二徐對校的研究開始於清代，至今已一百多年，然而數量不多，有關工作還值得進一步推進。

第三節 《〈説文〉大小徐本録異》的研究現狀

《〈説文〉大小徐本録異》（以下文中簡稱《録異》）未刊，書目見載於《賭棋山莊所著書目》，有手抄稿傳世。“草創已就，約有二十卷，困於文字之役，鹿鹿不得暇，惟首卷稍稍謄清”[②]，我們現在所見僅一至七卷[③]，卷七末有“光緒十一年春正月晦，嘉興張鳴珂校讀一過”字樣。

《録異》書稿謄寫完後，謝章鋌請張鳴珂[④]代爲校正，因此張鳴珂就成了該書的第一位讀者與研究者。在校讀過程中，張鳴珂對手稿中的文字錯誤多有訂正，且又以大徐汲古閣本、小徐祁本覈校於下，注曰“汲古作某”或“祁本作某”。通過張鳴珂的校讀，使得《録異》成了一部不僅條録二徐《説文》相異的著作，又有版本上的考察，内容更加豐富，也更有價值。

張鳴珂之後，清黎經誥《許學考》卷五、中國科學院圖書館所編《續修四庫全書總目提要》等一些大型著作對《録異》亦有所介紹，如《續修四庫全書總目提要·經部·小學類》云：“章鋌此書，詳贍審慎，少所參酌，不騖浮名，蓋異乎今之爲學者。”[⑤] 另外張其昀的《“説文學”

① 宋文田：《〈説文〉二徐本頁部字研究》，碩士學位論文，福建師範大學，2011 年。

② 謝章鋌：《賭棋山莊文續集·答張玉珊》，陳慶元主編，謝章鋌著《謝章鋌集》，吉林文史出版社 2009 年版，第 84 頁。

③ 或録爲“八卷”，誤。見陳慶元主編，謝章鋌著《謝章鋌集》，吉林文史出版社 2009 年版，第 3 頁。

④ 張鳴珂（1829—1908），字玉珊，一字公束，浙江嘉興人。咸豐十一年拔貢，官江西新建、德興知縣，升義寧州知州。有《寒松閣集》十四卷行世。見陳昌强撰《謝章鋌年譜》，陳慶元主編，謝章鋌著《謝章鋌集》，吉林文史出版社 2009 年版，第 872 頁。

⑤ 中國科學院圖書館整理《續修四庫全書總目提要》，齊魯書社 1996 年版。

源流考略》[①] 及台灣東吴大學溫敏修的博士學位論文《清代説文校勘學研究》[②] 也有提及。然以上幾家，大都只是簡單地介紹《録異》的版本等情況，至於其内容則涉及較少，甚或沒有介紹。

第四節 本書的研究目的、思路及方法

一 研究目的

首先，在眾多的閩籍學者中，謝章鋌治學嚴謹，高足眾多，詩書兼工，著作宏富，在當時的學界享有極高的聲譽，後以五十七歲的高齡而登科取士，更成爲“活到老，學到老”的楷模，傳爲佳話。這樣一位閩籍人物，是值得我們去認真研究的，筆者以爲這將有助於更好地傳承閩籍學者的精神文化，以服務於當前的文化建設。

其次，在清代説文學領域里，校勘學是學者們用力頗勤、成績較著的一個方面。歷史上《説文》曾有過許多不同的版本，直到明末流行的還是李濤之《五音韻譜》本，汲古閣本《説文》的出現才最終改變了這種狀況；乾嘉年間，小徐本漸漸有版本流傳，於是二徐本便成了研究説文學的兩個主要版本。然而二徐至清，已有數百年之久，在屢經傳抄刊刻之後，清儒所見不但非許慎之《説文》舊貌，連二徐《説文》之原貌也不全是了。於是清儒們希望通過校勘來恢復二徐本，甚至於許書之原貌。段玉裁所謂“二徐異處當臚列之以竢考訂”[③] 可以看作是對這一領域的殷切期盼。清代説文學的繁榮，二徐《説文》本的校勘是其重要的一方面，故而二徐對校、互校的工作就成了一項很有意義的學術研究。謝章鋌的專著《録異》就是《説文》對校、互校的研究成果之一，在一百多年後的今天，對其研究成果的再研究，是很有意義的，對推動《説文》文本的探究，是有價值的。

---

① 張其昀：《“説文學”源流考略》，貴州人民出版社 1998 年版。

② 翁敏修：《清代説文校勘學研究》，博士學位論文，台灣東吴大學，1999 年。

③ （清）田吴炤：《説文二徐箋異》，《續修四庫全書・經部・小學類》，上海古籍出版社 2002 年版。

二　研究思路及方法

本書擬以謝章鋌《録異》的文本爲主要研究内容，綜合運用文獻比較、文本排比、邏輯分析等方法，對《録異》全文進行剖析與疏通，對該書的寫作目的、體例、内容、所用版本等問題進行探討，同時對該書所展現的二徐差異進行分析，總結該書探求許書原貌的方法等。還就《録異》與其他兩種研究二徐《説文》差異的清代著作《説文校定本》和《説文二徐箋異》進行横向對比，管窺它們的共同點及其區别，探討清代二徐《説文》對校研究的原因和意義。通過以上的研究，希望能够對謝氏該書的優缺點有一個比較全面的瞭解，客觀地評價《録異》一書的得失。

在研究中，本書所使用的《録異》版本爲民國二十四年（1935）遼陽吴甌所編《稷香館叢書・第十册》，大徐本爲陳昌治刻、中華書局1963年版《説文解字》，小徐本爲祁寯藻刻、中華書局1987年版《説文解字繫傳》。在行文過程中，如無特殊説明，凡引用謝章鋌的文章，均引自謝章鋌著、陳慶元主編的《謝章鋌集》，由吉林文史出版社2009年出版；凡引用甲金文均來自劉釗、洪颺、張新俊編纂，福建人民出版社2009出版的《新甲骨文編》和容庚編著，張振林、馬國權摹補，中華書局1985出版的《金文編》。由於《録異》僅録《説文》“一”部至“嵛”部，即大徐本前七卷，小徐本前十四卷，故本書討論範圍也僅限於此。

第一章 《録異》文本考述

第一節 寫作背景、目的及版本情況

經乾嘉道學者的倡導和努力，較爲全面的説文學研究已經開始，産生了如《説文》版本校勘，"六書"研究，《説文》義例的通釋，補正和質疑，《説文》引經典文字的研究，《説文》重文的研究，《説文》補、附的考證與論難，《説文》的部首及字源研究，《説文》聲讀及釋音的研究以及《説文》檢字的研究等各個方面的論著①。

《録異》未刊，既無序文亦無跋語，其成書時間、研究緣起等均無説明。與該書有關的現存可靠資料，有謝氏《答張玉珊》一封書信論及大小二徐本《説文》，從中我們可以約略看出謝氏著《録異》的旨趣，並從寫信時間推斷成書的時間。現節録《答張玉珊》這封書信於下：

> 自有《説文》，二千年來真面不得見，唐本既已失傳，傳者止大小徐二本。大徐，摹刻者多，舉世盛行；小徐，直至乾隆中葉始顯，而其勢不及大徐。考訂家直儕之《玉篇》《字林》《廣韻》《集韻》之中，以備字書之一種。夫《説文》真本既不得見，大小徐俱治《説文》，似不宜有所軒輊。况大徐學不及小徐，其定本多從小徐之説，而有時反失其意。故欲於二本參稽同異，庶可窺《説文》之真於萬一。否則繁征博引，雖於小學未嘗無補，毋亦見千里而不見眉

① 張其昀：《"説文學"源流考略》，貴州人民出版社1998年版。

> 睫乎！草創已就，約有二十卷，困於文字之役，鹿鹿不得暇。惟首卷稍稍謄清，敢以求教。

從中可以看出，謝氏撰作《録異》的主要目的，是“欲於二本參稽同異，庶可窺《説文》之真於萬一”。同時，從謝氏的敘述來看，也有爲小徐“勢不及大徐”而鳴不平的意思。他説：“大小徐俱治《説文》，似不宜有所軒輊。況大徐學不及小徐，其定本多從小徐之説，而有時反失其意。”這兩點，應該就是《録異》一書的緣起。

據年譜記載，謝章鋌于光緒十年（1884）六十五歲時于南昌城外野寺中初識張鳴珂，這封書信就是寫於這一年[①]，信末云：“惟首卷稍稍謄清，敢以求教。”就是現存的一至七卷。張鳴珂校訂稿完成于第二年的正月，卷末云：“光緒十一年春正月晦，嘉興張鳴珂校讀一過。”從這些情況可以推知，《録異》的完成時間就是1884年，開始撰稿的時間當在此前。

張氏校訂後的稿本現珍藏於北京中國國家圖書館，稿本首頁右下方鈐有陽文篆字“江田生”“枚如手校”及陰文篆字“賭棋山莊校本”印各一方。民國二十四年（1935），在《録異》成書約半個世紀之後，遼陽吴甌編《稷香館叢書》，將其收爲第十册，叢書前有吴氏所作《提要》云：“原稿自三頁起均用藍筆，張校則用朱黄二色，不便影攝，故衹將墨稿二頁影出，餘悉楷謄，非得已也。”由此可知，《稷香館叢書》中真正保存謝氏墨蹟的僅有前二頁，餘下均爲抄本，即叢書中保存下來的大部份是依抄本影印，而非依稿本影印。2007年，董蓮池又據《稷香館叢書》本影印，收入《説文解字研究文獻集成·古代卷》[②] 中。

至于未謄清的其余各卷，惜已不存了。

---

① 参見陳昌强撰《謝章鋌年譜》，陳慶元主編，謝章鋌著《謝章鋌集》，吉林文史出版社2009年版，第872頁。

② 董蓮池：《説文解字研究文獻集成·古代卷》，作家出版社2007年版。

第二節 謝氏所用之二徐本考

元明兩代通行的《説文》本是南宋李燾據徐鍇《説文解字篆韻譜》改定的《説文解字五音韻譜》，至此《説文》原貌不得見。直到明末毛晉、毛扆父子依宋小字本大字重雕，大徐本才復行於世，毛氏父子此功可謂大焉；小徐本則是終元明兩朝都未刊刻，直到乾隆年間才有刻本問世。

一 清代二徐版本情況

（一）大徐本

據趙麗明先生《清代關於大徐本〈説文〉的版本校勘》和王貴元先生《説文解字校箋》①，清代大徐本可分爲舊刊本、抄本及清刻本三個系統。

舊刊本有五種：一是青浦王昶藏宋刊小字本（簡稱“王本”），民國期間上海涵芬樓影印編入《續古逸叢書》和《四部叢刊》；二是汪中所藏宋小字本，此書有楊紹和題識，曰“藤花榭所據之宋槧，即此本也”，然據王貴元先生的研究，藤花榭本所據宋本並非此本；三爲元和周錫瓚藏宋小字本；四爲黄志淳印跡本；五爲元和周錫瓚藏汲古閣初印本，即毛扆第五次改本之底本。以上五種舊刊，前四種爲宋刻本，後一種爲明刻本。

抄本有兩種，均爲元和周錫瓚所藏：一是明葉氏影宋抄小字本；二是旺趙氏抄大字本。

清刻本有四種：一是乾隆三十八年大興朱筠據毛氏刊本，後中華書局影印收入《四部備要》。二是嘉慶十二年額勒布刊鮑惜分所藏宋本，是爲藤花榭本，民國時上海商務印書館曾摹印此書，對原書作了校改，1989 年中國書店又據商務印書館本影印。三爲嘉慶十四年孫星衍重刻本，

① 趙麗明：《清代關於大徐本〈説文〉的版本校勘》，《説文解字研究》1991 年第 1 期；王貴元：《説文解字校箋》，學林出版社 2002 年版。

是爲平津館本，此本較好地保存宋本原貌，爲世人所稱善。同治十二年陳昌治改刻爲一篆一行本（簡稱“陳本”），即1963年中華書局本之底本。四爲光緒七年丁少山校刊汲古閣舊藏宋監本（簡稱“丁本”）。

（二）小徐本

小徐本的版本情況，據張意霞《〈説文繫傳〉研究》和張翠雲《〈説文繫傳〉板本源流考辨》①，可以歸納爲宋刊殘本、述古堂本、汪刻本及祁刻本四個系統。

宋刊殘本是今存最早的《繫傳》版本，清瞿鏞載有十二卷，民國時上海涵芬樓據《鐵琴銅劍樓》十一卷本影印②，收入《四部叢刊》。

述古堂本是據宋本的影抄本，後涵芬樓亦影印收入《四部叢刊》。以上兩個版本殘缺較多，影響均不大。

汪刻本是汪启淑結合數種舊抄本校刻而成，於乾隆四十七年完成。汪本是自元明以來第一個完整的《繫傳》版本，張意霞以爲“有它保存舊版本和推廣《繫傳》刊刻風氣的存在價值”，在清代影響很大。乾隆五十九年，石門馬俊良刻《龍威秘書》小字本《繫傳》，屬於汪刻本系統③。由於汪刻本存在較多譌脱錯亂，如《木部》闕“梖”字，《宀部》闕“索”字，《㡀部》字全無，也深爲人所詬病，因此清人做了較多校訂的工作，現存有陳鱔校本（藏北京圖書館）、嚴傑校本（藏上海圖書館）、王筠批校本（藏山東圖書館）、張成孫校本（藏上海圖書館）、葉維乾校本（藏上海圖書館）及謝章鋌校本（藏福建省圖書館）。

道光十九年，祁寯藻通過李兆洛借得顧廣圻影宋抄本並參校汪士鐘藏南宋殘卷重刻《繫傳》，是爲祁本。祁本一出，世人稱善，成爲小徐《繫傳》的主要版本，此後同治十二年鍾謙鈞《小學彙函》本、光緒元年

① 張意霞：《〈説文繫傳〉研究》，台灣花木蘭文化出版社2007年版；張翠雲：《〈説文繫傳〉版本源流考辨》，台灣花木蘭文化出版社2007年。

② 《鐵琴銅劍樓藏書目録》卷七載：“《説文解字繫傳》十二卷，宋刊殘本。原書四十卷，今存《敘目》一卷，《通釋》一卷，《部敘》二卷，《通論》三卷，《祛妄》一卷，《類聚》一卷，《錯綜》一卷，《疑義》一卷，《系述》一卷。”涵芬樓影印時缺《敘目》一卷。參看張翠雲《〈説文繫傳〉版本源流考辨》，台灣花木蘭文化出版社2007年版，第11頁。

③ （清）王筠《説文繫傳校録·自敘》云：“乙未八月在都，借馬氏《龍威秘書》讀之。是書蓋以汪本付刻，而頗有校正。”

姚覲元刊本及光緒二年吴寶恕刊本、光緒九年江蘇書局刊本四種均是依祁本重雕，都屬於祁刻本系統。

二 謝氏所用之二徐本

經過乾嘉道三朝學者的努力，到謝章鋌著《録異》時，二徐的各個版本都已經問世，然而謝氏著述中，並沒有關於《録異》所用之二徐本的記載。在以上所列二徐各種版本中，當時較易得者，大徐有汲古本、藤花榭本、平津館本、陳昌治改刻本及丁本；張鳴珂較讀《録異》時，是以汲古本進行比較的，由此可排除汲古本，則謝氏可能使用的版本有藤花榭本、平津館本、陳昌治改刻本及丁本。現選《録異》若干字例與這幾種版本進行對照，以確定《録異》所用大徐本版本。

版本 例字	録異	藤花榭本	平津館本	陳本	丁本
卷一・丨部 中	而也	和也	而也	内也	和也
卷一・艸部 蓋	公艸盡聲	从艸盡聲	公艸盡聲	从艸盡聲	从艸盡聲
卷四・鳥部 鷈	从鳥虒也	从鳥虒聲	从鳥虒也	从鳥虒聲	从鳥虒也
卷五・竹部 笭	曰笭籯也	一曰笭籯也	曰笭籯也	一曰笭籯也	一曰笭籯也
卷六・木部 杓	从从木从勺	从木从勺	从从木从勺	从木从勺	从木从勺
卷七・禾部 秠	二稃二米	一稃二米	二稃二米	一稃二米	一稃二米

通過以上對比，我們發現藤花榭本、陳本、丁本與《録異》均有多處不同，而唯有平津館本與之全合，故《録異》所依據的大徐本當是孫氏平津館本。茲將上表所見平津館原文截圖如下。

秠 一稃二米从禾丕聲詩曰誕降嘉穀惟秬惟秠天賜后稷之嘉穀也敷悲切

杓 料也从从木从勺臣鉉等曰今俗作柄市若切以爲桮杓之杓甫摇切

笭 車笭也从竹令聲一曰笭籯也郎丁切

鷈 鷿鷈也从鳥虒也土雞切

藎 艸也公艸盡聲徐刃切

中 而也从口丨上下通陟弓切

我們從張鳴珂的校勘中，也可以進一步證明謝氏所用之大徐本爲平津館本。如《卷一・艸部》“藎”字下原稿作“藎，公艸，盡聲。“小徐本‘公’作‘从’，不誤。”張氏依汲古閣本改“公艸，盡聲”爲“从艸，盡聲”，其實平津館本正作“公艸，盡聲”。《卷三・谷部》“㐁”字下原稿作“㐁，舌皃，从谷省象。小徐本作‘象形，從谷省聲’。”“从谷省象”之“象”字下另補有“形”字，然查大徐平津館本正作“㐁，舌皃，从谷省象”，説明謝氏用平津館本，所補“形”字，蓋張氏依汲古閣本而補。

謝氏在《答張玉珊》信中説：“前賢亦有過尊宋本之病，如平津館所刻《説文》，其中繆字殊多，即如首卷玉部‘球’字，球，玉磬也，平津館本誤‘磬’爲‘聲’……以‘聲’訓‘球’，古未之聞，而得以宋本爲善乎？不論義之是非，第論本之今古，是則乾、道以來學人之一蔽也。”從這段話中看，謝章鋌對平津館本比較熟悉，也許正是看到此本中的問題，才萌生“欲于二本參稽同異，庶可窺《説文》之真于萬一”的想法來完成《録異》的，也借此批評學人尊崇古本之蔽。如果此説可信，可以旁證謝氏所用之大徐本爲平津館本。不過，謝氏在這裏所舉的“球”

字，在《録異》中並没有列爲有異的條目，也許其所據小徐本與平津館本相同，也許只是漏落，不得而知。

上文已論及小徐有汪本、馬氏《龍威秘書》本、祁本及依據祁本重刊的《小學彙函》本、姚覲元本、吴寶恕本、江蘇書局本。因張鳴珂校讀時，取小徐祁本覈校於手稿内，故此可將祁本排除。又通過與福建省圖書館藏謝章鋌所校之小徐汪本對比，則易知謝氏著《録異》所用的主要版本應該不是汪本及《龍威秘書》本，因爲汪本脱漏的許多字《録異》中都有列出，如上所舉“木”部之“棿”，“宀”部之“寏”，還有“黹”部的“黹”“黺”“黻”“粹”“黼”等；而《龍威秘書》本是翻刻汪本而來，謝氏認爲其“不足依據與之同”。故可斷定謝氏所用的主要版本當爲《小學彙函》本、姚覲元本、吴寶恕本、江蘇書局本四種中的一種。

據筆者所掌握的材料，謝氏在著作中共三次提及小徐本之版本：

1. 光緒丙子、丁丑間，予以中書供奉内閣。時新得祁壽陽相國翻刻朱笥河《説文繫傳》本，攜以入值，職事清閒，日輒盡一卷。（《説文閩音通·自序》）

2. 光緒丙子……時予供職内閣，職事清閒，新獲朱竹君先生所刻《小徐説文繫傳》，日讀盡一卷。（《賭棋山莊文集續編》卷三）

3. 予得此本（筆者按：指汪本）將六十年矣，屢思讎校，見其中謬誤疊出，不敢下筆。越數年，又見袖珍本於龍威秘府中，蓋亦從此本翻入者，不足依據與之同。聞壽陽祁文端公視學安徽時曾訪尋善本刻示諸生，是顧澗薲、李申耆諸君所審定者，想必可觀，然購之不能得。前十數年在都下見《小學彙函》中有此書，審之則所刻正祁本也，喜甚……己亥二月退叟書於惟半室，時年八十。① （《課餘續録》卷三）

祁壽陽相國即指祁寯藻，而竹君是朱筠的字，人們也称其爲笥河先

① 此段文字是謝氏爲所藏汪本《繫傳》所作序文，書於校本之首頁，後收入《課餘續録》卷三。

生。分析對比 1、2 兩條，我們很容易知道，二者所記乃同一事。可是第一條記作“時新得祁壽陽相國翻刻朱笥河《説文繫傳》本”，意思是祁寯藻翻刻了朱筠的《説文繫傳》。然前文筆者已經指出，祁本是祁寯藻通過李兆洛借得顧廣圻影宋抄本，並參校汪士鐘所藏南宋殘卷所刻，所以此説有誤；第二條記作“新獲朱竹君先生所刻《小徐説文繫傳》”，意思是朱筠自己刊刻了《繫傳》。據邵敏《〈説文解字〉繫傳研究》，今台北“中央圖書館”藏有朱筠舊鈔之《繫傳》本，書末有衡泰跋云：“朱笥河先生刊宋大徐《説文》，風行海内，此楚金《繫傳》是其欲刻未果者。同治癸酉閏夏長白衡泰觀並記。”[①] 由衡泰跋可知，朱筠確曾藏有《繫傳》鈔本，然並未付梓刊刻，所以第二説也不可信。

由第三條我們可以知道，謝氏曾得到小徐汪本，見過馬氏《龍威秘書》本，又於光緒初年得到《小學彙函》本。筆者將《叢書集成初編》影印同治十二年《小學彙函》本《繫傳》與《録異》進行比對，其中不合者絕少，僅有十七例。觀察這十七例，可以發現部分是由於謝氏抄誤所導致，其餘則是謝氏對材料的處理不當而引起。因此筆者初步判定《録異》所用小徐本的主要版本爲同治十二年《小學彙函》本[②]。

我們從張鳴珂的校改中，也可以幫助判斷謝氏用的小徐本是《小學彙函》本。比如《卷一・艸部》“蘮”字條作“蘮，菜也，似蘇者。小徐本‘也’誤‘佀’”。張氏將“誤佀”二字圈去，改作“作之”，乃依祁刻本而改。然查《叢書集成初編》影印《小學彙函》本《説文解字繫傳》“蘮”字下正作“蘮，菜佀似蘇者”；又如《卷三・言部》“詷”字下原稿作“詷，《周書》曰：在夏后之詷。小徐本作‘在後之詷’”。抄本在“後”字右上角有圈號，旁改“后”。查上述《小學彙函》本《繫傳》正作“在後之詷”。茲將此兩條截圖如下。

---

① 邵敏：《〈説文解字繫傳〉研究》，碩士學位論文，山東大學，2009 年。

② 清代《小學彙函》有三個版本，一爲同治十二年粵東書局本，二爲光緒十四年石印本，三爲光緒十五年湘南書局本。謝氏在光緒丙子、丁丑間以中書供奉内閣時得到其所謂“祁壽陽相國翻刻朱笥河《説文繫傳》本”，光緒丙子、丁丑爲光緒二年和光緒三年，故從時間上看，其所得應是同治十二年粵東書局本《小學彙函》。

詷 共也周書曰在後之詷一曰譀從言同聲臣鍇曰按今尙書作在後之侗也田風反

𧂇 菜佀似蘇者從艸豦聲臣居反

當然，謝氏既然得到過汪本，見過《龍威秘書》本，按理自然也不會置之不顧。《録異》卷一“禧”字條按語曰：“桂未谷《義證》謂徐鍇本‘吉’作‘告’，然汪本及近刻《小學彙函》本亦皆作‘礼吉’，未知未谷此據何本。”① 此明言用汪本及《小學彙函》本，可見謝氏所用小徐本，主要是《小學彙函》本，也間及汪本。

第三節　《録異》的體例

一　編排體例

《録異》全書七卷②，共三十六頁，每頁二十行，大字單行，小字雙行，行大小皆二十三或二十四字。收録二徐本《説文》“一”部至“㡀”部（即大徐本前七卷，小徐本前十四卷）差異之處共六百六十七條，涉及一百六十三部。前二頁使用草書抄寫，爲謝氏手跡，文字正俗雜用，且多有塗改，大可想見其寫作時的情形；從第三頁開始，爲吴甌編書時

① 此條抄本補在書眉處，在“祥”字之上。

② 據《賭棋山莊所著書》載《録異》有八卷，故黎經誥《許學考》稱有八卷，張其昀《“説文學”源流考略》亦作八卷。吴甌《提要》云：“所著《大小徐録異》，原擬二十卷，然僅手編第一到第七。”從叢書中保存的影本來看，這是符合事實的。全書始於《一部》終於《㡀部》，即《説文》之前七卷，故此稱“全書七卷”。

抄寫，字用恭楷，清晰俊秀。書中作者並未交代體例，但通過對全文的整理研究，我們進行了一些規律性的總結，可概括爲正例和變例兩類。

（一）正例

正例是其書的通常體例，有以下幾種情況：

其一，每條首先隸定大小徐有差異的字頭，接著大字引大徐本，再小字列出小徐本的不同之處，有時還有謝氏的按語。① 如：

《卷一・一部》：元，始也。从一，从兀。小徐作“从一、兀。”徐鍇曰：“元者善之長也。”小徐無“也”字。故从一。小徐此下尚有“元，首也，故謂冠爲元服，故从兀。兀，高也，與堯同意。俗本有‘聲’字，人妄加之也。會意。”按：大徐引小徐说多删節，今舉其一以見例。

《卷二・齒部》：齨，一曰馬八歲，齒臼也。小徐本無“一曰”二字。从臼，臼亦聲。小徐本作“从齒，臼聲”/

其二，按大徐本《說文》次序列字，同部之字比首字降一格；在説明二本字數差異時，則又低一格。如：

《卷一・丨部》：中，而也。小徐本“而”作“和”。孫星衍曰：“而是内之譌，改作和，便失其意。”

於，从㫃，㫃亦聲。小徐本無“从㫃”二字。

《卷一・屮部》：屮，艸木初生也。小徐本無“艸”字。

毒，从艸，从毒。小徐本作“从屮，毐聲。”鍇曰：“毐（讀若娭），嫪毐。字从‘士’（音仕）下‘毋’（音無），言其毒厚也。”

葪，古文毒，从刀、萺。小徐本“葪”作“䈙”，古文“毒”从“刀、簹”。鍇曰：“竹亦有毒，南方有竹傷人則死。簹，聲也。”

《卷四・刀部》：剛，彊斷也。小徐本無“斷”字。

剥，从录。录，刻割也。小徐本作“录聲”，下有“一曰”二字。

刲，《易》曰：士刲羊。小徐本無“士”字。

① 以下凡引《録異》僅指出卷數及部首；又原版豎排，現改爲横排；小徐本的不同之處，或用雙行小字，現皆用單行。

券，故曰契券。小徐本無“券”字。

文六十二，重九。小徐本作“文六十四，重七。”

其三，一篆一條，若正篆與重文均有差異，則分列兩條。如：

《卷一·示部》：社，从示土。小徐土下有“聲”字。

　　　　　　　袏，古文社。小徐社下有“同”字。

《卷二·辵部》：邁，从辵，蠆省聲。小徐本作“萬聲”。按：下尚有“蠆”字，“虫”不省，則非“萬”聲也。

　　　　　　　邁，或不省。小徐本“不省”作“从蠆”。

按：“袏”爲“社”的古文，“邁”爲“邁”的小篆或體，謝氏均分書兩條。

（二）變例

變例是相對於正例而言的，屬于較爲少見的情況，有以下幾種類型：

其一，按小徐本立目，先引小徐本（有用大字者，有用小字者），再用小字列出大徐本的不同之處。如：

《卷一·示部》：禮 小徐：“祝也，从示，虘聲。側慮反。”大徐無。

按，此字大徐本無，見于小徐本“禰”“祧”之間。

《卷六·之部》：𡳿，小徐本“㞷”古文，大徐本無。按：數目“文二重一”，若無此字，則不重矣。大徐本誤脱。

《卷七·疒部》：痹，讀若枏，又讀若襜。大徐無“讀若”等字。（此小徐本，大徐本作“痹，从疒，冄聲”）

按，張鳴珂按語已經指出大字是小徐本。此條依正例當作：

痹，从疒，冄聲。小徐下有“讀若枏，又讀若襜”七字。

《卷七·冃部》：冐，此篆大徐本無。

其二，按小徐本《繫傳》次序列字。如：

《卷四·肉部》：脘，胃府也。舊云脯。小徐本“府”作“脯”，無“舊云脯”三字。

　　　　　　　腒，北方謂鳥腊曰腒。小徐本無“曰”字。

　　　　　　　膎，脯也。小徐本“脯”作“膊”。按鍇説應作“脯”。（祁作“脯”）

按，大徐本“膎”字在“脘”字上，《録異》列在“腒”下，當爲

《繫傳》的次序。

《卷六・貝部》：贖，貿也。从貝，从賣。小徐本無“貿也”二字，此字大徐本在“貿”之下，小徐本在“貴”之下。（汲古作“从貝，賣聲”）

按，《録異》此字列在“貴”之下，當依小徐次序。

其三，同部之字不降一格。《卷一・艸部》四十八篆①、《茻部》二篆、《卷五・竹部》九篆屬這一情况。如《卷一・茻部》二篆：

《卷一・茻部》：莫，从日在茻中。小徐本下有“茻亦聲”三字。

葬，厚衣之以薪。小徐本下有“茻亦聲”三字。

按，這種情况也有可能是抄手所致。

其四，二篆合作一條。共三例，如下：

《卷一・艸部》：薵，从艸，从水、毒。小徐本無“从艸”二字。茿，小徐本無此篆。

《卷二・牛部》：特，朴特，牛父也。小徐本作“特，牛也”。牝，此篆未見。

《卷二・走部》：趍，趨趙，久也。小徐本“趨”作“趍”。趙，趨趙也。小徐本“趨趙”作“趙趨”也。

其五，正篆與重文均有差異，但不分列兩條。共三例，如下：

《卷一・玉部》：玕，《禹貢》：雝州，球、琳、琅玕。小徐本“雝”作“雍”，“球”作“璆”。珵，古文玕。小徐本作“古文玕，从玉、旱”。

《卷三・言部》：信，从人，从言，會意。小徐本作“从人、言”，無“會意”二字。㐰，古文从言省。小徐本作“信省也”。

《卷三・言部》：譶，从言，累省聲。小徐本作“畾聲”。讄，或不省。小徐本作“譶，或从纍”。

其六，字頭不隸定，直接用小篆。共有卷一“艸”部之“[illegible]”，卷二“廴”部之“[illegible]”，卷三“干”部之“羊”“屰”，“丮”部之“[illegible]”，卷五“舛”部之“舝”，“夊”部之“[illegible]”，卷六“林”部之“𣞤”，“之”部之

① 《艸部》列四十八篆，“䓝”字低一格。

“[illegible]”，“市”部之“[illegible]”，卷七“倝”部之“[illegible]”，“㫃”部之“[illegible]”，“卤”部之“粟”，“臼”部之“臿”“舀”，“穴”部之“[illegible]”，“冃”部之“冕”，“网”部之“[illegible]”等。此外還篆隸雜糅的寫法，如卷三“廾”部之“[illegible]”，少見。

另外，徐鉉在校定《説文》時，補充了四百零二個新附字，這些新附字多是不見於小徐本的。關於這個差異，謝氏只列到《卷三・革部》爲止。“革”部下云：“文四，新附。小徐本無。自此以下凡新附不記。”意思是説大徐本“革”部收新附四字，小徐本無此四字，且自“革”部以下不再列出大徐本的新附字。

二　引録體例

謝氏主要是想通過對大小徐本“參稽同異”，以達到“窺《説文》之真於萬一”的目的[①]，因此書名曰《録異》，有異則録，無異則不録。其一般做法是直接摘録二徐差異，不加己意；但有時也在列出二徐之異後，再引徐鍇按語、部分其他學者的意見或加上自己的按斷，表明作者自己的取捨。因此從大的方面來分，其引録體例可以分爲直録和加按兩種。

（一）直録二徐差異

直録二徐差異最爲常見，佔全書的半數以上。現各卷舉一例，如下：

《卷一・上部》：帝，王天下之號也。小徐無“也”字。

《卷二・八部》：小，从八、丨，見而分之。小徐本“而”下有“八”字。

《卷三・㗊部》：㗊，又讀若呶。小徐本作“一曰呶”。

《卷四・夐部》：夐，从人在穴上。小徐本作“人在穴中”。使百工夐求。小徐本作“營求”。

《卷五・竹部》：篇，關西謂榜曰篇。小徐本無“曰”字。

《卷六・木部》：楸，从木，敄聲。讀若髦。小徐本無“讀若髦”三字。

① 謝章鋌：《賭棋山莊文續集・答張玉珊》，陳慶元主編，謝章鋌著《謝章鋌集》，吉林文史出版社 2009 年版，第 84 頁。

《卷七・日部》旨，古文時，从之、日。小徐本作“古文从日之作”。

（二）録二徐差異，並加按分析

加按分析的情況相對比較復雜，可以再分爲以下三種類型：

1. 只引徐鍇的按語

此種情況近三十處，如：

《卷一・屮部》：熏，从屮，从黑。屮，黑熏黑（汲古本作“象”）也。小徐本作“屮，黑熏象”，鍇曰：“黑，非白黑之‘黑’字。‘囪’象穴，火炎上出礙於艸，故爲‘熏’。此言‘黑熏象’，故知非白黑之‘黑’。”

《卷五・亼部》：合，合口也。小徐本作“亼口”，鍇曰：“亼口，合口也，會意。”

《卷六・貝部》：貧，从貝，从分，分亦聲。小徐本作“分聲”，鍇曰：“當言‘分亦聲’，脱誤也。”

《卷七・日部》：咢，从咢。小徐本作“咢聲”，鍇曰：“不得云聲。”

2. 引用其他學者的意見

這種情況非常少，只有如下一條：

《卷一・丨部》：中，而也。小徐本“而”作“和”，孫星衍曰：“‘而’是‘內’之譌，改作‘和’，便失其意。”

3. 加上作者的按語，表明自己的意見

這種情況又可細分爲以下三種類型：

（1）加一個“按”字，這種例子較多，舉二例如下：

《卷一・一部》一，於悉切。小徐伊質反。按：大徐是孫愐反切，小徐是朱翺反切。小徐曰：“當許慎時未有反切，故言‘讀若’。此反切皆後人之所加，甚爲踈朴，又多脱誤，今皆新易之。”然則雖出於朱翺，亦小徐之所審定欤？其所謂踈朴脱誤，則未始斥其人也。今舉其一以見例，餘不備列。

《卷二・八部》公，从八，从厶，音司。小徐本無“音司”二字。按：“音司”二字乃後人所加，應作小字注。許書無“音某”之文。（汲古本分行小字）

（2）“按”後再加按語，此種情況較少，共四例，如下：

《卷二・此部》此，从止，从匕。匕，相比次也。小徐本作“从止，能相比次”。按：語不相悉，蓋誤。按：鍇曰“匕，近也”，則鍇本亦當有“从匕”語，寫者脱之。

《卷六・木部》 櫂，从木，晉聲。《書》曰：竹箭如櫂。小徐本“聲”下有“《詩》曰：榛楛濟濟”，鍇曰：“《説文》無‘榛’字，此即‘榛’字也。”無“《書》曰”以下六字。按：上“榛”字在“樹”字下，小徐云無“榛”字，未详。又按：“樹”字、“梚”字皆切音，非反音，“榛”在中间，此三字小徐本所載切音，與小徐同①，或皆後人迻補也。

《卷六・林部》 𣞤，《商書》曰：庶草繁無。小徐本“無”作“𣞤”。按：鍇説亦作“無”，大徐引鍇説“或説‘大卌’爲‘規模’之‘模’”。按：原書“大卌”作“𡗜”，不分兩字。

《卷七・禾部》 秅，爲粟二十升；爲粟十六升。小徐本“升”皆作“斤”。按：鍇注“二十斗其量一百二十斤也”，似宜作“斗”，“升”“斤”俱非。按：“米”部“粲”字注亦作“一秅粟二十斗”。

此外，有些例子是先給出了自己的意見後又加按語，雖然沒有前面的“按”字，其實也屬于此種情況，如：

《卷二・辵部》 迭，一曰达。小徐本“达”誤“迭”。按：上有“达”字與“迭”互訓。

（3）沒有“按”字，但可以看出是作者自己的判斷

舉二例如下：

《卷一・示部》 禜，从示，榮省聲。小徐作“从示，从營省聲”。《禮記》曰：“雩禜祭水旱。”小徐《禮記》上有“臣鍇按”三字，則此非許氏原文也。

《卷二・口部》 昏，从口，氒省聲。氒音厥。小徐本作“氒，古文厥字”，此“音厥”二字亦後人所加，非許書也。

《録異》篇幅不大，但其體例還是比較完整合理。其總體特點是簡潔清晰，引用按語或表達意見都比較簡單，但都頗有針對性。

① 此句當作“與大徐同”，書誤。

第四節　張鳴珂的校讀

抄誤是抄本古籍一個較爲普遍的現象，《録異》也不能避免；加上所據版本的不同，校讀是非常必要的。前文已經指出，謝章鋌於光緒十年認識張鳴珂，遂將《録異》謄清部分交給張氏校讀，張氏於次年完成，保留下現存的《録異》稿本。這是張鳴珂對《録異》一書的貢獻。

張氏的校讀工作做得很仔細，主要包括兩個方面，一是對《録異》抄本本身的錯漏進行修訂，二是參照其他有關版本進行核對。

對《録異》抄本本身的錯漏進行修訂的情况比較復雜，先舉若干例子如下：

1.《卷一・玉部》："珥，瑱也。小徐本‘也’作‘者’。"

按，抄本字頭原作"瑱"，圈去，旁寫"珥"。

2.《卷二・牛部》："特，朴特，牛父也。小徐本作‘特，牛父也’。"

按，抄本圈去後一"父"字。

3.《卷一・艸部》："蓋，公艸，盍聲。小徐本‘公’作‘从’，不誤。"

按，抄本把大徐本的"公"字圈去，旁書"从"字。小字旁有張鳴珂按語："汲古本作‘从’不作‘公’。"

前已言及《稷香館叢書》所收《録異》，只有前二頁是謝氏原稿，其余皆爲重抄，因爲沒有謝氏原稿的對照，這種對抄本本身錯漏的修訂，是張鳴珂校讀而改，還是抄手抄誤而改，有些情况可以辨明，有些例子則是不好判斷的。比如，上舉例3"蓋"字條作"蓋，公艸，盍聲。小徐本‘公’作‘从’，不誤"。旁有張氏按語云："汲古本作‘从’不作‘公’。"根據這個材料，抄本把大徐本的"公"字圈去，旁書"从"字，有可能就是張鳴珂改的，抄本只是照抄而已。前文舉到的"丙"字條"从谷省象"之"象"字下另補有"形"字，因"从谷省象"與大徐平津館本相合，也可以肯定"形"字乃張氏依汲古閣本而補。《卷一・艸部》"蘮"字條作"蘮，菜也，似蘇者。小徐本‘也’誤‘佀’"。抄本"誤佀"二字圈去，改爲"作之"，因"蘮，菜佀似蘇者"與小徐《小學彙函》本相合，則可以肯定此條乃張氏依祁刻本而改。這種有版本對勘的改動，一般抄手是不會去做的，因此可以推定是張氏所改。但如上舉之例1、例2，均未見張氏校語，亦無其他旁證，只有圈改，是張氏圈改還是抄手圈改，不得而知，則兩種可能都是存在的。

張鳴珂參照其他有關版本對《録異》手稿進行校訂並且加了按語，是張氏最明顯的貢獻。上文已表明，謝氏用大徐的平津館本和小徐的《小學彙函》本作《録異》，張氏則用大徐的汲古本和小徐的祁刻本對《録異》手稿進行校對，將其與《録異》不合者標注於各條旁邊或各條之下。他的核對，不僅使《録異》的内容更爲豐富，而且使之更具有版本學上的價值。下面略舉數例（括號内爲張氏校語）：

萇，萇楚跳弋。小徐本“跳”作“銚”，不誤。（汲古本作“銚”）

蕼，从艸、肆。小徐本作“从艸，肆聲”。（汲古本有“聲”字）

薺，蒺梨也。小徐本“梨”作“藜”。（汲古作“黎”）

蓍，生十歲，百莖。小徐本作“生千歲，三百莖”。（汲古本與小徐同）

蘠，艸牆聲。小徐本“艸”上有“从”字。（汲古有“从”字）

英，一曰黄英。小徐本“曰”作“名”，“英”作“荚”。（祁本與大徐同）

公，从八，从厶，音司。小徐本無“音司”二字。按：“音司”二字乃後人所加，應作小字注。許書無“音某”之文。（汲古本分行小字）

這些按語，對我們了解不同版本的情况，提供了方便的對照。但由於張氏在校勘時可能沒有參照謝氏原有的版本，有些校改反而有失謝氏原貌。也就是説，謝氏按照大徐的平津館本和小徐的《小學彙函》本作的《録異》，有些條目是符合二本情况的，經張氏校改後，反而不能顯示此二本的實際情况。比如前文舉到的“蒙”“藎”“丙”“詷”諸字條，謝氏所録之異都是符合其所據版本情况的，經張氏校改後，體現了汲古閣本和祁刻本的情况，但失去了平津館本和《小學彙函》本的真貌①，甚至影響條目的成立。比如上舉“藎”字條：“藎，公艸，盡聲。小徐本‘公’作‘从’，不誤。”平津館本正作“公艸，盡聲”，就謝氏所據版本而言，這條“録異”是完全成立的。但張氏依汲古閣本改“公艸，盡聲”爲“从艸，盡聲”，則與小徐本相同，就無“異”可“録”，這條“録異”就不能成立。因此我們對於張鳴珂的校改，也要一分爲二地加以分析。

---

① 所幸抄本爲圈改，所改之處還可辨析；如果是涂改，則改前情形則隨之消失。

第二章　從《録異》窺探二徐差異

古書校勘具有十分重要的意義，“它是取得正確文本的重要手段，是讀書、治學存真求是的先决條件”①。《説文》作爲字書第一種，千年傳承，出現這樣那樣的錯誤在所難免。裘錫圭先生指出，“《説文》成書于東漢中期，當時人所寫的小篆的字形，有些已有訛誤。此外，包括許慎在内的文字學者，對小篆的字形結構免不了有些錯誤的理解，這種錯誤理解有時也導致對篆形的篡改。《説文》成書後，屢經傳抄刊刻，書手、刻工以及不高明的校勘者，又造成了一些錯誤”。② 因此對其文本的校勘就顯得尤爲重要。二徐之《説文》，是《説文》傳承史上極爲重要的版本，對大小徐本進行録異校勘，對於了解二徐的差異，可謂一目了然，同時對於探究《説文》的本真，也具有重要的價值。《録異》雖非完本，但從僅存的部分看，亦足以歸納二徐之不同，同時也可以在一定程度上窺見《説文》的原貌，實現謝氏“窺《説文》之真於萬一”的願望。本章擬根據《録異》窺探二徐差異的具體表現、討論産生差異的具體原因並對二徐之正誤進行辨析。

第一節　二徐差異的表現

從《録異》所列的内容來看，二徐《説文》的差異表現是多方面的，大到一篆的訓釋，小到部屬字的次第，都有體現。對於一些有規律性的

① 孫欽善：《中國古文獻學》，北京大學出版社2006年版，第117頁。

② 裘錫圭：《文字学概要》，商务印书馆1988年版，第62頁。

現象，謝氏很注意總結，但不反復羅列，而是“舉其一以見例”，即以首見爲例進行歸納概述，其餘同類型的例子，則不復列舉。以下將《録異》所列二徐差異歸納爲七個方面進行論述：一是反切不同；二是大徐引小徐按語而有所損益；三是小徐有按語而大徐不引；四是新附字問題；五是卷載部載字數及部字次序不同；六是重文問題；七是單字訓釋不同。

一 反切不同

《卷一・一部》：一，於悉切。小徐伊質反。按：大徐是孫愐反切，小徐是朱翺反切。小徐曰：“當許慎時未有反切，故言讀若，此反切皆爲後人之所加，甚爲疎扑，又多脱误，今皆新易之。”然則雖出於朱翺，小徐之所審定歟。其所謂疎扑、脱误，則未始斥其人也，今舉其一以見例，餘不備列。

謝氏舉首字“一”以見二徐反切之例，以下凡是二本反切的不同，謝氏均不再重複列出。由這一例，我們可知，大徐本用的是唐孫愐《唐韻》反切，作某某切；小徐《繫傳》用的是與徐鍇同時的朱翺所整理的反切[①]，作某某反。從祁本上看，《繫傳》裹面有許多例外，或不記反切，或記某某切，當爲後人所補。謝氏亦據反切的方式對有關問題進行判斷，如卷六“楷”字條，按語以爲“椒”字、“柷”字皆切音，非反音，“榛”在中间，此三字小徐本所載切音，與大徐同，當屬後人迻補。

二 大徐引小徐按語而有損益

《卷一・一部》：元，始也。从一，从兀。小徐作“从一、兀”。徐鍇曰：元者善之長也。小徐無“也”字。故从一。小徐此下尚有“元，首也。故謂冠爲元服，故从兀。兀，高也，與堯同意。俗本有‘聲’字，人妄加之也。會意”。按：大徐引小徐説，多删節，今舉其一以見例。

《卷一・一部》：吏，徐鍇曰：“吏之治人心主於一，故从一。”小徐“於一”下有“也”字，無“故从一”三字。按：大徐引小徐説，有增益處，玆舉其

---

① （清）王鳴盛云：“翺不知爲何許人，卷首與鍇並列稱臣，鍇在前，翺在後，且翺官亦係秘書省校書郎，則其爲與鍇同時同官，同仕南唐無疑。然馬令、陸遊《南唐書》皆無其人，即吴任臣《十國春秋》亦無之。”參考張意霞《〈説文繫傳〉研究》，台灣花木蘭文化出版社 2007 年版，第 21 頁。

一以見例。

以上兩條，“元”字條按語指出“大徐引小徐説，多删節”，“吏”字條按語指出“大徐引小徐説，有增益處”，謝氏的總結是符合實際情况的。

小徐《繫傳》成書在先，於許書多有發明。大徐在校定《説文》時，有時會引用到其弟徐鍇的研究，凡是引用徐鍇的，則均加上“徐鍇曰”三字。俞樾《古書疑義舉例》指出“古人引書每有增減”[①]的現象，我們通過《録異》也發現，徐鉉引用其弟徐鍇的研究時，往往不是照引徐鍇原話，而是有所損益。這種情况有的體現了他自己對文字形義問題的判斷，有的可能只是習慣性的增損（比如有無句末語氣詞“也”字）。

三　小徐有按語大徐不引

《卷一・一部》：天，按：小徐有説，大徐不引，兹舉其一以見例。

徐鉉校定《説文》，引徐鍇的研究並注明“徐鍇曰”的，如“元”“吏”“瑞”“芋”“菑”等字皆是。但徐鉉並不是每條都徵引《繫傳》。如上舉“天”字，徐鍇在《通論・卷上》有詳細的論述，他説：“地者，迆也，迆而高也，山岳也、丘陵也、墳衍也；迆而卑，皋隰也、汙潢也。故曰地有二形高下乎。故於文，土迆爲地，坤以簡能，故省之也，迆亦聲也。”按本條内容論地之高下，與“天”字的形義關係不大，故徐鉉不引是有道理的。當然，大徐不引小徐應該還存在其他各種情况，這裏就不一一敘述了。

四　新附字

許慎著《説文》，博訪通人，以一人之力著成了包含九千三百五十三之正文、一千一百六十三之或體的巨著，但由於主觀客觀各方面的原因，還有不少“經典相承傳寫及時俗要用”的字漏而不載，因此徐鉉奉敕校定《説文》時，對於那些“經典相承傳寫及時俗要用而《説文》不載”的字進行了補充，此即所謂“新附字”。謝氏録二徐本之異，碰到某部大

① （清）俞樾等：《古書疑義舉例五種》，中華書局 2005 年版，第 46 頁。

徐本有新附字，則記上“新附，小徐無”或“新附某，小徐無”等字，從卷一到卷三的《革部》，共十二例。除第一例爲首卷新附字字數外，其他十一例均爲部中新附字，分别是《玉部》《艸部》《牛部》《口部》《此部》《辵部》《齒部》《足部》《言部》《音部》和《革部》，自《革部》以下謝氏不再列此差異。

以上反切不同、大徐引小徐按語而有損益、小徐有按語大徐不引、新附字等四點雖然均非許書原有，但以二徐本而言，卻也是二本的差異所在，故謝氏亦予以記録。

五 卷載、部載字數及部字次序

（一）卷載字數

這裏的卷載字數是指《説文》各卷卷首所載的部首數、篆文字數和重文字數。由於大徐分許書一篇爲上下卷，下卷的字數合入上篇進行統計，而小徐本則是分一卷爲二，二卷的字數分别統計，所以大小徐二本《説文》的卷載字數多有不合，如《録異》第一條云：

> 十四部，六百七十二文。小徐作“文二百七十四”。重八十一。小徐作“重七十七”。凡萬六百三十九字。小徐無。

《説文·敘》中明確指出：“此十四篇，五百四十部，九千三百五十三文，重一千一百六十三，解説凡十三萬三千四百四十一字。”這些數字在當時可以認爲是準確可信的。然經過近兩千年的傳寫刊刻，加上沒有系統規範的校勘學指導，《説文》中的正文、重文及解説字數都發生了一定的變化。大小徐本作爲不同的傳本，編排不同，字數差異，也屬正常。其實從現存二書來看，不僅二徐本《説文》卷載字數有别，二書各自的原載字數與實際字數就存在不少出入。茲以大徐平津館本的前七卷和小徐祁本的前十四卷爲例，列表比較如下：

大徐（平津館本）				小徐（祁本）		
		原載字數	實際字數		原載字數	實際字數
卷一	上	14 部文 672 重 81	14 部文 672 重 81	卷一	14 部文 274 重 77	10 部文 216 重 27
	下	—		卷二	3 部文 465 重 22	4 部文 453 重 37
卷二	上	30 部文 693 重 88	30 部文 693 重 87	卷三	16 部文 692 重 79	16 部文 371 重 33
	下	—		卷四	14 部文 326 重 50	14 部文 325 重 53
卷三	上	53 部文 630 重 145	53 部文 630 重 145	卷五	22 部文 633 重 138	22 部文 335 重 56
	下	—		卷六	30 部文 300 重 78	31 部文 302 重 97
卷四	上	45 部文 748 重 112	45 部文 746 重 117	卷七	35 部文 640 重 112	23 部文 285 重 55
	下	—		卷八	21 部文 356 重 59	22 部文 362 重 58
卷五	上	63 部文 527 重 122	63 部文 527 重 123	卷九	31 部文 816 重 108	31 部文 305 重 54
	下	—		卷十	32 部文 223 重 67	32 部文 223 重 70
卷六	上	25 部文 753 重 61	25 部文 753 重 61	卷十一	25 部文 753 重 59	3 部文 434 重 39
	下	—		卷十二	22 部文 324 重 21	22 部文 322 重 21
卷七	上	56 部文 714 重 115	56 部文 714 重 116	卷十三	30 部文 703 重 111	33 部文 319 重 59
	下	—		卷十四	19 部文 重①	23 部文 390 重 57

① 祁寯藻道光十九年本《繫傳》卷十四的卷首正文重文數均不載，同治十二年粵東書局《小學彙函》本《繫傳》作“十九部，文四百，重五十六”。

（二）部載字數

部載字數是指一部之中所載的篆文字數和重文字數。從《録異》所列來看，二徐《説文》（大徐前七卷、小徐前十四卷）中的部載字數不合者有二十八例，即有二十八部所載字數不同，約占實際部數的9.8%。其中大多是原載字數不同，而實際字數相同，可以看出後人所删補的痕跡。下面舉若干部進行説明。

《卷一·示部》：文六十。小徐大數在後，多五字，凡六十五。

按：今實有六十三篆，汲古本亦作"文六十三"。小徐本多"禰""禶"二字，至於部末"祧""祆""祚"三字，反切作"某某切"，乃是張次立據大徐本補入。而"禰""祧""祆""祚"四字大徐本收入新附，無"禶"字。

《卷一·玉部》：文一百二十六，重十七。小徐本作十五。文十四。新附。小徐俱無。

按：大徐本除去增補的"璵"字，共一百二十五文。小徐本原一百二十四文，張次立補入"璵""瑳"二字，共一百二十六文。重文二本今都只有十六個。段玉裁補入"珌"的古文"蹕"，故段注重十七文。

《卷一·艸部》：文四百四十五。小徐本無"五"字。文十三。新附。小徐本無。

按：小徐本原載字數爲四百四十文，實際只有四百三十九文。張次立據大徐本補"莒""蓩""蒢""藚""蓨""萃"六字，共四百四十五文。

《卷二·口部》：文一百八十。小徐本作"一百八十二"。文十。新附。小徐本無。

按：二本《口部》實際收字相同，均爲一百八十文，只是個别字順序有所調整。大徐本新附十文：哦、嗃、售、噞、唳、喫、喚、咍、嘲、呀。

《卷二·辵部》：文一百一十八，重三十一。小徐本作"三十"。文十三。新附。小徐無。

按：今二本實際均重三十文。小徐本有張次立注語曰："今重二十七，補遺'蝺''僯'二字，共重二十九。"則張次立後又有人補遺一重文。

《卷二・足部》：文八十五。小徐本"五"作"六"。文七。新附。小徐本無。

按：小徐本多"蹳"字，訓作"顛蹳也"，字次於"䟡"下"蹐"上，大徐本此篆作"跋"，訓作"顛跋也"，小徐本亦有"跋"字，在"路"下"趹"上，訓作"顛跋也"。王筠《説文系傳校録》認爲二徐本自不同，"今小徐本又出'跋'篆於'路'篆下，恐係校者所補，而非小徐本真"[①]。《康熙字典・足部》引《集韻》："蹳，蒲撥切，音跋，義同。"[②] 張舜徽、王貴元等均認爲"蹳""跋"只是異體字的關係[③]。

《卷三・言部》：文二百四十五。小徐本"五"作"八"。重三十三。小徐本作"三十一"。文八。新附。小徐本無。

按：大徐本"誤""詿"二字重出，扣除重出的二字，實際二百四十七文，重三十三。小徐本實際二百四十七文，重三十三，同大徐本。大徐新附八文，分别爲：詢、讜、譜、詎、諛、謎、誌、訣。

《卷三・革部》：文五十七。小徐本"五十九"。文四。新附。小徐本無。自此以下凡新附不説。

按：大徐本作文五十七，實際五十九文。小徐本不誤。新附四文：鞘、韉、韡、靮。新附字爲大徐所加，小徐本無，自《革部》以下，謝氏書不再記此新附字差異。

《卷三・攴部》：文七十七。小徐本"七十八"。

按：小徐本多"敾"字。大徐本"壞"下有"臣鉉等按：《攴部》有'敾'，此重出。"知大徐所見當與小徐同，大徐在校定時删去《攴部》之"敾"，並作説明於此。筆者認爲以許書之例，重文不當重出。查小徐本《土部》實有重文二十五文，"壞"下僅有古文而無籀文（今祁本有之，爲張次立補入），故筆者認爲許書原本或當如小徐本，後人以爲

① （清）王筠：《説文系傳校録》，四庫全書影印本。

② 漢語大詞典編纂處整理：《康熙字典》（標點整理本），漢語大詞典出版社 2002 年版，第 1213 頁。

③ 張舜徽：《説文解字約注》，中州書畫出版社 1983 年版，上册第 54 頁；王貴元：《説文解字校箋》，學林出版社 2002 年版，第 85 頁。

“𣀔”“壞”爲一字，故大徐删《攴部》之“𣀔”，改爲《土部》“壞”之籀文。

《卷三・教部》：教，文二重二。小徐本作“重三”。

按：《教部》收“教”“斆”二文，“教”有重文古文“𢽈”“𤕝”；“斆”有重文篆文“學”，則大徐本誤，蓋傳抄所致。

《卷四・放部》：放，文二。小徐本“二”作“三”。（汲古“三”）

按：大徐陳昌治本亦作“文三”，而文後無陳氏的校記，可知平津館本如此。藤花榭本作“文二”。從現在所能看到的二徐各種版本上看，《放部》均收有三文，分別爲“放”“敖”“敫”。可是其中的“敖”在《出部》重出，所以《放部》之“敖”當删，這樣才能合《放部》“文二”之數。

《卷四・刀部》：文六十二，重九。小徐本作“文六十四，重七”。

按：此處數目二本均有錯誤。今大徐本共有六十四文，其中“剔”字爲徐鉉所補十九文之一，實際有六十三文，重文十；小徐本亦六十四文，而“剔”字爲據大徐本所補，實際亦六十三文，重文十。

《卷五・竹部》：文四百四十四。小徐本作“四十五”。

按：此條“文四百四十四”應作“文百四十四”，謝氏誤多“文”下一“四”字。經查核，大徐本《竹部》扣除新補的“笑”字，實際有一百四十三文，重文十五文；小徐本除去張次立依大徐本所補之“笑”字，實際亦一百四十三文，重文十六，多“籱”篆下一重文“篧”。

《卷五・左部》：文二重一。小徐本無“重一”二字。

按：《左部》文二重一，二本同，蓋小徐本傳抄脱誤。

《卷六・木部》：文四百二十一。小徐本“一”作“三”。重三十九。小徐本“九”作“八”。

按：大徐本原載字數四百二十一文，實際四百二十一文。小徐本原載字數四百二十三文，實際四百一十八文，其中“[illegible]”“椯”“椋”“樹”“榛”“梶”“棁”等七字注音作某某切，當是據大徐本所補；又比大徐本多一“閑”字①，少“檍”“櫝”“槫”“柅”四字。重文二本實際均三

① 二本《門部》均有“閑”字，小徐本此重出。

十九文。

《卷六・邑部》：文一百八十四。小徐本“四”作“二”。

按：大徐藤花榭本作“文一百八十一”，今實有一百八十一文。小徐本作“文一百八十二”，今實有一百八十二文，多大徐本一“鄛”字，又“鄢”字依大徐本補，綴於部末。

《卷七・馽部》：文三。小徐本作“文二重一”，誤。

按：二本《馽部》均收“馽”“馽”“𩏿”三文，而小徐本作“文二重一”，因此李陽冰以“馽”爲“馽”之籀文的説法，應是可信的。

《卷七・㫃部》：文二十三。小徐本“三”作“四”。

按：大徐本不誤。小徐本作“文二十四”，實有二十三文。

《卷七・米部》：文三十六，重七。小徐本“六”作“五”，“七”作“八”。

按：小徐本以“粻”爲“粉”之重文，故少一正篆，多一重文。

《卷七・白部》：文十一重二。小徐本“二”作“三”，誤。

按：謝説是。《白部》收“白”下重文“𠁧”和“皤”下重文“𩑶”。

（三）部字次序

部字次序即指《説文》五百四十部各部統轄之字的排列次序。據前賢的研究，許氏著《説文》，不僅五百四十部的次序是精心安排的，而且各部統轄之字的排列次序也不是隨意的。在二徐本《説文》中，大部分的部字次序相吻合，但也有一些存在着差異。《録異》中謝氏指出的共有六處，如下：

《卷一・玉部》：珩，从玉行聲。小徐無“聲”字。按：小徐本“琳”“珩”“玦”三篆俱在末，不在此處。

《卷一・艸部》：蒨，小徐本無此篆。芋、蓂、蘇。此三字在末。

《卷六・木部》：楷，从木晉聲，《書》曰：竹箭如榗。小徐本“聲”下有“《詩》曰：榛楛濟濟”，鍇曰：“《説文》無‘榛’字，此即‘榛’字也。”無“《書》曰”下六字。按：上“榛”字在“榭”字下，小徐云無“榛”字，未詳。又按：“榭”字“梠”字皆切音，非反音，“榛”在中间，此三字小徐本所載切音，與小徐同，或皆後人逡補也。

《卷六·貝部》：贕，貿也，从貝从賣。小徐本無“貿也”二字，此字大徐本在“賀”之下，小徐本在“貴”之下。

《卷七·日部》：昕，旦明日將出也，讀若希。小徐本作“旦也明也，日將出也，讀若忻”。按：“讀若希”，見鍇説。此字小徐本在上“昭”字上。

《卷七·疒部》：癘，惡疾也，蠆省聲。小徐本“惡”下有“瘡”字，“蠆”作“厲”。此字小徐在部末。

六　重文

二徐《説文》重文的不同表現多種多樣，有的是説解不同，有的是重文字形不同，有的是一本有某重文而另一本卻没有，還有的是一本認爲某重文是古文，另一本卻認爲是籀文等等。下面舉例説明：

（一）説解不同

《卷一·示部》：䄡，古文社。小徐“社”下有“同”字。

按：䄡，古文，見於戰國中山王鼎，字作“[illegible]”，增木，殆表社木。

《卷一·玉部》：玶，古文玕。小徐本作“古文玕，从玉旱”。

《卷三·言部》：㐰，古文从言省。小徐本作“信省也”。

按：《説文》古文作“[illegible]”，《古陶文字徵》里收有“[illegible]”①，與此形近，按説解語例，筆者認爲當從大徐本。或曰，古文从口，亦可。从口、从言，其意相通。

《卷五·鼓部》：䶈，籀文鼓，从古聲。小徐本無“聲”字，鍇曰“鼓聲”，則聲不从“古”也。

按：祁寯藻刻小徐本（中華書局1987年版）作“臣鍇曰：‘古聲’。”此作“鼓聲”，或繫謝氏抄誤，故有“則聲不从‘古’也”之説，實誤。

《卷五·虍部》：虜，篆文虞省。小徐本無“省”字，非。

按：“虞”字小篆作“[illegible]”，篆文重文作“[illegible]”，是宜有“省”字，謝

① 轉引自李圃主編《古文字詁林》第三册，上海教育出版社2001年版，第9頁。

説是。

《卷七・日部》：旹，古文時，从之日。小徐本作“古文从日之作”。

按：“時”从“寺”聲，“寺”从“之”聲，是古文“時”亦从“之”聲。馬叙倫以爲“从之日”三字爲校者所增①，可備一説。

《卷七・禾部》：粳，秔或从更聲。小徐本作“俗粳”。

按：小徐本有“臣鍇曰：‘更聲’”，是知原本當如小徐本，大徐依小徐按語校改。

《卷七・网部》：㒺，古文网。小徐本此下有“从冂亾聲”。

按：古音“网”“亾”二字均在陽韻明母②，二字音聲相近，故“亾”可爲“网”之聲符。筆者以爲宜從小徐本。

《卷七・网部》：罜，或从卢。小徐本作“或从貞省”。

按：“罜”爲“罬”的或體，馬叙倫以爲“罬爲网類”，不得云“从貞”或“从卢”，當是“罬”字的譌變之形③。筆者以爲其説可從。

（二）重文字形不同

《卷二・辵部》：遷，古文邇。小徐本“遷”作“迩”不誤。（汲古本亦作“迩”）按：“遷”音“人質反”，已見上文。

按：大小徐本“遷”“邇”皆另立條目，此條殆謝氏串行所致，把“遷”“邇”合爲一字看待了。其實當作“迩，古文邇。”二徐本無異。“迩”即“迩”字隸定。

（三）一本有某重文，而一本卻無

《卷六・之部》：㞷，小徐本“㞷”古文，大徐本無。按：數目“文二重一”，若無此字，則不重矣，大徐本誤脱。

按：謝説是，當有古文“㞷”。

（四）一本認爲某重文是古文，一本認爲是籀文

《卷七・卤部》：𠧪，籀文栗，从西二卤。小徐本“籀”作“古”。（汲古

① 馬叙倫：《説文解字六書疏證》卷十三，轉引自李圃主編《古文字詁林》第六册，上海教育出版社 2003 年版，第 379 頁。

② 唐作藩編著：《上古音手册》，江蘇人民出版社 1982 年版，第 133 頁。

③ 馬叙倫：《説文解字六書疏證》卷十四，轉引自李圃主編《古文字詁林》第七册，上海教育出版社 2003 年版，第 127 頁。

作“古”，祁作“籀”）

按：大徐各本均作“古文栗”，小徐祁本作“籀文栗”。甲骨文作“𣐼”（《合集》36902）。羅振玉曰：“許書‘卤’之籀文作‘𠧪’，‘粟’之籀文亦从‘𠧪’。‘栗’之古文从‘𠕋’者，殆亦从‘𠧪’之譌矣。”①

七　單字訓釋

《録異》所存二徐《説文》的差異主要是集中在單字訓釋上的，共有三百二十四例。《说文》單字訓釋，通常是先釋義，次析形，再次譬音，末徵引②。從《録異》所列來看，二本的差異多數體現在這四者中的某一項上，但偶爾也會同時出現兩項或三項的差異，如《卷一・艸部》“蘀，艸木凡皮葉落陊地爲蘀。小徐本無‘凡’字。《詩》曰：十月隕蘀。小徐本‘隕’作‘殞’。”二本的差異就出現在釋義和徵引兩項上；又如《卷二・口部》“吝，語相訶歫也。小徐本‘歫’上有‘相’字。从口歫辛。小徐本無‘歫’字。讀櫱。小徐本‘讀’下有‘若’字。”二書就同時出現了釋義、析形及譬音等三項差異。由於同時出現兩項或三項差異的例子較少，故將其附在單項差異中進行討論。下面將《録異》中所列單字訓釋的差異，分爲四個類型，舉例説明。

（一）釋義

《卷一・示部》：祡，燒祡㷿燎以祭天神。小徐“燒祡”作“柴”，無“㷿”字。

《卷二・走部》：趍，趨趙，久也。小徐本“趨”作“趍”。（汲古作“趍”）趙，趨趙也。小徐本“趨趙”作“趙趨”也。

《卷三・言部》：譱，吉也。小徐本“吉”作“言”。此與義美同意。小徐本作“此義與‘美’同意”。

《卷四・目部》：睇，目小視也，南楚謂眄曰睇。小徐本“小”下有“衺”字，“眄”下無“曰”字。

《卷五・左部》：左，手相左助也。小徐本作“手左相佐也”。按：“佐”

① 羅振玉：《增訂殷虚書契考釋》卷中，轉引自李圃主編《古文字詁林》第六册，上海教育出版社2003年版，第557頁。

② 蔣善國：《〈説文解字〉講稿》，語文出版社1988年版，第12頁。

俗字，非許書所有。

《卷六·木部》：梏，手械也，从木告聲。小徐本“从木”上有“所以告天也”五字。鍇曰：“械之以告天也，《尚書》曰：‘天討有罪’”。

《卷七·囧部》：盟，殺牲歃血。小徐本“歃”作“啑”。以牛立耳。小徐本作“以立牛，殺其耳也”。

（二）析形

《卷一·艸部》：毒，从艸，从毐。小徐本作“从屮，毐聲”，鍇曰：“毐，嫪毐。字从‘士’（音仕）下‘毋’（音無），言其毒厚也。”

《卷二·此部》：此，从止，从匕，匕相比次也。小徐本作“从止，能相比次”。按：語不相悉，蓋誤。按：鍇曰“匕，近也”，則鍇本亦當有“从匕”語，寫者脱之。

《卷三·言部》：謚，从言、兮、皿，闕。小徐本作“从言兮皿聲”，鍇曰：“皿非聲，兮聲也。”

《卷四·肉部》：肥，从肉，从卪。小徐本作“从肉卪聲”，鍇曰“不得云聲”，然則此亦从鍇説去“聲”字也。

《卷五·食部》：食，从皀，亼聲。小徐本無“聲”字。

《卷六·東部》：東，動也，从木。官溥説，从日在木中。小徐本無“从木官溥説”五字。

《卷七·宀部》：寡，从頒，頒分賦也，故爲少。小徐本作“頒，分也，从宀頒，故爲少也”，按：“从宀”上已見，此似誤。

（三）譬音

《卷一·示部》：𥜶，读若舂麥爲𥜶之𥜶。小徐本“𥜶”作爲“毳”。

《卷二·八部》：公，从八，从厶，音司。小徐本無“音司”二字。按：“音司”二字乃後人所加，應作小字注，許書無音某之文。（汲古本分行小字）

《卷三·言部》：証，諫也。从言，正聲。小徐本此下有“讀若正月”四字。

《卷四·骨部》：髆，讀若《易》曰：夕惕若厲。小徐本無“讀若”二字，鍇曰：“當言‘讀若《易》曰’也。”然則此二字大徐從小徐加也。

《卷六・木部》：楸，从木，敄聲，讀若髦。小徐本無“讀若髦”三字。

《卷七・疒部》：痱，讀若枏，又讀若襜。大徐無“讀若”等字。

（四）徵引

《卷一・示部》：禂，《诗》曰：既禡既禂。小徐“《诗》曰”上有“臣鍇按”三字，则此亦非许书原文也。

《卷二・辵部》：逞，《春秋傳》曰：何所不逞欲。小徐本“何”上有“君”字。

《卷三・言部》：諴，《周書》曰：不能諴於小民。小徐本作“丕諴於小民”。（汲古作“丕”，宋本作“不”）

《卷五・竹部》：篽，《春秋傳》曰：澤之目篽。小徐本“目”作“自”。按：《傳》作“舟”。（祁作“《傳》曰”）

《卷六・木部》：槢，从木晉聲，《書》曰：竹箭如槢。小徐本“聲”下有“《詩》曰：榛楛濟濟”，鍇曰：“《説文》無‘榛’字，此即‘榛’字也。”無“《書》曰”以下六字。

《卷七・日部》：暵，《易》曰：燥萬物者莫暵于離。小徐本作“莫暵乎火，火離也”。

第二節　二徐差異的原因討論

大小徐存在諸多不同，其原因是多方面的。從謝氏《録異》所呈現的差異情況，我們認爲其差異原因主要有以下幾個方面。

一　作書目的不同

大徐意在校定，小徐意在作注，故在問題處理上，二人的方式往往不同。小徐應是直録自己所見，然後再依據自己的學識解釋《説文》，因此他對正文的改動可能是比較少的；而大徐則是“集書正副本及群臣家藏者備加詳考”（徐鉉《上校定説文表》），爲的就是要定出一個讓世人滿意的《説文》本，以垂憲百代。故二人作書的目的不同是造成二徐《説文》本不同的首要原因。如：

《卷四・羽部》：翨，从羽从冃。小徐本作“冃聲”。

按：段注古音“翯”在八部，“冃”在三部，因此各家均以大徐本“从羽从冃”會意爲是，這是對的。小徐本正文雖然録作“翯，飛盛皃也。从羽，冃聲”，但徐鍇接著説：“盛也，會意，蹋从此。”可知徐鍇亦以“翯”爲會意字，與所録《説文》以爲形聲不同。這種情況説明，小徐所見唐本《説文》原本作“从羽，冃聲”，但他不以己意而改所見，只是接著闡明己見，而徐鉉大概是出於校定之需，根據徐鍇之説而改之也。

《卷七・日部》：昌，从曰。小徐本有“曰亦聲”三字，鍇云“後人妄加之”。

按：“昌”古音爲陽韻透母平聲[1]，“曰”古音爲月韻匣母入聲[2]，聲音遠隔，不得謂“曰亦聲”，故大徐本删“亦聲”；小徐則照録，以加按語方式注明：“此會意字，言‘亦聲’，後人妄加之，非許慎本言也。”

《卷七・倝部》：𣆪，闕。小徐本此下有“且从三日在於[3]中”，鍇曰：“‘且’字下後人加。”

按：字隸定作“𣆪”。許慎云：“於其所不知，蓋闕如也。”許既云“闕”，則“且从三日在於（㫃）中”實爲後人校注語，由於二徐研究《説文》的目的不同，故小徐依己所見録之，但在下面加按語曰：“按，李陽冰云，從三日且在㫃中，蓋籀文。許慎闕義。‘且’字下後人加。”而大徐則直接删之。

《卷七・月部》：月，闕也。小徐本此下有“十五稍減，故曰闕也”八字。

按：“十五稍減，故曰闕也”八字乃解釋“月”字訓“闕也”之由，從文句上看，當非許書原文，故段注同大徐不録此八字。

《卷七・禾部》：稺，从禾，屖聲。小徐本此下有“晚穜後熟者”五字。

按：稺訓“幼禾也”，“晚穜後熟者”次於“从禾屖聲”下，蓋爲後人校注語，故大徐删之不録。段注同大徐本。

---

① 唐作藩編著：《上古音手册》，江蘇人民出版社 1982 年版，第 14 頁。

② 唐作藩編著：《上古音手册》，江蘇人民出版社 1982 年版，第 162 頁。

③ “於”字祁寯藻刻小徐本（中華書局 1987 年版）作“㫃”，此抄誤。

二 傳抄刊刻所致

古籍文獻由於歷經傳抄刊刻，常常會出現誤、脱、衍、倒等各種錯誤[①]。二徐本《説文》在書成之後，大徐本雖爲世人所重視，卻也屢經改刻，面目已非；小徐本雖未被改，然至清初卻僅存斷爛不可讀的宋槧。可以説，現存二徐本差異的主要原因，應該是傳抄刊刻所致。如：

《卷四・骨部》：骴，骴或从肉。小徐本無“骴或从肉”四字。

按：此四字，王筠、桂馥等均認爲其爲後人所加，而段注本則直接將其删去，云：“假令許有此四字，則當先冠以篆文。”[②]

《卷四・隹部》：雅，一名鷽，一名卑居。小徐本作“一名卑、一名譽居”。按：下《鳥部》亦作“鷽”，注“卑居也”，此則小徐本誤。

按：《鳥部》有小篆“鷽”，即“鷽”字，説解曰：“卑居也。”二本同。是知小徐本的“一名卑、一名譽居”，乃是抄誤，把“卑”與“居”二字錯位分開，且將“鷽”字誤爲“譽”。

《卷四・鳥部》：鯱，从鳥，虒也。小徐本“也”作“聲”。

按：大徐本“也”是“聲”之誤，藤花榭本作“从鳥，虒聲”，不誤。

《卷六・貝部》：賜，或曰此古貨字，讀若貴。小徐本鍇按“《字書》云：‘古貨字’”，然則“或曰”以下非許書也。

按：謝説是，大徐本此九字當是後人所加。

《卷七・日部》：昆，从比。小徐本作“比聲”。

按：古音昆，文韻見母平聲[③]；比，脂韻幫母入聲[④]。古音不通，不得曰“比聲”，承培元《説文解字繫傳校勘記》以爲小徐本“聲字衍”[⑤]，

① 孫欽善：《中國古文獻學》，北京大學出版社 2006 年版，第 118 頁。

② （清）段玉裁：《説文解字注》，上海古籍出版社 1988 年版，第 166 頁。

③ 唐作藩編著：《上古音手册》，江蘇人民出版社 1982 第版，第 74 頁。

④ 唐作藩編著：《上古音手册》，江蘇人民出版社 1982 年版，第 6 頁。

⑤ （清）承培元：《説文解字繫傳校勘記》，《説文解字繫傳》，中華書局 1987 年版，第 348 頁。

蓋非徐鍇時所有，而是《繫傳》在後來傳抄中誤加進去的。

《卷七・㫃部》：𠂭，古文㫃字，象形，及象旌旗之游。小徐本作“古文‘㫃’字如此，象旌旗之游，及㫃之形。”

按：大徐本“象形及象旌旗之游”，語句不通，有錯誤無疑，宜以小徐本說解爲是。又古文小徐本作“𠂭”，與大徐本不同，而與《汗簡》所載作“𠂭”同①。

《卷七・冥部》：冥，十六日而月始虧幽也。小徐本“月”下有“數”字，“也”下有“冖聲”二字。

按：《説文》“日數十，十六日而月始虧幽也”一句意在解釋“冥”字“从日从六”之由，然徐灝曰：“字形無‘十’而云‘日數十’，已無所取義，況以‘十日’爲‘十六日’又不用‘十’而但从‘六’，且既以‘十六日’爲‘月始虧’，乃又不从‘月’，而从‘日’。造字有如此支離惝怳者乎?”徐灝進一步認爲，“冥”字篆書當作“𡨦”，从昗，冖聲，日昗而冥也。昗的下體“夨”與“六”形近，後遂訛从“六”，“相承既久，莫能辨識，許沿舊説，未及審正，或後人有所改竄也”②。徐説頗有道理，是知不論是大徐本，還是小徐本，“日數十，十六日而月始虧幽也”這句話都顯得扞格难通。筆者竊以爲此句非許書原文所有，是後人的校注語，誤入正文。小徐本下“冖聲”二字，徐鍇以爲當作“冖亦聲，傳寫脱誤”。

《卷七・穴部》：𥦗，《詩》曰：陶𥦗陶穴。小徐本“《詩》曰”以下無，而鍇說中引之。

按：徐鍇曰：“《詩》古公亶父避狄于岐下，‘陶𥦗陶穴’謂於地旁巖築下爲室若陶竈也。”此語正承上引詩而論，知小徐本當亦有“《詩》曰：陶𥦗陶穴”一句，傳抄脱誤。

《卷七・网部》：罛，魚罟也。小徐本“罟”作“网”。

按：據田吴炤説，《韻會》亦作“魚罟也”，知小徐本原亦當作

---

① （宋）郭忠恕、夏竦撰：《汗簡・古文四聲韻》，中華書局1983年版，第17頁。

② （清）徐灝：《説文解字注箋》第七上，《續修四庫全書・經部・小學類》，上海古籍出版社2002年版。

“詈”，後人傳抄改也[①]。

《卷七・襾部》：覈，實也。考事，襾笮邀遮其辤。小徐本作“乍邀遮其辤”，餘無，蓋脱誤，詳鍇注可知。

按：謝説是，大徐本不誤。徐鍇曰：“實謂考之使實也；襾者，反覆之也；笮，迫也；邀者，要其情也；遮者，止其詭遁也，所以得實覈也。”可知小徐原本與大徐本同，後脱去“實也考事襾”五字，《小學彙函》本又將“笮”刻作“乍”，造成了更大的不同。

三　學識不同所致

關於二徐的學識，後世多認爲小徐學識優於大徐，朱士端《説文校定本・序》就認爲“小徐本實勝大徐本”[②]，謝章鋌亦有類似的評價，他在《答張玉珊》中就説：“大徐學不及小徐，其定本多從小徐之説而有時反失其意。”[③] 從《録異》中，我們可以看出二人對有關問題的判斷和看法，是互有得失的。

《卷四・鳥部》：鶂，从鳥，説省聲。小徐本作“兑聲”。

按：《説文》：“兑，説也。”則“説”爲“兑”之後起增偏旁字，即“説”是一個“从言兑，兑亦聲”的形聲兼會意字。古音“鶂”“兑”“説”同在月部，大概由於古今音變，中古時“鶂”與“兑”讀音已不相近，而與喜悦之“説”同音，故徐鉉改定爲“説省聲”。

《卷四・鳥部》：鷉，適省聲。小徐本作“啻聲”。

按：“適”即“適”字。《説文・辵部》：“適，之也。从辵，啻聲。”是“適”“啻”古音相同，故宜從小徐。

《卷七・穴部》：窦，決省聲。小徐本作“夬聲”。

古音“決”“夬”同爲月韻見母入聲，[④] 故無需作“決省聲”，大徐

---

① （清）田吴炤：《説文二徐箋異》，《續修四庫全書・經部・小學類》，上海古籍出版社2002年版。

② （清）朱士端：《説文校定本》，商務印書館1936年版。

③ 陳慶元主編，謝章鋌著：《謝章鋌集》，吉林文史出版社2009年版，第84頁。

④ 唐作藩編著：《上古音手册》，江蘇人民出版社1982年版，第43—68頁。

改誤。段玉裁曰："大徐作'決省聲'，此不知古音者爲之也。"①

四　所見版本不同

徐鉉校定《説文》，雖謂"今以集書正副本及群臣家藏者備加詳考"，版本雖多，也必有所選擇。從《録異》來看，大小徐之間的差異，有些可能是由于版本不同造成的。如：

《卷四・肉部》：腄，瘢胝也。小徐本"瘢"作"跟"，鍇曰"謂脚跟行多生胝皮也"，則此字應作"跟"。

按：《説文》：瘢，痍也；痍，傷也。"瘢胝"即爲皮膚因壓迫摩擦而長繭，則大徐本所釋亦無誤。小徐作"跟胝"，應是另一版本。

《卷六・木部》：橬，从木，晉聲。《書》曰：竹箭如橬。小徐本"聲"下有"《詩》曰：榛楛濟濟"，鍇曰："《説文》無'榛'字，此即'榛'字也。"無"《書》曰"以下六字。按：上"榛"字在"樹"字下，小徐云無"榛"字，未详。又按："樹"字、"梡"字皆切音，非反音，"榛"在中间，此三字小徐本所載切音，與小徐同，或皆後人逐補也。

按："與小徐同"當是"與大徐同"之誤。小徐所見《説文》蓋無"榛"字，故曰《説文》無。筆者以爲"《詩》曰：榛楛濟濟"句本在"榛"字下，徐鍇所見本或脱"榛"字，而"榛楛濟濟"則錯亂置於"橬"下，故徐鍇曰"《説文》無'榛'字"。二徐所見《説文》不同，鉉所見本"榛"字未脱。

《卷六・木部》：柷，樂木空也，所以止音爲節。小徐本作"樂木工用祝聲音爲亨"，鍇誤不可讀。

按："祝聲"當爲"柷聲"之誤。唐寫本木部殘卷作："木椌也，工用柷止音爲節。"② 段玉裁亦謂"空"當作"椌"，是二本並有舛誤。

《卷七・穴部》：窵，窵窅，深也。小徐本無"深"字，鍇曰"深邃皃"。

按：田吴炤曰："《玉篇》作'窵窅，深也'可證大徐本是，小徐亦

---

① （清）段玉裁：《説文解字注》，上海古籍出版社1988年版，第344頁。

② 莫友芝撰：《唐寫本説文解字木部箋異》，中華書局1985年版。

言‘深邃皃也’，知所據本無‘深’字，而它本有之，故釋之如此。”①

五　徐鉉依徐鍇按語改定

徐鍇著《繫傳》往往是直録所見，另加按語陳述自己的意見；徐鉉校定《説文》，較多參考了其弟徐鍇的研究成果，有時根據徐鍇的按語改定《説文》，這也造成大小徐《説文》文本的不一致。如：

《卷四・肉部》：肥，从肉从卪。小徐本作“从肉卪聲”，鍇曰“不得云聲”，然則此亦从鍇説去“聲”字也。

按：二徐所見《説文》當有“聲”字，大徐依小徐説而去之，謝説是。《説文》：“卪，瑞信也。”古音“肥”在脂部，“卪”在職部，音聲不相近，故徐鉉依徐鍇改形聲而爲會意，認爲“肉不可過多，故从卪”。戴侗認爲“肥、妃皆以己爲聲”，張舜徽亦持此説②。按“肥”字戰國文字作（《璽彙》1642）、（《包山》202）、（睡虎地秦簡《爲吏之道》35），與小篆字形同構，从肉，从卪（同“卩”）。或以爲“肥”字所从之“卪”，猶“配”字所从之“己”，都是“妃”之省，用作聲符③。此説能很好地解釋“配”“肥”“妃”等字的讀音關係，頗有理據。據此，“肥”字也可解釋爲“从肉，妃省聲”。

《卷六・邑部》：郣，郣海地。小徐本無“海”字，鍇曰“疑郣海近此字”，據鍇此言，則許書當無“海”字也。

按：《廣韻》作“郣，郡名”④。沈濤《説文古本考》曰：“《玉篇》引‘地’作‘郡’，蓋古本如是。此與‘琅邪郡’‘郁郡’一例。”⑤ 則古本無“海”字可明，大徐之“海”字，乃依小徐而補，謝説當可從。

《卷六・邑部》：郃，《诗》曰：有郃家室。小徐本“《诗》曰”上有“臣鍇曰”，“有”上有“即”字，然則此非許引《詩》也。

---

① （清）田吴炤：《説文二徐箋異》，《續修四庫全書・經部・小學類》，上海古籍出版社2002年版。

② 張舜徽：《説文解字約注》上册，中州書畫社1983年版，第58頁。

③ 參見季旭昇《説文新證》，福建人民出版社2010年版，第358頁。原注：參見陳劍《釋“忠信之道”的配字》，及所引裘錫圭説。

④ （宋）陳彭年等編：《宋本廣韻・永禄本韻鏡》，江蘇教育出版社2005年版，第141页。

⑤ （清）沈濤撰：《説文古本考》，上海古籍出版社1996年版。

按：謝説是。此當爲大徐本引小徐按語入正文。徐鍇所引，乃《詩經·大雅·生民》文，今本作“即有邰家室”。

《卷六·邑部》：邲，《春秋傳》曰：晉楚戰于邲。小徐本“春秋”上有“臣鍇按”，然則此非許書也。

按：謝説是。此亦大徐本引小徐按語入正文。徐鍇引文乃《左傳·宣公十二年》文。

《卷七·日部》：曅，从𠌶。小徐本作“𠌶聲”，鍇曰“不得云聲”。

按：“曅”即“曄”字，“𠌶”即“華”字隸定。古音“曄”爲葉韻匣母入聲[①]，“華”爲魚韻匣母平聲[②]，古韻相差較大，故徐鍇曰：“不得云聲。”大徐本蓋依徐鍇按語而改。

《卷七·禾部》：稉，秔或从更聲。小徐本作“俗稉”。

按：小徐本有“臣鍇曰：‘更聲’”，是知原本當如小徐本，大徐依小徐按語校改。

《卷七·香部》：馨，殸籀文磬。小徐本“殸”上有“臣鍇曰”。

按：小徐本作“臣鍇曰：殸籀文磬”。則大徐本“殸籀文磬”乃録徐鍇按語。

《卷七·穴部》：窒，甑空也。小徐本無“甑”字。

按：徐鍇該字下加按語曰：“甑下孔也。”承培元《説文解字繫傳校勘記》謂：“鉉‘甑’字即采鍇説所增，非是。”[③] 其説可從。

《卷七·穴部》：窋，从穴中出。小徐本作“从穴，出聲”。（汲古同小徐）

按：徐鍇曰：“穴出，會意也。”知其所見當作“从穴，出聲”，故加按語以陳述己意。大徐作“从穴中出”，以爲會意，當據小徐。

《卷七·巾部》：幕，覆食案亦曰幕。小徐本“覆”以下無。

按：據王貴元説，《韻會》引《説文》有“案《爾雅》覆食亦曰幕”，汪刻小徐本有“案《爾雅》”三字，乃殘留字句，據此則“覆食案

① 唐作藩編著：《上古音手册》，江蘇人民出版社 1982 年版，第 153 頁。

② 唐作藩編著：《上古音手册》，江蘇人民出版社 1982 年版，第 50 頁。

③ （清）承培元：《説文解字繫傳校勘記》，《説文解字繫傳》，中華書局 1987 年版，第 350 頁。

亦曰幕”一句當是小徐注語①。

第三節 二徐差異正誤試探

古書校勘與整理，是極爲復雜的，稍有不慎，即出問題。段玉裁説：“古之書壞於不校者多，壞於校者尤多。壞於不校者，以校治之；壞於校者，久且不可治。”② 因此經過校勘的古書，還不能説就完全沒有問題。二徐本《説文》都是校勘整理本，互有正誤也是很正常的。有些差異是可以明確判斷爲其中一本有誤甚至兩本全錯的，有些是兩種説法於文意上均可通的，還有些則由於各種條件的限制，是無法判斷的。我們應結合有關材料對其中的問題進行辨析，正者是之，誤者糾之，闕疑者以待賢能之人。以下結合《録異》所録，試對二徐差異之正誤問題進行探析，以求正方家。

一 可明確判斷爲錯誤者

有大徐本錯誤的，也有小徐本的錯誤，有的則是二本均誤。對於這一類，我們應明確指出其錯誤，避免一錯再錯。

（一）大徐本誤

《卷一·艸部》：莍，茱椒實裹如表者。小徐本“裹”作“裹”，“表”作“裘”。

按：嚴可均云：“‘裹如表者’，《爾雅·釋木》《釋文》引作‘裹如裘也’。”③ 張舜徽引郝懿行曰：“莍之言裘也。”④ 可證小徐本不誤。大徐本以形近致誤耳。

《卷二·口部》：啻，語相訶歫也。小徐本“歫”上有“相”字。从口歫辛。小徐本無“歫”字。讀櫱。小徐本“讀”下有“若”

① 王貴元：《説文解字校箋》，學林出版社 2002 年版，第 320 頁。

② 轉引自孫欽善《中國古文獻學》，北京大學出版社 2006 年版，第 142 頁。

③ （清）嚴可均、姚文田：《説文校議》，《續修四庫全書·經部·小學類》，上海古籍出版社 2002 年版。

④ 張舜徽：《説文解字約注》，中州書畫社 1983 年版。

字。(汲古本有“若”字)

按:“䇂”字小篆作“[篆]”,或隸定作“咅”。《玉篇》作“啐”,訓“言相呵歫也”①,則小徐本多一“相”字;“䇂”字當“从口辛”會意,大徐本“从口歫辛”衍一“歫”字;又許書無“讀某”之例,此當作“讀若櫱”,小徐本不誤,大徐本脱一字。

《卷三・又部》:𠬢,从二又,相交友也。小徐本作“二又相交”。(祁本無“友也”二字)

按:“𠬢”即朋友之“友”字,小篆作“[篆]”。段注同小徐,而沈濤《説文古本考》云:“《御覽》四百六人事部引:‘友,愛也。同志爲友。’是今本奪‘愛也’二字。”又云:“‘友也’二字必‘愛也’二字之誤,蓋古本作:‘同志爲友,从二又相交,一曰愛也。’大徐誤以‘二又’句絕,遂改‘愛’爲‘友’,以‘相交友’連讀,妄删‘一曰’二字,誤矣。小徐本無‘友也’二字,亦誤。”② 沈説當可從。

《卷四・白部》:𦣻,从白𠃬聲,𠃬與疇同。小徐本無“𠃬與疇同”四字。

按:此篆在“者”下“𥏼”(智)上,小篆作“[篆]”,隸定作“𤾣”。“𠃬與疇同”四字蓋爲後人注語,故小徐本無,而大徐誤入正文。

《卷七・黹部》:䊵,會五采繒色。小徐本無“色”字。

按:《原本玉篇殘卷》:“‘䊵’,字書之‘䊵’字也。”“䊵”下云:“子内反,《説文》‘會五采繒也’。”③ 段注云:“‘也’本作‘色’,今依《廣韻》訂。五采繒者,五采帛也。”王貴元《説文解字校箋》:“色,小徐本作‘也’,當據正。”④

(二)小徐本誤

《卷二・牛部》:牢,从牛冬省。小徐本“省”下有“聲”字。

按:“牢”字小篆作“[篆]”,“冬”字小篆作“[篆]”,許慎依小篆形體説解,應是从“冬”省形。“牢”“冬”二字音聲相隔,不可能从“冬”得聲,故小徐本誤多“聲”字。又按:“牢”字甲骨文作“[甲骨]”(《合集》

① 四部叢刊本《大廣益會玉篇》口部。

② (清)沈濤撰:《説文古本考》,上海古籍出版社1996年版。

③ (梁)顧野王編撰:《原本玉篇殘卷》,中華書局1985年版,第192頁。

④ 王貴元:《説文解字校箋》,學林出版社2002年版,第324頁。

321）、金文作“𠃬”（貉子卣），均象欄中圈牛羊狀，故所謂从“冬”省者，亦非朔形。

《卷二・口部》：啾，嗼也。小徐本“嗼”作“嘆”。

按：許書“啾”下即是“嗼”字，二字遞相爲訓，爲是書之例。《玉篇》“啾”下云“啾嗼而無聲，言安靖也”，又“嗼”下云“嗼，靜也”[①]，可證大徐本不誤而小徐本誤。

《卷四・瞿部》：瞿，讀若章句之句。小徐本此下有“又音衢”三字，非許原文，大徐本作小注，乃後人所加。

按：此“又音衢”三字大徐本作雙行小字放在音切“九遇切”之後，小徐本亦有此三字而入正文，是小徐本誤也。許書注音，是其所認爲的本義之音，當時沒有反切，所用注音方式僅爲“讀若”而已。此三字蓋二徐之前已有，小徐誤以爲許書正文也。

《卷四・隹部》：雅，一名鷽，一名卑居。小徐本作“一名卑、一名礜居”。按：下《鳥部》亦作“鶋”，注“卑居也”，此則小徐本誤。

按：此蓋小徐本抄寫致誤：把“卑”與“居”二字錯位分開，且將“鷽”字誤爲“礜”。詳本章第二節。

《卷七・疒部》：瘀，積血也。小徐本“也”作“病”。

按：據鈕樹玉，《一切經音義》卷三卷九引、《玉篇》注均同大徐本，知小徐本誤[②]。

（三）二本均誤

《卷四・隹部》：雊，雄雌鳴也。小徐本“雄雌”作“雌雉”。

按：二本皆有誤。嚴可均《説文校議》：“當作‘雄雉鳴也’，《高宗肜日》疏、《小弁》疏、《文選・長笛賦》注、《一切經音義》卷十、《類篇》皆引作‘雄雉’。《小弁》‘雉之朝雊，尚求其雌’，既云求雌，則鳴者必雄雉矣。”其説可從。小徐本作“雌雉”者，則誤“雄”爲“雌”[③]。

① 四部叢刊本《大廣益會玉篇》口部。

② （清）鈕樹玉：《説文解字校録》，上海古籍出版社1996年版。

③ 王貴元：《説文解字校箋》，學林出版社2002年版，第148頁。

《卷五・甘部》：甚，从甘从匹，耦也。小徐本“从匹”作“甘匹”。（汲古作“从甘甘匹耦也”。）

按：二本並有錯誤。段注本作：“从甘匹。匹，耦也。”當可從①。

《卷七・米部》：米，粟實也，象禾實之形。小徐本“粟”作“穬”，“禾實”作“禾黍”，鍇曰：“穬，顆粒也。”

按：《繫傳・袪妄》引作“穬粟實也，象禾實之形”，據此，則二本均有錯誤。

《卷七・疒部》：痥，一曰將傷。小徐本“將”作“持”，鍇曰“謂駱馬爲持馬所傷也”。

按：此處二本均有誤。張舜徽以爲，此篆説解應作“馬脛瘍也，一曰脛傷。”云：“《篇》《韻》蓋用後義，故作‘馬脛傷也’。‘脛’‘將’二字形近，‘一曰’下‘脛’字遂誤爲‘將’，小徐本又以形近之‘將’作‘持’，而原意晦矣。”② 其説可從。

《卷七・巾部》：帶，男子鞶帶，婦人帶絲，从巾。小徐本“鞶帶”作“鞶革”，“帶絲”作“鞶絲”，“从”下有“重”字。（祁本“佩必有巾”作“帶必有巾”）

按：二本均有錯誤之處，段注本訂作：“紳也。男子鞶帶，婦人帶絲。象繫佩之形，佩必有巾。从重巾。”③

二　二説並通、不易斷定者

二書的説法於字義均通，沒有是非之别，但有時可能涉及哪一説更符合許書原意的問題。對待這種情況，筆者以爲無需太過糾纏，讀者擇其一説即可。

《卷四・隹部》：隻，鳥一枚也。小徐本作“鳥一枚曰隻也”。

按：二本説解在文義上無别，然以《雔部》“雙，隹二枚也”來看，似乎以大徐本説解爲優。

《卷四・鳥部》：鳳，虎背。小徐本“虎”作“龜”。（汲古作“龜”）

---

① 鄭樵《六書略》亦作“从甘、匹。匹，耦也”。詳本書上編第四章第三節。

② 張舜徽：《説文解字約注》，中州書畫社 1983 年版。

③ （清）段玉裁：《説文解字注》，上海古籍出版社 1988 年版，第 358 頁。

按：鳳被中華民族視爲吉祥神鳥，中國的古代文獻對其形狀常有描述，但也多有出入。《廣雅》云："鷄頭燕頷，蛇頸鴻身，魚尾骿翼。"《韓詩外傳》云："鳳象鴻前而麟後，蛇頸而魚尾，龍文而龜身，燕頷而雞啄。"《史記·司馬相如傳·正義》引京房《易傳》云："鴈前麟後，雞喙燕頷，蛇頭龜背，魚尾駢翼。"他如《説苑·辨物》篇、《藝文類聚》等，並有論及鳳或鳳凰。無論是哪一種説法，我們現在都無法進行確證，也沒有必要確證。或者説，鳳是中國文化的重要元素之一，正是由於其説法衆多，才豐富了鳳的形象，也豐富了中國的文化[①]。

《卷五·鼓部》：鼖，从鼓賁省聲。小徐本作"卉"聲。

按："鼖"字小篆作"𪔐"，其上部作"𠦄"，因"𠦄"字隸變爲"卉"，故遞推隸變爲"鼖"。"賁"亦从"卉"聲，故"二本皆通"。因"鼖"下有重文作"韇"，又"鼖"亦作"鞼"，《集韻·文韻》："鼖，《説文》：'大鼓謂之鼖。'或作鞼。"故筆者以爲"省聲"之説爲優。

《卷五·竹部》：筵，《周禮》曰：度堂以筵。筵一丈。小徐本無"曰"字，"筵"字不重。

按：引文出自《周禮·考工記》，今本作："室中度以几，堂上度以筵。""度堂以筵"大約只是對這句話的轉述。或者"度堂以筵"一句並非引自《周禮》，乃周之禮制如此，故小徐本無"曰"字。又"筵一丈"，段玉裁云："《周禮》曰：'度九尺之筵'，此不合。未詳。"[②] 張舜徽以爲"古人舉成數言，故不嫌以九尺爲一丈"[③]。可備一説。

《卷六·木部》：棨，傳信也。小徐本"信"作"書"。

按：二本於義並通。"書""信"後起義相同。段注本同大徐作"傳信也"。

《卷六·木部》：櫨，有櫨橘焉。小徐本"櫨橘"作"甘櫨"。

按：段注云："語見《吕覽·本味篇》……高誘曰：'箕山在潁川陽城之西，青鳧昆崙山之東，二處皆有甘櫨之果。'《上林賦》：'盧橘夏

① 參見王念孫《廣雅疏證》，江蘇古籍出版社2000年版，第380頁；張舜徽《説文解字約注》，中州書畫社1983年版。

② （清）段玉裁：《説文解字注》，上海古籍出版社1988年版，第192頁。

③ 張舜徽：《説文解字約注》上册，中州書畫社1983年版。

孰。'應劭曰：'《伊尹》書云：果之美者，箕山之東，青鳥之所，有盧橘，夏孰。'《史》《漢》注作'青馬'，依《文選》作'青鳥'爲長。"又按，《吕氏春秋·本味》篇云："果之美者，沙棠之實。常山之北，投淵之上，有百果焉，群帝所食。箕山之東，青鳥之所，有甘櫨焉，江浦之橘，雲夢之柚，漢上石耳，所以致之。"① 據以上材料，作"甘櫨"或"櫨橘"，皆有所據。

《卷六·貝部》：質，从貝从所，闕。小徐本作"所聲"，無"闕"字。

按："質"字西周井人妄鐘作[古文]，古璽作[古文]（《璽彙》1044），侯馬盟書作[古文]、[古文]，詛楚文作[古文]，秦簡作[古文]（《雲夢·法律答問》148），上从"所"或"[古文]"。或以爲所从之[古文]乃"折"字省體，如"悊（哲）"字古璽多作[古文]（見《古璽文編》二·四），所从之"折"正作[古文]，其作"所"者乃誤[古文]左邊之省體符號爲重文符號而成，"質"字實爲从貝折聲之字②。又或以爲[古文]左邊二筆仍爲重文符號，"質"爲會意字，以貝幣、斧斤爲抵押之意。就文字材料而言，前説爲長。大徐本不明所以，故言"闕"；小徐本雖然還不能斷定"所"爲"折"字之變，但以爲聲符，還是不錯的。

《卷六·邑部》：郰，河東聞喜聚。小徐本"聚"作"邑"。

按："聚""邑"爲近義詞。《説文·㐺部》："聚，邑落云聚。""聚"是比"邑"略小的人口聚集的地方。

《卷七·米部》：糕，早取穀也。小徐本"取"作"収（收）"。

按："收""取"義同，二本於義並通。段注同大徐作"早取穀也"。

《卷七·巾部》：幭，一曰婦人脅衣。小徐本"衣"作"巾"。讀若末殺之殺。小徐本作"椒樧之樧"。

按："衣""巾"同類，"殺""樧"同音，在未能確定許書原貌之前，二本難以斷其是非。

《卷七·日部》：昧，爽。小徐本"昧"下重"昧"字，不連上讀。

按：《説文》有連篆讀之例③，則"昧"字重或不重並可通。

---

① （戰國）吕不韋著，張雙棣等譯注：《吕氏春秋譯注》，北京大學出版社 2000 年版，第 379 頁。

② 參見張桂光《古文字考釋四則》，《華南師院學報》1982 年第 4 期。

③ 詹鄞鑫：《説文連篆讀研究》，《辭書研究》1986 年第 1 期。

第三章　清代三種二徐對校著作之比較

有清一代，以二徐對校並形成專書或專文的研究主要有七種，分别爲朱士端的《〈説文〉校定本》、林昌彝的《〈説文〉二徐定本校證辨譌》、謝章鋌的《〈説文〉大小徐本録異》、田吴炤的《〈説文〉二徐箋異》、汪奎的《〈説文〉規徐》、董詔的《二徐〈説文〉同異附考》及錢大昕的《二徐私改諧聲字》。其中汪奎的《〈説文〉規徐》未見傳本，現據林明波《清代許學考》録之；林昌彝的《〈説文〉二徐定本校證辨譌》現藏於台灣"國家圖書館"，爲海内孤本，此據《清代説文校勘學研究》① 録之。董詔之《二徐〈説文〉同異附考》與錢大昕之《二徐私改諧聲字》都是單篇文章，收字不多。董氏《二徐〈説文〉同異附考》附於其《〈説文〉測議》一書之後，收《示部》"禰"到《手部》"搯"（大徐本字作"搯"）共二十一文；《二徐私改諧聲字》收在錢氏《十駕齋養新録》卷三中，僅舉"元""皆""朏""昆"四字爲例來論述二徐本異同。本章擬重點將謝氏《録異》與朱氏《〈説文〉校定本》、田氏《〈説文〉二徐箋異》進行横向比較，以便觀察三書的異同，進而討論清代《説文》二徐對校研究的意義。

---

① 翁敏修《清代説文校勘學研究》，碩士學位論文，台灣東吴大學，1999 年。

第一節　三書比較概説

朱士端（1786—?），字詮甫，江蘇寶應人①。著作《説文校定本》，以大徐孫本、小徐祁本爲對象進行校訂，“依二徐舊次上下十四篇敘二篇，凡三十篇”。因“家貧無力全梓，爰撮舉要領，授其戚徐君爲之付刻。睎原書不足十分之一，要其精粹畢見於此”。（後敘）這就是我們現在能見到的春雨樓二卷本《説文校定本》（以下簡稱《校定本》）。

田吴炤（1870—1926），字小蒓、伏侯，筆名潛、潛山，祖籍天門，生於荊州②。著作《説文二徐箋異》（以下簡稱《箋異》），所用二徐底本同朱氏《校定本》，凡十四篇，二十八卷，宣統二年以手稿付印，羅振玉爲之作序。

一　寫作目的

《校定本》《録異》《箋異》三書的成書時間先後不同，以《校定本》最早，《録異》次之，《箋異》最後，然寫作目的可謂如出一轍。

朱氏云：“蓋以許氏書爲文字聲音訓詁之祖，經陽冰、二徐，不無改竄，已失其真。六朝本不可見，唐本又不可得，今世所傳惟二徐本。後儒輒逞私智，又改二徐本而愈失其真……謹以二徐本參考同異，擇善而從。”

田氏云：“自壬辰歲得讀經韻樓注本，通閲數過，苦其浩繁，因而丹鉛之，稘年始畢。後尋孫氏大徐本、祁氏小徐本參互以觀，迺知經段氏改定者頗多，其注本非許書真面目也。于是知大小徐本之善，而二本亦多未合者……因思段若膺曰‘二徐異處當臚列之以俟考訂’，用師其意，精心校勘。”

① 王國平、華人德、李峰：《耆獻寫真——蘇州大學圖書館藏清代人物圖像選》，中國人民大學出版社2008年版，第121頁。

② 湖北省志地方誌編纂委員會編：《湖北省志人物志稿》，光明日報出版社1989年版，第1486頁。

謝氏在給張鳴珂的一封書信中也作了與朱氏、田氏相似的論述①。由此可見，清儒們給予《説文》以極大的關注卻苦其真面目不可見，於是傾注心血，孜孜以求爲能够“窺《説文》之真於萬一”。這就是他們的校勘目的，也是這三本書的價值所在。

二　研究方法

三書所用的基本方法爲對校法，即以大小徐二本“參稽同異”，臚列二徐異處。然在具體的操作過程中，又有所不同。以首卷《示部》“福”字爲例：

《録異》：福，祐也，从示畐聲。小徐“祐”作“備”。

《校定本》：福，備也，从示畐聲。按：大徐本作：“福，祐也。”《廣雅·釋詁》：“福，備也。”《郊特牲》：“富也者，福也。”《釋名》：“福，富也。”《曲禮注》：“富之言備也。”福、富、備古聲義並同。士端謂《玉篇》引《説文》“祐也”，大徐本蓋是校者據《玉篇》而改，今依石臞先生之説，定從小徐本。

《箋異》：福，大徐作“福，祐也”，小徐本作“福，備也”。炤按：作“祐”者舊本也，厥誼可從。若作“祜”則非，誠有如段氏所譏者。小徐訓“備”，參之《祭統》又屬聲訓，固非臆説，竊以“福”下直次“祐”文，許書舊本豈可厚非。是專論字義，則“備”訓可從；若就部次論，則“祐”訓實不可易。《韻會·一屋》引作“備也”，當係小徐本，更未可據以易大徐。

由此例我們可以看出，《録異》只是對比二徐本不同，實事求是地羅列開來，而《校定本》與《箋異》，不僅通過對校，羅列二徐不同，還兼用他校、理校等其他校勘方法，廣爲徵引，提出己見。通覽三書，可以較爲明顯地看出，謝氏重在録“異”，特色在簡潔；朱、汪則在録異的基礎上還加上校定和箋注，内容更爲豐富。

三　説解體例

三書均是按照大徐本《説文》的列字次序，逐條比勘。由於三書的

① 書信内容詳見第一章第一節。

校勘目的、研究方法相似，故而體例也是大同小異。以首卷《一部》“元”字爲例：

《録異》：元，始也。从一，从兀。小徐作“从一、兀。”徐鍇曰：“元者善之長也。”小徐無“也”字。故从一。小徐此下尚有“元，首也，故謂冠爲元服，故从兀。兀，高也，與堯同意。俗本有‘聲’字，人妄加之也。會意。”按：大徐引小徐説多删節，今舉其一以見例。

《校定本》：元，始也，从一，兀聲。按：此依小徐也。大徐本作“从一，从兀”，然考鍇曰：“俗本有‘聲’字，人妄加之也。”據此許書原本有“聲”字。錢氏《十駕齋養新録》云：“《説文》形聲相從十有其九，元、兀聲近，兀讀若敻、瓊，或作琁，是敻、琁同音。兀與旋同，髡从兀或从元；軏，《論語》作軏，小徐不識古音，以爲俗人妄加，大徐並不載此語。戴氏《六書故》曰：‘《説文》一本从一从兀，一本从一兀聲，兀聲爲是。’”

《箋異》：元，大徐本作“从一从兀”，小徐本作“从一兀”。炤按：許書小徐作“从某某者”，大徐往往作“从某从某”。古人語質而詳，不尚苟簡，大徐當是《説文》舊本。全書如此類者眎此。

由此例可以看出，《録異》是先列大徐本，後敘小徐本不同，多數情況下不加按語，如上所舉“福”字例，但有時也會加按語陳述自己的意見，如“元”字例；《校定本》是先列朱氏所認爲正確的，或依大徐，或依小徐，或依己意而定，另外一本的不同之處在按語中指出；《箋異》先列大徐本，再列小徐本，後加按語陳述己意。

四　内容比較

由於《録異》一書只録了大徐本前七卷、小徐本前十四卷的内容，即從“一部”到“茻部”，因此在比較三書時，比較的範圍也只在“一部”到“茻部”之中，即《校定本》的卷一和《箋異》的第一篇至第七篇。

（一）字頭

《録異》七卷，共收列六百六十七條，《校定本》卷一收一百九十七條，《箋異》第一至第七篇共七百又一條，從數量對比上看，《録異》與《箋異》比較相近，《校定本》刊刻時只是撮舉要領，故顯得少。由於

《録異》所參考的小徐本與《校定本》《箋異》不同，《録異》與《箋異》共有的字條僅有四百二十九條；《校定本》與《箋異》雖參考底本相同，卻也有許多不同之處，反映出三書各自的特點。

首先，《説文》原本正文九千三百五十三，重文一千一百六十三，在千百年的傳承中，字數有所增删。二徐本卷載、部載字數多有不同，大徐本又有新附字，《録異》悉數列出，而《校定本》與《箋異》不列此差異。如：

《録異・卷一》：十四部，六百七十二文。小徐作“文二百七十四”。重八十一。小徐作“重七十七”。凡萬六百三十九字。小徐無。文三十一。新附，小徐無。

《録異・卷一・示部》：文六十。小徐大數在後，多五字，凡六十五。

《録異・卷二・牛部》：文二。新附。小徐本無。

按：《示部》字數當爲“六十三文”，大徐本誤刻作“六十”；小徐本作“六十五”，因“禫”後多“禰”“禮”二篆。《牛部》徐鉉新附“犍”“犝”二字，小徐本無。由此可看出大小徐二本《説文》在收字方面的差異。

其次，《録異》中有二百四十一條是《箋異》所無，其中有不少是底本不同所致，但也有不少可補《箋異》所失收。如：

《卷二・小部》：小　孫本作：从八丨見而分之；祁本作：从八丨見而八分之。

《卷二・走部》：趯　孫本作：行趯趗也，一曰行曲脊皃，从走藋聲。祁本作：行趯趗也，从走藋聲，一曰行曲脊。

《卷三・又部》：友　孫本作：从二又，相交友也。祁本作：從二又相交。

《卷四・目部》：睇　孫本作：目小視也，南楚謂眄曰睇。祁本作：目小衺視也，南楚謂眄睇。

《卷六・邑部》：郱　孫本作：左馮翊谷口鄉；祁本作：左馮翊谷口也。

《卷七・㫃部》：旗　孫本作：以象罰星；祁本作：以象伐星。

以上二徐本不同，均是《録異》有而《箋異》失收，二徐本或衍或脱或誤，實不當遺漏。

再次，《録異》和《箋異》二書均只列二徐之異，但《校定本》於二徐本相同處一併列出，其處理方法是："或依小徐，或依大徐，其説解同者則曰'大小徐同'焉。"

正篆如：

《校訂本》：禡，師行所止，恐有慢其神，下而祀之曰禡。从示馬聲。《周禮》曰："禡於所征之地。"按：大小徐本同。

重文如：

《校訂本》：䫀，瑱或从耳。按：大小徐同。小徐説解以"耳"爲形、以"真"爲聲是也。

（二）正文

在正文内容上，謝書重在録二徐不同，田書重在疏證，朱書重在校定，三書各有所長，可互補彼此的不足。舉例如下：

例一

《録異》：苷，从艸从甘。小徐本作"甘聲"。

《校定本》：苷，艸甘也，从艸甘聲。按：此依小徐也，大徐本作"从艸从甘"，删"聲"字，今俗通省"艸"作"甘"。

《箋異》：苷，大徐本作"从艸从甘"；小徐本作"從艸甘聲"。炤按：聲固兼義，而《甘部》諸字多屬會意，則此字以會意爲合古意。段氏謂以形聲包會意亦牽就小徐立説也；嚴氏以《韻會》與小徐並引，不知《韻會》所引即真小徐本也。

按：苷是一種根莖微甜的草，"从艸从甘"會意，其意甚明。然"甘""苷"古音相同，均爲談部見母平聲①，故"甘"亦可爲聲符，"苷"爲會意兼形聲字。

例二

《録異》：㐁，舌皃，从谷省象。小徐本作"象形，從谷省聲"。

《校定本》：㐁，舌皃，象形，从谷省聲。按：此依小徐也，大徐本作"从谷省"，删去"聲"字。

---

① 唐作藩編著：《上古音手册》，江蘇人民出版社1982年版，第39頁。

《箋異》：西，小徐本作“舌皃，象形，從谷省聲”；大徐本作“舌皃，从谷省象”。炤按：大徐有脱誤，小徐有竄易，不能衷一，是桂氏《義證》審定之，沾“形”於“象”下，仍從大徐，段氏同二家，近是。

按：除汲古本外，大徐各本均作“从谷省象”，無“形”字，陳昌治《説文校字記》云：“《谷部》：西，象形。脱‘形’字。”① 筆者認爲既謂之象形，則不當復謂省聲。

例三

《録異》：肸，从十从佾。小徐本作“从十佾聲”。

《校定本》：肸，響布也，從十佾聲。按：此依小徐也，大徐本作“从十从佾”，删去“聲”字。

《箋異》：肸，大徐本作“从十从佾”；小徐本作“從十佾聲”。炤按：“佾”，振佾也。段氏據《玉篇》改爲“振肸”，謂振動布寫也，則“肸”从“佾”會意爲合。小徐直作“佾聲”，竊以形聲與“響布”之訓轉費句索，不能如“合體成誼以見指撝”者爲了當也。

例四

《録異》：彤，彡其畫也。小徐本此下有“彡亦聲”三字。（祁作“從丹彡，彡其畫，彡亦聲”）

《校定本》：彤，丹飾也，從丹從彡，彡其畫也，彡亦聲。按：此依小徐也，大徐删去“彡亦聲”，《六書故》“彤”又作“蚒”，“丹”“彡”聲相近。

《箋異》：彤，大徐本作“从丹从彡，彡其畫也”；小徐本作“從丹彡，彡其畫，彡亦聲”。炤按：“彤，丹飾也”；《彡部》“彡，毛多飾也，象形。”“修”从“彡”訓“飾”，“彫”从“彡”訓“琢文”，“彰”从“彡”訓“清飾”，“㣎”从“彡”訓“細文”，則此字从“丹彡”會意是，“彡亦聲”三字當删。

例五

《録異》：奱，从大㬝；小徐本“㬝”下有“聲”字。

《校定本》：奱，大視也，从大㬝聲，讀若䜌。按：此依小徐也，大徐本作“從大㬝”，删去“聲”字。《廣韻·二仙》“䜌”、“奱”與“權”字同紐，《齒

① 陳昌治：《説文校字記》，《説文解字》，中華書局 1963 年版，第 324 頁。

部》“鬳”讀若“權”。

《箋異》：奰，大徐本作“从大䀠”；小徐本作“從大䀠聲”。炤按：大徐會意是也，若“从大䀠聲”則當移入《大部》矣，且於誼不合，嚴氏說當“从䀠大亦聲”，亦不合，不若徑從大徐爲是。

按：許書列字，“分别部居，不相雜廁”，若“奰”爲形聲字，則當歸入《大部》爲是。又《說文》：“䀠，舉目使人也”；“奰，大視也”。是“奰”字从“大䀠”會意，字義已明。

三書通篇大體如此，但也有例外，如《録異》“一”“珩”“叡”“雗”“楢”“橀”“朵”“㪇”等字下附有按語，考辨二徐是非或探尋許書原貌，還有許多字下雖無按語，但録二徐不同的同時也往往體現著作者的思考；又如《箋異》“𢇁”“牝”“吺”“趙”“後”等許多字沒有過多的疏證，只是簡略地對二徐是非作出一個自己的判斷；再如《校定本》“一”“元”“禡”“公”“釆”“鶡”“肥”“郱”等字都有較詳細的按語，而“藪”字下按語更是多達五百五十字，考證詳細，論述嚴謹，又實非《箋異》所能及。

另外，由於二徐在六書分析上存在歧見，導致大小徐二本《說文》在形聲和會意的判斷上常有歧異。如“祫”“社”“蓏”“苷”“芟”“路”“㕯”“矞”“糾”“肸”等字大徐本爲會意，小徐本均爲形聲。在這個問題上，《箋異》偏重會意而忽視形聲，《校定本》則偏重形聲而忽視會意。除以上所舉“苷”“㐁”“肸”“彤”“奰”等五例屬於這種情況外，還有三十三字，分別是：元、毒、薕、右、甚、博、啻、說、弇、奪、眔、睡、睩、習、䍐、䀠、彌、鏗、料、杓、敳、索、國、囮、質、貶、晵、昆、普、冡、臿、室、容。

第二節　清代《說文》二徐互校的意義

清初顧炎武謂：“自隸書以來，其能發明六書之指，使三代之文尚存於今日，而得以識古人制作之本者，許叔重《說文》之功爲大，後之學者一點一畫莫不奉之爲規矩。”① 然而許書原貌不可見，終究是一大憾事。因此，清代《説文》二徐互校研究的出現不是偶然的，它與那個時代的學術背景、世人對《説文》的重視及《説文》版本流傳之複雜都密不可分；二徐互校研究的目的在於校勘《説文》，考證《説文》原貌，誠如李滋然稱讚田吴炤之書：“俾當世治《説文》者讀是編以考訂二徐原本，是非立判。”② 這在一定程度上促進了説文學的發展，是一項很有意義的研究工作。

一　考訂大徐之失

大徐校定《説文》，大大促進了《説文》一書的流傳及説文學的發展，但大徐本不可避免地存在著一些差錯。清代這幾種對校著作，認真校勘大徐本及小徐本的失誤。考訂大徐本的如：

《録異・卷一》：琫，佩刀下飾也。小徐本“下”作“上”，（大徐本亦作“上”）鍇曰：“刀削上飾也，琫之言捧也，若捧持之也，上爲首也。”下“珌，佩刀下飾”，不誤。

《校定本・第三下》：鞍，馬鞁具也。從革安聲。案：此依小徐也，大徐本作“從革從安”，删去“聲”字。

二　考訂小徐錯誤

《録異・卷一》：禓，从示昜聲。小徐“昜”作“易”，誤。

《箋異・ 二十一》：渚，大徐本作“《爾雅》曰：‘小洲曰渚’”，小徐本作“一曰‘小洲曰渚’”。炤按：“小洲曰渚”引《爾雅》説别一義，許書有此例。不宜只作“一曰”二字，小徐非是。

三　考證後人傳寫之誤

通過二徐對校，可以發現《説文》中的部分錯誤，其實並不是許慎

① 顧炎武：《日知録》卷二十一，黄汝成集釋、秦克誠點校《日知録集釋》，岳麓書社1994年版，第752頁。

② （清）李滋然《説文二徐箋異・後跋》。

或者二徐的錯，而是在輾轉傳抄的過程中産生的。

《録異・卷二》：公，从八从厶，音司。小徐本無“音司”二字。按：“音司”二字乃後人所加，應作小字。注：許書無“音某”之文。

《録異・卷二》：昏，从口，氒省聲，氒音厥。小徐本作“氒，古文厥字”，此“音厥”二字亦後人所加，非許書也。

《録異・卷三》：此，从止从匕。匕，相比次也。小徐本作“从止，能相比次”。按：語不相悉，蓋誤。按：鍇曰“匕，近也”，則鍇本亦當有“从匕”語，寫者脱之。

《録異・卷三》：革，象古文革之形。小徐本“革”作革。案：鍇云“此从古文革省之也”，則小徐本亦應作“革”，若作“革”則無所謂省矣。

《箋異・十九》：駒，大徐本作“三歲曰駣”，小徐本作“三歲曰騑”。炤按：《周禮・校人》鄭司農注“馬三歲曰駣，二歲曰駒”與大徐正合，作“騑”，非也。惟《集韻》《類篇》《韻會》《玉篇》引並無“三歲曰駣”句，可知二徐舊均無此四字，淺人依鄭注臆沾之也。又《説文》並無“駣”字。

四　據許書正經傳之誤

長期以來，中國傳統小學作爲經學的附庸而存在，而通過大小徐本的對校研究，學者們亦考證出不少經傳中的文字錯誤。這一點，朱士端的《校定本》做了比較多的工作。如“釆”字下云：“《説文》‘平’字古文做‘𠀔’，‘釆’‘𠀔’相似，後學遂誤認‘釆’爲古文‘平’。”接著他就論證《尚書大傳》“予辯下土，使民平平”和《毛詩・采尗》“平平左右，亦是率從”中的“平平”當爲“釆釆”之誤，他説：“《堯典》‘釆章’‘釆辯’‘釆扗’，《洪范》‘王道釆釆’，唐時悉改爲‘平’，《毛詩・采尗》傳：‘平平，辦治也’，《詩》《釋文》云‘平平’，《韓詩》作‘便便’，與《堯典》諸‘釆’字、《史記》皆作‘便’同。毛詩‘平’字誤，實當爲‘釆釆’，云‘釆釆，辦治也’方合。”又如“爯”下云：“士端謂‘亟爯’譌爲‘敬再’者，程氏翻沙鎔鉤搨本《秦漢瓦當文字・長生無極瓦》‘極’字作‘檄’，謂古‘極’字從‘敬’得聲，《説文》未收，故‘亟’‘敬’以音近致譌。”這樣的例子還有很多，如

“裯”下、“璳”下等都有很好的論述。

不僅朱士端《校定本》有精闢的經典文字考證，在田吴炤《箋異》、謝章鋌《録異》中均有體現，由此可以看出二徐對校在考證經典文字方面的重要作用。

第四章　從《録異》看謝氏對《説文》原貌的探求及其不足

謝章鋌一生著述豐富，文章詩詞皆碩果累累，而以詞學爲尤著。其治學重經學，秉承清儒的樸學之風，因此對小學也頗爲措意，有著述傳世。前已述及，謝氏有《答張玉珊》一封書信論及其著《録異》的旨趣，是“欲於二本參稽同異，庶可窺《説文》之真於萬一”，可見他作《録異》並非完全“録而不作”。他在有關條目下以不同方式推究許書原貌，是謝氏爲實現這一目的所作的努力。本章擬就這個問題略作探討。

第一節　《録異》對《説文》原貌的探求

《録異》中可見謝氏文字學水平的材料，主要是謝氏按語。《録異》一書條録二徐之異六百餘條，其中七十餘條加有按語①，其按語體現了謝氏的校勘水平，也體現了謝氏對文字學或《説文》學的判斷能力。本節擬在對《録異》按語進行大致分類②的基礎上對謝氏探求《説文》原貌的方法進行分析，從中可以看出，謝氏於文字學雖非大家，但亦有善可陳，不應埋沒。

---

① 胡永鵬《論田潛對〈説文〉的校勘》（載《漢字文化》2010 年第 6 期）注②認爲《録異》“共列二徐異處六百余字，僅一、珩、叡、雗、檜、朵、瞉字下附有按語”，其説不確。

② 需要説明的是，這裏的分類只是爲了説明問題的方便，有些材料的類型特征不明顯，在歸類上可能屬於兩可的情況。

一　引用别人意見，推究《説文》的原貌

1. 大徐本正文中的某些文字，在小徐本中屬於徐鍇的按語，謝氏據此認爲“非許氏原文”。

卷一“禜”字條，大徐本有“《禮記》曰：雩禜祭水旱”之語，謝氏據小徐本“《禮記》”上有“臣鍇按”三字，認爲“此非許氏原文也”。

卷一“禂”字條，大徐本有“《诗》曰：既禡既禂”之語，謝氏據小徐本“《诗》曰”上有“臣鍇按”三字，認爲“此亦非許書原文也”。

卷一“蘮”字條，大徐本有“䕶，籀文囿”之語，謝氏據小徐本“臣鍇曰‘䕶，古文囿也’”，認爲“此非許語也”。

卷三“敗”字條，大徐本有“會意”二字，小徐本無，但鍇説中有之，謝氏認爲非許氏原書所有。

卷三“卟”字條，大徐本有“《書》云：卟疑”之語，小徐本有“臣鍇曰：‘《尚書》曰：‘明用稽於’”①，謝氏認爲“此非許引書也”。

卷四“腄”字條，大徐本作“瘢胝也”，小徐本“瘢”作“跟”。謝氏根據徐鍇“謂脚跟行多生胝皮也”之語，認爲此字應作“跟”。

卷五“匋”字條，大徐本的“古者昆吾作匋”，小徐本屬於“臣鍇曰”的内容，謝氏認爲“此非許書也”。

卷六“杕”字條，大徐本有“《詩》曰：有杕之杜”之語，小徐本“《詩》”上有“臣鍇按”，謝氏認爲“此非許書也”。

卷六“賜”字條，大徐本有“或曰此古貨字”之語，小徐本有“鍇按，《字書》云：‘古貨字’。”謝氏認爲大徐本“‘或曰’以下非許書也”。

卷六“郃”字條，大徐本有“《诗》曰：有郃家室”之語，小徐本“《诗》曰”上有“臣鍇曰”，謝氏認爲“此非許引《詩》也”。

卷六“邲”字條，大徐本有“《春秋傳》曰：晉楚戰于邲”之語，小徐本“春秋”上有“臣鍇按”，謝氏認爲“此非許書也”。

---

①“明用稽於”句，祁寯藻刻小徐本（中華書局1987年版）作“《尚書》曰：‘明用卟疑’，今文借稽字。”

卷六“椵”字條，大徐本作“木可作牀几”，謝氏以鍇曰“伏几，伏膺之几也”之語，以爲大徐本之“牀”，以鍇本作“伏”爲是。

卷六“郛”字條，小徐本無“海”字，但鍇有言“疑郛海近此字”，故謝氏以爲大徐本據此增“海”字，許書當無“海”字也。

卷七“韭”字條，大徐本有“一，地也”之語，小徐本“一，地也”見鍇注；卷七“馨”字條，大徐本有“殸，籀文磬”之語，小徐本“殸”上有“臣鍇曰”；卷七“寚”字條，大徐本有“《詩》曰：陶寚陶穴”之語，小徐本“《詩》曰”以下無，而鍇説中引之；卷七“兼”字條，大徐本有“并也。从又持秝”之語，小徐本“并也”下俱無，其説見於鍇注。此四條謝氏雖未明言有關文字非《説文》原貌，但依例亦屬此類。

此外，以下三條雖然與上述諸條方式有所不同，但也是依據徐鍇之説推究《説文》原貌，可歸爲一類：

卷四“鬄”字條，大徐本作“讀若《易》曰：夕惕若厲。”謝氏根據徐鍇“當言‘讀若《易》曰’也”之語，認爲“讀若”二字是大徐從小徐加上的。

卷六“檐”字條討論許書是否有“樀朝門”三字，謝氏依徐鍇“據許慎指謂‘朝門之檐’也”之語，認爲“樀朝門”三字應有。

卷七“昕”字條，大徐本作“讀若希”，小徐本作“讀若忻”。謝氏按云：“‘讀若希’，見鍇説。”則表示大徐本“讀若希”非《説文》原貌。

2. 根據徐鍇的按語，判斷大小徐本的正誤，其實也是在推究《説文》的原貌。

卷七“曒”字條，大徐本作“从雩”，小徐本作“雩聲”，鍇曰：“不得云聲。”此暗含大徐本是。

卷七“昌”字條，大徐本作“从曰”，小徐本有“曰亦聲”三字，鍇云：“後人妄加之。”此暗含大徐本是。

卷七“朏”字條，大徐本作“从月、出”，小徐本“出”下有“聲”字，鍇曰：“本無‘聲’字，有者誤也。”此暗含大徐本是。

卷七“畱”大徐本作“留亦聲”，小徐本作“留聲”，鍇曰：“當言

‘留亦聲’，脱‘亦’字。”説明大徐本是。

卷七“秫”字條，大徐本作“从禾、术，象形”，小徐本作“术聲”，無“象形”二字，鍇曰：“言聲，傳寫誤加之。”① 此亦暗含大徐本是。

卷七“秙”字條，大徐本作“爲粟二十升，爲粟十六升”，小徐本“升”皆作“斤”。按鍇注“二十斗其量一百二十斤也”，又以《米部》“桑”字注亦作“一秙粟二十斗”爲證，認爲似宜作“斗”，大小徐本作“升”與“斤”，俱非。

3. 根據其他人的意見，推定《説文》原本情况。如《卷一・丨部》“中”字條引孫星衍説，以作“内”爲是，作“而”“和”皆誤。陳昌治刻大徐本（中華書局1963年版）正作“中，内也。”

二　根據大小徐本的對照，直接判斷其正誤得失，也間接體現了謝氏對《説文》原本的判斷

卷一“藎”字條指出，小徐本“公”作“从”，不誤。“萇”字條指出小徐本“跳”作“銚”，不誤。卷二“辵”字條指出小徐本“从”作“行”，非是。卷五“笑”字條按語云：“小徐本載大徐説，此後人所加。”卷六“枱”字條指出小徐本“黍”作“耒”，不誤。卷七“瓢”字條指出，小徐本作“从票，瓠省聲”，似誤。卷七“奥”字條指出，小徐本“西”作“東”，似誤。卷七“幅”指出，小徐本“畐”作“幅”，誤。卷七“幏”字條指出，小徐本“南郡”作“臬帬”，似誤。卷七“黻”字條，大徐本作“黑與青相次文”，小徐本“次”作“刺”，謝氏認爲小徐本誤，等等。

三　根据許書無“音某”之文，認爲凡標注“音某”者，皆非許氏原文

大徐本卷二“公”字條的“音司”二字，“昏”字條的“音厥”二字，卷七“帨”字條的“又音税”三字，小徐本卷四“瞿”字條的“又

① 祁寯藻刻小徐本（中華書局1987年版）“术”作“朮”。

音黴”三字，謝氏認爲皆後人所加，非《説文》原貌。

四　根據其他一些具體的理由推定《説文》原貌

小徐本卷五“左”字條，釋文作“手左相佐也”，因“佐”爲“左”之俗字，非許書所有，故以爲非許書原文。

卷五“卂”字條，按語根據“乃”即“㇌”，上已言从“㇌”，不應再言“从乃”也。

卷五“雉”（“堇”）字條，大徐本作“从舜，生聲，讀若皇”。謝氏據小徐本“生”作“㞷”，“䍿”作“䍿”，認爲“䍿”从“生”與“皇”聲不近，又舉第六部“㞷，艸木妄生也。从之在土上，讀若皇”爲證，表明“生”乃“㞷”之省訛，可從。

卷六“楷”字條，按語以爲“椒”字、“梳”字皆切音，非反音，“榛”在中间，此三字小徐本所載切音，與大徐同，當屬後人迻補。因此小徐云《説文》無“榛”，而以“楷”爲“榛”。

卷六“𡍮”字條根據卷末所標數目，認爲大徐本誤脱。

卷七“𦳍”字條，小徐本此下有“俗作紱”三字，謝氏認爲非許原文，大徐本可考。

卷七“寡”，小徐本作“頒，分也。从宀、頒，故爲少也”，按語認爲“从宀”上已見，此似誤。

卷七“蹼”字條，小徐本下有“䠥或从足異”五字，在《逸周書》上，謝氏認爲“於許書例合”。

卷七“帖”字條，小徐本下有“署，謂檢署名也”，謝氏疑是鍇注，則非許書原文也。

從以上所列的情況看，謝氏對《説文》原貌的探求，綜合運用了各種方法，可謂言簡而意賅。他的“窺《説文》之真於萬一”的愿望，在這些條目中應該得到了較好的體現。

第二節　《録異》的不足

《録異》是一本沒有完成的書，再加上作者本身並非以語言文字研究見長，《録異》的不足也是明顯的。從寫作目的的角度看，《録異》條録二徐差異，注重對校而未能深入研究，導致謝氏論《説文》原貌，也不一定都正確。如以下諸條：

1.《卷一・艸部》：芻，刈艸也。象包束艸之形。小徐本無“象”字，作“刈艸爲也包束艸之形。”按：“爲也”二字應乙轉。

按，謝氏指出“爲也”二字當乙轉，則全句當作“刈艸也，爲包束[①]艸之形。”其説甚是，然有未達。其實“爲包束（束）艸之形”當作“象包束（束）艸之形”。因爲“象”字隸古定作“𠅘”“𤉣”等形，漢印作“𤊾”[②]，與“爲”字非常相近，故“爲”字當是“象”字之誤。清代田吴炤《説文二徐箋異》“芻”字條云：“炤按，‘爲’當是‘象’字之譌而誤到在‘也’字上也。《校勘記》謂當依鉉作‘也象’，其説是。”

2.《卷五・鼓部》：𪔣，籀文鼓，从古聲。小徐本無“聲”字。鍇曰“鼓聲”，則聲不从“古”也。

按，從文字學的一般知識判斷，“𪔣”作爲“鼓”的籀文，當是綴加聲符“古”而形成的。大徐本作“从古聲”，可從。鍇曰“鼓聲”，或係版本之誤，或係抄誤。[③] 謝氏據此認爲其“聲不从‘古’”，是不對的。

3.《卷五・虤部》：贙，讀若迴。小徐本“迴”作“回”。按：“贙，胡畎切”，則“迴”“回”二字似俱讀當作“逈”。

按，“贙”字段注云：“古音在十五部，今音胡畎切。”[④] 其十五部平聲爲陸韻的脂微齊皆灰，皆陰聲韻；《说文通训定声》以爲“贙”字當从“貴省聲”，注为“胡威切”[⑤]，亦爲陰聲韻。“贙”字後音爲“胡畎切”（xuàn）者，陰陽對轉之故也。因此《説文》以爲“贙”字“讀若‘迴’”，是符合其實際古音的：二者皆匣紐字，皆陰聲韻。謝氏據“胡畎切”的讀音，認爲“‘迴’‘回’二字似俱讀當作‘逈’”，他的理由大概是，“胡畎切”爲陽聲韻，“逈”字从“向”得聲，亦陽聲韻，“逈”之

---

① 此條“束”字，大小徐本皆作“束”，此形近而誤。
② 參見林志强《古本〈尚書〉文字研究》，中山大學出版社 2009 年版，第 31 頁。
③ 祁寯藻刻小徐本（中華書局 1987 年版）作“臣鍇曰：‘古聲。’”與此不同。
④（清）段玉裁：《説文解字注》，上海書店 1992 年版，第 211 頁。
⑤（清）朱駿聲：《説文通訓定聲》，中华书局 1984 年版，第 568 页。

字形又近“迴”，故以爲當讀“逈”。其實“逈”字乃“迴”之俗别字，唐·慧琳《一切經音義》卷一：“迴，古文作同……今俗從向者。”因此“逈”字所从的“向”，與方向之“向”其實沒有關係。可見謝氏的説法顯然是憑感覺的一種推測之詞，是不準確的。

4.《卷六·貝部》：賫，臾，古文蕢。小徐本無“臾，古文蕢”四字，鍇曰：“臾音匱。”似許書本無“蕢”字，故鍇作音耳。

按，本條字頭之“賫”當作“蕢”。大徐本《説文·艸部》：“蕢，艸器也。从艸，賫聲。臾，古文蕢，象形。《論語》曰：‘有荷臾而過孔氏之門。’”所論之“臾”，《廣韻》“求位切，微部。”音 kuì。金文作（盂貴鼎，《集成》2202），象兩手持物有所贈與之形，當是訓贈與之“遺”及饋贈之“饋”的初文。林義光《文源》云：“从‘’之字如‘饋’‘遺’，皆有‘贈與’之義，則‘’當爲‘饋’之古文，象物形，，兩手奉之以饋人也。”其説當可從。《説文》作，當是之訛變；以爲古文“蕢”者，乃是借“臾”爲“蕢”。此字隸作“臾”，與“束縛捽抴爲臾”的“臾”（音 yú）同形，需加辨别。也許徐鍇注音，正爲此意。謝氏根據徐鍇的注音，認爲似許書本無“蕢”字，其説不通。按此處乃是爲“臾”字注音，而得出許書無“蕢”字的結論，邏輯上有問題；再者，本條字頭即“蕢”字，陳昌治刻大徐本（中華書局 1963 年版）、祁寯藻刻小徐本（中華書局 1987 年版）皆有之，無“蕢”字之説也不符合實際。從敘述邏輯上看，“似許書本無‘蕢’字”的“蕢”，應該是“臾”的誤書。上述音 yú 的“臾”，見於《説文·申部》，音 kuì 的“臾”未見獨立字頭。所以把謝氏按語改爲“鍇曰：‘臾音匱。’似許書本無“臾”字，故鍇作音耳。”不僅文從字順，也符合《説文》實際了。

當然，《録異》還存在其他方面的不足：

一是版本選擇。祁寯藻所刻小徐本是公認的《繫傳》善本，倍受學者稱譽和重視。《小學彙函》本《繫傳》雖屬於祁本系統，但以二書對照來看，《小學彙函》本與祁寯藻道光十九年原刻還是存在一些差異。謝氏尋祁本數十年不得，則只好用光緒丙子、丁丑間所獲《小學彙函》本。祁寯藻原刻本與《小學彙函》本差異舉例如下：

《卷一·艸部》：英，一曰黄英。小徐本“曰”作“名”，“英”作“荚”。

（祁本與大徐同）

《卷二・口部》：嗙，謌聲，嗙喻也。小徐本“謌”作“訶”。舞嗙喻也。小徐本作“訶舞嗙喻”。（祁本均作“謌”）

《卷三・言部》：譙，嬈譊也。小徐本“譊”作“嬈”。（祁作“嬈譊也”）

《卷四・鳥部》：鴝，鳥似鶡而青。小徐本“鶡”誤“歇”。（祁本不誤）

《卷五・竹部》：箸，飯攲也。小徐本“也”作“者”。（祁作“也”）

《卷六・木部》：枯，《夏書》曰：唯箘輅枯。小徐本“枯”作“楛”。（祁作“枯”）

《卷七・米部》：粊，《周書》有《粊誓》。小徐本“有”作“曰”。（祁本作“有”）

筆者研究發現，這七例在祁刻本中與大徐孫本均同，所以謝氏著《録異》時，若能在版本選擇上更加審慎，將能省去許多條不必要的“録異”。好在全書只有十七例，除去以上所舉七例，還有廴、虋、叀、脥、篨、楬、秠、奥、癛、黻十例。

二是臚列二徐異處而有遺漏。通過文本比較可知，雖然《録異》七卷列出六百多處二徐本差異，但還是存在遺漏的情況。僅《卷一・玉部》就漏璿、琳、瑁、珠、珊、堉、扵七字，其中除“琳”字爲二徐本部字次序不同外，其餘七字均爲文字上的差異；又如《艸部》有蓏、虋、蘺、营、蘿、藺、蒲、蒰、蔗、蘜、茱、茁、蔆、蒼、茵、蕡、蔓十七個字二徐本不同而《録異》闕載，另有芓、蕒、蘇、茿、萑、藸六字二本部字次序不同，“芐”字大徐本小篆作“𦬇”，小徐本小篆作“𦬇”。這些差異都應該引起我們的重視。

三是抄誤較多。《録異》中存在誤字、脱文、衍文、倒文四種情況。舉例如下：

1. 誤字例（括號内爲正字）

《卷一・玉部》：瑱（珥），瑱也。小徐本“也”作“者”。

《卷二・辵部》：逞，《春秋傳》曰：何若（所）不逞欲。小徐本“何”上有“君”字。

《卷三・言部》：譸，《周書》曰：無或譸張爲患（幻）。小徐本無“爲”字。

《卷四・白部》：㖾（𦏧），从白㖾聲，㖾與疇同。小徐本無“㖾與疇同”四字。

《卷六・邑部》：郇，周武王子所封邑（國）。小徐本“武”作“文”，鍇曰：“武王弟所封。”

《卷七・宀部》：寱，一旦（曰）：寱寱，不見省人。小徐本作“一曰寱不省人”。

2. 脱文例（括號内爲脱文）

《卷一・艸部》：蘳，黄華。小徐本“黄華”二字倒（“讀若”下有“墮”字）鍇曰：“謂草木之黄華者也。”

《卷二・足部》：躋，《（商）書》曰：予顛躋。小徐本“予”上有“若”字。

《卷三・言部》：信，从人从言，會意。小徐本（作“从人言”）無“會意”二字。㐰，古文从言省。小徐本作“信省也”。

《卷四・刀部》：剥，从彔。彔，刻割也。小徐本（作“彔聲”）下有“一曰”二字。

《卷五・竹部》：籋，《春秋傳》（曰）：澤之目籋。小徐本“目”作“自”。按：《傳》作“舟”。

《卷六・木部》：核，狀如籢尊。小徐本“尊”下有“之形（也）”三字。

《卷七・巾部》：帖，从巾，（占）聲。小徐本此下有“署，謂檢署名也”。疑是鍇注。

3. 衍文例（括號内爲衍文）

《卷二・牛部》：特，朴特，牛父也。小徐本作“特，牛（父）也”。

《卷五・竹部》：笭，（一）曰笭篖也。小徐本“曰”上有“一”字。（汲古有“一”字）

《卷七・网部》：罬，小徐本此下有“𦌾或从足（足）叕”五字，在《逸周書》上，於許書例合。

4. 倒文例

《録異》中倒文有兩種情況，一種是相鄰二字倒，如：（括號内爲倒文）

《卷五・乃部》：𠧪，从乃（西省）聲；或曰：𠧪往也。小徐本作“从乃，鹵省聲，或曰隨往也”。

《卷七・日部》：暀，光美也。小徐本作（“光美”）。

另一種是把二徐本内容顛倒，即將大徐本内容當作小徐本内容，而又把小徐本内容作爲大徐本内容。如：

《卷四・肉部》：膊，専布也，亦聲。小徐本無“亦聲”二字。

按：大徐本無“亦聲”二字，而小徐本有之。

《卷四・肉部》：臠，肶臠也。小徐本“肶”作“膍”。

按：“肶臠也”的“肶”字，平津館本作“膍”，《小學彙函》本作“肶”。

《卷七・日部》：㮚，籀文栗，从西二鹵。小徐本“籀”作“古”。

按：大徐本作“古文栗”，小徐本作“籀文栗”。

總而言之，《録異》在清代二徐互校的著作中，不是一本特别突出的作品，因此後人對本書也没有予以特别的重視。通過本書的分析，我們認爲，《録異》雖然有這樣那樣的不足，但還是有其價值的，應該予以客觀的評價。

參考文獻

上編參考文獻

一　古代典籍類（依時代排序）

（漢）許慎:《説文解字》，中華書局 1963 年版。

（南唐）徐鍇:《説文解字系傳》，中華書局 1987 年版。

（宋）陈彭年等:《宋本玉篇》，中國書店 1983 年版。

（宋）丁度等:《集韻》，上海古籍出版社 1985 年版。

（宋）鄭樵:《六書略》，臺灣藝文印書館 1976 年版。

（宋）鄭樵:《通志略》，中華書局 1987 年版。

（宋）鄭樵:《通志略》，上海古籍出版社 1990 年版。

（宋）鄭樵:《通志略》，四庫全書本。

（宋）鄭樵撰，王樹民點校:《通志二十略》，中華書局 1995 年版。

（元）脱脱:《宋史》，中華書局標點本 1977 年版。

（清）段玉裁:《説文解字注》，上海書店出版社 1992 年版。

（清）顧藹吉:《隸變》，中國書店 1982 年版。

（清）王筠:《説文釋例》，中華書局 1987 年版。

（清）王筠:《説文解字句讀》，中華書局 1988 年版。

（清）徐灝:《説文解字注箋》，續修四庫全書本。

（清）朱駿聲:《説文通訓定聲》，中華書局 1984 年版。

二　專著類（依作者音序排列）

薄守生:《郑樵传统语言文字学研究》，中国社会科学出版社 2012

年版。

黨懷興:《宋元明六書學研究》，中國社會科學出版社 2003 年版。

丁福保:《説文解字詁林》，中華書局 1988 年版。

漢語大字典編輯委員會編:《漢語大字典》，四川辭書出版社、湖北辭書出版社 1996 年版。

胡樸安:《中國文字學史》，中國書店 1983 年版。

黄德寬、陳秉新:《漢語文字學史》，安徽教育出版社 1990 年版。

黄德寬主編:《古文字譜系疏證》，商務印書館 2007 年版。

季旭昇:《説文新證》，福建人民出版社 2010 年版。

蔣冀騁:《説文段注改篆評議》，湖南教育出版社 1993 年版。

李守奎、王永昌:《説解漢字一百五十講》，陝西師範大學出版總社 2021 年版。

李孝定:《漢字史話》，臺灣聯經出版社 1997 年版。

梁啟超:《清代學術概論》，上海古籍出版社 1998 年版。

林義光:《文源》（標點本），上海古籍出版社 2017 年版。

林志强、田勝男、葉玉英:《〈文源〉評注》，中國社會科學出版社 2017 年版。

林志强:《古本〈尚書〉文字研究》，中山大學出版社 2009 年版。

林志强:《漢字的闡釋》，海峽文藝出版社 2000 年版。

林志强:《漢字學十六講》，高等教育出版社 2019 年版。

劉釗:《古文字構形學》，福建人民出版社 2006 年版。

陸宗達:《説文解字通論》，北京出版社 1981 年版。

裘錫圭:《文字學概要》，商務印書館 1988 年版。

容庚:《金文編》，中華書局 1985 年版。

唐蘭:《古文字學導論》，齊魯書社 1981 年版。

唐蘭:《中國文字學》，上海古籍出版社 1979 年版。

吴懷祺校補、編著:《鄭樵文集・附鄭樵年譜稿》，書目文獻出版社 1992 年版。

徐中舒主編:《甲骨文字典》，四川辭書出版社 1989 年版。

楊樹達:《積微居金文説》，中華書局 1997 年版。

楊樹達：《積微居小學金石論叢》（增訂本），中華書局 1983 年版。

于省吾：《甲骨文字釋林》，中華書局 1979 年版。

詹鄞鑫：《漢字説略》，遼寧教育出版社 1997 年版。

張斌、許漢威主編：《中國古代語言學資料匯纂・文字學分册》，福建人民出版社 1993 年版。

趙平安：《〈説文〉小篆研究》，廣西教育出版社 1999 年版。

三　論文類（依作者音序排列）

陳斯鵬：《説“甾”及其相關諸字》，《卓廬古文字學叢稿》，中西書局 2018 年。

戴麗玲：《〈六書略〉釋文的梳理和研究》，碩士學位論文，福建師範大學，2010 年。

顧頡剛：《鄭樵傳》，北京大學《國學季刊》第一卷第二號（《通志・二十略・附録四》，中華書局 1995 年）。

韓偉：《從〈六書略〉談鄭樵研究漢字的主客觀因素》，《殷都學刊》2003 年第 3 期。

韓偉：《批判者的成就與困惑——論鄭樵〈六書略〉象形理論研究的成就與具體漢字的歸類》，《信陽師範學院學報》2009 年第 7 期。

韓偉：《鄭樵與〈六書略〉》，《信陽師範學院學報》2008 年第 6 期。

兰碧仙：《六書略研究》，碩士學位論文，福建師範大學，2003 年。

林慶彰：《論鄭樵》，《開封大學學報》1997 年 1 期。

林志强：《漢字初文“同象异字”現象補例》，《古漢語研究》2018 年第 1 期。

林志强：《試説漢字初文的“同象異字”現象》，《中國文字學報・第五輯》，商務印書館 2014 年。

劉偉浠：《〈清華大學藏戰國竹簡（五）〉疑難字詞集釋及相關問題研究》，碩士學位論文，福建師範大學，2017 年。

裘錫圭：《古文字學簡史》，《文史叢稿——上古思想、民俗與古文字學史》，上海遠東出版社 1996 年。

裘錫圭：《説字小記・説“去”“今”》，《裘錫圭學術文集・金文及其他古文字卷》，復旦大學出版社 2012 年版。

裘錫圭：《談談古文字資料對古漢語研究的重要性》，《裘錫圭學術文集・語言文字與古文獻卷》，復旦大學出版社 2012 年。

厦門大學歷史系鄭樵研究小組：《鄭樵史學初探》，《厦門大學學報》，1963 年第 4 期。

謝明文：《釋“顛”字》，《古文字研究》第三十輯，中華書局 2014 年版。

曾憲通：《從曾侯乙編鐘之鐘虡銅人説“虡”與“業”》，《曾侯乙編鐘研究》，湖北人民出版社 1992 年；又收入《古文字與出土文獻研究叢考》，中山大學出版社 2005 年。

張標：《論鄭樵的〈六書略〉》，《古漢語研究》1997 年第 2 期。

下編參考文獻

一　古代典籍類（依時代排序）

（漢）許慎：《説文解字》，中華書局 1963 年版。

（梁）顧野王編撰：《原本玉篇殘卷》，中華書局 1985 年版。

（南唐）徐鍇：《説文解字繫傳》，中華書局 1987 年版。

（宋）《大廣益會玉篇》，四部叢刊本。

（宋）陳彭年等編：《宋本廣韻・永禄本韻鏡》，江蘇教育出版社 2005 年版。

（宋）郭忠恕、夏竦撰：《汗簡・古文四聲韻》，中華書局 1983 年版。

（清）承培元：《説文解字繫傳校勘記》，中華書局 1987 年版。

（清）段玉裁：《汲古閣説文訂》，中華書局 1985 年版。

（清）段玉裁：《説文解字注》，上海古籍出版社 1988 年版。

（清）黎經誥：《許學考》，華文書局股份有限公司 1970 年版。

（清）莫友芝撰：《唐寫本説文解字木部箋異》，中華書局 1985 年版。

（清）鈕樹玉：《説文解字校録》，上海古籍出版社 1996 年版。

（清）沈濤撰：《説文古本考》，上海古籍出版社 1996 年版。

（清）田吴炤：《説文二徐箋異》，《續修四庫全書・經部・小學類》，上海古籍出版社 2002 年版。

（清）王筠：《説文釋例》，中華書局 1987 年版。

（清）王筠：《説文系傳校録》，四庫全書影印本。

（清）嚴可均、姚文田：《説文校議》，《續修四庫全書·經部·小學類》，上海古籍出版社 2002 年版。

（清）俞樾等：《古書疑義舉例五種》，中華書局 2005 年版。

（清）朱士端：《説文校定本》，商務印書館 1936 年版。

二　專著類（依作者音序排列）

長樂人傑編委會主編：《長樂人傑》，福州美術出版社 2008 年版。

陳慶元主編，謝章鋌著：《謝章鋌集》，吉林文史出版社 2009 年版。

陳慶元主編：《賭棋山莊稿本》，江蘇古籍出版社 2002 年版。

丁福保：《説文解字詁林》，中華書局 1988 年版。

董蓮池：《説文解字研究文獻集成·古代卷》，作家出版社 2007 年版。

福建省地方誌編纂委員會主編：《長樂縣誌》，福建人民出版社 1993 年版。

古代漢語詞典編寫組編：《古代漢語詞典》，商務印書館 1998 年版。

漢語大詞典編纂處整理：《康熙字典（標點整理本）》，漢語大詞典出版社 2002 年版。

漢語大字典編輯委員會編纂：《漢語大字典》，湖北辭書出版社、四川辭書出版社 1986 年版。

胡光奇：《中國小學史》，上海人民出版社 1987 年版。

胡樸安：《中國文字學史》，《説文解字研究文獻集成·現當代卷》，作家出版社 2006 年版。

湖北省志地方誌編纂委員會編：《湖北省志人物志稿》，光明日報出版社 1989 年版。

黄德寬、黄秉新：《漢語文字學史》，安徽教育出版社 2006 年版。

姜聿華編著：《中國傳統語言學要籍述論》，書目文獻出版社 1992 年版。

蔣善國:《〈説文解字〉講稿》，語文出版社 1988 年版。

焦繼順等:《漢語文字學綱要》，黑龍江教育出版社 2008 年版。

李圃主編，古文字詁林編纂委員會編纂:《古文字詁林》，上海教育出版社 1999—2004 年版。

林公武、黃國盛主編:《近現代福州名人》，福建人民出版社 1999 年版。

林啟彦編著:《中國學術思想史》，書林出版有限公司 1994 年版。

劉釗、洪颺、張新俊編纂:《新甲骨文編》，福建人民出版社 2009 年版。

錢玄:《校勘學》，江蘇古籍出版社 1988 年版。

容庚:《金文編》，中華書局 1985 年版。

上海圖書館編:《中國叢書綜録》第一册，上海古籍出版社 1982 年版。

沈雲龍主編:《近代中國史料叢刊續編》，文海出版社出版 1984 年版。

蘇寶榮:《許慎與〈説文解字〉》，大象出版社 1997 年版。

孫欽善:《中國古文獻學》，北京大學出版社 2006 年版。

唐作藩:《上古音手册》，江蘇人民出版社 1982 年版。

吴甌:《稷香館叢書》，1935 年遼陽印本。

王國平等:《耆獻寫真——蘇州大學圖書館藏清代人物圖像選》，中國人民大學出版社 2008 年版。

徐中舒主編:《甲骨文字典》，四川辭書出版社 2006 年版。

嚴迪昌:《清詞史》，江蘇古籍出版社 2001 年版。

姚孝遂:《許慎與〈説文解字〉》，中華書局 1983 年版。

余國慶:《“説文學”導論》，安徽教育出版社 1995 年版。

臧克和、王平:《〈説文解字〉新訂》，中華書局 2002 年版。

曾憲通、林志强:《漢字源流》，中山大學出版社 2011 年版。

張標:《20 世紀“説文學”流別考論》，中華書局 2003 年版。

張翠雲:《〈説文繫傳〉板本源流考辨》，台灣花木蘭文化出版社 2007 年版。

張其昀著：《“説文學”源流考略》，貴州人民出版社 1998 年版。

張舜徽：《〈説文解字〉約注》，中州書畫社 1983 年版。

張舜徽：《〈説文解字〉導讀》，中國國際廣播出版社 2008 年版。

張意霞：《〈説文繫傳〉研究》，台灣花木蘭文化出版社 2007 年版。

中國科學院圖書館整理：《續修四庫全書總目提要》，齊魯書社 1996 年版。

周祖謨：《問學集》（下册），中華書局 1966 年版。

三　論文類（依作者音序排列）

班吉慶：《建國 50 年來的〈説文解字〉研究》，《揚州大學學報》2000 年第 5 期。

陳慶元：《謝章鋌的學術思想及其傳世稿本》，《福建師範大學學報》2001 年第 1 期。

顧漢松：《評〈説文〉大徐注》，《上海師範大學學報》1985 年第 4 期。

胡喜雲：《清代校勘學研究綜述》，《新世紀圖書館》2008 年第 4 期。

胡永鵬：《田吴炤〈説文二徐箋異〉平議》，《漢字文化》2009 年第 3 期。

胡永鵬：《論田潛對説文的校勘》，《漢字文化》2010 年第 6 期。

李國英：《〈説文解字〉研究的現代意義》，《古漢語研究》1995 年第 4 期。

李先華：《清代以前〈説文〉流傳與研究述略》，《安徽師大學報》1989 年第 2 期。

李相機：《二徐説文學研究》，碩士學位論文，台灣輔仁大學，1968 年。

林明波：《清代許學考》，碩士學位論文，台灣師範大學，1964 年。

劉蓮：《吴玉搢〈説文引經考〉研究》，碩士學位論文，揚州大學，2010 年。

劉新民：《清代“説文學”專著之書目研究》，碩士學位論文，中國科學院研究生院，2002 年。

劉釗:《〈説文解字〉匡謬(四則)》,《説文解字研究》第一輯,河南大學出版社 1991 年版。

邵敏:《徐鍇〈説文解字系傳〉版本考》,《信陽師範學院學報》2007 年第 6 期。

邵敏:《〈説文解字〉繫傳研究》,碩士學位論文,山東大學,2009 年。

宋文田:《〈説文〉二徐本頁部字研究》,碩士學位論文,福建師範大學,2011 年。

王貴元:《〈説文解字〉新證》,《古漢語研究》1999 年第 3 期。

翁敏修:《清代説文校勘學研究》,碩士學位論文,台灣東吴大學,1999 年。

詹鄞鑫:《説文連篆讀研究》,《辭书研究》1986 年第 1 期。

張其昀:《〈説文解字〉在傳統小學中的地位》,《揚州大學學報》2007 年第 1 期。

趙麗明:《清代關於大徐本〈説文〉的版本校勘》,《説文解字研究》1991 年第 1 期。

後　　記

鄭樵是宋代閩籍著名學者，刻苦力學，學問廣博，以《通志》一書享譽史學界，《通志》裏的《二十略》涉及天文地理、昆蟲草木、藝文禮樂、職官制度等，獨樹一幟，更爲有名，其中的《六書略》《七音略》《金石略》等也是語言文字學的重要著作。宋人學術追求創新，鄭樵也不例外，他的《六書略》專以“六書”來研究文字，在六書理論、文字編排、意義解釋等方面均與經典文字學著作《説文解字》頗有不同，也存在粗疏簡陋之弊。在很長的一段時間裏，人們重視《説文》，自然就漠視了《六書略》。但是在文字學史上，《六書略》把“六書”提到了至高的地位，有轉軌之功，宋元明清各個時代，都深受其影響，因此研究《六書略》，既有史學價值，也有理論意義。

謝章鋌生活在晚清，在當時的福建，他是一個領軍式的人物，在文章詩詞方面碩果累累，特别以詞學爲世人所重。其治學秉承清儒的樸學之風，因此對傳統小學也頗爲措意，有著述傳世。當然他不以小學名家，他的語言學作品，不如其文學作品的成就大、影響深，因此也容易被湮沒。《〈説文〉大小徐本録異》是一本還沒有完成的“説文學”著作，知名度並不高，但作爲閩省爲數不多的文字學著作，特别作爲清代二徐互校的系列作品之一，也有其自身的特色和價值，從文字學史的角度來看，是應該加以整理和研究的。

鄭、謝二人都是閩籍學者，他們雖然相隔七百余年，但文脈相承，義理相通，把他們的著作和對他們的研究放在一起，呈現一種内在的關聯，也是很有意義的。

筆者比較早就開始注意《六書略》，曾經寫過《鄭樵的漢字生成理論》等文章，並指導碩士研究生兰碧仙、戴麗玲先後分别以《〈六書略〉研究》（2003 年）和《〈六書略〉釋文的梳理和研究》（2010 年）爲題對該書進行探討，但限於當時的學識和寫作水平，她們的作品還難以直接移植到本書中。本書上編《〈六書略〉的整理和研究》之《六書略》整理部分，戴麗玲曾經輸入了初稿，由本人綜合各種版本進行比較細緻的整理和校勘；在《六書略》研究部分，第一章和第三章參考了她們的一些綫索和資料，由筆者進行全面改寫，其餘部分均由筆者完成；龔雪梅在資料整理和版本核對方面做了很多工作，也爲本書做出了貢獻。

《六書略》雖有不同版本，但在文本上均存在或多或少的問題和錯誤，本次整理希望能爲學界提供一個相對比較準確的版本；對《六書略》的研究，其實深入挖掘的成果也不多，我們在書中對《六書略》之“六書説”進行文本的闡釋，對《六書略》引《説文》進行了具體分析，對有關文字解説進行了疏證，對一些理論專題也作了初步的探討。我們覺得《六書略》還有繼續深入研究的價值，希望本書的工作能給今後更加精深的研究提供參考。

本書下編“《〈説文〉大小徐本録異》的整理和研究”是在筆者所指導的碩士生陳近歡的毕业論文的基礎上進行修訂而成的。修訂的工作由筆者完成。在《録異》文本的整理部分，主要是增補了大量脚注，以突出“整理”的性质；在《録異》的研究部分，除了疏通全文、改寫部分段落、改正明顯錯誤外，特别對《録異》所用二徐本的論證，增補了證據，加强了論述，同時全面調整改寫了第四章。本書應該是首次對《録異》進行整理和研究的作品，陳近歡的工作做得比較細致認真，但尚屬粗淺；即使經過兩次修訂，錯誤和缺點還是難免的。我們權且抛磚引玉，敬請讀者批評指正。

本書作爲筆者所主持的國家社科基金項目、全國高校古委會項目、國家社科基金冷門“絕學”研究專項項目和馬重奇教授主持的福建省高校服務海西建設重點項目的系列成果之一，得到了項目的資助，也附列爲“古文字與中華文明傳承發展工程”的研究成果。其出版承蒙中國社會科學出版社的大力支持，責任編輯張林先生爲此付出了艱辛的努力，一並在此表示衷心的感謝！

林志强

2021 年 11 月于福建師大康堂